【改訂版】
戦後日本青少年問題考

矢島 正見著

一般財団法人 青少年問題研究会

改訂版のごあいさつ

(1)

　『戦後日本青少年問題考』の初版を出したのは平成24年9月20日のことである。まだ1年と経っていない。にもかかわらず改訂版を出すのは、次のような事情からである。

　初版は、青少年問題研究会が「財団法人」から「一般財団法人」への移行に際して、公益支出目的計画事業として発行されたものである。そのため市販することが許されず、無料配布という形をとった。発行部数は500部である。その大半は、警察関係、行政関係、図書館等といった公的機関・公共的組織団体への配布であり、個人への配布は、財団関係者・常連執筆者等へのおよそ150部ほどであった。

　この『戦後日本青少年問題考』は、おかげさまで評判が良く、研究者の方々や行政の実務家の方々からは貴重な研究としてお褒めの言葉をいただき、青少年問題関係の実践・ボランティアの方々、そして一般の方々からは、「おもしろい」「なつかしい」「読みやすい」と、さらに「昔の子どもたちに感動した」「昔のことを思い出して、懐かしく読ませていただいた」「こんなことがあったんだと、改めて考えさせられた」といった感想が寄せられて来た。そしてさらに多くの方々から「市販しないのか」「市販してほしい」という問い合わせが来た。

　そこで、改訂版として発行することにした次第である。

(2)

　改訂版の発行に際して、次のことを改めさせていただいた。

　まず第一に、「第5部　雑誌『青少年問題』史」を全面的に削除した。〈別稿　その1〉から〈別稿　その19〉までの削除である。これは「はしがき―本書を読まれる方に―」の（3）にて書いたように、公益支出目的計画事業であるからゆえに書いたようなものである。よって、改訂版では削除した。

〈別稿　その1〉から〈別稿　その19〉までは、市販として価値がないということではないし、またそれなりにおもしろいとは思うのだが、戦後日本青少年問題としては関連性が薄いとの判断も、削除した理由である。

第二に、「第4部　バブル崩壊後の青少年問題」では〈その171〉にて終了であったが、書き加えて、〈その180〉までとした。〈その172〉から〈その180〉までの九つの論考を付け加えたわけである。また、それゆえ、「第4部の解説」も一部訂正・加筆した。

第三は、上記の変更に伴っての表記等の変更と、初版後に判明した誤字・脱字等の訂正である。

第四は、巻末の「文献一覧」の訂正・加筆である。〈その172〉から〈その180〉までの九つの論考に出てくる文献を加えたのは当然のことであるが、〈その1〉から〈その171〉までの論考に関しても、漏れていた文献があったので、それも付け加えた。

改訂版発行に際しては、「はしがき―本書を読まれる方に―」ならびに「あとがき」は、書き改めようと最初は思ったのだが、初版本の諸事情を改訂版でもお伝えしたほうが良いと判断し、訂正することなしに、そっくりそのまま掲載することにした。

（3）

「はしがき」にて、本書を「専門随筆」（「学術随筆」）である、と書かせていただいた。この点に関してくどいようだが、今少し別の観点から書かせていただく。

本書は戦後日本の青少年問題を年代史的に扱っている。その際、雑誌『青少年問題』だけで、どれほど一般化し得るのか、どれほど全体を把握し得るのか、という学問的問題が起こってくる。このことに関しては、一般化についても・全体的把握についても、正直、不十分と言わざるを得ない。

また、そもそも雑誌『青少年問題』に、思想的なそして立場的な偏りはないのか、という批評も出てくることであろう。総理府の支援の下で発刊された雑誌であり、その後、総理府→総務庁→内閣府と省庁は変わったが、雑誌の買い上げや編集委員としての関与など、政府寄りの立場ではないか、という疑問・

批判も成り立つであろう。この点に関しては、創刊当初から中立の立場で政府・自治体批判も行うという編集姿勢を貫いている、と答えることができるし、また、本書に掲げた180本の論考を読んで判断していただきたい。時代性というものは当然あるが、いわゆる「体制寄り」「支配者サイド」といった姿勢はないはずである。と言って、反体制・反国家・反政府でもないし、マスコミ・大衆迎合でもないし、社会的弱者サイドの正義イデオロギーの偏りもない。

　思うに、さまざまな文献・資料から青少年問題の歴史を語ろうとするのは、一見科学的であるように考えられるが、膨大な文献・資料を網羅できるはずはなく、かなり恣意的に集めた文献・資料からの考察とならざるを得ない。そうであるならば、ある特定の文献に依拠して論考することは、必ずしも偏っているということではないであろう。少なくとも、論考の手の内を見せているのであるから。

　次に、雑誌『青少年問題』から私が採り上げた論考に偏りはないのか、という批評も出てくることであろう。都合のよい論考のみを採り上げているという批判である。これに関しては、半分ほどは当たっている、とお答えしておく。恣意的に選出したことは確かである。その私的基準は、時代を反映していること、私が読んで学問的におもしろかったことと、私がコメントしたくなったこと、である。それゆえに、理屈だけの論考や自明のオーソドックスな論考はあまり選出されず、時代性のある、特色のある・個性のある論考が選出された、という傾向は確かにある。ただし、そこがテキストや解説書と異なるところであり、本書の特色の一つになっていると、個人的にはプラスに評価している。

　また、私自身の解説も、一般化・普遍化しえないものであって、あくまでも私の解説である。その点は、大いに批評していただきたい。

(4)

　論考での立場は実証主義に徹している。ただし、この「実証主義(positivism)」という概念は、近年使用者によって異なってきている。一部の実証主義者にあっては、「科学的根拠(evidence-based)」のある研究こそが実証主義であるという立場から、統計調査研究に絞って「実証主義」と呼んでいる。

しかし、私の言う「実証主義」とは、かなり幅の広い、ファジーなものであって、量的調査のみならず質的調査も含まれる。言い換えれば「経験的一般化（empirical generalization）」を求めての社会科学の研究、と言ってもよい。

したがって、私の場合の「実証主義」には言説的考察も射程範疇に入ることになる。歴史上に出現した諸々の現象を「実体としての事実」とするアプローチも、「言説としての事実」とするアプローチも、ともに時代のなかに現れ消えていった・もしくは変容していった事実として実証主義のパースペクティブから考察する、という学的位置（position）に立つ。社会的構築（構成と言ってもよい）も日常のなかにあって日々構築されるという事実として把握されるし、その日々の構築が蓄積され時代が構築されていくということも事実として把握されるのである。本著では、こうした学的立場に立って論考を試みている。

(5)

戦後日本の青少年問題史を一定の理論・概念（たとえば、個人主義化、個人化、都市化、情報化、消費文化、金融資本論理、等々）で一貫して、体系的に把握できるのであれば、もちろん、それに越したことはない。しかし、そのような試みは、一定の理論・概念に見合う歴史的事実のみを提示するという傾向を呈する結果を導く。理論構築のための歴史的事実の構築化は、私の望むところではない。

本著では、そうした意味でも一貫性ということではファジーにしてある。戦後日本の青少年問題（実体であれ言説であれ）を時代の変容のなかで位置づけ・語る、ということだけに禁欲した。

こうした試みが成功したか否かは、後の時代（おそらく10～20年後）にならないと、わからないのではないだろうか。私が死ぬ頃か既に死んでいる頃である。

(6)

以上であります（以降「です・ます」体）。この本は、とにかく楽しんで読んでください。戦後日本青少年問題史の資料的側面を重視して読まれる研究者や実務家の方々も、まず第一には、楽しんで読んでいただきたい。

実践に携わっている方々、一般の方々にあっては、最初から読まれる必要は

まったくありません。目次を見て、おもしろそうだと思うところを読んでいただければ幸いです。定価は（3000円＋消費税）としました。頁数から考えて、お手頃の定価で提供させていただきました。

　最後に、本書の発売を快くお引き受けくださった株式会社学文社田中千津子社長に感謝申し上げます。

　　　　　　　　　　　　　　　　　　　　　平成25（2013）年4月 吉日
　　　　　　　　　　　　　　　　　　　　　　　　　矢　島　正　見

はしがき―本書を読まれる方に―

(1)

　本書は、戦後60年にわたる日本の青少年問題を時代順に網羅したものである。具体的には、昭和29（1954）年から平成24（2012）年までの58年間であるが、言及は1950年代から始まるので、60年と言ってよい。

　ここでは、浮浪児、戦災孤児、長期欠席児童、身売り、売春、桃色遊戯、覚せい剤、子どもの過酷な労働、勤労青少年、青年の自殺、競輪問題、カミナリ族、小さな親切運動、睡眠薬遊び、深夜喫茶、出稼ぎ家族、成人の日、マイホーム主義、中流家庭と非行、家出、学生運動、シンナー乱用、おどおどする親、単身赴任、あそび型非行、文通魔、社会を明るくする運動、体罰、暴走族、結婚できない若者たち、対人恐怖とふれあい恐怖、家庭内暴力、校内暴力、保健室登校、不登校、児童虐待、いじめ、肥満とやせ願望、カード破産、学校週五日制、オウム、茶髪とピアス、生きる力とゆとりの教育、ひきこもり、少年による特異な凶悪犯罪、男女共同参画社会、安全安心まちづくり、子どもの居場所、高卒無業者、ニート、等々、きりがないほど、さまざまな事象が展開されている。

　このことに関しては、ぜひ、もくじをごらんいただきたい。ずらりと並んだ171のタイトルを一覧すれば、ありとあらゆる戦後日本青少年問題事象・状況が展開されていることがおわかりのことと思う。それらを時代順に並べて、文献を引用しつつ、考察を加えたのが本書である。しかも、ただ、具体的事象を振り返るというだけのことではなく、今では「常識」「自明のこと」とされている見解や認識が実はかなり違っていることや、今日問題化されていることが、既に40年も前から指摘され、問題視されていたという、「目からうろこ」的な発見も出てくる。

　わかりやすい表現と解説、そして、1タイトルが見開きで2頁という見やすい編集スタイルで、次から次へと読んでいけることと思う。高齢者の方であれ

ば、当時のことを思い出しつつ、懐かしさとともに読んでいけるし、当事者であったならば、人生の甘味と苦味を味わいつつ、読まれる方もおられるのではないかと思う。また、若い人であれば、「こんなこともあったんだ」と発見しつつ、さらに、昔の青少年は今の自分とよく似てると思いつつ、読んでいくかも知れない。

　本書を読めば、いわゆる「青少年問題」とひと括りにされている、さまざまな事象・状況の歴史的変容を展望することができる。そして時代と青少年問題が直接的に間接的に結びついていることが理解されよう。まさに、青少年問題は歴史を映す鏡である。

（２）

　本書はほぼ時代順に並べてある。事象・状況を分類し、カテゴリー別に表示しようかと思ったが、雑多な事象が同時進行的に生起していることをみていったほうが、時代と青少年問題を総合的に捉えることができるであろうと思い、そうしなかった。

　また、本章は、第5部構成とした。第1部は「戦後の終わりと青少年問題—昭和29（1954）年～昭和39（1964）年—」で、〈その１〉から〈その36〉まで。第2部は「富裕化到来と青少年問題—昭和40（1965）年～昭和54（1975）年—」で、〈その37〉から〈その74〉まで。第3部は「豊かさのなかの青少年問題—昭和55（1980）年～平成3（1991）年—」で、〈その75〉から〈その109〉まで。第4部は「バブル崩壊後の青少年問題—平成4（1992）年～平成24（2012）年—」で、〈その110〉から〈その171〉までである。

　時代というものは社会状況の連続体としてあり、明確に区分できるものではない。昭和48（1973）年のオイルショックも経済変動としては、高度経済成長から低成長への移行として捉えられるが、青少年問題という次元ではさほどのエポックとは思えない。平成3（1991）年のバブル崩壊は、青少年問題としては時代区分の成立する大変動であったが、青少年問題という次元での変動はその数年後のことで、経済変動と多分に時間がずれている。

　それゆえに、時代区分は便宜的なものであり、多分に問題性をはらむものであるが、しかしまた、区分はわかりやすくまとめるという意味をもっており、

時代ごとの解説は、それなりに有効である。ということで、とりあえず、時代を4区分させていただいた。

各部ごとに簡単な解説を付したが、この解説を先に読まないようにしていただきたい。良い解説も悪い解説も、ともに思考を停止させる機能を有しているからである。解説は、おさらいとして読んでいただければ、それでよい。「私だったらもっと気の利いた解説をするのに」と思われれば、なおさらよい。

(3)

本書は、財団移行に伴っての公益支出目的計画に基づいて編集・出版されたものである。今まで稼いだ金は社会に還元せよ、ということらしい。絶望の淵からはい出し、ようやく爪の垢ほどの黒字が出た超零細弱小財団であっても例外は許さない、ということなので、皆様にご奉仕させていただくことにした。したがって、本書は非売品であり、無料配布である。それゆえに、この第5部がある。

第5部は、雑誌『青少年問題』そのものを「別稿」として考察した。正直に申し上げて、財団法人青少年問題研究会の関係者だった方か、雑誌『青少年問題』の古くからの愛読者でない限り、あまりおもしろくないことと思う。しかし、売れば5000円ほどするであろう本書が無料である証がこの第5部であると思っていただきたい。雑誌『青少年問題』あってこその、第1部から第4部である。この際、お付き合い願っていただきたく、第5部を構成した。

(4)

本書は、雑誌『青少年問題』を文献としての学術随筆（もしくは専門随筆）である。

とはいうものの、この一文は、それなりの説明を必要とする。まず、「雑誌『青少年問題』とは何か」という説明である。

雑誌『青少年問題』は、財団法人（現、一般財団法人）青少年問題研究会が、昭和29（1954）年7月から発行している雑誌である。

以来、月刊誌として、年に12回の発行を続けてきたが、財団の諸事情から、月刊誌は「第53巻第3号（通巻621号）」（平成18（2006）年3月）までで終了し、同年4月からは季刊誌となり、「新年号」「春季号」「夏季号」「秋季号」と年4

回の発行となった。平成24（2012）年4月現在、「第646号（第59巻 春季号）」に至っている。

　本書は、この646冊の『青少年問題』に掲載された諸論考（巻頭言、論文、随筆、報告書、記事、等）を引用・参考文献として書かれたものである。

　本書の「〈その1〉売られていく子どもたち」にて、書いたことであるが、財団の事務所には、第1号から第646号までの全号がそろっており、それらを紐解いてみると、まさに戦後日本のその時代・その社会の青少年問題がぎっしりと詰まっており、戦後日本の青少年問題の一大スペクタクルが展開されている。

　これをそのままにしておいてはもったいない、ということで、発刊600号記念の一環として、第50巻第1号（平成17（2003）年1月）から、「『青少年問題』の50年」と題して『青少年問題』に連載を始めたものである。

　ところが、当初は2〜3年ほど掲載して終了させようと思っていたのだが、古い『青少年問題』を読み込んでみると、実におもしろく、書くことだらけとなり、以来ほぼ10年間にわたり書き続けてしまった次第である。そのうちに月刊誌から季刊誌に替わり、年4回の掲載となったことから、掲載完了の見通しが全くたたなくなってしまった。

　なぜなら、平成24（2012）年4月現在「『青少年問題』の50年」は〈その53〉であるにもかかわらず、既に〈その171〉まで書き終えており、したがって、あと130ほどある「『青少年問題』の50年」を毎号掲載するとしても30年以上かかることとなってしまうからである。もちろん、私は既に死んでいるであろうし、財団も存在しているかどうか疑わしい。

　そこで、連載の途中ではあるが、「財団法人」から「一般財団法人」への移行に伴う処置の一環として、本書を発刊することとしたのである。

（5）

　さてその次は、学術随筆（もしくは専門随筆）ということ。

　この「学術随筆」（もしくは「専門随筆」）という言葉は、聞き慣れない言葉であろうが、私の造語ではない。ただし、私が学術随筆（もしくは専門随筆）という場合、それは「一般随筆」（もしくは「教養随筆」、つまりごく一般に言われるところの「随筆」）と対をなして考えている。専門家（研究者）が、自己の

専門的知識に基づいて書いた随筆が学術随筆（もしくは専門随筆）である。それは「論文」ほどには学術的な論理構成や体裁・形式を整えてはいないが、また執筆分量も少ないが、内容的には論文レベルを保持している、という意を込めて私は用いている。よって、表現はわかりやすく、内容は濃く、という意識で執筆している。

　ところが、今ひと言、申し述べておかなくてはならない。本書の大半は引用文で占められている。私自身の文は3分の1程度であろうか。しかし、これには大きな意味がある。できうる限り、当時書かれたそのものを皆さんに伝えたい、ということである。決して、手抜きでこうした執筆スタイルをとっているわけではない。それどころか、毎回、どこの部分を引用しようかと、かなり悩みながらの執筆であった。しかも、雑誌では字数がきっちりと制限されており、毎回、〈18字×93行±3行〉という離れ業をしなくてはならず、書き始め初期には、随分と苦労したものである。〈その1〉から〈その171〉までの項目がすべて2頁になっているのは、そのためである。

　さらに今ひと言。青少年問題という領域はおびただしく広い。少年非行を中心に研究している私では、正直申して、「専門」と胸を張って言えない領域も多々ある。そのへんに関しての私の論及にあっては、ことによると間違っていたり、偏っていたりする恐れがなくもない（もっとも、私自身の私見はご海容願うが）。もし、そうした点をお気づきの際は、ご指摘いただきたい。

(6)

　引用文には、過去にさかのぼるほど現在では不適切な表現が出てくる。しかし、これを改めていたのでは、過去のリアリティは薄れてしまう。そこで、不適切な表現ではあっても、執筆されたままで引用した。このことをお断りしておく。

　引用文はすべて縦書きである。よって、漢数字が用いられている。本書は横書きである。引用文のみ、そのまま漢数字を用いてもよかったが、読みやすさを優先させ、引用に際しては、漢数字を算用数字（アラビア数字）に替えた。

　また、本書の表記であるが、引用文は「　」で表示した。「　」内の（　）で、文字のポイントが小さい場合は、引用者（私）が記したものであり、ポイント

はしがき

が変わらないものは執筆者自らが記したものである。

　既に述べたとおり、本書はすべて財団法人青少年問題研究会発行の『青少年問題』に掲載された論考から引用されている。引用した元の論考は、本書の末尾の文献一覧をごらんいただきたい。実に多様な方のさまざまな論考を引用させていただいている。

　本書を読まれた方のなかには、元の論考を読みたいという方もおられることと思う。大いに結構なことであるが、その際はまず本財団のホームページを一読して、バックナンバーがあるか否かを確かめて、購入されたい。

　　　　　　　　　　　　　　　平成24（2012）年6月吉日
　　　　　　　　　　　　　　　　一般財団法人　青少年問題研究会
　　　　　　　　　　　　　　　　　理事長　矢　島　正　見

もくじ

改訂版のごあいさつ……………………………………………………………… 3
はしがき―本書を読まれる方に―…………………………………………… 8
もくじ……………………………………………………………………………… 14

第1部　戦後の終わりと青少年問題
　　　―昭和29（1954）年～昭和39年（1964）年―
　　　〈その1〉～〈その36〉……………………………………………… 23

〈その　1〉売られていく子どもたち──────────────── 24
〈その　2〉昭和27年度の長期欠席児童生徒……………………………… 26
〈その　3〉学童のイカ釣り………………………………………………… 28
〈その　4〉売られていく秋田の娘たち…………………………………… 30
〈その　5〉ある中学生の桃色事件────────────────── 32
〈その　6〉悪質流行歌の追放……………………………………………… 34
〈その　7〉ヒロポン（覚せい剤）の時代………………………………… 36
〈その　8〉60年前の男子大学生の性意識………………………………… 38
〈その　9〉子どもを追い出す家屋構造…………………………………… 40
〈その　10〉青少年問題の新旧────────────────────── 42
〈その　11〉今日的青少年問題現象・要因の出現………………………… 44
〈その　12〉赤線地帯はドコへいく………………………………………… 46
〈その　13〉婦人相談所の来訪者…………………………………………… 48
〈その　14〉昭和33年の勤労青少年………………………………………… 50
〈その　15〉中高校生の被害調査について──────────────── 52
〈その　16〉青少年の自殺問題……………………………………………… 54
〈その　17〉教育から疎外された生徒たち………………………………… 56
〈その　18〉偽戦災孤児……………………………………………………… 58
〈その　19〉続・偽戦災孤児………………………………………………… 60
〈その　20〉社会悪競輪の廃止──────────────────── 62
〈その　21〉昭和30年代の非行について…………………………………… 64

〈その22〉 青少年問題総合研究所構想……………………… 66
〈その23〉 戦後世代の資質……………………………… 68
〈その24〉 番長………………………………………… 70
〈その25〉 カミナリ族─────────────── 72
〈その26〉 睡眠薬遊び………………………………… 74
〈その27〉 青少年補導センター……………………… 76
〈その28〉 中学生非行………………………………… 78
〈その29〉 帰農青少年………………………………… 80
〈その30〉 小さな親切運動───────────── 82
〈その31〉 母と子の20分間読書 …………………… 84
〈その32〉 交通違反少年……………………………… 86
〈その33〉 深夜喫茶…………………………………… 88
〈その34〉 東京オリンピック………………………… 90
〈その35〉 流入勤労青少年の非行──────────── 92
〈その36〉 青少年健全育成条例……………………… 94
第1部の解説……………………………………………… 96

第2部　富裕化到来と青少年問題
　　　　　─昭和40（1965）年〜昭和54（1979）年─
　　　　　〈その37〉〜〈その74〉……………………………… 103

〈その37〉 出稼ぎ家庭の子どもたち………………… 104
〈その38〉 昭和40年総理府非行意識調査…………… 106
〈その39〉 成人の日…………………………………… 108
〈その40〉 マイホーム主義──────────── 110
〈その41〉 再・青少年補導センター………………… 112
〈その42〉 中流家庭と少年非行……………………… 114
〈その43〉 青少年局そして青少年対策本部………… 116
〈その44〉 非社会的傾向……………………………… 118
〈その45〉『青少年問題』発刊15年 ─────── 120
〈その46〉 シンナー遊び……………………………… 122
〈その47〉 学生運動…………………………………… 124
〈その48〉 40年前の少子高齢化……………………… 126
〈その49〉 40年前の肥満とヤセスギ………………… 128

〈その50〉	情報化時代と青少年	130
〈その51〉	おどおどする親	132
〈その52〉	親の資格のない親	134
〈その53〉	子殺し	136
〈その54〉	遊び型非行と非社会的行動	138
〈その55〉	非行防止と地域の連帯	140
〈その56〉	家出	142
〈その57〉	少年補導センターの法制化	144
〈その58〉	自然への甘え	146
〈その59〉	ヤング・テレホン・コーナー	148
〈その60〉	塾の効用	150
〈その61〉	暴走族	152
〈その62〉	性の問題	154
〈その63〉	再び覚せい剤乱用	156
〈その64〉	お正月	158
〈その65〉	社会を明るくする運動	160
〈その66〉	文通魔	162
〈その67〉	青少年白書20年の比較	164
〈その68〉	青少年とは何歳か	166
〈その69〉	予備校	168
〈その70〉	青少年の体位と体力	170
〈その71〉	青少年国際比較調査	172
〈その72〉	青少年を非行からまもる全国強調月間	174
〈その73〉	女子非行少年の性	176
〈その74〉	女子非行少年の暴力	178
第2部の解説		180

第3部　豊かさのなかの青少年問題
―昭和55（1980）年～平成3（1991）年―
〈その75〉～〈その109〉　187

| 〈その75〉 | ディスコに出入りする青少年 | 188 |
| 〈その76〉 | 家庭内暴力 | 190 |

もくじ

〈その77〉 校内暴力……………………………………………………… 192
〈その78〉 続・校内暴力…………………………………………………… 194
〈その79〉 鉛筆が削れない………………………………………………… 196
〈その80〉 他人の子どもを叱る運動──────────────── 198
〈その81〉 「雷おやじの会」と「おやじ日本」………………………… 200
〈その82〉 青少年の性行動………………………………………………… 202
〈その83〉 有名人執筆……………………………………………………… 204
〈その84〉 冒険のすすめ…………………………………………………… 206
〈その85〉 遊び型非行の少年───────────────────── 208
〈その86〉 ポルノ雑誌自販機……………………………………………… 210
〈その87〉 少年指導委員…………………………………………………… 212
〈その88〉 臨時教育審議会………………………………………………… 214
〈その89〉 ファミコン……………………………………………………… 216
〈その90〉 いじめ──────────────────────────── 218
〈その91〉 続・いじめ……………………………………………………… 220
〈その92〉 しつけ…………………………………………………………… 222
〈その93〉 単身赴任………………………………………………………… 224
〈その94〉 朝シャン………………………………………………………… 226
〈その95〉 子どもたちの遊びと仲間関係の変化─────────── 228
〈その96〉 体罰……………………………………………………………… 230
〈その97〉 昭和末期の暴走族……………………………………………… 232
〈その98〉 平成元年のひきこもり指摘…………………………………… 234
〈その99〉 結婚できない若者たち………………………………………… 236
〈その100〉 平成元年の青少年問題──────────────── 238
〈その101〉 児童虐待………………………………………………………… 240
〈その102〉 一人前─昔と今─……………………………………………… 242
〈その103〉 ウンコ座り……………………………………………………… 244
〈その104〉 不登校…………………………………………………………… 246
〈その105〉 続・不登校────────────────────── 248
〈その106〉 高校中退………………………………………………………… 250
〈その107〉 対人恐怖とふれ合い恐怖……………………………………… 252
〈その108〉 ポルノコミック規制問題……………………………………… 254
〈その109〉 続・ポルノコミック規制問題………………………………… 256
　第3部の解説……………………………………………………………… 258

第4部　バブル崩壊後の青少年問題
―平成4（1992）年〜平成25（2013）年―
〈その110〉〜〈その180〉……………………………………………………… 265

〈その110〉	性教育	266
〈その111〉	続・性教育	268
〈その112〉	エイズ	270
〈その113〉	飲酒問題	272
〈その114〉	保健室登校	274
〈その115〉	職業選択―バブル崩壊以前	276
〈その116〉	職業選択―バブル崩壊以降	278
〈その117〉	若者のカード破産	280
〈その118〉	学校週5日制	282
〈その119〉	続・学校週5日制	284
〈その120〉	生きる力とゆとりの教育	286
〈その121〉	子どもの権利条約	288
〈その122〉	阪神淡路大震災	290
〈その123〉	オウム	292
〈その124〉	小児成人病	294
〈その125〉	やせ願望	296
〈その126〉	学習障害（LD）	298
〈その127〉	茶髪とピアス	300
〈その128〉	子育てパパ	302
〈その129〉	社団法人青少年育成国民会議	304
〈その130〉	児童福祉法改正と主任児童委員	306
〈その131〉	援助交際	308
〈その132〉	青少年の性的自己決定能力	310
〈その133〉	平成時代の覚せい剤乱用	312
〈その134〉	子どもたちの理科嫌い・理科離れ	314
〈その135〉	キレる暴力非行	316
〈その136〉	少年による特異な凶悪犯罪	318
〈その137〉	子ども会	320
〈その138〉	NPO	322
〈その139〉	男女共同参画社会	324
〈その140〉	子どもの変容	326

もくじ

〈その141〉 朝の読書………………………………………… 328
〈その142〉 学級崩壊論争………………………………… 330
〈その143〉 児童買春・児童ポルノ法…………………… 332
〈その144〉 少子化対策推進基本方針…………………… 334
〈その145〉 被害者支援センター――――――――――― 336
〈その146〉 携帯からケータイへ………………………… 338
〈その147〉 ケータイ問題………………………………… 340
〈その148〉 ケータイ文化………………………………… 342
〈その149〉 続・児童虐待………………………………… 344
〈その150〉 動物の子育て、人の子育て――――――― 346
〈その151〉 就職協定廃止………………………………… 348
〈その152〉 高卒無業者…………………………………… 350
〈その153〉 新規学卒就職システム……………………… 352
〈その154〉 目黒のさんま的自然体験活動……………… 354
〈その155〉 マークス寿子毒舌快刀乱麻―――――――― 356
〈その156〉 さらば青少年対策本部……………………… 358
〈その157〉 個性化教育批判……………………………… 360
〈その158〉 新教育観、その賛美と批判………………… 362
〈その159〉 総合的な学習の時間………………………… 364
〈その160〉 安全・安心まちづくり―――――――――― 366
〈その161〉 続・安全・安心まちづくり………………… 368
〈その162〉 少年警察活動………………………………… 370
〈その163〉 子どもの居場所……………………………… 372
〈その164〉 地域のなかの居場所づくり………………… 374
〈その165〉 大学院問題――――――――――――――― 376
〈その166〉 ニート………………………………………… 378
〈その167〉 少年警察ボランティア……………………… 380
〈その168〉 児童福祉法の改正と課題…………………… 382
〈その169〉 犯罪被害者等基本計画……………………… 384
〈その170〉 少年法改正と被害者支援――――――――― 386
〈その171〉 六次産業……………………………………… 388
〈その172〉 時空間計量犯罪学…………………………… 390
〈その173〉 反社会性の行動遺伝学……………………… 392
〈その174〉 満都の悪少年………………………………… 394

〈その175〉文化資本の格差 ————————————————————	396
〈その176〉立ち直り支援………………………………………………	398
〈その177〉続・立ち直り支援………………………………………	400
〈その178〉日本からの国際的発信をめざして…………………	402
〈その179〉若者論の現在……………………………………………	404
〈その180〉「立ち直り」ということ —————————————————	406
第4部の解説…………………………………………………………………	408

全体的解説……………………………………………………………… 418

あとがき………………………………………………………………… 426

　【文献一覧】………………………………………………………… 428
　【初出一覧】………………………………………………………… 450

第1部　戦後の終わりと青少年問題

―昭和29（1954）年～昭和39（1964）年―
　〈その1〉～〈その36〉

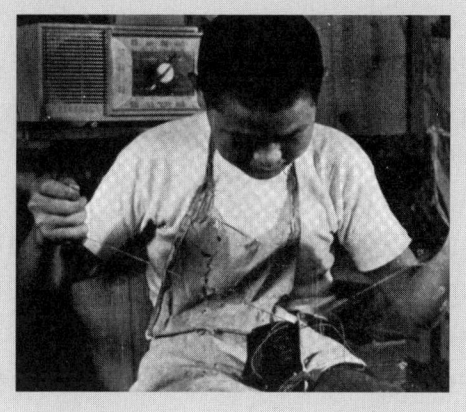

その 1 　売られていく子どもたち

　今月号（2004年1月）の『青少年問題』は第50巻第1号である。ということは、創刊号（第1巻第1号）から50年目に入った、ということである。

　西神田にある小さな間借りの事務所（現在は移転して猿楽町）には、創刊号から今日に至るまでの『青少年問題』が保存されてある。それをめくり読みしてみると、その時々の子どもたちの状況がよくわかり、実におもしろい。こんなおもしろいものを私だけが見ているのは誠にもったいないと思い、幸い50年目を迎えたということでもあり、「『青少年問題』の50年」（掲載時のタイトル）と題して、紹介させていただくことにした。

　創刊号は昭和29年7月に出された。今回採り上げるのは、その創刊号の「年少者の不当雇用慣行－東北地方実態調査の結果－」（石田康夫、41－44頁）である。少し長くなるが、引用してみたい。

「最も大きな関心事は、これら東北地方の不幸な年少者を取り囲む特殊環境がもたらす、不当雇用への必然性ということである。」
「農業とは言っても、多くの家族を養うには余りに収穫の少ない痩田や山間の田圃や開拓地に、おばあさんから孫まで一家総出ではげしい労働を続けなければ食えない状況……。日雇業と言えば、耕す土地もなく、取り入れる一束の稲もなく、他所の農家の日雇いとなって、漸く食べているが、一旦農繁期をすぎるともう仕事はなく、失業対策事業地帯さえ遠くて通われず、あぶれては騒いでいるニコヨンの身分が羨ましいといった実情……。」
「このような環境に育った子供達は、多く義務教育を終えることもできずに、年上の子供から順次に口べらしのために売られていかざるを得ない。必ずしも悪質な周旋人が介在しているわけではない。労働力の過不足の流れは必然的にこれらの年少者の取引となり、そこからその子供達の新しい苦労が始まる。」
「賃金も雇用期間も何を聞いても、年少者自身は知らない。全て大人対大人の契約によって大人から大人へと渡され、年少者は黙々と従順に果てしない『親

孝行』をしているまでである。」

「借金は多く前どりされ、次々に親の無心によって借金は殖えるし、年期は際限なく延ばされる。雇用経路も全て親達の縁故によって行われ、ひいてはこの縁故者に対する安心感と恩義感は益々これらの雇用をして封建的なものならしめている。」

　昭和20年代後半の頃、東北地方の子どもたちがいかに過酷ななかで生きていたか、ということがよくわかる。貧しさのなかで、口減らしのために、義務教育の終了を待たずに、ということは13－15歳にして、男の子も女の子も売られていくのである。

　にもかかわらず、子どもたちは、自分を売った親を恨むことはない。家にいては食べていけないことを、自分が働きに出なくてはならないことを、身にしみて分かっているからである。それは親孝行であると同時に、幼い弟や妹への想いでもある。また、自分を活かす道ですらあった。

「口べらしされる彼等にとって高邁とさえ思われるような人権思想のお説教をしたって何の価値があるであろうか」と、筆者の石田氏が書いているとおり、理想や正義が通る時代ではなかった。だからこそ、人々は豊かな生活・社会を目指して、それこそがむしゃらに働いたのである。そして働いた結果、日本は世界でも一級の豊かな社会となった。この豊かな社会は十代前半で口減らしされた子どもたちの世代が築いたものである。貧しさのなかで貧乏がいかに残酷なものであるか実感した子どもたちの血と涙の結晶として築かれたのが、今日の豊かさである。

　ところが、今の私たちは豊かな社会にどっぷりと浸かり、「喉元すぎれば熱さ忘れる」の例えどおり、豊かな社会が当たり前のことと思い込み、そのありがたさを忘れてしまっている。口減らしの子どもたちが築いた豊かな社会を台無しにしてしまっている。少なくとも、この豊かな社会をうまく使いこなしてはいない。豊かな社会での青少年問題がこうして出現する。残念なことである。

その 2　昭和27年度の長期欠席児童生徒

　前回は口減らしのために売られていく子どもたちについて書いた。同じ号に「公立の小学校、中学校における長期欠席児童生徒について」（鈴木英市、『青少年問題』創刊号（昭和29年7月）45−58頁）という論文がある。
　これは文部省調査による昭和27年度の長期欠席（50日以上の欠席。なお現在は30日以上）の小学生・中学生に関してのデータを基に、子どもたちの状況を述べたものであり、前回の記述をデータで裏付ける内容である。さっそく紹介してみたい。

　昭和27年度長期欠席小学生は男子で1.4％、女子で1.5％、中学生では男子で3.7％、女子で3.9％となっている。男子より女子のほうがやや比率が高い。また、中学生では小学生の3倍近くとなっている。いずれにせよ、現在不登校が問題となっているが、小学生・中学生ともに、今以上の比率である。
　これを都道府県別に見ると、小学生では2％以上の都道府県は、①千葉（2.6％）②岩手（2.4％）③奈良（2.4％）④大阪（2.1％）⑤徳島（2.0％）となる。中学生で5％以上の都道府県は、①青森（10.6％）②大阪（7.2％）③岩手（7.0％）④千葉（6.6％）⑤奈良（6.2％）⑥高知（5.9％）である。おしなべて、小学生の長期欠席率が高い都道府県では中学生のそれも高い。青森県では中学生の10人に1人は長期欠席生徒ということになる。異常な比率である。
　欠席理由別を見ると、小学生では「本人の疾病異常」が男子で43％、女子で40％と極めて高い。そしてそのうちの3人に1人は肺結核である。中学生になると「本人の疾病異常」は男女ともに17％と下がるが、欠席日数は240〜249日に集中する。つまり、1年間ほとんど欠席という状態に中学生の疾病は悪化しているのである。
　「家庭の無理解」「家族の疾病異常」「教育費が出せない」等の家族の問題で長期欠席した児童生徒は、小学生男子で37％、小学生女子で47％、中学生男子で58％、中学生女子で69％である。小学生男子では長期欠席児童生徒の10人に4

人が、小学生女子では10人に5人が、中学生男子では10人に6人が、そして中学生女子では10人に7人が、家庭の事情でやむを得ず長期欠席しているのである。現在の不登校とは全く異なる長期欠席状況であることがよくわかる。

「本人の疾病異常」以外の内実を今少し詳しく見てみると、大半の子どもたちが何らかの形で働いていることがわかる。

そこで「家業（事）手伝いの者」「事務所へ勤めた者」「その他」に分けてみると、小学生男子では「家業（事）手伝い」が58％、「その他」が40％、小学生女子では「家業（事）手伝い」が72％、「その他」が26％、中学生男子では「家業（事）手伝い」が69％、「事務所勤め」が13％、「その他」が18％、中学生女子では「家業（事）手伝い」が75％、「事務所勤め」が13％、「その他」が11％となっている。

「家業（事）手伝い」とは具体的には、小学生の女子では「留守番、子守、看病」等が多くみられ、中学生になると、家業である「農業、漁業、林業、行商・露天商の手伝い」となる。「事務所勤め」では、「女中、小使、雑役、大工、工員」となる。

そして欠席日数も240～249日に集中している。つまり学校に行かず、のべつ働き続けているということである。

以上の記述は昭和27年のデータであるから、今から60年ほど前のことである。この頃は、家が貧しいばかりに、働かなくてはならず、学校に行きたくてもいけない、といった子どもたちや、病気に侵されて学校に行けない子どもたちが、いかに多くいたことか。こうした事実はとかく忘れがちである。肝に銘じて覚えておく必要があろう。

なお、上記「その他」の2割ほどの生徒児童に長期欠席の理由として「遊興」がある。わずかではあるが、この頃でも遊びほうけて学校に行かなかった子どももいたのである。

その 3　学童のイカ釣り

　前回のデータから、昭和27年度長期欠席児童生徒の過半数は働いていたことが判明した。当時の長期欠席児童生徒とは、働くために学校を長期に休まざるを得ない子どもたちだったのである。今回紹介する記事は、そうした子どもたちの一つの事例である。
　「今年も続く学童のイカ釣り」（北海道青少年問題協議会、『青少年問題』第1巻第4号（昭和29年10月）50－55頁）には、男の子たちの過酷な労働が描かれている。

　論文は、「7月上旬からはじまるイカ漁に備えて、北海道後志、檜山、渡島（道南）沿岸一帯の漁村はいま出漁に忙しい」という文で始まる。このイカ漁の時期、沿岸一帯の各学校は長期欠席児童生徒の問題に直面する。子どもをイカ釣りに出している親には、子どもとはいえ立派な働き手であり、子どもの収入をあてにせざるを得ない実情がある。こうして、村によっては男子中学生の80％がイカ釣りに出かけることになる。
　ここで、イカ釣り児童生徒の出漁状況を引用してみる（一部句点等修正）。

「午後5時前後に乗船、出発。」
「船の持ち場は船首の最もゆれる水面から最も高い非能率的な場所につく。従って一艘で2人の児童が乗り込む。〈よいイカ〉の群来るときは目覚ましい活躍ぶりをみせ、実に勇壮であり、技術も相当である。」
「閑散になると（午後9時頃）ゴロリと持ち場でイカに埋もれて眠り込んでしまう。」
「午後11時頃、一度上陸。一眠りして、午前1時半頃再び出発して、〈朝イカ〉に備える。」
「津軽海峡の沖合遙かに出るのだが、潮の流れが強いので、幾百艘の発動機船は終夜エンヂンをかけ放しで、流れに抗する上に常に船相互の接触等さけて高速力で移動するので、船の動揺は実にはげしい。」

「ゴム合羽で全身を包むが、催眠と冷えは（全身にイカ釣り上げの際、海水を浴びるので）相当なものである。」

「朝5時半頃上陸だが、その後登校までの2、3時間を一眠りする児童は稀で、殆どがそのまま朝食を済ませ、漁獲物の始末を家内中で済ませて、登校する。」

「1人1人下船の折調査した結果としては、苦痛を訴えるものはなく、『大したことはない』といっていた。」

「払暁の旭光をあびて、一斉に白波を蹴立てて漁港に帰還する大船団、いそいそとして出迎える家族、迎えられる夫、兄、弟の笑顔、相援け合って引き上げるまでの情景は世にも逞しく美しいものである。」

　以上であるが、この文章から、私はむしろ子どもたちの逞しさと家族の一体化を読みとってしまう。

　夕方の5時から登校するまでの中学生の過酷な労働は、当時としては大きな問題であったし、また今でもこのような状況は当然問題である。これでは長期欠席せざるを得ないであろうし、学校に行ったとしても居眠りで勉強どころではなかったであろう。

　しかしそれでも、「〈よいイカ〉の群来るときは目覚ましい活躍ぶりをみせ、実に勇壮であり、技術も相当である」子どもたちの逞しさや勇壮さ、そして「苦痛を訴えるものはなく」「大したことはない」と言う子どもたちの忍耐力は、羨ましいかぎりである。今の子どもたちにそうしたものがほんの少しでもあれば、と思ってしまう。

　また、「いそいそとして出迎える家族、迎えられる夫、兄、弟の笑顔、相援け合って引き上げるまでの情景は世にも逞しく美しいものである」という記述には、今では失われてしまった仕事をとおしての家族の一体性が如実に表わされている。確かに過酷な労働ではあろうが、この子どもたちは自分の居場所をきちんと確保しているし、家族にとって自分が必要な存在であることを、日々実感し得ている。

　このように考えてみると、当時のイカ釣りの子どもたちと今の子どもたちのどちらが幸せなのか、迷ってしまうのである。

その4　売られていく秋田の娘たち

　前回は長期欠席児童生徒の例としてイカ釣りをする男の子たちの記事を紹介した。今回は女の子たちのことを紹介する。「売られゆく秋田の娘たち」（小島政見、『青少年問題』第1巻第6号（昭和29年12月）43−48頁）である。

　奥羽山脈の山ひだに点在する零細農家では、冷害凶作時にしばしば娘を売る。去年（昭和28年）の冷害時にはこの地帯から217名に上る身売り事件が摘発された。起訴を担当した検事官は次のように発言する。
「公判で証人訊問してみると、被害者である親と子は、口を揃えて、食う物も着る物もなく病気治療の金もないほど、目の前の生活苦を述べて、身売りの外に飢えをしのぐすべがなかったという。そして周旋人を恨むどころか一家の苦境を救ってくれたと感謝している。弁護人はまた娘を買うものがいなければこの親子は餓死した筈だと主張する。」
「これに対して検察側は一時的な生活苦に代えた貞操の貴さや、実を売ることの背徳不倫を論ずるけれど、われながら自分の言葉がセンチな空論に響き、どうしても現実ばなれしている感じを否めなくなる。結局、目の前に迫った生活苦を社会的に保証しない現実が、悪人の弁解に材料を提供してこれを有利にしてしまう。」

　小林某は27年3月頃より10月頃までの間に、25人の娘たちを、「良家の女中や織物工場の女工に斡旋してやると偽り、前借2万円から10万円を貸付け、1人7千円から1万円の紹介手数料をとって、浜松市の特飲店や芸妓屋へ周旋していた」という。売られた娘たちの事例は次のようである。
「宮子（16）の家は4反5畝の田と四畝の菜畑で11名の家族を抱え、正月を迎えて食うに困っている。そこへ現れた小松から日に千円にもなって、好きな着物も着られると持ちかけられ宮子は、女中として3万円の前借で売られたのである。現地では一緒に売られた夏子（18）と共に、売春を強要され遂に病を得

た。」

「幾子（13）は、樺細工の手職一つで一家7人を養う父がその罪を購う3万円の保釈金を得るために売られ、浜松においては学校は午前中で早退させ、午後は虐待に耐えながらお稽古させられていた。」

「由美子（12）は、美貌を買われて8万5千円、姉の時子（14）は3万円で売られ、両親はその金で家を改築した。またある母は姉（20）を10万円、二女（18）5万円、三女（14）を3万円で売り、自分はその金を持って情夫と行方をくらました。光子（16）は小松に売られてパンパンに転落した。」

「こうして売春街に連れ出された娘たちは、低年齢の者は地獄のような現実になじめず、故郷に救いを求める者も稀にはあるが、多くの場合は親元の生活苦を知っているため自己の運命を諦め、或いはずるずると前借を楯にした強制に屈して売淫させられる。」

ある弁護士は、「女たちの生活には全然拘束がなく、夜の勤めさえ真面目にやってゼイタクをしなければ短期間のうちに前借は払えるし、貯金すらもでき、まとまった財産をつくった者もいる。拘束がないから帰ろうと思えば何時でも帰れるが、私の会った女たちは再び親元の悲惨な生活に戻りたいという者はなかった」という。

また、ある検察官は、「あの世界の空気は阿片みたいなものだ。一度吸い込んだ者は真面目な生活に帰ろうとしない。問題は事件以前の防止策で喰い止めなければ余り効果は望まれない」という。

60年ほど前の売られていった娘たちの情景、いかがでしたか。執筆者の小島氏は当時、秋田県の民生部長。最後に氏は、「この3年間、身売り防止に取り組んで精一杯歩き続けてきた県青少協のわれわれは、わが足取りを振り返って、その力なさを省みざるを得なかった」と述べている。

売春する少女が悪いのではなく貧困こそが悪……そうだったはずなのだが……豊かになった今でも、未だに少女の売春は続いている。

その 5 　ある中学生の桃色事件

　今回は、今でもあるような、そんな出来事の紹介。「〈事例研究〉ある中学生の桃色事件」（石原登、『青少年問題』第 1 巻第 6 号（昭和29年12月）54－59頁）を採り上げる。

　一昨年（昭和27年）のこと、「或る競馬場の近くの農村で、中学 2 年生のA子という一少女が、学校を休んでは厩舎へ遊びにゆき、初めは強姦されたが、其の後数回に亘って自ら進んで馬丁達に弄ばれいていた」。この少女は、学力は低い方だが落ちこぼれではなく、身体も健康、性格も普通、両親は揃っており、生活も中流、兄姉等も真面目に働いており、家族からの少女に対しての非教育的な扱いもなかったという。

　筆者の石原氏は、このように述べる。
「こんな事件は、戦後至る所に起こったあまり目新しくない出来事で、誰でも自分の身辺にこれに似た 2、3 の事例を思い起こされるであろう。なぜこのようなあり触れた事例を選んだかというのは、今迄の事例研究には甚だしく破壊された家庭環境や、明らかな非教育的取扱等が記されている場合が多いので、私は此の事例を通じて一見普通平凡な家庭に育った、普通平凡な児童の場合にも幾多の教護的観点が存在することを指摘して見たいと考えたからである。」
　こう記したあと、石原氏は少女の「不良化の原因」を列記する。
「①戦後の社会的雰囲気が、性行動の誤れる解放感と、性的刺激に満ち満ちていること」、「②田舎の競馬場であるから、競馬や競輪の行われない時は、人影も少なく、桃色行動に便利であること」、「③馬丁達は、諸所の競馬場を移動して歩くので、土地に固着したものでなく、従って責任感が薄いこと」、「④農村のこととて、周囲も両親も教育的関心が甚だ薄かったこと」、「⑤農家であるので夜まで家族が留守であったこと」、「⑥A子は、いわゆる肉感的、即ち男から誘惑され易い風貌体格態度であったこと」、「⑦安定感が欠如していたこと」、「⑧生活に律動性が欠けていたこと」、「⑨愛情的、社会的、精神的栄養が欠如

していたこと」、「⑩自信と興味が欠如していたこと」、以上である。

　また、⑦では、「特に桃色事件では、淋しさという言葉で表される不安定が重大な原因をなしている場合が多いように思われる」と述べ、「両親はA子の行動に無関心であり、兄も姉も働きに出て夫々自分達の生活に没頭し、家へ帰っても家族はいないし、夕方遊びに出ても、叱って貰えなかった」、「また学校でもA子はあまり目立つ生徒ではなかったので、先生からも大して注意されず、同級生の中にあっても一緒に遊ぶこともなく、常に孤立していた」と述べ、⑨でもA子の孤独さが述べられ、⑩では、「学校でも家庭でも愉快なことは何もなかったのである。そこで馬丁達と遊ぶことは、唯一の愉快であったに違いない」と考察する。

　石原氏は論の最後として「家庭に望みたいこと」「社会に望みたいこと」を述べている。

　家庭に望みたいことでは、戦後の民主主義社会で、「親達の中には、此の自由の掛声に恐れをなし、自分の子供達に少し位の非行があっても、放置しておかなければいけないと考えているらしい人が見受けられる」、「恐るべきことは、自由という言葉に眩惑して、無責任と放任に堕することである」と主張する。

　社会に望みたいことでは、戦後における児童への愛護と甘さとの履き違いを述べ、「甘さのみがあまりにも強調されたために、児童は社会秩序の権威を感じなくなった」、「人権とは児童がどんな不良行為をしても叱った成人が罰せられることである、と信じている」と論じる。

　以上、内容を紹介してきたが、今現在の事例といっても見分けがつかないことであろうし、さらにその事例に対しての考察は、とても60年前のものとは思えないほどに、現在的である。

　貧困、飢え、崩壊家庭、覚醒剤、愚連隊といった当時の問題状況の陰で、あまり社会的に取り上げられなかった、当時としてもごくありふれた問題状況が、現在に至るまで綿々と続いていると言えるであろう。

その 6　悪質流行歌の追放

「最近お富さんという実に奇怪な歌が全国を風ビしている。これを"お富さんブームの秘密を探る"とか"つまりカブキとジャズの共存でアル"などと笑ってすませるほど問題は簡単ではないのだ。これがせめて大人だけの間で歌われ、それも宴会の席ぐらいですまされているのなら、なにもことをあらだてていう必要もないのだが、この歌が小、中学生はおろか、幼稚園のこどもたちにまで歌われていると聞いては放っはおけない。そしてことはあまりにも重大ではないか。」

この文は、『青少年問題』第2巻第4号（昭和30年4月）に掲載された投稿原稿「悪質流行歌を追放しよう」（牧野和春、56頁）の一節である。

確かに「奇怪な歌」であった。「イキなクロベエ　ミコシのマーツに　アダナスガタのアライガミ……エエサオー　ゲーンヤーダーナー」と、当時、まだ小学校に入る前の私は、ほとんど意味もわからずに大きな声で歌ったものである。「幼稚園のこどもたちにまで歌われていると聞いては放っはおけない」という指摘に、まさに当事者であった私としては、恐縮せざるを得ないのであるが、親に「歌ってはいけない」とたしなめられたこともないし、また、子どもが歌ってはいけない歌とは思ってもいなかった。恥ずかしながら、今回、本稿を執筆するにあたり、昔の『青少年問題』をひもどいてみて、初めて知った次第である。

「3年ほど前同じように全国に流行し、こどもたちにまで歌われた歌が、芸者ワルツや炭坑節であったことと思い合わせるとゾッとせずにはおれない」と、論は続く。そして、「世論の力を信じて悪質な流行歌の追放運動を実際に展開すべきときだと、ふたたび強調しておきたい」と、論を結んでいる。

「炭坑節」は、子どもの頃の盆踊りの定番であった。他の踊りは難しくて踊れない子どもたちも、この炭坑節だけは踊れて、炭坑節の曲がかかると、踊りの輪がとたんに大きくなったものである。そういう私も、炭坑節だけはよく踊っ

た。
「芸者ワルツ」はオヤジがよく歌った歌だ。オヤジは極度の音痴で、歌える歌が二つしかなかったが、そのうちの一つがこの芸者ワルツであった。

　同じ巻号に「子どもに聞かせたくない不良歌謡曲一覧」(61－63頁)というのがある。そこには、「ラジオ東京が要注意歌謡曲として放送上特別の取り扱いをしているもの」として、上記の歌以外に、「こんな私じゃなかったに」「トンコ節」「僕はバイトの大学生」「野球拳」「セ・シ・ボン」等、50数曲が載っている。
「流行歌」とか「歌謡曲」とか、今では死語となりつつある懐かしい言葉であるが、それはともかくとして、概してお座敷小唄系が多い。歌手としては、久保幸江（9曲）、神楽坂はん子（8曲）、宮城まり子（7曲）が多い。なお、「野球拳」は、歌詞自体からは何故問題であるのか理解不能である。お座敷でこの歌がどの様に歌われるかを知って、初めて問題となる。「セ・シ・ボン」は、歌詞の問題ではなく、歌い方に問題があるという。そう言われてみれば、そんな気もする。

　60年近く経った今からすると、実にたわいのないことのように思われる。その後20年ほど経った頃には、中学生の女の子が「あーなたが望むなら　わたし何をされてもいいわ」と歌い出すのである。昭和30年当時もしこんな歌があったとしたら、人々はおそらく肝を潰したことであろう、そして大問題になったことであろう。
　しかし、昭和30年頃の人たちの性に対する意識は大げさであり、さほど問題でもないことに過剰に反応していた、とは一概に言いきれない。もしかすると、現在の私たちの性に対する意識が鈍感になりすぎたのかもしれない。
　もし上記の歌をカラオケで歌うことがあったならば、そのときは、この一文を思い起こしていただきたい。「自分は今、不良歌謡曲を歌っているのだ」と。

その 7 ヒロポン（覚せい剤）の時代

　昭和20年代後半当時、最大の青少年問題の一つが覚せい剤問題であった。『青少年問題』でも、青少年の覚せい剤使用は大きな問題として採り上げられている。

　第1巻の第2号と第3号（昭和29年8、9月）では、青少年の覚せい剤問題で「〈座談会〉覚せい剤禍をめぐって」（9－24頁、42－51頁）が組まれている。そして第2巻の第5号（昭和30年5月）は覚せい剤の特集号となる。
　まず、厚生大臣でかつ覚せい剤問題対策推進中央本部長である川崎秀二氏の「覚せい剤問題について」（6－7頁）、次いで「ヒロポン中毒の治療対策」（竹山恒寿、8－12頁）、「悪魔の薬は跳梁する―覚せい剤問題の核心をつく―」（丸山仁、14－24頁）、「事例研究　覚せい剤中毒におかされたA少年の場合」（最高裁判所家庭局、26－33頁）、「春おとづれて―覚せい剤におかされた一少女の手記―」（高瀬陽子、42－47頁）、「覚せい剤問題対策推進本部を設置」（厚生省、48頁）、「ヒロポン追放運動のP・R―ヒロポン追放大阪市民運動―」（矢内正一、54－55頁）、「東京都覚せい剤対策本部の設置について」（東京都、56－57頁）、「石川県の覚せい剤防止対策協議会の動き」（石川県、58－59頁）、「国民の関心は高まる―覚せい剤認識に関する世論調査の結果について―」（内閣総理大臣官房審議室、60－64頁）と、誌面の大半が覚せい剤関連記事で埋め尽くされている。

　覚せい剤とは、薬品名「フェミルアミノプロパン」「フェミルメチルアミノプロパン」のことである。そのうち後者は、明治21年日本の長井博士によって合成されたものである。この薬は鬱病の治療薬として開発されたもので、実際、鬱病患者に投与され、かなりの効果をもたらしたと言われている。
　大正年間に入り、この薬は市販されるようになる。つまり、町の薬局で購入することが可能となったのである。その際、購入者は鬱病患者だけではなかった。眠気を覚ます・気分を爽快にさせるという薬理作用は、なんでもない人た

第1部　戦後の終わりと青少年問題

ちにも十分魅力的なことであった。受験生、学生そして研究者などに人気があったという。

　戦時中は、軍事物資として大量に生産された。俗に「突撃錠」などと言われ、見張り、斥候、ゲリラ戦、突貫工事などに使われ、実に重宝な薬であったという。

　戦後、この薬が闇物資として大量に流出し、戦時中に使用経験のある若者が使用し始め、昭和20年代にかけて、全国の若者層に浸透していき、ここに至って大きな社会問題となったのである。

　政府は最初、薬事法にて規制し、さらに毒物劇物取締法にて規制したが、乱用はいっこうに収まらず、昭和26年、覚せい剤取締法を制定するが、やはり乱用に歯止めをかけることができず、昭和29年そして30年に法改正を行い、ようやくヒロポン乱用時代に終止符を打つことができた。ちなみに「ヒロポン」とは大日本製薬の覚せい剤の商品名である。

　覚せい剤は、「ヒロポン」「ポン」と呼ばれた時代から「シャブ」「ユキネタ」「ガンコロ」と呼ばれた時代を経て、近頃では「スピード」「S」とも呼ばれている。

　しかし、覚せい剤の薬理作用は変わるものではない。眠気が覚め、気分が爽快になるという効能の裏には、確実に身体をむしばむという作用も持ち合わせている。また、今も昔も変わることなく、金ほしさの非行に走り、家族を犠牲にし、そして幻覚・幻聴を引き起こす、という破壊性を持ち合わせているのである。

　そしてさらにまた、覚せい剤問題は青少年問題であること、覚せい剤の常用は多くの非行・逸脱行動の一環として引き起こされること、そしてその背後には、家庭の問題、社会風潮の問題が潜んでいること、覚せい剤乱用は本人のみならず家族までも被害に巻き込むということ、等、今も昔もいっこうに変わりない。要するに、青少年の覚せい剤問題は、ある一貫性をもった、まさしく古くて新しい問題なのである。

その 8 　60年前の男子大学生の性意識

　『青少年問題』の創刊号から第13巻第12号に至るまで「時評」という欄があった。これはその後の「巻頭言」に近い内容と性格を持ったものであった。
　第2巻第11号（昭和30年11月）の「時評」は「学生の性意識から」（渡辺智多雄、4－5頁）というものである。そこでは60年ほど前の男子大学生の性意識に対しての批判が、このように書かれている。

「こないだ、男女の大学生数人の『大学生と性問題』という座談会をきく機会があった。（略）そして男の子全部が、自分らの童貞とか純潔とかいうものには、ほとんど価値をみとめていないと口をそろえていっていた。」
「経験なしでは不安で結婚生活にはいれない。（略）そこで彼らは買春によって体験し、そして妻をリードする自信をもつのだという。ここまでくると、もう語るに落ちるのである。」
「それよりもおどろいたことは、体験を求めて処女と交わることには、なんとなく罪悪感を感じるが、買春することについては、いささかも心にひっかかるものはないと、断言していることだ。」
「人間冒とくを感じないかという質問にもまったく不感症であった。」
「生物学的な男性の生理を機械的に処理するために、金で売るものを金で買うことになんのむじゅんも不合理もないというのである。この社会に生きるかぎり、この社会が必然に生んだものをそっくり受けとるよりほかはないともいった。そういうものをいちいち否定してかかったら、現代社会そのものを否定しなくてはならない。それは結局自分自身を否定することになろう。なぜならそれでは自分が生きていけないのだからと釈明するのだった。」

　筆者の渡辺氏（執筆時、読売新聞社出版局図書編集長）は、こうした男子大学生を嘆いているのであるが、現在の青少年たちの意識をもし渡辺氏が知ったならば、いったい何と思われることであろうか。

今の男子大学生たちは、60年前の彼らよりも、買春することに対しては、それなりに心にひっかかるものを持っているように思われる。少なくとも、「いささかも心にひっかかるものはない」とは断言しないであろうし、また、「人間冒とくを感じないかという質問にもまったく不感症であった」ということはないはずである。したがって、このことに関しては、渡辺氏は「いくらかはよくなった」と、喜ぶことであろう。

ただし、「処女」「貞操」「操」「純潔」などという言葉が死語化しつつある現在、男子大学生が自分らの童貞に価値をみとめていないのと同じくらいに、女性の「処女」や「純潔」にも価値を認めていないであろう。そしてこのことは、渡辺氏を嘆き悲しませることであろう。

しかし、それよりも渡辺氏を嘆き悲しませるのは、若い男性の変化ではなく、若い女性の変化ではないだろうか。

女性自身が、しかも18歳未満の女性自身が、「処女」や「貞操」や「純潔」を認めず、好きになれば結婚など関係なくセックスしてしまう実状を、さらに、気が合えば遊びであってもセックスをしてしまう実状を、「モトカレ」「イマカレ」「ヨビカレ」「ベツカレ」がいて、いずれともセックスしている実状を、そして「素人」の女の子が「援助交際」と称して売春する実状を、渡辺氏が知ったなら、いったい何と思うことであろう。

「この社会に生きるかぎり、この社会が必然に生んだものをそっくり受けとるよりほかはない」、「そういうものをいちいち否定してかかったら、現代社会そのものを否定しなくてはならない。それは結局自分自身を否定することになろう」。

このセリフ、今では男ではなく、女の子が言いそうなセリフである。渡辺氏がご存命でないことを願わずにはいられない、そんな実状である。

その 9 | **子どもを追い出す家屋構造**

　今回も「時評」から。
『青少年問題』第2巻第12号（昭和30年12月）の「時評」に「日本の家屋構造から」（阿部真之助、4－5頁）というものがある。読んでいて実に興味が湧いたので、今回はこれを採り上げることにする。

「建築学者の話によると、これまで家屋の構造は、一家の主人公本意に設計されてきたので、そのため家族は主人の犠牲にされ、極度に不自由な生活を強いられてきたというのである。いわれてみればその通りで、居間、書斎、応接間などの、主要部は全て主人の領分であり、妻は薄暗い台所の隅で、朝から晩まで不自由しながら、アクセクと、立ちはたらいていなければならない。子供たちに至っては、全くその存在が無視され、居るべき場所が与えられず、家の都合次第で、小机を抱えて家中をウロウロ移動しなければならない有様なのである。」

「世間なみの家に住んでも、日本の家にはこのような欠点を、在来的に持ち伝えているのである。ましてこの頃のように、家がないばかりに、一部屋に二家族も同居しているところでは、親たちもさることだが、子供のみじめさは、想像を絶する。朝になり親たちが稼ぎに出かけた後は、それこそ言葉通り完全に、監視なくして、子供たちが街路になげ出されてしまうのだ。このような状態の下で、いくら青少年の不良化防止を叫んでみても、犬の遠吠えでしかないであろう。」

「かくみてくれば住宅問題の解決は、ただ単に気の毒な人に雨露をしのぐ場を与えるというだけの事ではない。日本の次の代を善くするか、悪くするかにかかわる問題なのである。」

　いかがであろうか。かなり違和感を覚えた方がいらっしゃるのではないだろうか。

今では、「極度に不自由な生活を強いられて」いるのは亭主であり、キッチンのみならず、ダイニングルーム、バスルーム等、家の主要部は全て女房の領分となり、亭主は狭いトイレの中だけが心の安らぐ場となっているのではないだろうか。

子どもたちに至っては、鍵付きの自分の部屋を持ち、治外法権さながらに許可なくして親の出入りを許さず、家中を我が物顔で占領し、父親は「亭主元気で留守がいい」と言われつつ、新聞を抱えて「家中をウロウロ移動しなければならない有様」なのではないだろうか。

「親たちもさることだが、子供の」図々しさは「想像を絶する」。「朝になり親たちが稼ぎに出かけた後は、それこそ言葉通り完全に、監視なくして、子供たち」は学校に行かず、家は仲間の溜まり場と化し、酒たばこのみならず、挙げ句の果てには性的乱交と薬物の乱用が始まる。「このような状態の下で、いくら青少年の不良化防止を叫んでみても、犬の遠吠えでしかないであろう」。

時代は変われば変わるものである。60年前の子どもたちは、親に邪魔と言われ、家から追い出された。そこで、子どもたちは夜遅くまで外で遊んだ。学校が終わってもなかなか家に帰らず、〈帰宅拒否児〉も多かった。

ところが、今の子どもたちは、家から追い出されることもなく、家の中に一日中いる。「不登校」「ひきこもり」と家から出なくなる。自分の部屋に閉じこもり、衣食住のすべてを親に要求し、生き続けることすら可能となった。また、どんなに素晴らしい家屋構造であろうと、ムカつけばふいと家を飛び出し、楽しみを求めて街中をさまよう。

住宅事情は改善されたものの、阿部氏の意に反して逆にその改善がまた別の問題を導いているのである。

単純明快な解決策が見い出しづらい、いやはや、難しい時代になったものである。

その 10 　青少年問題の新旧

　昭和31（1956）年、青少年問題は大きな変化を迎えた。それはひと言でいうならば、旧青少年問題から新青少年問題への時代的転換である。

　この随筆も今回で第10回を迎える。第1回から第9回までの青少年問題は、売られていく娘の問題、長期欠席児童生徒の問題、青少年の過酷な労働問題、貧困問題、住宅問題、そしてヒロポンの問題等、貧困と戦後の混乱を根底としての青少年問題であった。

『青少年問題』第3巻第3号（昭和31年3月）にあっても、特集は「長欠児童生徒対策」であり、戦後混乱期の青少年問題がなおも続いていることがわかる。ところが、「〈時評〉愛情という毒薬」（阿部真之助、4－5頁）では、現在の青少年問題の萌芽とも言えるような内容が記されている。

「この2、3日の新聞は、入学試験を前に、過度の勉強をしすぎたため、自殺を遂げ、また自殺をはかった青少年の記事が、つづけさまに出ていた」という書き出しで始まる。

　ここではすでに、その後の青少年問題、しかもつい最近まで綿々と続いていた青少年問題である、学歴社会、受験地獄、偏差値教育が、出現していることがうかがえる。いや、うかがえるどころか、すでに自殺者を出すほどの問題と化していることがわかる。

　識者たちは「近頃の子どもは、勉強、勉強でゆとりがなくなってしまった」と、つい最近出現した現象のように言っていたものであるが、とんでもない、今から60年近く前から、既に「勉強」という重荷・圧迫を青少年は受けていたのである。

「私のみるところでは、問題の本質は青少年にあるのではなく、その両親の心様にあるようである。新聞写真によると、入学願書を出すにも、早朝から親たちがつき添って、出かけている。まるで出征兵士を見送るような騒ぎである。

試験の当日になれば、騒ぎはもっと大きくなる。用もないのに学校に出向き、校庭でウロウロしながら、神や仏に祈願をするという有様だ」と、論述は続く。

大学受験に付き添う親や入社式にまで出向いていく親が問題となり、その延長として、親離れできない子ども、子離れできない親が問題となり、「冬彦さん」という流行語まで生まれたのは、この論述のずっと後のことである。

ここでも、親離れできない子や子離れできない親は、ごく最近のこととして当時識者たちは扱っていたが、昭和31年には既に問題の指摘がなされていたことがわかる。

さらに論述は、「先日送ってきたポン中毒療養所のパンフレットによると、盲目的溺愛者の子に、ポン中毒者が多く、全癒した後に再発するものも多いと報告してあった。親の愛情に甘え、野放図になるのもあれば、親の愛情が荷いきれず、自暴自棄になったものもあるであろう。これと同様に、親の溺愛が青少年を、不良化する場合も少なくないようである」と続き、「親の愛情ほど有難く、尊いものはないが、これを悪用すれば、毒薬となる。世に溺愛ほど無慈悲の親はないようである」と閉じている。

ここでは過保護の親そして期待過剰の親の問題が指摘されている。非行の原因として過保護がマスコミで話題化されたのは昭和も50年以降のことである。また、期待過剰の親への反抗としての家庭内暴力が爆発的に出現したのも50年以降のことである。

以上、こうした後々の青少年問題の萌芽をこの「時評」は、既に昭和31年に指摘しているのである。

我々は青少年問題や少年非行の変化をここ5、6年の間隔で考えがちであるが、ここより、50年、100年といった長い期間で考えていかなくてはいけない、という教訓を得ることができる。

問題化はある日突然に起こる。それはマスコミがこぞってある事象を「問題だ」と指摘するからである。しかし、その事象は時代のなかでじわりじわりと増幅し続けていたことを自覚しなくてはならない。

その11 今日的青少年問題現象・要因の出現

　前回、昭和31（1956）年は旧青少年問題から新青少年問題への時代的転換点であった、と記したが、まさに、昭和30年代の初頭は新しい青少年問題の噴出した年であった。

　『青少年問題』第3巻第12号（昭和31年12月）の「時評」は「太陽族を嫌うな」（金久保通雄、4－5頁）と題して、「ことしの青少年問題は、太陽族の問題に終始したといえる」と、書き出している。
　続けると、「石原慎太郎という学生作家が書いた『太陽の季節』という小説が、芥川賞をもらい、映画になったので、ジャーナリズムが、この作品に描かれた青年たちの行動を、こんにちの青年のモラルと結びつけて問題にしたことから、太陽族の問題が社会問題として、おおきくクローズ・アップされた」という。
　問題化は小説以上に映画に集中した。「太陽の季節」「処刑の部屋」「逆光線」といった一連の太陽族映画が上映され、マスコミが騒ぎ、慎太郎・裕次郎という若者のヒーローを生み出したのである。
　しかし、昭和30年代初頭は、それだけでなく、「深夜喫茶」「カミナリ族」地域暴力非行集団という青少年問題にも遭遇した。
　深夜喫茶でマンボを踊り狂う若者たちは、その後、ゴーゴー喫茶、ディスコ、クラブと名前は変わるものの、本質的には全く変わりない、いわゆる「軽薄なイカレタ若者たち」として脈々と受け継がれている。また、カミナリ族はその後の暴走族へと受け継がれていく。なお、地域暴力非行集団は昭和20年代の「愚連隊」を引き継いでおり、組織暴力団との関連が深い。
　さらに、この時期は、学校が荒れ、第一次校内暴力である「お礼参り」が猛威を振るった時期でもある。

　同巻同号の「青少年問題の一年—親探し運動から太陽族まで—」（伊藤昇、

12−17頁）では、「映画『暴力教室』を思わせるような、生徒の暴力沙汰は今年も相変わらずそのあとを断たなかった。春の卒業式をめぐっては、むしろ例年になく激しかったのではないだろうか。大阪でもあった。山梨にもあった。東京の下町の方の中学の教師は、卒業式が終ると、できるだけ早く生徒を校門で見送るのだといっていた。そうしないと、残っている生徒が、石でガラスをこわしたり、うっかりすると、教師がなぐられる心配さえあるということであった。まさに『恐るべき生徒たち』である」と述べている。

その後の校内暴力、教師に対しての暴力が、卒業式での「お礼参り」という形で、既に出現しているのである。

昭和30年代初頭は、このように今日に続く青少年逸脱風俗・現象の最初の総出現という時期であったのだが、それだけでなく、そうした新しい逸脱の出現とともに、新しい社会的要因の言説も出始めた時期であった。
「青少年問題の一年」では、「確信をもっていえる一つのことは、教育者の自信のなさである」、「本質的には、教師の権威の喪失がそこにあるといわれても仕方あるまい」と、教師の自信と権威の喪失を指摘している。

この教師の自信喪失そして権威の喪失は、その後、ことあるごとに指摘され、今日に至るまで続いている少年非行・青少年問題の要因の一つである。

また、「青少年問題の一年」では、「同じことが、家庭における『親と子』の関係でもいえるのではあるまいか。親の『権威の喪失』である。具体的にいえば、親が子どもを指導する自信を失って、甘やかしすぎたということである。子どもに、遠慮しすぎるということなのである」とも述べている。

親の権威の喪失と子どもへの甘やかし、そして遠慮という、現在の典型的な親の問題が指摘されている。子どもの部屋に入れない親、子どもが多額の金を持っていても問いただせない親、子どもがたばこを吸っているのに注意できない親、等々の親の姿が既に指摘されているのである。

その 12 | 赤線地帯はドコへいく

　『青少年問題』第4巻第7号（昭和32年7月）に「赤線地帯はドコへいく？—売春防止法施行2ヶ月の実態—」（宮原誠也、57-64頁）という論文が掲載されている。今回はこの論文を紹介させていただく。
　昭和32年4月から売春防止法の保護更生に関する規定が施行されることになった。翌33年の4月からは罰則が適用される。そんな頃に書かれたのが、この論文である。

　「なにしろ、歴史のシワとさまざまな因習でガンジガラメにされた"売春"だけに、いざとなると問題が多く、売春禁止後の接客女性の更生問題はおろか、いまだに売春禁止法そのものに意見百出、賛否両論互角といった珍現象が起っている」と、論は始まる。
　そして、国立世論調査所の「夫のある女性の40％までが赤線の存在を認めており、そのうち大半が子供を持つ母親である」という調査結果が報告される。また、熊本市のある婦人会では売春防止法反対の著名運動が行われたということが記述される。
　そしてその後、論は、「東京にある、赤線女性ばかりで組織された全国女子従業員組合連合会という団体では、"全国接客婦実態調査"というのを行って、赤線女性の赤裸々な姿を掴もうと調査をはじめているが、現在集まっている1,064名の調査表によると、売春防止法に対する彼女らの意向がうかがえる」と、調査結果の記述となる。

　「売春防止法自体に対しては全部が条件付き賛成論者で、彼女らは経済的に向上し完全更生が約束されるならば、法の精神に賛成するというのであって、現段階では不賛成もやむをえないという見解だ。」
　「さらに、売春防止法が施行された場合、すぐやめられるか？という質問に対しては、やめられない……と答えたものが1,064名のうち874名という8割強も

いた。」
「また、どうしてもやめなければならないときは身のふり方をどうするか？という問に対しては、類似職業に入る……という者が実に581名もあってその半分。この類似職業とは、キャバレー、バー、飲屋などのことなので、結局赤線をやめても売春で生きて行く可能性が多いとみなければならない。」

　さらに論は続く。
「4月末のことだった。全国接客女子従業員組合連盟という、やはり彼女らの団体は『私たちは法のギセイになってやめるのだから、やめさせるなら1ヶ月平均3万円の収入とみてその6ヶ月分18万円を更生資金に出してほしい』と要求した。全国の従業婦は約5万5千人というから総計100億円にのぼる金額だ。」
「売春防止法の実施で婦人相談所と保護収容施設が各都道府県に整えられているが、このため政府が組んだ予算はわずか3億円。その上、地方自治体では法律の義務をともなわない保護施設には『予算がない』と気乗り薄であるから、100億円の金なんかとても出どころがない。そこで彼女たちは国の保護更生施設なんか、てんで問題にしていないのである。」
　こうして論文は、「だから法律が出来たからといって、右から左にこうした女性たちが姿を消すということは不可能に近く、ただ、特飲街から芸者にあるいはダンサーに、一時的に姿を変えただけであって、依然、自活の道を売春に求めているのが現状だ」と、締めくくるのである。

　売春防止法ができてから既に55年ほどになる。しかし、売春防止法成立時に上記のような指摘があったとおり、人類最古の職業と言われる売春は以後もなくなることはなかった。
　いやそれどころか、「自活の道」から「小遣い稼ぎの道」となり、低年齢化・一般化の道を歩み続けている。その気にさえなれば、高校生はもちろんのこと、中学生でも気楽にできるアルバイト、と化してきているのである。

その 13　婦人相談所の来訪者

　前回紹介した「赤線地帯はドコへいく」の続編のような内容の報告が『青少年問題』第5巻第2号（昭和33年2月）に掲載されている。「〈特別読物〉婦人相談所の窓口から」（中野彰、48－54頁）という報告である。今回はこの報告を紹介させていただく。

　売春防止法の施行にともない、昭和32年4月1日に東京都婦人相談所が開設された。売春婦の相談そして保護更生のための施設である。
　4月1日から12月末日までの来訪者はおおむね750名。その内訳は「赤線、青線等の集娼地帯から訪れたものは、全体の30％、街散娼が同じく30％近くあり、このほか、家庭混乱や不純交遊、家出や盛場はいかい、売春強要や人身売買等によって、転落一歩前で未然に救われたものが、同じくその30％近くを占めている」という。売春防止法の施行にともなう事業が、売春婦の保護更生にあるだけでなく、売春の未然防止のための保護活動として、いわゆる不良行為少年や要保護少年をも対象にしていたことが理解される。
　来訪者の年齢をみても、18歳未満が5％、18歳から20歳までの者が24％となっており、未成年者が30％ほどを占めている。筆者の中野氏（東京都婦人相談所所長）も、「20歳以下のものが30％に達していることや、全体を通じて売春の始期年令が大半20歳未満になっていることは、青少年の健全育成の観点よりみても、いかに重視しなければならないかを物語っている」と述べている。
　売春問題は、売春防止法施行時から既に青少年の健全育成の問題を強くはらんでいたわけである。

　「転落」（今では死語となっているが、ここでは引用語として使用する。以下、他の用語も同じ。）前の職業は「無職32％、女中29％、女工12％、女給7％、店員7％、事務員5％、その他8％」となっている。
　そして中野氏は、「彼女たちの転落原因については、巷間、生活苦が半数以

第1部　戦後の終わりと青少年問題

上を占めていると伝えられている。しかし今日までに婦人相談所の窓口に現れたところによると、おおむね次のとおりであって、かなり異なった割合を示している。すなわち、①子女養育、家族病気、家族扶養、借金返済、その他の経済事情…33％、②家庭不和、売春強要、勤先解散、家出等、その他の悪環境…17％、③自暴自棄、好奇心、怠惰、不純交遊、その他意志薄弱等…32％。右の分類は転落動機を、第一に経済的なもの、第二に環境上のもの、第三に本人自身の問題とに焦点をしぼってまとめたものである」と述べ、「経済苦」という言説が必ずしも事実ではなく、それ以外の動機による売春の多さを指摘しているのである。

つまり、売春防止法が成立した当初から、実はすでに経済苦とは結びつかない現代的な売春がかなりの比率を占めていたのである。

さらに氏は、「特に年令別にその転落原因を分析してみると、20歳前後の婦女子の転落原因に経済的なもの、生活苦を訴えるものが非常に少ないことを発見し、売春問題は、独り人権、風俗、社会保障、衛生等の見地によってのみ解決をはかるべきものではなく、青少年の健全育成の施策においても、大きくとりあげてゆかねばならないものであることを訴えているのである」と述べる。

この記述からも、昭和30年代の当初から、未成年者の間では、現代的な売春がすでに主流となってきていることがうかがえるのである。今から50年以上も前に、現在の少女売春の基本形が成立していたということである。

なお、来訪者たちへの保護更生の措置は、①帰宅、帰郷または縁故者のもとでの新しい生活の開始（6％）、②就職授産による新しい生活の開始（18％）、③生活保護、世帯厚生資金または母子福祉資金、児童福祉、低家賃住宅などの活用による更生（極めて僅少。ただし、東京都の場合は各福祉事務所が第一次的にこれらの問題を処理している）、④婦人保護施設への入寮（24％）、⑤救護施設送致や精神病院入院などのケース（2％）となっている。

その14　昭和33年の勤労青少年

「〈時評〉夏やすみのない青少年たち」（西清子、『青少年問題』第5巻第7号（昭和33年7月）4－5頁）を読むと、今とは大いに異なる昭和33年当時の勤労青少年の状況がよくわかる。どんなものであったのか、内容を紹介しつつ述べていくことにする。

「誰にとってもこの夏は、生命の躍動を覚えるものだし、夏やすみの楽しさは、格別の思い出である。」……ここは今と変わることはない。

「だが、この楽しく明るいシーズンにも、勤労という世界のなかで、流れる汗と脂の明け暮れに、若いからだと精神をすりへらしている青少年が、考え切れないほどに沢山あることを、私たちは知らなければならない。」……いわゆる「３Ｋ」（きつい・汚い・危険）労働自体が当時と比べると現在では極端に少なくなっていると同時に、こうした仕事に就く青少年も少なくなっているのが現状である。

「そばやの釜の前で、炎熱の工場の片隅で、そして山とつまれた荷物の車を、とろけるアスファルト路ひいて歩く少年、その一つ一つの働く姿をおもい浮かべることは、誰にも容易である。しかし、それは、あまりにも日常的なことでありすぎるために、私たちは時として、そのことを忘れがちだし、あらためて、思いうかべて考えてみようということをしないでいる。」……今ではとろけるようなアスファルトもなくなってしまった。そして、「誰にも容易」で「あまりにも日常的なこと」でもなくなった。「その一つ一つの働く姿をおもい浮かべることは」かえって難しい。ただし、スーパーやコンビニや飲食店で「フリーター」を見かけることは、「誰にも容易」でかつ「あまりにも日常的なこと」となっている。

「このごろ、東京では町の商店街に、月一度の定休があり、ようやく人々も、そこで働く青少年がその休みの日に何をして暮すのだろうか、ということがチョット話題になりだした。」……月に一度の休み、これが50年以上前の勤労

第1部　戦後の終わりと青少年問題

青少年の姿だった。そして、月に一度の休みは、今では大卒のエリート候補かつ過労死候補のホワイトカラー層の現象であろう。

「さて、夏やすみのことである。中小経営の商店や工場に働く青少年たちにとって、これまでは、夏といえば、お盆やすみに故郷へ2、3日泊りで帰ったのが、唯一のたのしみであった。（略）だが、このあつい、疲れやすい夏期に、2日や3日の田舎帰りだけで、何か非常な恩恵をほどこしているように使用者たちはおもっていては間ちがいである。」……今でもお盆は帰省の季節である。勤労青少年は車で新幹線で故郷に帰っている。ただし、「恩恵をほどこしている」などと思っている経営者は一人もいないであろう。

「といって、私は、これらの青少年たちに、もっとながい夏やすみをあたえよ、などと飛躍したことを提案するつもりはない。だが、この発育盛りの青少年たちに、もう少しあたえてもらいたいこともある。それは栄養と休養である。」……なんともまあけなげな要求であろうか。そしてこれは言い換えれば、50年以上前の青少年を含めた我が国の労働者の労働状況がいかに過酷なものであったかを物語るものである。「もっとながい夏やすみをあたえよ、などと飛躍したことを提案するつもりはない」せめて「栄養と休養を」、これが切実な要求だったのである。

「少しでも仕事を早く切り上げ、サッパリとした気分に解放してやることの方が、はるかに健全な心身をつくることになるとおもうが、まちがっているだろうか。」……決して間違いではない。過酷な労働条件から勤労青少年を解放し、十分な栄養と休養を与えることは、当時の勤労青少年の置かれた労働状況からすれば、当然のことであった。

　現在、若者の就労が実に厳しい状況に陥っている。こうした状況であるからこそ、今一度戦後の青少年の就労状況を振り返り、勤労青少年の歩んできた道を再確認する作業が必要なのではないだろうか。「ゆとりある就労」と「十分な休養」、これこそが絶対に必要な条件であろう。

その 15　中高校生の被害調査について

『青少年問題』第6巻第1号（昭和34年1月）に、「中高校生の被害調査について」（編集部、38-41頁）という記事がある。今回はこの記事を採り上げる。

墨田区の向島補導連絡会が向島区内の全中学校・高校（定時制を含む）13校の生徒11,059人を対象として、1年間（昭和32年5月～33年4月）にあった犯罪・非行の被害について調査した、その調査報告である。

墨田区の向島管区というきわめて限定された狭い対象地域ではあるが、全数調査であり、サンプル数も1万以上というのは、データとしてはかなり魅力的である。また、被害者調査というのも貴重である。これにて、警察では把握し得ない犯罪・非行の暗数（警察が認知していない犯罪・非行件数）が推定され得るからである。

1年間に1回以上の何らかの被害にあった生徒は3,755人で、全生徒の34.0％にあたる。「これは、われわれの常識をはるかに越えている数字である」と当時の編集部は記している。

加害者に関しては、被害回答者3,558人中、「顔見知りの中学生」が517人（14.5％）、「顔見知りの高校生」が141人（4.6％）、「顔見知りの働いている卒業生」が238人（6.7％）、「知っている大人」が57人（1.6％）で、計953人（26.8％）であった。また加害者の推定年齢は、14、5歳から18、9歳までの者が70％を占めていた。そこで、「これによって見ると、子どもの敵は子どもであるともいえるようである」と述べている。

被害を受けた場所は、被害回答者3,591人中多い場所順にあげてみると、「自宅又は付近」が577人（16.1％）、「映画館の中」が496人（13.8％）、「下校の途中」が326人（9.1％）、「放課後の学校」が302人（8.4％）、「川の土手」が285人（7.9％）、「暗い横町」が285人（7.9％）、「公園・グランド」が217人（6.0％）となっている。

表は被害を行為別男女別に表したものである。この表から、男子では、けん

かを仕掛けられた生徒が11％、なぐられた生徒が8％、たかられた生徒が9％ほどいることがわかる。そして女子では、いたずらされた生徒が11％、暴行された生徒が1％いることがわかるのである。

「中高生が郊外生活の場にあって、町の不良や愚連隊や、不良生徒などから、平素どのくらい彼等の生活がおびやかされているか、その状況が察知できる。（略）われわれ青少年問題を研究するものにとってありがたい貴重な資料である」と述べられているが、まさにそのとおりで、50年以上経っても色あせることのない、貴重なデータである。

　子どもの敵は大人ではなく子どもなのであり、身近なところで被害に遭っているのである。

表　行為別男女別被害

単位：％（人）

	中高男子	中高女子
けんかをしかけられた	11.0（738）	1.1（46）
たかられた	8.6（575）	0.7（32）
なぐられた	7.5（500）	0.9（41）
窃盗された	3.5（232）	1.1（79）
凶器でおどかされた	1.3（88）	0.1（5）
誘惑された	1.2（82）	8.1（354）
脅迫された	1.1（71）	0.7（31）
婦女いたずら	—	11.2（487）
婦女暴行	—	0.9（38）
その他	2.0（133）	5.1（223）
被害計	36.1（2419）	30.6（1336）
被害なし	63.9（4280）	69.4（3024）
総計	100.0（6699）	100.0（4360）

注）「中高校生の被害調査について」からの作成。

その16　青少年の自殺問題

『青少年問題』第6巻第6号（昭和34年6月）に、岡崎文規氏が「青少年の自殺問題」（50－55頁）という論文を書いている。岡崎氏の自殺研究に関しては、私も学生時代によく参照させていただいたものである。今回は懐かしく拝読させていただいた。

論文は日本の自殺率（人口10万対）が男女とも世界第1位の昭和30年当時のデータ紹介とそこからの考察である。

昭和30年の自殺総数は22,477人、人口10万あたりの自殺率は25.2。その自殺率を年齢別にみると、日本と欧米とでは著しい差異が認められる。要するに、日本は欧米に比べ青少年層の自殺率が男女ともに極端に高いのである。たとえば、日本同様自殺率の高いスイスと比べてみても、15－24歳の男子青少年層の自殺率は、日本の60.8に対してスイスは20.1と、大きな差異を示しているし、また、15－24歳の女子青少年層の自殺率にあっても、日本の36.7に対してスイスでは6.8にすぎず、日本ではスイスの6倍にも達しているのである。

ところが、こうした日本の青少年層の自殺率の高さは、戦後の現象なのである。岡崎氏は、戦前・戦中・戦後の青少年の自殺率を比較検討することから、男女共に、戦後特に近年、自殺率が上昇していることを示す。ここから、日本の青少年の自殺率が何故現在このように高いのか、という原因の考察となる。

その際、岡崎氏は、「家族的にしろ、社会的にしろ、結束力の強いところでは自殺は少なく、この結束力が弱くなると、自殺は多くなる」というフランスの社会学者デュルケムの説に基づき、戦後の青少年の自殺率激増の原因を社会的結束力の著しい弱化に求める。

つまり、「戦後の日本で、最もいちじるしい時代精神の変化は、個人の自由と平等を強調するにいたったことであろう」、「個人化は、社会的集成力を弱めたことも疑う余地はなき事実であろう」、「社会我から個人我への移行は、個人を社会的結合から解放して、個人を自由にするとともに、孤立化する傾向もあ

る」、「個人我が強くなればなるほど、自殺が増加の傾向をもつといわれるのはこのためである」と、論じるのである。

　以上が岡崎氏の論述であるが、残念ながらこの考察はいささか修正しなくてはならない。というのも、昭和40年代に入ると青少年の自殺率は男女ともに減少していき、1997年の統計では、15－19歳の自殺率は、男子で6.9、女子で2.8、20－24歳の自殺率は、男子で15.1、女子で7.7と、戦前の数値以下となっているからである[注]。
　したがって、岡崎氏の述べるような、「個人化」「個人我」ということだけでは説明がつかないのである。
　確かに、昭和30年代の青少年の自殺（特に男子の自殺）の二大原因は、生きることの意味の喪失と将来への苦慮であった。当時の青少年たちは、生きる意味を喪失し、デカダンスに、そしてニヒリズムに陥り、「人生不可解なり」「生きる価値なし」と自殺していったし、また、立身出世等の将来の野望に疲れ果て、あるいは挫折し、絶望に陥り、自殺していったのである。
　ところが、豊かな社会の到来とともに、青少年たちはもはや生きる意味を探し求めることをしなくなり、そして生きる意味などわからなくても絶望することなく、その場その時を楽しく生きることを選び、欲望は「出世したところで何になる」と、既に中学生の段階で限りなく低下させ、なるべく責任のかからない、めんどくさくない人生を選ぶようになっていったのである。
　こうした結果、確かに青少年の自殺は減少していった。しかしその反面、自己の居場所を自らつかみ取ることができず、「個人化」のなかで漂流する青少年を多出させることになったのである。

　注）髙橋泉「第6章　自殺」矢島正見編著『新版　生活問題の社会学』学文社、2001、112頁

その17　教育から疎外された生徒たち

　今回は『青少年問題』第6巻第7号（昭和34年7月）「教育から疎外された生徒たち」（森茂、46－51頁）を採り上げる。「疎外」という懐かしい概念とともに、昭和30年代のわが国の学校教育問題の一つの典型が描かれている論考である。
　具体的には、都心の中学校での問題を、「勉強の出来る子、出来ない子」「家庭のよい子、悪い子」「顔のよい子、悪い子」「進学する子、しない子」という四つの視点から論述したものである。このうちの「勉強」「家庭」「進学」について紹介していく。

「勉強の出来る子、出来ない子」について。
「生徒たちにとって、学校生活の中での最大の関心事は何といっても『勉強が出来る出来ない』である。」
「問題の根は深い。勉強する場所もないかれらの家庭、喰うや喰わずの生活、栄養失調、先天的な能力差、このような条件の下に長い間育ってきた劣等意識と学力差……。」
「この『勉強の出来る、出来ない』は、生徒たちの学校生活に対する興味や、対人関係を決定づける、重大な要素を持っている。」
「学級内の人間関係の序列が、それによって殆ど決定づけられてしまうからである。」

「家庭のよい子、悪い子」について。
「ここでいう、家庭のよい悪いは、主として経済的な条件についてである。」
「家庭の貧困は、ある意味では、学業成績以上に、ひけ目や劣等感を生徒たちに与えている。」
「現在の学校は、修学旅行や遠足に限らず『金集め』が多いだけに、家庭の貧しい生徒たちに必要以上にひけ目を感じさせる機会が多い。P・T・A、生徒会費、

学級費、アチーブ代、練習帳代、数え上げたらきりがない。学級の会計係は毎日のように金集めに奔走している。時には未払いの生徒名を黒板に書き出す。自治会の席上で呼び上げる。教師も催促する。その度に、幾人かの生徒は、本人の責任でもないのに、人知れず恥ずかしい思いをしなければならぬのである。」

「進学する子、しない子」について。
「現在の、特に都市の中学校で、最も強い差別意識を生徒たちに与えているものにこの問題がある。」
「家庭は貧しく、学業成績は振るわず、恐らく小学校へ入った時から、常に学級の最下層にあって差別感情や劣等意識に苦しみつづけて来た生徒たちである。毎年、卒業期近くなって、とかく粗暴な振舞いが多くなり、対外的な非行問題を起こすのは、大半これらの生徒である。」
「3年になると生徒たちの進路がそれぞれ決定される。」
「このころから学級の友達グループが再編成されはじめていく。今まで仲の良かった友人も、進学と就職に別れることによって、しだいに離れ、いつの間にか、進学組と就職組の二つに大きく別れていってしまう。むしろ、就職と決った生徒たちが、しだいに進学グループから離れて、かれら同志一つにまとまってしまう、といったらよいかも知れない。」
「かれらが学校から離れ、種々の問題行動を起こしたとしても、これでは不思議ないように思う。」

　以上である。〈貧困→低学力→劣等感→非進学→疎外→非行・問題行動〉という昭和30年代の図式が見事に描かれている。その後、高校への進学率が上昇すると、この図式が〈低階層→低学力→おちこぼれ→底辺高校・高校中退→非行・問題行動〉と変化していくのであり、また、〈低階層→低学力→底辺高校・高校中退→フリーター・ニート→低階層〉と、階層の世代にわたる再生産という問題をつくっていくのである。

その 18 　偽戦災孤児

　古い文献をあさっていると、思いがけない事実に遭遇することがある。「目から鱗」のまさにハッとするほどの驚きである。

　今回はそんな驚きの記事を紹介する。『青少年問題』第6巻第7号（昭和34年7月）の「目」というシリーズに掲載された市村光一氏（最高裁判所事務総局家庭局第三課長）の「戦災孤児」（29頁）という随筆である。まずはその長い引用から始める。

「新少年法が画期的内容を盛って発足した昭和24年1月のことである。その前年まで刑事裁判官であった私は、新少年法発足の日、少年係裁判官として少年事件第一号を取り扱った。その頃、世の中はまだ何といっても戦後の空気がただよっていた。戦災孤児、それは、私どもの日々の仕事とは切っても切れない深い関係があった。」

「『君の名前は何というの？』『田中一夫です』『お父さんやお母さんは？』『戦災で、みんな死んでしまったんです』」

「可愛い顔をした14歳位の少年の、浮浪生活が身にしみこんで少しばかりませた口ぶりに耳を傾けていると、新米の少年係裁判官である私には、どうしても少年の言葉が嘘だとは思えない。そうして、その子にふさわしい補導委託施設に連れていってやる。だが、まず一晩もつかもたないかである。その施設から逃走してしまう。そんなことの繰り返しであった。」

「あとで分かったことだが、そういう少年達は、大概は、戦災孤児ではなく、自分のことを家庭に知らせてもらいたくなさに、戦災孤児を名乗っていたのだ。」

「その子供達は、どんなに快適な施設に連れていってやってもやはり逃げてしまう。子供達は明るい施設の純白なベッドよりも、薄暗い駅の地下道の汚れたむしろの方がいいらしかった。子供達は物質的快適さよりも、精神的自由を求めていたわけである。『戦災孤児』を自称する理由も、一度、味わった自由が

忘れられないで、何回でも、自由の天地へとび出していきたいらしいからなのである。」
「そのうちの一人の『田中一夫』少年も、最初は戦災孤児を名乗っていたが、ある施設をとび出した後に駅で靴磨きをしているところを、偶然、実母にみつかった。実母はかなり教養もあり、実父は勤続20数年にもなる謹直そのものの小学校の校長先生で、少年は、その家庭の一人息子であった。」
「あの当時から満十年余、少年係裁判官として私が取り扱ったケースは、すでに千台を越え万台に達したことだろう。私も、少年達に容易にだまされなくなったようである。だが、自称『戦災孤児』少年の言うことをそのまま信用してしまった、あの頃の自分が、今となっては何だか羨しい。」

　いかがであろうか。おそらく今の私が昭和20年代前半の少年係裁判官であったとしても、「戦災で、みんな死んでしまったんです」という言葉には、コロッとだまされるであろう。
　終戦直後の時代に、家を飛び出してまで、「戦災孤児」と偽り、靴磨き等をしながら、空腹に耐え、ガード下等でむしろにくるまい寝起きしていた少年たちがいたとは、しかも一人や二人ではなく、かなりの数いたとは、まさに「目から鱗」である。
　私にとって、野坂昭如の小説『蛍の墓』の「戦災孤児」、ラジオドラマ『鐘の鳴る丘』の「戦災孤児」、宮城まり子の歌『ガード下の靴みがき』と、これらのイメージが強すぎたせいか、〈偽戦災孤児〉がこれほどまでにいたなど、この随筆を読むまでは思ってもみなかったことである。
　しかし、教養のある実母と謹直そのものの小学校校長の実父を両親にもつ一人っ子と知って、昭和40年代以降の子どものイメージと重なり、それなりに納得したのではあるが、その一方で、空腹に耐え、寒さに耐え、何日も風呂に入らず、着たきりの服のままで、ノミやシラミに食われ、猛烈な痒みのなかであっても自由を求めるというのは、やはり昭和20年代の子どもか、と思うのである。

その19　続・偽戦災孤児

　前回に続いて偽戦災孤児についてである。つまり、「目から鱗」の続きである。

　『青少年問題』第6巻第12号（昭和34年12月）の「家出児童少年の心理」（土井正徳、11－19頁）は、昭和32年の家出について書かれた論文である。当時、少年の家出が社会問題となっており、『青少年問題』も、この号で家出特集を組んでいる。

　ところが、失礼なことではあるが、昭和32年のデータの紹介とそこからの考察よりも、その前座として提示された昭和21年の調査のほうが私にとっては興味深かった。

　「現在の家出少年・児童を検討する資料として、終戦直後の浮浪児について簡単に回顧してみよう。これは昭和21年9月14日、つまり終戦ちょうど満1年経過した頃の福岡県下で一斉収容された浮浪児に関するものである。計154名、そのうち男児141名、女児13名であった」と記され、このあと考察となる。

　「浮浪児一般に共通なある精神状態を構成している。そのいちじるしいものをあげれば、(イ)生活に対する具体的な知識、強い自信、旺盛な活動性、(ロ)拘束無為を極度に嫌悪し自由への強い欲求、(ハ)近親者に対する親密度の希薄性、(ニ)浮浪生活に対する強い執着性」という。

　(イ)はよく理解でき、(ロ)はそれなりに理解できる。そこからは当時の浮浪児もしくは戦災孤児の生活力、たくましさが感じられる。今時のプチ家出・長期外泊少年少女にはないものである。しかし、(ハ)は、おや？、と思わせる。さらに、(ニ)は、浮浪生活が大好きなのかと、私の抱いていた戦災孤児のイメージとはズレているのである。

　「終戦直後から数年間、このような浮浪性をもった少年、児童が夏は北海道、

冬は鹿児島と渡り鳥のように去来したものであった。その家族関係や戦災に関する話は、うっかり信用できないものがすくなくなかった。年少児童でも浮浪のベテランになると、大人むきの虚言が実にたくみで、引揚げの処置がかたづく頃には、戦災の話をもちだすし、その話が下火になる頃には、継父母の話になる。」

こうなると、イメージは『蛍の墓』や『鐘の鳴る丘』の戦災孤児ではなく、放浪の画家山下清氏である。〈放浪癖少年〉と名付けてよいだろう。

「善男善女をほろりとさせて金品を入手する技術がまるで身についているみたいである。よくしらべてみると、両親そろっていて戦災には縁どおい土地に家も立派にあるところの、児童や少年であることが発見される。」

かなりのやり手であったことが分かる。戦災孤児ではない、親がいて少なくとも餓死することはない少年達ではあるが、やはりたくましい。生きていくためにやむにやまれずたくましくなったというよりは、時代状況がたくましくさせていた、と言ったほうが的を得ていよう。

データで裏付けしてみると、調査対象者154名の年齢は7歳から22歳まで。9歳から16歳までで134名、87％を占めている。浮浪期間は1年以上の者が37名で24％、「浮浪中起居した場所」は「停車場」が最も多く111名（72％）、家出浮浪中の金銭入手方法は「旅客より」「手伝」「一般に物乞」「占領軍より」「靴磨」「新聞売」「煙草売」と多様であり、「戦争の家庭にあたえた影響」は「無」が78名で51％、「家出浮浪原因」が「戦災」である者は66名の43％であった。

このことからも、終戦1年後の昭和21年であってすら、家出浮浪少年の半数以上は、直接には戦災とは無関係に家を飛び出していたことが理解されるのである。やはり「目から鱗」である。

その20 | 社会悪競輪の廃止

『青少年問題』第7巻第2号（昭和35年2月）の「時評」は「いまこそ勇気をもって」（4－5頁）と題して、京都市長（執筆時）の高山義三氏が執筆している。まずはその紹介から。

「昨今、競輪廃止の問題をめぐって、さまざまの議論がたたかわされている。」
「しかし、すでに一昨年にいち早く京都市営競輪の廃止にふみ切った私から見れば、結論的にいって、もはやこの問題は、論議の段階にあるのではなくして、ただ廃止の断を下す勇気が必要とされるのみである。いまこそ、この社会悪の追放を希う善人に対して、強くその勇気が要望されるときである。」
「競輪が社会悪であることは、いまさら論議の余地のないところである。それにもかかわらず、その廃止にふみ切ることができないため、いろいろ存続を合理化するための理論らしいものが流布されているが、それらのほとんどすべては詭弁であり、ヘリクツにすぎない。」
「（競輪存続論者は）要するに財政上やめたくないというのが正直なところであろう。」「しかし、廃止による収入の減少は、例えば、滞納税金の整理、庁内の冗費の節約、人件費の整理などの努力によって十分にカヴァーできるはずである。」

「競輪が庶民を窮迫に追い込んでいる社会悪とともに、さらに、それが青少年の教育にあたえる影響についても、深く考えるべきであろう。」
「『何が悪いか』、『何が正しいか』をはっきりと教えこむことが、教育の最も大切な任務である。それにもかかわらず、地方自治体によって公然とトバクが営まれ、そのテラ銭を地方自治体が使っているとすればそれは、正しい教育を妨げ、毒するものというべきであろう。」
「明日の日本をになうべき青少年への教育上の効果を思うとき、もはや、その収入減などは、全く取るに足りぬ問題というべきである。」

「競輪廃止の世論がますます高まりつつある今日こそ、それにふみ切るための好機である。市営競輪をいち早く廃止した市長として、私は声を大にして叫びたい。」

「いまこそ、善人に勇気が要望されているときである。善人の怠慢は許されない。悪いと思うことは、即時廃止すべきである。とりわけ、明日をになう青少年のために。」

　いかがであろうか。実に明快な論旨の、そして実に強固な宣言である。競輪を廃止した自治体の長なればこその文、と言えよう。

　昭和30年代後半から40年代にかけて地方競輪が次々に廃止されていき、美濃部都政に至り都営の競馬も廃止されるのだが、競馬はもちろんのこと、競輪も全廃されることなく、今日に至っている。そして現在、競輪や競馬そして競艇を社会問題視することはほとんどなくなっているし、教育問題にももちろんなっていない。

　では、当時の世論やマスコミの社会問題視はなんであったのか、また京都市長の競輪廃止はなんだったのか。答は簡単。当時は社会問題・教育問題であり、世相として廃止は正当だったのだ。

　昭和22年、自転車競技法が国会で制定された貧しい時代では、競輪は益する事業として機能した。貧困という悪に立ち向かい、財政難という難局を打破する「利」「益」として公営ギャンブルは正しいものであった。ところが、13年経ち、自治体の財政が改善され始めた時代、にもかかわらず未だに貧しい人々があふれていた時代では社会問題となり、そして豊かな社会の到来以降はギャンブル性の富んだ娯楽と変容していった。

　まったく同じ事象・活動に対しての人々の認識がそして社会（政治家や行政やマスコミ）の正義が、時代によってこのように大きく変化するということを、我々は覚えておく必要がある。

その21 昭和30年代の非行について

「"住み込みの電気見習い工（17歳）の少年が、小遣銭欲しさに雇主の部屋で現金を物色中、雇主の妻に発見されたので、台所にあった斧と所持していたナイフで同女を殺害した事犯"……。」

「"16歳（農業）の少年と、14歳（中学3年）の兄弟が、平素から折合いの悪かった継母が入院中、義妹（6歳）が便をもらしたことに立腹し、殴殺した事犯" "測量員に就職してから飲酒をおぼえた少年（19歳）が、飲酒代欲しさに、給料日に同僚を誘い出して切り出しナイフでつき刺し、給料を強奪した事犯"……。」

「"女中（15歳）の少女が、夜遊びについて主人から叱られたことをうらみ、障子に石油をかけて放火した事犯"……。」

「"住居が近隣であることから、常にグループで行動している5人（運転手16歳、無職16歳、鉱夫18歳、運転手18歳、農業18歳）が、映画見物の帰途の婦女を尾行して暴行を働いた事犯"……。」

「"会社事務員（17歳）の少年が、わい談・エロ雑誌等に刺激されて、通行中の少女に菓子を与えて暴行を加えた事犯"……。」

　さて、これらの事例は昭和34年に発生した犯罪であるが、平成に発生した犯罪であってもさほどおかしくない。16歳と14歳の兄弟が6歳の義妹を殴殺したなどは、予測すること自体不謹慎と思われるが、しかし、近々起こっても不思議ではない犯罪である。

　ただし、これらの事犯には一つの特徴がある。それは少年たちが有職・無職少年ということだ。こうなると、現在とは異なる。「住み込みの電気見習い工」「女中」「鉱夫」などという職業が表記されているところなど、やはり時代を物語っている。

　この引用文は、『青少年問題』第7巻第7号（昭和35年7月）の「勤労少年と非行」（樫野俊雄、42–47頁）からの引用である。今回はこの論文を採り上げる。

「少年刑法犯全体における勤労少年の占める割合は、昭和30年では約62％、昭和31年では約75％、昭和32年では約72％、昭和34年では約70％となっており、少年刑法犯のほぼ3分の2は勤労青年である」という。

当時の高校・大学の進学率を鑑みるならば、勤労少年（含む、無職少年）の比率がそれなりに高いのは当たり前ではあるが、それにしても高い比率であるし、それ故に当時、勤労少年の非行が問題となったのは当然のことであった。

データ（犯罪統計）を今少し見ていくと、六大都市とそれ以外との比較では、両者に差異はほとんどない。

職業別を見ると、「労務者（工場・鉱山・交通運輸運送・仲仕・土木建築の労務者、その他の自由労務者等）（32％）」と「無職（32％）」が多い。（それ以外のカテゴリーは「従業員」「勤人または自由業」「その他」である。）

勤労非行少年の三人に一人は無職少年であり、また三人に一人は肉体労働者であることがわかる。無職ないし不安定就労の少年の非行は、絶対数は少なくなったものの、現在でも大きな問題である。

「昭和30年以降の虞犯行為等により補導された勤労少年」についてのデータも示されている。

ここでおもしろいのは、現在では「虞犯」と「不良行為」とは完全に別物として処理されているのであるが、この当時はまだ「虞犯行為等」として扱われているということである。

昭和34年の虞犯行為等少年全体は79万人、うち勤労少年は45万人。ここでも勤労少年は6割近くを占めている。

虞犯行為等の内容は、「喫煙（46％）」「飲酒（8％）」「盛場徘徊（6％）」「不純異性交遊（6％）」「家出（5％）」等である。これらはまさに現在の「不良行為」である。

その 22 　青少年問題総合研究所構想

『青少年問題』第7巻第10号（昭和35年10月）の「時評」は「青少年対策に総合性を」（4－5頁）と題して、五島貞次氏（毎日新聞論説委員）が執筆している。また、その2ヵ月後の第7巻第12号（昭和35年12月）の「時評」では「青少年対策に総合性と科学性を」（4－5頁）と題して、増谷達之輔氏（中央青少年問題協議会委員／当財団理事長）が執筆している。今回はこの二つの論考を採り上げることにする。

まずは五島氏の「時評」から。
「ただ、ここで一言ふれたいのは、青少年の総合対策ということである。青少年に関する問題をとりあつかう行政機関はたくさんある。教育、労働、福祉、非行防止などいろいろな面で青少年問題を追求し、対策を実施している。しかし各省の施策がバラバラで、その間に一貫した青少年対策がない。そういう対策を立てる機関がない、ということである。」
「国が青少年対策にどこまで乗出すかの限界線はむずかしい問題だが、やる以上は対策の一元化にもっと力を入れるべきであろう。」
「それと同時に、青少年問題を総合的に研究する国立の機関が一つくらいあってもいいのではないか。法務総合研究所とか教育研究所とか、若干の青少年問題を研究する機関はあるが、それらは一つの専門の角度からの研究機関であって、総合的なものではない。やたらに行政機構をふくらますのは賛成できないが、各省の研究機関を整理するなり、機構を縮小してもよい。総合的な研究所をつくるべきではなかろうか。」

次に増谷氏の「時評」から。
「総理府に青少年問題総合研究所を設置する案が、36年度事業予算として提出されようとしている。この問題は、すでに数年前から中央青少年問題協議会の懸案としてしばしば議題に上がっており、また各府県の青少協からも、その設

置方について強い要望が出されていたことである。」

「基本的、総合的青少年対策を樹立するためには、その基本資料となる多くの調査やそれに基づく研究が行われなくてはならないが、それには、さきにものべたような個人の興味本位の研究や、各官庁バラバラの研究では、満足な用をなさないのであって、最初から計画的に仕組まれた調査研究の青写真を用意し、その青写真に拠って、問題を一つ一つ明らかにして行く研究態勢を早急に整えることが絶対必要である。この意味から、その必要をみたすための、青少年問題総合研究所の果たす役割は大きいと思う。」

　この二つの「時評」は私にとってかなりのショックであった。というのは、このような研究所設置の構想があり、しかも予算請求にまで事が具体化していたことなど、恥ずかしながら、全く知らなかったからである。
　上記の法務省の法務総合研究所、文部省の教育研究所、さらに厚生省の精神衛生研究所、そして警察庁の科学警察研究所と、国立の研究機関によって、少年非行・青少年問題研究は着実に実施され、大きな成果をあげ、今日に至っているわけである。
　がしかし、もし、この青少年問題総合研究所が設置されていたなら、その後、そしていま現在、どのようになっていただろうかと思うと、青少年問題の研究者としてワクワクせざるを得ないのである。
　昭和30年代後半から今日に至る50年以上の間、青少年問題調査研究の中心的機関として、そして現在では青少年問題研究の世界的発信基地として不動の位置を占めていたのではないかと、思えてならないのである。
　その後、総務庁に青少年対策本部が設置されている。しかし青少年問題総合研究所は設置されなかった。何故設置されなかったのか、その理由は知らないが、返す返すも、青少年問題総合研究所が設置されなかったことは残念である。

その23　戦後世代の資質

『青少年問題』第8巻第5号（昭和36年5月）は「児童憲章」を特集としている。「時評」は「"児童憲章"の意義について」であり、「座談会」は「児童憲章10年のあゆみ」であり、二つの論文は「児童の権利について」と「児童憲章の生きる道」である。

この「児童憲章の生きる道」（30‒32頁）は那須宗一氏が執筆している。実は、氏は私の中央大学の学部から大学院時代にかけての恩師である。久々に氏の文を拝読し、感無量とともに、内容がおもしろいので、今回はこの論考を採り上げることにした。

那須氏は、「われわれは、戦前の教育を受けた世代がもちあわさない世代の資質を、率直に認める必要がある」として、戦後世代の良い点を次のように指摘する。

「第一に、若い世代がグループで伸びていこうとする姿勢は、戦前世代にあまり見られなかったことである。」

「第二に、社会科の影響で社会との関係でものを見る態度ができているし、自己主張を討議集団のなかで表現することも板についている。」

「第三に、感覚の解放という点では戦前世代にはみられない特徴がある。戦後の世代は、音符をみてすぐ歌を歌ったり、絵をみて直感的に感じを表現できる資質を持っている。」

「第四には、行動にたいする決断力が戦後世代の資質といえる。（略）戦後世代の行動主義の特徴は、自分の考えや同輩の批判をよりどころにして、自分の全人格をかけた行動を大たん率直に表現する。」

「このような若い世代の集団主義、社会性、感覚の解放、行動主義など戦後世代に浸透した価値規範は（略）デモクラシーの行動規範として発展したものであり、民主主義を発展させるために必要な人間の資質にかかわるものである」という。

ところが、これらの資質がまた次のような悪い面も導いている、という。
「第一の資質として上げた集団主義は、個性を喪失した行動をあらわし、個人のプライバシーを認めようとしない。そして集団的な利己主義によって他人の個性を圧殺してしまう。」
「第二の社会性にしても、自己の行動上の責任をすべて社会に転嫁してしまう。（略）少年同志の会話の中に『関係ないね』という言葉が流行しているが、責任をできるだけ他人に転嫁するムードが支配しているからである。」
「第三の感覚の解放が、むき出しの感覚をそのまま社会生活のなかで爆発させる。『頭にきた』という流行語は、感覚や情緒の自己抑制できない状態を端的に表現している。」
「第四の行動主義にしても、考えてから行動したり、考えながら行動するのでなくて、行動してから思考するという側面がある。」
　そして、「大人の世代が若い世代にたいして指導的役割をもてるのは、若い世代のマイナスの資質にたいする矯正の役割であろう」と述べ、「つねにヒューマニズムが優先して、価値規範のマイナスの側面を克服していく過程のうちにこそ、児童憲章の生きる姿勢を求めたいと思う」という言葉で締めている。
　児童憲章をありがたがって奉ったり、形式的な制度として維持にしているだけでは、青少年にその精神は浸透するものではない、大事なのは戦後世代の青少年のもつ資質のなかに児童憲章の精神を植え付けることにある、というのが那須氏の論である。
　戦後、デモクラシーの名の下に、大人たちは、青少年のもつ集団性、社会性、感性、行動性のそれぞれに対して、マイナスの面をどれほど矯正し得たであろうか。その後の子どもたちは、「関係ないね」も「頭にきた」も「るせー」「むかつく」と発展させ、考える青少年は行動できず、行動する青少年は考えることができない、という状態に陥っているのではないだろうか。残念ながら、昭和30年代以降、プラスはなかなか成長せず、マイナスのみ増大・深化していったのではないか、と思えてならない。

その24　番長

　古い『青少年問題』を読んでいると、懐かしい言葉に出会う。今回採り上げる「番長」もその一つである。まずは、第8巻第9号（昭和36年9月）の「学校内の非行グループと『番長』」（警視庁防犯部少年課、48－52頁）の論述を引用していく。

　文章は、「最近、少年による集団的暴力事犯や非行グループが目立っている。なかでも、中学、高校生層の非行グループ化の問題については、『番長』と称する不良分子を中心とした在校生の非行グループとそのような環境の中に卒業して社会に出た不良卒業生さらには、これとつながる町のぐれん隊などの動き等、いわゆる『番長制』の根強い組織を見逃すわけにはいかない」で始まる。
「『ばんちょう』という呼び名は、中学、高校生の不良グループのリーダー格の者を指すもので、主として生徒の非行グループの間で使われている隠語である。」
「クラスのなかに2、3人の問題生徒がいる場合、類は友を呼ぶのたとえのように各クラスの問題生徒が集まり、各学年ごとに不良グループが作られ、各学年を単位にした『番長』があらわれる。やがて各学年の番長格のなかから、いわゆる『学校番長』（これは『総番長』とも呼ばれる）があらわれてくる。」
「ことしの『番長』は、来年の『番長』を自分の手下から養成し、卒業のときに引継いでいくので、ぐれん隊仲間に入った不良卒業生と在校生との間に、兄貴分、弟分の関係が生じ、それが学校内の非行グループとぐれん隊とがつながる悪じゅん環を生んでいる。」
「特に中学生の非行グループを補導した場合は、ほとんど『番長』がグループに君臨していて、善良な在校生に及ぼす影響が極めて大きいことがわかる。したがって、引き継がれていく『番長』、ぐれん隊などにつながりを持つ『番長』、非行の中心となる『番長』などをまず第一に補導して、学校内から『番長制』を解消することが先決問題であろう。」

そこから、「『番長』をめぐる生徒の非行を防止するためには」次のような対策が必要である、と述べる。
「学校と少年警察が相互に連絡協調して『番長制』を早期に発見し非行グループを解体すること。」
「暴力徒輩の検挙取締によって在校生を保護すること。」
「家庭が積極的に学校と連絡をとって生活指導を徹底すること。」
「『不良少年』のレッテルを貼らないこと。」

　昭和30年代の後半を最盛期として、学校単位で形成された非行集団は「番長グループ」と呼ばれ、結束の強い暴力型の非行集団を形成していた。
　仲間意識と結束が強く、集団内には暗黙の掟が存在し、組織性を持ち、権力構造が貫徹していたということでは、それ以前の愚連隊の低年齢集団版とも学校集団版とも言えるし、後の暴走族に通じるところがある。
　また、学校内にその存在根拠を持つということでは、後の校内暴力集団やいじめ集団と類似するものである。
　ただし、番長集団は他校の番長集団との抗争という特徴を有するもので、それゆえに、自校の生徒から金を巻き上げたりするものの、自校の生徒を他の番長集団から守る、という役割も有していた。しかも、自校の生徒への暴力は金品獲得のための手段や逆らった者への制裁手段であり、いじめのための暴力といった要素はない。こうした点では大きく異なる。
　このように、時代時代に現れてくる非行・問題集団を時系列的に眺めてみると、いろいろの時代的特性が見えてくるものであり、非行・問題集団の変遷としてきわめておもしろい考察が可能である。本稿では、これからも時代を代表する非行・問題集団を採り上げていくことにする。

その25 | カミナリ族

　再度、懐かしい言葉に出会った。「カミナリ族」である。そこで今回は『青少年問題』第8巻第11号（昭和36年11月）の「暴走するカミナリ族」（石崎夏夫、48－53頁）を採り上げる。ただし、ほぼ1年後の第9巻第12号（昭和37年12月）に掲載された「交通違反少年の対策」（山本文雄、14－19頁）も同時に採り上げる。

　まずは「暴走するカミナリ族」から。
「戦後、自動車の普及と共に現れて交通を乱すものに所謂『カミナリ』族がある。」
「彼等は『スピード』の快感のみに憑かれその恐ろしさを全く考えていない。『スピードに若さを賭けろ』とは彼等の合い言葉であり、唯々滅茶苦茶に暴走するのみなのである。」
「彼等はまた、単に『スピード』を出すのみでなく、同乗者（殆どが、若い女性である）を乗せて『スピード』で蛇行をしたりまた独乗の場合には両足を後方に伸したまま暴走する等の曲乗りもしたりするのでその危険性は計り知れない。」
「しかし、彼等はこれ等の事故には全く無関心で、仲間の多くが事故を起こしまた重傷をおい、あるいは死亡しても『自分だけは例外だ』という誤った自信とうぬぼれが強く、少しも反省しようとはしない。」
「彼等は更に『スピード』のほか、その騒音によっても社会に害を与えている。彼等は殊更に大きな爆音（排気音）を立てて走っていく。」
「要するに、彼等はすべて自分本位に考え自分本位に行動し、自分さえよければ良いのであり、他がどんなに迷惑しようが社会秩序が如何に侵されようが、そんなことには無関心なのであり、ただ思いついたまま軽率に行動している。彼等には遵法心と云うものが欠けており、従って法秩序は守らず、交通法規は殆ど忘れているか、又は知っていない（無免許運転者）。運転者にとって基本的

精神とも云える安全運転の観念に至っては、考えたこともないのである。」

　次に「交通違反少年の対策」から。
「国をあげて交通安全が叫ばれ、人命尊重の機運が全国的な世論にまで発展してきたにもかかわらず、いっこうに事故の減る傾向はみえない。いまや交通禍は慢性的な社会的症状となっている。（略）交通戦争という、かんばしくない言葉まで生まれてきたわけである。」
「交通違反の一般的増加の傾向につれて、少年の違反も、また増加の一途をたどっている。」
「一般の都会のこどもに共通した心理は、物心ついたときから乗物が好きで、（略）そしてスピードには異常なほどの魅力を感じているらしい。（略）こういう異常な関心は、ひとつ裏返すと、『カミナリ族』とか『暴走ドライブ族』とよばれる規則無視の無謀操縦に変わる危険性をはらんでいる。」

　オートバイが大衆化しつつある頃のことである。豊かな社会の到来にはまだいくらか早いが、そして若者世代が消費文化の主役として台頭するのはまだ少し先のことであるが、中流階層以上の家庭の子弟のなかから「カミナリ族」と言われる逸脱集団が登場してきた。
　それがさらに豊かな社会になると、地域性や階層性が薄らぎ、大衆化し、「暴走族」となっていくのである。したがって、カミナリ族は暴走族の前身と言える。それゆえに、カミナリ族に関しての記述はまさにそのまま、その後の暴走族に当てはまることがおわかりいただけよう。
　いずれにせよ、豊かな社会の青少年問題到来をこの時代は告げつつあったのである。焼夷弾の降り注ぐなかで生まれ育った子どもたちが、こうなるとは戦争を生き抜いた大人たちには考えられなかったことであろう。

その26　睡眠薬遊び

　今回も懐かしい言葉、「睡眠薬遊び」である。『青少年問題』第8巻第12号（昭和36年12月）の「少年の睡眠薬遊び」（警察庁保安局少年課、41－48頁）を採り上げる。

「さしも盛んであった覚せい剤事犯も昭和26、7年を最盛期として、その後昭和29年ごろには漸く終熄の兆しをみるにいたったのであるが、このころから、東京、浅草、銀座周辺のぐ連隊のあいだにドイツ製の睡眠薬を利用する者があらわれはじめた。」
「それでも昨年のはじめ頃までは、極一部の不良青少年のあいだに常用されているにすぎなかったが、5、6月頃にいたり、上野、浅草方面の非行少年グループが用いるようになり、これを契機として急激に一般青少年のあいだに一つの遊びとして流行し、この睡眠薬の過飲から重体におちいる者、あるいはこれを悪用して強盗、強姦及び暴力的事犯を敢行するなどの事案が多発して、睡眠薬の乱用は十代の犯罪と不良化に結びつく深刻な問題としてようやく世人の注目するところとなった。」

　このように述べたあと、睡眠薬遊びに関しての調査結果が提示される。
　補導の対象となった事案は116件、うち窃盗が23件、恐喝10件、強盗、傷害が共に5件、強姦、暴行が共に4件、虞犯不良行為は58件。
　補導事案116件における少年総数は136名で、年齢構成は17歳が33名で最も多く、次いで18歳31名、16歳25名、15歳15名、14歳14名。
　使用睡眠薬で最も多いのがハイミナール（65名使用）、次いでブロバリン（22名）。
　入手の方法は、「自分が薬局で購入した」（58％）、「友人からもらった」（25％）、「グループで買って分配した」（14％）。
　購入時の薬局の態度は、「どんな睡眠薬でもすぐ売ってくれる」（80％）、「何

のために使うのか、体の調子などをきいて売ってくれる」(10％)、「要指示医薬品についてはことわられた」（2％)となっている。

　また事例としては、「昭和35年夏頃から浅草の新世界で知りあった少年、少女10人が毎日のように付近の喫茶店に集まり、近くの薬局で購入した睡眠薬を分け合いコーヒー、ジュースなどに入れて服用し、ふらふらと酒に酔ったような気分になって交遊していたもので、仲間の少年たちは薬にあてられふらふらになる状態を『られる』『られている』と称し、一部の者は旅館に誘いあい不純な異性交遊をつづけ、旅館で休憩することを『楽屋入り』と称していた」という事例をはじめとして、五つを紹介している。

「ハイちゃんを飲んでラリル」などという言い回しが流行るほどに、一時期、この「睡眠薬遊び」は流行した。また、女性に睡眠薬を飲ませて強姦する、という犯罪の道具としても使用された。
　規制により睡眠薬の入手が困難になると、今度はある種の風邪薬を大量に飲んだり、またどれほどの効果があるのか定かではないが、ビールに目薬を混ぜて飲む、ということも行われた。
　そして数年後下火となるのであるが、その後、「シンナー遊び」に火がつく。前回の「カミナリ族」が「暴走族」の前身であるように、この「睡眠薬遊び」は「シンナー遊び」の前身である。「ラリル」という言葉も睡眠薬からシンナーに受け継がれているし、集団でラリル、ラリッてセックスをする、ラリらせて強姦する、ラリる金欲しさに犯罪を犯す等、「睡眠薬遊び」での非行の全てが「シンナー遊び」に受け継がれている。
　ただし、シンナーでは「遊び」という表現が途中で「乱用」という表現に変わる。「遊び型非行」という概念が「初発型非行」という概念に変わったのと同じ配慮からである。

その 27　青少年補導センター

　雑誌『青少年問題』購読の最大のお客様は青少年補導センターである。平成16年の時点で、698のセンターにご購入いただいている（ただし、その後、内閣府の買い上げが廃止され、激減したが）。
　センターの名称は「補導」「指導」「育成」「相談」「愛護」等、様々であり、また「青少年センター」「少年センター」とシンプルな名称もある。各都道府県・各市町村で名称が異なるのだ。しかし、どのセンターにあっても、相談活動と街頭補導、環境浄化活動を主に、活動が展開されている。
　今回は50年ほど前の青少年補導センターについて書かれた論考を紹介する。『青少年問題』第9巻第6号（昭和37年6月）掲載の「『青少年補導センター』の活動について」（飯原久弥、26－31頁）という論考である。なお、執筆者の飯原氏は執筆当時中央青少年問題協議会の事務局調査課長である。

　昭和36（1961）年の犯罪少年数が戦前戦後を通じて最高になったことを述べ、その後、「このような非行少年の激増に対処する有力な方法の一つは、関係機関が街頭補導等を強化して非行に走ろうとする少年の早期発見、早期保護に当たるとともに、少年の保護者その他の関係者から非行防止に関する積極的な少年相談を受ける体制を築き上げることにある。このような意味で、近時全国各地でとみに設置されつつある『少年補導センター』の活動が、益々注視されて来ている」と、述べる。
　「少年の非行化を早期に発見、防止、保護するためには、警察から学校教師、児童福祉関係者へ、学校から警察、児童福祉関係者への相互の連絡が緊密となり、その間にお互いの機能を活かし合ったチーム・ワークが行なわれるようになれば、最も効果的であろう。このような趣旨から、警察、教育、民生関係者の『連合軍』を結成して非行少年の第一次的接触に当たっているのが『青少年補導センター』である。」
　「こういった意味では、補導センターは単なる一部局の活動に止まるものでは

なく、上に述べたような関係の公的機関さらには民間有志の者の協力一致の場であり、正に非行少年取り扱いの第一次的な窓口として一元化されたものと言えよう。この一元的窓口という機能こそ、今日の青少年対策上の複雑な仕組みの欠陥を補って、結局の目的である少年非行の早期発見、早期相談乃至応急措置に重要な役割を果たすものと言える。」
「警察、教育、民生の三者一体による補導態勢の場、そこにおける第一次的窓口としての、連絡協調というところに、補導センターの在りうべき姿をおき、その意義を協調したいのである。」
「現在、全国でこの種の青少年補導センター（名称はまちまちであるが）は125カ所設置されている。然し、必ずしも、そのすべてが、前に述べたような、警察、教育、民生関係者の完全な三位一体のチーム・ワーク態勢を確立しているとは言えないが、将来の方向としては、わざわざこの種センターを設置する以上、速やかに総合力を発揮できるような仕組みに移行すべきであろう。」

　この文章には勢いと情熱が感じられる。補導センターにかける意気込みが感じられる。また、〈その22〉で紹介した「青少年問題総合研究所構想」に通じるものがある。
「警察、教育、民生関係者の『連合軍』」であり、「非行少年取り扱いの第一次的な窓口」であり、「少年非行の早期発見、早期相談乃至応急措置に重要な役割を果たすもの」であり、「警察、教育、民生の三者一体による補導態勢の場」である、それが「青少年補導センター」なのだ。
　もちろん、今も少年補導センターは大活躍している。しかし、行政（その大半は教育委員会所管）のセンターと警察のセンターは分離し、複雑化し、警察・教育・民生の三位一体による第一次的窓口としては、多くの問題を抱えるに至っている。
　今一度、初心に戻る必要があるのではないだろうか。

その28 中学生非行

　このシリーズは、私が古い『青少年問題』を読みながら「おやッ？」と思ったり「へぇーッ！」と思ったりした論考を紹介しているのだが、今回もおもしろい論文をご紹介する。『青少年問題』第9巻第8号（昭和37年8月）掲載の「中学生非行の実態と問題点」（渡辺康、6‐11頁）である。
　内容は、非行が戦後2番目の山にさしかかり増加の一途をたどり、しかも低年齢化し、中学生の非行が激増したことから、その実態を記述し、家庭の問題や、中学生の余暇や仲間付き合いの問題を考察し、対策を提示したものであるが、そのことよりも、書かれていることの随所随所におもしろみがある。以下、紹介していく。

　「一般の人達はショッキングな非行ばかりに関心を集中しないように、日常生活の周辺に頻発している平凡な乱暴・怠学等近隣のありふれた問題に関心の焦点を置くような方向が重要である。」
　そのとおりである。近年は益々この傾向が著しい。マスコミは商売である。そのため特異な凶悪事件が起こると大騒ぎで報道する。この傾向が近年著しいため、人々の関心も、騒ぎも特異な事件に集中しているのが今日の状況である。50年も前からの特徴だったのである。

　「中学生非行の成人非行と明らかな違いはその動機で、大部分の中学生の窃盗は直接、間接に遊びたい衝動と関係がある。遊ぶためにこづかいを欲しくて金を盗む、又は換金容易の品物を盗む場合、盗む行為そのものがスリルのある楽しみである遊びの場合、遊ぶ道具を盗むといった具合である。」
　「つまらないから何か面白いことを探すと云った態度である。問題児グループもいつも非行をつづけている訳ではない。遊びの中に非行がまざり易いと云うことである。」
　「遊び型非行」という言葉が登場したのは昭和46年のことである。それより9

年前に非行と遊びとの関係が言及されていたわけである。終戦直後にあっても、遊びの金欲しさに非行を犯す少年は多くいた。それが昭和30年代も後半になると目立ちだしてきて、その10年後には「遊びによる、遊びのための非行」となっていくのである。

「特に注目すべきことは、少年達がその被害を殆ど両親にも教師にも報告していないと云うことである。金品をとられたものが、親に話しているものは10％で、あとのものは報告していない。乱暴された場合でも、先生に話しているものが12％、親に話しているものも10％に過ぎないと云う結果である。女生徒がいやらしいことをされた場合も、20％位がそのことを親に話しているのみである。」

　ある地方都市の中学生に対しての被害調査から、調査対象中学生の４人に１人が非行による被害を受けていたことが判明し、さらに、上記のことが判明したのである。その後のいじめ被害にあっても共通することであるが、被害にあった少年たちはいつの時代にも大人には話さないものである。

「住民の日常生活に密着して問題があることを知って貰わなければならない。住民の中に、非行に無関心層の多い地域に非行の発生も多いと云う推定もできる。住民の連帯意識の高いところでは、非行が起こりにくいことが当然考えられる。」
「少年非行は近隣社会の日常の問題なのである。（略）地域住民者全体の問題として解決しなければならない性質のものである。」
　これもそのとおりである。そしてやはり50年も前から言われ続けられていることなのである。地域の子どもは地域で育てる、地域の安全は地域で守る、犯罪のない地域、非行少年のいない地域、この自覚が住民それぞれに欲しいものである。

その29 | 帰農青少年

　今回は、中野重巳「農村青少年の動向」(『青少年問題』第9巻第8号 (昭和37年8月) 6-11頁) を採り上げることにする。

「最近の農村青少年の動きの中でもっとも顕著なことは、いうまでもなく、その激しい離村、離農の傾向であろう。」
「農業を離れ農村から出てゆくのは新卒に限ったことではない。機会さえあれば古い卒業生も出てゆくのである。このことは農業人口の減少ということだけでなく、農業就労者の高齢化傾向を一層助長することになる。」
「従来、村を離れてゆくものといえば二、三男が中心であった。それも村を出てゆくためには機会が与えられることが、必要であった。ところが、最近では農業外に就労の機会が多いので、長男までもがどんどん村を出てゆく。また、交通機関の発達で通勤の範囲も広くなって、都市に就労した二、三男でも家から通勤しているものが少なくない。」
　農村の青少年の三分割がここにみられる。一つは村に残り農業の跡を継ぐ青少年である。二つ目は農村に留まりつつも農業を捨て、サラリーマンとなる青少年である。そして三つ目は村を離れ都市に出て生活する青少年である。
　昭和30年代は、未だ「過疎」という言葉は出てきていないが、農業従事者が激減し、青少年の「離農」「離村」が問題となり出したのである。

「これは県庁の人から直接聞いた話であるが、農村から出ていく青少年とは反対に、いったん村を出た青年が、農村に帰ってくる例が、きわめて少数ではあるが見受けられるというのである。」
　過疎が問題となり、「Uターン」という言葉が生まれる前に、都市近郊の農村ではUターンが始まっていたのである。中卒・高卒で家を出て働いていた青少年が、何年か働いたのちに家に帰り、農業を始めたというのである。そう言えばこの頃、「早ッこー、早っこ、田舎に帰ってこー」という歌が流行ったも

のである。

「彼等は捨てたはずの家の農業を見直してみた。」
「別の世界で働いてみて、農業の良さも悪さもはっきり分ってきたのである。幸い、家の方でも早く帰って来いといっている。彼等はこの段階で再び農業に帰る決心をしたのである。」
「こうした青年たちの帰農後の働きは例外なく目ざましいものがあるという。」
「帰ってくるまでに農業外の仕事についてみて、農業を客観的にみることができた。だから彼等はただ漠然ともとの農業に帰るのでなく、あらためて農業に就職したといってもよいであろうし、農業以外の社会で働いた経験が大いに役立つことが考えられるのである。」
「急速に都市化の進みつつある近郊地帯に農業らしい農業を営んでいる青年がかえって多く目につくのも興味深いことである。彼等は同じ年頃の青年たちがサラリーマンになっているのを少しも羨ましいとは思っていない。それどころか、自分の営んでいる農業に誇りをもっている。また誇ってよいだけの成績を収めている。」

　農業自体が大きく変化した時代であった。第一次産業人口が激減した時代であり、兼業農家が専業農家よりも多くなった時代であった。農業の近代化が始まった時代でもあったし、農村の生活が都市化した時代でもあった。そして、過疎が始まりだしてもいた。そんななかで、帰農した青年のたくましさは一つの清涼剤である。
　事実、今70歳代になっている彼等が日本の農業を支えてきたのである。ビニールハウスでの栽培、米や野菜、果物の品種改良、外国産の野菜の栽培、生産者の個性と顔が見える生産姿勢、等々、現在受け継がれている農業経営はこの頃から始まったと言えよう。

その 30　小さな親切運動

　この『青少年問題』には、かなりの大物が筆を執っている。今回はその中の一人、毎日新聞社長、上田常隆氏にご登場願う。第10巻第9号（昭和38年9月）掲載の「〈時評〉小さな親切運動と青少年」（4－5頁）である。

「『小さな親切運動』を提唱しよう、という話のあったとき、わたしはすぐ賛成した。ひとからいわれるまでもなく、機会があれば、こういう運動を広めたいと考えていた。」

「わたしは、『今の若いものは……』などといわない。しかし昔流の礼儀とか、長幼序ありとか、あるいは公徳心のうすれていることもまた認めざるを得ない。教育勅語が学校教育から消えた今日、やむを得ないことと思っている。しかしそれだからといって、人間の本質に属する善、したがって、その善に根ざした親切心が消えてしまうことを傍観するものでは決してない。親切—それがたとえ小さくとも、親切が世の中のすみずみまでゆきわたれば、どれほど明るい社会になることだろうか。」

「青少年とて、老人や赤ちゃんをおんぶしているお母さんに席を譲ることぐらい知っている。しかし、みんなが見ている前で実行することは何かテレくさい。恥しい思いがする。すなわち『小さな勇気』がいるわけである。そこでわたしは、青少年よ、勇気を出しなさい。そして、小さな親切をしましょう、と呼びかけたい。」

「諸君だって、知った人、あるいは先生や先輩が前に立ったときは、すぐ席を譲るでしょう。知っている人にできて、見知らぬ人にたいしてできぬということは、無意識のうちに利己心がはたらいているともいえる。真の親切は知人だろうが他人だろうが、同じ態度でなければならない。それがわが国ではなかなかできない。できていない。同じ社会に住んでいる連帯感がうすいためと思う。そこに問題があるので、小さな親切運動を展開しなければならない理由がある。」

第1部　戦後の終わりと青少年問題

「わたしは思う。世の青少年の諸君が、元気な諸君が、老人や子供、赤ちゃんを背負ったお母さんに、必ず席を譲ることが習慣になったとき、非行少年などという言葉は新聞紙上から、いやこの世の中から消え去ることと思う。『小さな親切』は『小さな暴力』をなくすることと信じている。」

　誰でもが同意するし、またせざるを得ない内容である。「小さな親切」は「小さな勇気」が必要。言い換えれば、「小さな親切」は逆に「小さな勇気」を育む。「小さな親切」は「小さな暴力」をなくす。「小さな親切」は「小さな幸せ」を導く。「小さな親切」は、明るい社会をつくり、公徳心を呼び覚まし、社会に連帯をつくる。
　日本国民の全てが、日々「小さな親切」を心がけ、行い、そしてそれが数年続いたならば、上田氏の言うとおり、日本は大きく変わったことであろう。しかし、残念ながらその後の日本はそうならなかった。

　この当時、池田勇人首相は、「人つくり」政策を推進していた。所得倍増計画が一応の成果を収め、昭和30年代後半の日本は、豊かな時代・社会の入り口にさしかかったわけであるが、にもかかわらず少年非行は悪化の途をたどっている、そこで「物つくり」から「人つくり」へと政治の方向性を一部修正しようということだったのではなかったか。そしてその運動の一つが「小さな親切運動」だったように記憶している。
　池田首相は昭和38年の成人式に、「以上いろいろと申しましたが、要は『自ら反省し自らを創る』という一言に尽きます」と述べている（池田勇人「〈時評〉自ら反省し自らを創る」第10巻第3号（昭和28年3月）4－5頁）。
　これも素晴らしい言葉である。しかし、その後、反省もなく創ることもない大量の青少年が生み出されていったのではないだろうか。何度かあったチャンスを常に逃してきたことを我々は猛省しなくてはならないだろう。

その31　母と子の20分間読書

　前回の〈その30〉では、毎日新聞社長、上田常隆氏の「時評」を採り上げた。今回も大物の登場である。鹿児島県立図書館長である。しかし、これだけでは、誰もが「知らない」と思うことであろう。もし、これだけで、「ああ、あの方」とわかるならば、あなたはかなりの文学通である。では、「椋鳩十」と言ったらどうであろうか。こうなると、逆に知らない人のほうが少ないのではないだろうか。小学校の国語の教科書にも出てくる、偉大な児童文学者である。その椋鳩十氏の「母と子の20分間読書」（『青少年問題』第10巻第11号（昭和38年11月）11－16頁）を採り上げる。

「読書と言うと、ただ、教養だけを専一にするものだと考えられがちです。」
「しかし、教養と言うことを考えながら、親子の関係とか、家族関係、あるいはまた、子供自身の生活にも影響をあたえて行くような読書のあり方は、ないものであろうかと、私どもは考えたのでした。」
　そして、「多面的な読書と言うことを考えて、『母と子の20分間読書』と言うことをはじめたのです」。
「そこで、私どもは『母と子の20分間読書』の方法として　子供が20分間ぐらい小さな声で、教科書以外の本を読むのを母親が（父親だってもちろんよい）かたわらで　静かにきく　これを、出来るだけ、毎日くりかえすと、言うやり方を採用したのでした。」（一文字分の空白は改行を意味する）
「この運動のねらいの一つは、子供の手に、母親を、とりもどそうと言う考えもあるのです。」
「そのために、小さな声で、子供が読むものを、母が、かたわらで静かに聞く。と、言う方法をとったのです。」
「子供が、学校に行くようになると、おかあさま方は、心静かに、子供と、しんみり話し合うことが少なくなっていくようです。」
「子供に、たのしいものを読んで貰って、おかあさんが、そのかたわらで静か

に、耳をかたむける。このことは、子供と、同じ心になっているおかあさんを、自分のかたわらに持つと言うことでは、ないでしょうか。」
「この『母と子の20分間読書』で、私どもは、そうしたおかあさんを、子供たちに、独占させてやりたいと思ったのです。」
「これを、つづけていた学校からは、いままで、だまりこくって、教室の隅に、小さくなっていた子供が、手を上げるようになったり、自ら進んで発表したり、先生に親しく話しかけるようになったと言う例が、相当に多く報告されて来ています。」
「しかし、この運動のねらっているものは、カンフル注射みたいに、ただちに、その験があらわれると言うものではありません。」
「半年、一年、一年半とつづけて、はじめて、地下水みたいに、しみて出て来るものです。おかあさんも子供も、そしてまた、これにとり組む先生にもなかなか根気のいる問題なのです。」

　以上、大作家だからというわけではないが、引用が長くなってしまった。
　子どもが小さくて、まだ字が読めない頃、母親が傍らで、子どもに本を読んで聞かせる。子どもは夢中になってそれを聞く。そんな母と子と読書との関係が、子どもの情操教育に大きな効果をもたらすことは、言うまでもない。しかし、子どもが成長し、字が読めるようになると、そんな母子関係は失われていく。
　そこで、椋氏は発想を逆転させて、子どもが傍らで静かに母親に読んで聞かせる、母親は夢中になってそれを聞く、という方法を考え出したのである。
　あすなろ書房から『母と子の20分間読書』『続・母と子の20分間読書』が出たというが、残念ながらこの運動は、現在に引き継がれていない。時代のなかで消えて行ってしまったようだ。

　追加文…ネットで調べたところ、ほそぼそとではあっても、この運動はまだ続いているようです。お詫びするとともに、訂正させていただきます。

その 32 　交通違反少年

　今回は菊池信男氏の「交通違反少年の実体と処遇」(『青少年問題』第10巻第2号（昭和38年2月）27－33頁）を採り上げる。

　「交通違反と交通事故は、近年激増をつづけ大きな社会問題となっているが、最近は、とくに少年の交通違反が問題とされることが多い。少年の交通違反も増加の一途をたどり、家庭裁判所における受理件数は、昭和31年には23万件に足りなかったのに、昭和36年には2.8倍にふえて63万件に達している」という書き出しで始まる。
　そして、「では、このような少年の交通違反には、どのようなものが多いだろうか。家庭裁判所の統計でみることにしよう」ということで、昭和35年の統計から、利用車両では、原動機付自転車が47％、軽自動・自動二輪が27％を占めていること、違反行為の内容は、無資格運転が48％、速度違反17％、一時停止・徐行違反8％であり、無資格違反の多いのが少年の特徴、と述べる。

　さて、ここからおもしろい展開がなされる。
　筆者は、「ところで、これらの違反の大部分は勤労少年の事件である」、「しかも、彼等の職場は、おおむね極めて規模の小さい商店や町工場である」、「その違反も仕事の過程で犯されたものか、仕事上必要な運転免許をとるための練習として無免許運転をするといったようなもので、ほとんどが仕事に関連しているといってよい」と論じ、ところが、「少年の交通違反が話題になるとき、暴走する砂利トラやダンプカー、よっぱらい運転さてはカミナリ族などがとりあげられることが多く」、「これらはジャーナリズムに派手にとりあげられることが多く、いきおい人目をひきがちではあるが、もともと少年には少ない種類の違反であって」、「交通違反少年全体からみるとカミナリ族は極めて特異な少数例で、ほとんどの少年達とは無縁の存在である」、しかも、「(交通)違反件数と（車両の）登録台数を対比し年々の推移をみると、事件数は車の各種類ご

とに、おおむねその台数の伸びに相応するだけずつ増加していることがわかる。これからもうかがえるように、少年の違反の激増は、小型の車の飛躍的な増加にともない、少年の利用者人口が急増したことによってもたらされたといってもよい」と述べるのである。

そして最後の締めとして、「今日、交通問題はまことに重要であり、その有効、適切な対策の樹立は文字どおり焦眉の急を要することがらである。しかし、この問題が重要なものであればあるほど、実情を正しく把握し、冷静に対策を考える必要がある。われわれは、少年法がせっかくとっている正しい原則を棄て去り、威勢はよいが実証的な根拠の欠ける刑罰至上的な考えに、無反省にとびつくような愚かなことをすべきではないであろう」と結ぶ。

日本が車社会に突入し、交通違反、交通事故が激増した時代の記述である。菊池氏は最高裁判所事務総局・家庭局付判事補（執筆時）であり、家庭局の少年法に関しての立場に立っての執筆とは思われるが、それでも、的を射た指摘である。
　ある特異な事件や今までにない犯罪・非行現象が勃発すると、必ずマスコミはこれに飛びつき、センセーショナルに報道する。それがたとえ、まじめに取り上げたものであったとしても、また、正義の筆であったとしても、人びとに与える結果は、「大変だ」「政府は・司法は・警察は何をしている」という、ある種のパニック的な反応である。そして、こうした人びとの感情的反応に基づいて、政治が動き出す。
　車の台数が増えれば、そして運転する少年の人口が増えれば、それだけ少年による交通事故が増えるのは当然のことである。
　菊池氏の指摘は今では珍しいことでも何でもないが、当時、しかも犯罪社会学者ではない方が、ズバリと指摘されたことは、実におもしろいことである。

その33　深夜喫茶

　今回採り上げる「深夜喫茶」という言葉も、ずいぶん懐かしい言葉である。「歌は世につれ、世は歌につれ」というが、それだけでなく、「言葉は世につれ、世は言葉につれ」でもある。

　金久保通雄「〈時評〉深夜喫茶はやっていけなくなる」（『青少年問題』第11巻第2号（昭和39年2月）4－6頁）、ならびに五島貞次「〈時評〉狂った深夜の大都市」（『青少年問題』第11巻第4号（昭和39年4月）4－6頁）を採り上げる。なお、金久保氏は読売新聞編集総務（執筆時）、五島氏は毎日新聞論説委員（執筆時）である。

　まずは金久保氏から。
「一昨年、警視庁が補導した26万人の少年のうち、15万人が深夜喫茶の常連だった。これだけでも、深夜喫茶が、青少年の不良化の温床となっていることが、よくわかる。」
「うす暗い喫茶店の片すみで、これといった用もないのに、若い男女や、少年のグループが夜をあかすということ自体が、すでに異常である。」
「世間の親たちの願いを尻目に、深夜喫茶が全国に8千軒もできているのは、法律が深夜喫茶の営業を守ってやっているからにほかならない。」
「昨秋、国家公安委員会は、深夜喫茶の全廃の方針を決め、法的措置について警察庁に指示した。」
「しかし、考えた末、警察庁が出した結論は、風俗営業取締法の改正で、深夜喫茶の全廃ではなかった。」
　この後、論は風俗営業取締法の改正の内容について触れ、「こんどこそ、取締当局も、権威をもって厳格に規則を実施してもらいたい。そうすれば、深夜喫茶はやっていけなくなるだろう」と結んでいる。

　次に五島氏。

五島氏は深夜喫茶廃止に関しての反対意見を紹介した後、「しかし、そうした意見にも関わらず、このさいはとにかく思い切って深夜喫茶をなくすべきである。現実に深夜喫茶がいくたの害毒を流し、少年非行の温床となっている以上、これを一掃するのは大人の責任といわなくてはなるまい。深夜喫茶をなくした結果、これに代わる新しい悪の温床が生まれれば、そのとき改めてこれに対処すればよいのであって、それは深夜喫茶を放置しておいてもよい理由にはならないであろう」と論じる。

　そして、「と同時に、トルコブロ、ボーリング場のような営業にも、何らかの手を打つ必要がある。とくにボーリング場は、東京あたりでは最近やや自粛のようすが見えるが、日によっては午前3時ごろまで営業をやり、しかもたくさんの少年少女たちが、未明まで遊び狂っている」と続き、「若い世代が、まかりまちがっても、悪の世界に転落できぬよう、狂った深夜の大都市を、平和で静穏な都市にしてもらいたい」と締める。

　戦前から戦後にかけて、映画館や劇場が不良青少年のたまり場とみなされた。その後は、アイススケート場、喫茶店、ボーリング場、コンビニ、ゲームセンター、カラオケルーム、マンガカフェ、等。

　深夜喫茶は「悪の温床」ではなくなったが、時代はますます夜型化していき、大人も子どもも深夜族となり、「深夜の大都市」はさらに猛威を振るっている。

　その時代時代に、「悪の温床」（有害な場）が登場し、規制を受け、下火となり、また別の有害なたまり場が登場する。イタチの負い駆けっこではあるが、その都度その都度対応していくしかない。

　そもそも「有害な場」という場があるわけではない。青少年がたむろして問題行動が多出する場であれば、どこでも有害な場と化す。よって、公園でも駅でも学校でも有害な場となり得る。また、青少年に健全な場を提供すればなくなるといった単純なものでもない。いつの時代でも有害な場は形成される。したがって、やはり臨機応変の対応が必要となる。

その34　東京オリンピック

　昭和39（1964）年は東京オリンピックの年である。その後の大阪万博、サッカーのワールドカップ以上の、戦後日本最大のイベントであったと言える。とにかく、日本中が東京オリンピックに湧いた。
　『青少年問題』も、昭和39年はオリンピックの記事をいくつか掲載している。「〈時評〉オリンピックの意義」（与謝野秀、第11巻第9号（昭和39年9月）4－6頁）、「青少年はオリンピックで何を学びとるか」（江橋慎四郎、同巻同号、6－11頁）、「青少年はオリンピックで何を学んだか」（加藤地三、第11巻第12号（昭和39年12月）12－16頁）等である。これらはほぼ似たような内容となっている。

　「意義」では、オリンピックの意義として、「平和のシンボル」「敢闘の精神」「アマチュアの競技」という三つを挙げている。「敢闘の精神」とは、「スポーツが勝敗を争うものである以上、全力を尽くして勝つ目的のために力を注ぎ、しかしなおそれでも勝てなかった場合に、はじめて敗れても大きな意義を持つのであり、それがつまり参加したことの意義である」と述べる。あとの二つは説明するまでもなかろう。

　「何を学びとるか」では、オリンピックの意義について「オリンピック憲章」を引用し、「世界の競技者を参集させることによって、人類の平和維持と愛に貢献すること」であるとし、さらに「オリンピックは、スポーツを通じてこの理想と現実を目指す一つの平和運動なのである」と述べる。また、オリンピックのフェアープレイの精神と、その精神の日常生活での実践の大事さを述べ、そして、栄光の陰にたゆまぬ努力のあることをオリンピックは青少年に示してくれる、と言う。

　「何を学んだか」では、クーベルタンの「オリンピックで重要なことは、勝つことではなく、参加することにある。人生でもっとも重要なことは、勝利者で

あるということではなく、その人が努力したかどうかということである」というオリンピックの精神を、青少年が会場でもしくはテレビで実際に観戦することによって、感動を伴って実感したということが記され、「オリンピックは青少年のものである。東京大会で学んだオリンピック精神は、無形の財産として、いつまでも青少年の心に残るにちがいない」と結んでいる。

　どの論述に対してもケチをつけるつもりは毛頭ないが、述べていることがあまりにもきれいすぎ、あまりにも理想すぎる。当時、紛れもなく青少年（高校1年生）であった私の実感として、オリンピックの崇高な精神が人びとに、特に青少年に染み込んだとは、残念ながらとても思えない。
　国家の威信を懸けての巨大なショーであったし、また、高度経済成長に拍車をかけ、高速道路等のインフラを整備し、カラーテレビが売れに売れ、マスコミがその威力を遺憾なく発揮したのが東京オリンピックであった。「オリンピックは青少年のものである」とは、とても言えない。国家の威信のため、経済発展のため、企業のため、マスコミのため、そして日本の大半の老弱男女のためであった。
　人びともマスコミもメダル獲得に一喜一憂した。それが最高潮に達したのが、女子バレーボールの決勝戦。ソビエト対日本の試合だった。女子バレーボールを人気スポーツに押し上げた。さらに、「サインはＶ」「アタックNo.1」という人気マンガを世に出した。
　この戦後最大のショーは、さまざまな記憶を国民に与えた。「東洋の魔女」伝説もそのなかの一つである。あの場面を見る度に、未だに当時の感動がよみがえってくる。この感動（ただし、とても崇高とは言えない、ただ「勝った、勝った」という感動）の記憶こそが、青少年を含めた当時の人びとに東京オリンピックが与えた最大の贈り物だったのではないだろうか。

その35　流入勤労青少年の非行

　昭和30年代、地方から大都市に就職する勤労青少年が大量に生み出され、大きな文化現象ならびに社会問題となった。

　当時の流行歌では、田舎から大都会（そのほとんどは東京）に行った青少年のことが歌われている。たとえば、「チャンチキおけさ」「柿の木坂の家」「東京だよおっかさん」「夕焼けとんび」「りんご村から」「お月さん今晩は」「ぼくは泣いちっち」「ああ上野駅」等々である。また、映画や小説の題材としてもよく使われたし、「若い根っこの会」という新しい形の若者たちの組織も作られた。

　こうした文化現象のなかにあって、「金の卵」ともてはやされつつ、仕事につまずき、享楽の世界に溺れ、非行に走る青少年も現れた。
「〈調査報告〉流入勤労青少年の実態と非行の要因について」（和賀進、『青少年問題』第11巻第10号（昭和39年10月）35－43頁）は、そんな青少年の実態を調査した報告である。

　昭和38年の東京都の青少年（15～19歳）は推定80万5千人、うち流入勤労青少年は推定21万7千人で、27％を占める。この時代、東京にいる青少年の4人に1人は流入勤労青少年だったわけだ（ちなみに、流入青少年は24万6千人で31％）。

　都が確実に把握している流入勤労青少年は、職業安定所を通しての就職と学校紹介による就職（公的ルート）で、これが流入勤労青少年の46％ほどにあたる。いわゆる集団就職組である。残りの者は、知人の紹介であったり雇用主から直接であったりといった私的ルートである。ちなみに、非行流入青少年の場合、私的なルートによる就職者が多い。

　規模別にみると、従業員9人以下という職場が男32％、女23％。一日の就労時間が8時間以上の者は、男女とも70％以上。就職時の月収は、6千円未満の者が、男17％、女23％、6千円以上1万2千円未満が、男38％、女44％である。

ただし、他の同年齢の勤労青少年に比べ、この数値はさほど悪いものではない。

流入青少年は31％であったが、昭和38年中に東京少年鑑別所に収容された青少年7,485人をみると、3,177人が流入青少年で、42％となり、流入青少年の非行率の高いことがわかる。

また、一般の流入青少年と非行流入青少年とを比べると、前者では転職者は10％内外でしかも大部分は1回以内であるのに対して、後者では85％が転職経験を持ち、しかも2回以上の転職経験者が半数以上を占めている。

一般流入青少年と非行流入青少年の大きな違いの一つは、給料の使い方にある。前者は貯金をし、計画的に使用していることがうかがえるが、後者は稼いだ金の全てを使ってしまう。

おもしろいことは、この調査では、非行流入青少年のほうが満足度が高い、ということである。このことについて、「今まで私達は欲求不満＝非行というふうに考えてきたが、本調査結果では、非行群のほうが満足度が高い。この理由は何か。その満足は『色々な友達とつき合える』『好きな事ができる』等であり、いわば野放図な原始的欲求の満足であり、統制された個性の解放と確立という望ましい形とはいいかねる事が多い」と論じている。

そして最後に、「故郷での家庭内、勤め先での問題→私的ルートにより東京に就職→わるい生活労働環境→欲求不満、失望→転職→よりわるい環境（このくり返し）→盛り場での非行のきっかけ→非行化」というふうに考えられる、と結論づけている。

中学を卒業し、故郷を離れ、一人大都会に出て来て、無我夢中に働いてきた集団就職組というイメージとは異なる、故郷でも学業や生活態度に問題を持った少年が、大都会に出て来て、転職を重ね、享楽の世界に溺れ、その結果非行に走ってしまった、というイメージをこの調査は析出させている。

その36　青少年健全育成条例

　東京都で「青少年の健全な育成に関する条例」が昭和39年8月1日に公布、同年10月1日に施行された。これに関しての論考が『青少年問題』では3点掲載されている。
「〈各省だより〉東京都青少年健全育成に関する条例」(以下「たより」)(東京都、第11巻第9号（昭和39年9月）61－62頁)、「〈時評〉青少年条例のにらみ」(以下「時評」)(五島貞次、第11巻第10号（昭和39年10月）4－5頁)、「〈青少協運営講座〉東京都青少年の健全な育成に関する条例の制定過程からみた問題の諸点」(以下「青少協」)(山崎康平、第11巻第11号（昭和39年11月）54－59頁)である。

　まずは「たより」から。
「東京でこの条例を作ろうとの声が起こったのは"太陽族"の言葉が生まれた昭和30年のこと、10年越しの懸案が実ったわけである。（略）青少年の健全育成に関する条例は、昭和23年、千葉県（略）、東京は27番目である」。
　10年越しの条例であったことがわかる。また、各都道府県での条例制定が随分と長い年月続いていることがわかる。最初の制定から16年経って27番目である。そしてその後もだらだらと続く。

　次に「時評」。
「賛否両論でもめていた『東京都青少年健全育成条例』が、7月末の都議会で一部修正のうえ、ついに成立した」。
「こうした条例に反対する人たちは、青少年条例は憲法違反であるとか、こんなものをつくっても実効はあがらぬとか、取締的な条例を作るよりも、青少年福祉対策を強化するなり、健全育成に力を入れるべきだとか、いろいろな批判をしている」。
「しかし、それにもかかわらず、青少年条例が必要だと考えるのは、青少年の置かれた現実の社会環境があまりにもひどく、何らかの手を打たなければ、ま

すます悪化する恐れがあるからである」。
「法規に触れさえしなければ、金になりさえすれば、何でもやりかねないものには、法規で規制する以外に有効な対抗手段はなかろう」。
「また、条例が制定されたのに、青少年の非行が少しもへらぬという理由で、条例が無意味であると速断することにも、簡単に同調できない。(略)条例ができたら、すぐ目に見えて効果が出てくるなどということはありえない。青少年対策は長期戦であり、根気のいる大仕事だということを忘れてはなるまい」。
　しごく正論である。現在、青少年条例の存在について批判する人はまずいないであろう。ただし、条例改正が行われる度に、ほぼ、同じ反対論が出てくる。

　反対した人たちの反対理由とそれへの回答が記されているのが「青少協」である。ここでは、反対理由のみ掲載する。
「『言論・出版の自由』『表現の自由』『営業の自由』『住居不可侵の保障侵害』等いずれも憲法に保障されている自由権の侵害になるおそれがある」。
「立ち入り調査は臨検の復活であって、営業の自由や人権を侵害するものではないか」。
「法律の委任のない条例の執行を刑罰によって強行することは、憲法に違反するものではないか」。
「既存の法律を活用すればこのような条例は必要としないのではないか」。
「出版物が青少年に悪影響があるというのはどのような科学的根拠があるのか」。
「条例制定の神奈川県において(不良行為が)全然減少していない」。
「言論・出版の自由」「表現の自由」「営業の自由」は、今でも問題になるところである。現在はこれに「子どもの人権」と「プライバシー」が加わる。おそらくこれからもこの種の論議は続くはずである。ただし、現在の流れは介入(取締・補導・保護・育成)強化の方向に向いている、と言える。

第1部の解説

(1)

　昭和20年代前半は、戦争処理の終結期そして新国家体制の大枠の確立期、と名付けてよいのではないだろうか。戦後日本社会の原型がこの5年間でほぼ確立したと、やや大げさではあるが、そのように言えるだろう。
　その後の昭和20年代後半は、戦後の復興が本格化し始めた時期であり、荒廃した社会・産業・家庭がその瓦礫を処理し、そこに民主主義という芽が育ち始めた時期であったと言えよう。しかし、未だに人々は貧困にあえぎ、衣食住は満たされず、さらに根強く残る戦前的なるものと対峙していかなくてはならない時期でもあった。
　『戦後日本青少年問題考』の第1部は、そんな時代から始まる。したがって、この時期の青少年問題には〈貧困〉という社会の大問題が色濃く反映されている。どんな青少年問題であっても、直接的・間接的に貧困と結びつけて解釈することが可能である。
　しかし、雑誌『青少年問題』を注意深く読み込んでいくと、そうした、今では当然の事実が、戦後に構築され、今日に至る過程で自明のこことして〈事実化〉された言説でもあった、ということがわかる。もちろん100パーセントの虚構ではないが、かといって100パーセント事実でもない。事実の一部が誇張され、他の事実は歴史のなかに埋没されていったということである。

(2)

　売られていく子どもたち、売春させられる子どもたち……。確かに悲惨であるし、貧困ゆえの犠牲者だ。しかし、売られたのは女子だけでなく男子もいたこと、女子が売られた場合必ず売春に至るということではないこと。これらは考えてみれば当然のことであるが、にもかかわらず、〈売られていく子＝少女＝売春〉という認識が定着していったのである。子どもの頃、私は『怒りの孤島』という映画を見たが、これは売られていった男の子たちの残酷物語であっ

た。

　売られる子を売ったのは親である。しかし、親への非難はかき消される。「貧困」ということで正当化される。〈子どもを泣く泣く手放した悲劇の親〉という「像」が構築される。しかし、なかにはそうでない親もいた。売った代金を受け取っただけでなく、その後も一部の親は売春業者から売春婦となった娘の給金を前借りするのである。そこには、娘から搾り取る親の姿しか見えてこない。こういうことは、藤沢周平の小説を読めば納得しえるのであるが、戦後の身売りでは、貧困言説のなかで消されていく。事実としていかに構築されていったか、ということだけでなく、事実がいかに歴史のなかで消されていったか、ということも考えていかなくてはいけない。

　子どもは親孝行で売られていく。未だ「孝」という倫理が残っていた。それが悲劇を招いたわけだが、「孝」を喪失化させていったその後の日本がどうなったかも、重ねて考えていかなくてはなるまい。老親の〈棄民化〉である。何から何まで〈公〉に依存しようとする〈私〉への帰結である。

　また、売られていく子は、親孝行だけでなく、きょうだい想いでもある。妹たちや弟たちに白いご飯を腹いっぱい食べさせてやりたいというきょうだい愛である。これも今どうなっているのか。こころもとない限りである。

　白いご飯を腹いっぱい食べた売春婦は故郷に帰ろうとしない。「あの世界の空気は阿片みたいなものだ」と言うが、それならば豊かさはすべて阿片だ。以前の貧しい時代・不便な時代・汚い時代にもどろうなどという人はいないであろう。彼女たちは帰ろうとしないくらいの生活をようやく送ることができるようになったのだ。

　そうした生活を崩壊させたのが売春防止法である。理念としては〈正義〉の法が現実では〈害悪〉として機能した。売春婦の売春からの解放ではなく、売春からの追放であった。国会議員や社会活動家（言い換えれば「道徳企業家」「道徳十字軍」、私の造語では〈正義創作者・正義演出者〉）等の立派な方々の視点で歴史が語られるとき、〈正義〉となり〈解放〉となる。

　この頃、歴史は豊かな時代へと突き進んでいった時期であった。それゆえに、追放された女性たちは幸いなことに餓死することもなく、凶悪犯罪を犯すこと

もなく、類似職業へと移行することができたのである。売られた子を救った最大の因子は、法の制定ではなく、豊かな社会の到来であった。

　売春婦たちからの「一人当たり18万円の更生資金」の要求を一切無視した政府が全く非難されなかったのも、まさに時代である。今だったら、どうなったであろうか。

　以上、〈その1〉〈その4〉〈その12〉〈その13〉の4本の随筆だけからも、こうした自明の時代認識の訂正ができるのである。

(3)
「不登校」という長期欠席児童が、未だそのようなカテゴリーすらなく、「その他」としてひと括りにされていた時代、子どもたちは別の理由で長期欠席せざるを得なかった。貧困と病気である。

　小さな子どもでも働かなくては生きていけない時代であった。「お手伝い」などという教育的配慮に基づいた〈ままごともどき〉は、豊かな社会の到来からである。貧しい時代は、子どもも「労働・仕事」である。遊んでいても、背中に小さな子を背負ってのあそびであった。子守は「お手伝い」ではなく「労働・仕事」であった。

　病気の最たるものは肺結核である。私ごとであるが、私の母は肺結核で亡くなっている。私を生む前から既に結核に侵されていた。姉も兄も一年間療養生活を送っている。子ども本人が肺結核であることは当然悲惨だが、家族に一人でも肺結核患者がいるということは、その家族にとっては一大事であった。その家族が貧困であればなおさらである。

　ところが、中学生男子のイカ漁の光景は素晴らしい。子どもの社会問題事例であると同時に、子どもの健全育成事例でもある。

　大の大人ですらつらい仕事である。当時の中学生は今の中学生よりも随分と体が小さい。そんな中学生にとってどれほどの重労働かは、経験しなくても十分想像できる。しかし、一人前の仕事をしている。そこには存在感がある。これは考えさせられる。個人主義社会は個人一人ひとりを尊重する社会である。しかし、個人の存在性は利他のなかにこそある。世のため・人のためになる私、それだからこそ私は存在性をもつのだ。何も犠牲になる必要はない。ただし、

人のためにする・人に頼られる・人に感謝される、そうした時間・場所をもっていることが必要だ。そうした人たちの相互交流の世界が個人主義社会なのである。うまいものを食べ・おしゃれをし・ネットであそび・趣味で時を過ごし・一人気ままに生きる……これだけでは、どれほどの自己存在性を日々実感しえるだろうか。

（4）

「目から鱗」。これも時代のなかで消えていった事実が目の前に現れるからこそ起こることだ。「当時、この歌を悪質流行歌と認識していた人たちがいたのだ」という発見。同じことなのに時代の認識で白が黒となり、黒が白となるのだ。「お富さん」は歌舞伎のやくざを描いたものでけしからん、ということだが、今では、日本が誇る伝統芸能の歌舞伎の名場面を歌にしたもの、と評されるであろう。最近では『クレヨンしんちゃん』か。有害テレビアニメとして酷評された時代があったのだが、今では埼玉県春日部市のイメージキャラクターとか。

「偽戦災孤児」にはびっくり。テレビドラマで取り上げてもよいような題材だ。しかも、一人や二人ではなく、およそ半数は偽戦災孤児だったというのだから、すごい。宮城まり子の「ガード下の靴みがき」は、一体なんだったんだろう。あれは特別のケースか、と思ってしまう。なお、こうした家出少年でも、本物の戦災孤児たちは仲間として迎え入れたのであろう。もし今なら、脅迫し、家から金を持ってこさせるという集団がいてもおかしくない。

「ある中学生の桃色事件」では、この当時もこんなことがあったのかと、逆の意味で「目から鱗」。出来事そのものも、出来事の要因分析も、対策も、今そのものである。違うのは「桃色」という表現が今ではなくなったということだけだ。「桃色遊戯」も「不純異性交遊」も「転落少女」も既に死後・廃語である。

（5）

「目から鱗」というほどではないものの、「おもしろい」「興味深い」という内容も、見逃せない。

「昭和33年の勤労青少年」では、月に一度の定休日、せめて「栄養と休養を」

と、筆者の要求は実にけなげである。当時の青少年の勤労状況のひどさがよくわかる。就労に関しては、流入勤労青少年が当時としては最もホットな話題であった。集団就職列車に揺られて中学卒業生が上野駅に到着する。そこから始まるさまざまなドラマが映画でテレビで描かれた。しかし、「公的ルート」と「私的ルート」があり、後者に非行少年の出現率が高い、にもかかわらず満足度も後者のほうが高い、というのはおもしろい。また、帰農青少年の頑張りはすがすがしい。都会で働き、経営学を実践で学び、それを農業に生かす、これは現在の農業経営のはしりである。

　認識の相違もおもしろい。「60年前の男子大学生の性意識」では、「童貞」とか「純潔」に価値を見出さない大学生を嘆く筆者もおもしろいが、売春婦と経験しておかないと結婚生活が不安という大学生もおもしろい。初夜に新妻をいかにリードするかと、真剣に考えている大学生（しかも当時の大学生なのでかなりのエリート）、まさに時代である。

　昭和30年代の後半は少年非行が激増し、しかも凶悪性が強かった時代である。そんな頃の調査である「中高生の被害調査」には、データが語るおもしろさがある。青少年に被害を与えるのは大人ではなく、同じ青少年なのだ。今「子どもを被害から守る」といった場合、加害者として大人が想定されている。しかし、子どもにとって一番の敵は今でも同輩集団なのだ。それゆえに、「安全・安心まちづくり」は「地域の健全育成活動」と連動していなくてはならない。

　日本の家屋構造では、「子どもを追い出す家屋」から「子どもが家から出ない家屋」へと変貌している。ふすまと唐紙だけが間切りの家であったなら、ひきこもるにはかなりの抵抗がいるであろう。家の構造変容が新しい青少年問題を生み出す、ということだ。心の問題だけに囚われていては、見えてこないことだ。ワンルームマンションに親子4人で暮らしていたら、ひきこもりなどできるものではない。

　ギャンブルでは、廃止化から現在はギャンブルの復興化へと舵が反転してきている気配がある。地方自治体の財政上の問題がギャンブルを興し、財政が豊かになるにつれ廃止へと向かい、今、地方自治体の巨額の赤字がギャンブルの復興化を模索しだしている。近いうちに、マカオやラスベガスのような巨大な

カジノが東京や大阪に出現するかもしれない。

(6)

　非行現象（ないしは逸脱現象）の流行性もおもしろい。「番長」「カミナリ族」「睡眠薬遊び」「深夜喫茶」である。非行というものには多分に流行り廃れがあるということが理解される。マスコミが非行現象に名前を与え、報道すると、名前が一人歩きし、それにつれ現象が蔓延化し、流行となっていくのである。ことによると、昭和30年代の若者の自殺も、幾分流行という側面があったのかもしれない。

(7)

　青少年の健全育成活動についてもいくつか紹介した。「小さな親切運動」「母と子の20分間読書」である。「小さな親切運動」は国を挙げての運動であり、歴史に残るほどの大きな運動であった。にもかかわらず、なんとなく衰退し、なくなってしまった。時代のなかで、その都度新しい非行・逸脱が出現し、またその都度新しい教育・育成活動が出現し、どちらも気づくとなくなっている、というのが今までの時代推移である。

　それでよいのかもしれないが、その時期にあっては、マスコミも人々も嘆き悲しんでみたり、大変なことになったと慌てふためいたりする。そうした、嘆き悲しみ・慌てふためきの政治的結晶化が組織や制度や法を作り出す。それが「青少年問題総合研究所構想」であり、「青少年補導センター」や「青少年健全育成条例」であり、第2部の「青少年局」「青少年対策本部」である。

(8)

　とにかく、この第1部の11年間は、戦争の跡を引きずりながら、貧困にあえぎながら始まり出し、ほんの数年後には、戦前にはない非行が出現し始め、貧困では説明のつかない、この時期特有の非行が出現し、政府が本腰となって政策に臨んだという、そんな時期であった。

第2部　富裕化到来と青少年問題

―昭和40（1965）年～昭和54（1979）年―
　〈その37〉～〈その74〉

第2部

> その 37　｜　出稼ぎ家庭の子どもたち

「今や、頻発する出稼ぎによる悲劇が社会問題となっている」という文で始まる。今回採り上げる藤原良毅氏の「出稼ぎ家庭の子どもたち」(『青少年問題』第12巻第5号（昭和40年5月）11－17頁）である。

「従来、この地域（米単作地帯の東北地方、特に日本海に面する地域）における出稼ぎ労働は、出稼ぎ先、時期等により『専業型』と『兼業型』に大別される。前者は、戦前から、八郎潟周辺、日本海沿岸の漁民、小規模営農者が、北海道方面にわたり、主として、農漁業に従事するものであって、その特色は、出稼ぎによる収入が、彼等の村における農漁業による収入より多く、家計は、主として、出稼ぎによる収入に依存している点にある。又、出稼ぎの時期が、出稼ぎ先における労働力需要の関係から、春先から夏にかけて多いので夏型ともいわれている。これに対し、後者は、主として、（秋田）県南の平坦地域における専業農家、いわば、純農村部の農民が農閑期（10・11月頃から翌年3・4月頃まで）を利用し、関東、関西方面において、主として土木建設業に従事するものであり、出稼ぎ労働としては兼業的であるところから、兼業型又は『冬型』と称されるものである。」

　日本海沿岸の東北地方の人たちが、北海道に渡り、イカ漁やニシン漁に従事する等が「専業型」ないしは「夏型」であり、これは戦前から行われていたものであるので「従来型」と言ってもよい。これに対し、農閑期に大都市の土木建築業に従事するのが「兼業型」ないしは「冬型」であり「新興型」であり、当時大きな社会問題になったのが、この型である。藤原氏が述べるところによると、秋田県では、昭和39年で従来型と新興型が逆転している。

　論文の後半は、小学5年生142名、中学2年生187名に対しての調査を紹介している。数値よりも子どもたちの自由回答がおもしろいので、その紹介をさせ

ていただく。

「出かせぎに行くとお金がもうかるからいいが、しばらくこないとさびしい。でも出かせぎに行かないとお金がもうからない（小5年女子）」／「けがなどするとたいへんなことになります。でも、お金ももうけに行かなければなりません（小5年女子）」／「でかせぎにいくと、たばこのとこをつくるときに母がくろうする。だが、お金をいっぱいもってくる（小5年男子）」／「お金がはいると家のくらしがらくになるが、身にしみるようにしかる人がいなくなるのでこまる（中2年女子）」／「出かせぎに行かなければ家の経済はなりたたない。しかし家に小さい子供をおいて行くので子供がかわいそうです（中2年女子）」

　藤原氏は、「父や兄や母の出稼ぎ労働は厳然たる事実である。そしてその事実は、一方においてプラス的効果を、他方においてマイナス的効果を結果している」と述べているが、子どもたちの自由回答を読む限り、心配ない。プラス的効果のほうが強い。

　この子たちは皆、父親が大黒柱であることを理解している。理屈でわかっているだけでなく、身にしみてわかっている。こんな家庭では、父親が一生懸命働いて、お金を稼いでくる限り、子どもたちは心配ない。健全に育つ。父のいない寂しさに耐えて、よりたくましくなる。叱ってくれるお父さんの有り難さがわかっている。父の怪我を心配し、父のいない間の母の大変さを理解し、小さな弟妹たちのことを想う、いい子どもたちである。

　問題は父からの仕送りが途絶えたり、父が帰って来なくなってしまったときや、母親が父親の留守をしっかり守らなかったときである。

　この後、そうしたことが勃発し、出稼ぎにおける大きな問題となった。しかし、それは出稼ぎが問題ではなく、出稼ぎに耐えられなくなった父・母の問題であった。父親が、そして母親が、子どもたちのことを想い、誠実にたくましく一生懸命生きている限り、逆境はむしろ子どもをたくましく育てる。私はそう思う。

その38　昭和40年総理府非行意識調査

　古いデータは見ているだけで楽しい。今回はそんなデータを紹介したい。「青少年非行に対する国民の関心」ならびに「青少年非行に対する国民の関心（続）」（中央青少年問題協議会事務局調査課、『青少年問題』第12巻第9号、第10号（昭和40年9月、10月）53-56頁、48-50頁）である。

　質問「あなたは青少年の犯罪や非行は最近ふえていると思いますか、ふえてはいないと思いますか」の回答は「ふえている」が82％で、昭和30年の同一調査での「ふえている」という回答59％を大きく上回っている。また、「青少年の非行問題は重大な問題だと思いますか」という問では、92％の者が「重大な問題」と答えている。

　当時の人たちも現在（執筆時の2000年代後半）同様、青少年の犯罪・非行が増えていると感じ、非行問題を重大な問題であると認識していたことがわかる。「ふえている」と回答した人に対しての質問。「テレビや新聞などをみてそう思うのですか、身近なことでそう感じるのですか」という問では、「テレビや新聞など」が65％、「身近なこと」が8％、「両方」が8％となっている。

　人々の認識が、マスメディア依存であることは今と同じである。50年近く前、既に、テレビや新聞の報道が犯罪・非行に対しての人々の認識を規定していたのである。

　「重大な問題」と回答した人に対しての質問。「国や市町村が対策を考えなければならない問題だと思いますか、そういう問題ではないと思いますか」という問では、「国や市町村の問題」と答えた者が73％で、「そういう問題ではない」の13％を大きく上回っている。国や自治体への期待がきわめて高い。これも今と変わりない。

　質問「青少年の非行化のおもな原因と思うものを一つか二つおっしゃってください」の回答では（カッコ内の数値は昭和30年の調査結果）、「家庭」35％（49％）、「友だち」33％（12％）、「周囲の環境」31％（21％）、「映画、雑誌、テレビ」

28％（6％）、「本人の素質」17％（9％）、「学校」2％（3％）となっている。

これはおもしろい。昭和40年は30年よりも「家庭」の比率が減少し、「友だち」「周囲の環境」「メディア環境」「本人の素質」が増えている。つまり、人びとの認識にあっては、非行の原因が多様化し出しているのである。また、「学校」の比率がきわめて低い。未だ教育・学校批判はマスコミに本格的には登場してきていないのである。1980年代の学校教師バッシングは全く見あたらない。

質問「あなたは少年法という法律があるのをご存知ですか」では、「知っている」が53％、「知らない」が47％で、ほぼ半々である。しかし、「知っている」と回答した人に「少年法では何歳未満を少年として扱うことになっていると思いますか」と質問したところ、「20歳」と回答した者は21％でしかなかった。

今ではこのようなことはないであろうが、つまりかなりの比率で「知っている」と「20歳」と答えるであろうが、当時はこんな状況だったわけである。また、調査での「知っている」という回答のあいまいさが、これでよくわかる。

回答票を示して「どういうことをしているかあなたが知っているものがあればあげてください」という質問では、「少年院」51％、「少年鑑別所」44％、「児童相談所」43％、「少年補導センター」24％、「児童委員」19％、「教護院」（現「児童自立支援施設」）8％となっている。

「少年補導センター」は4人に1人が知っている。これは「本当かな？」と思う比率である。というのも、当時はまだ少年補導センターは全国で200ほどしか設置されていない。つまり、設置されていない地域がかなりあったわけである。にもかかわらず、これほどの比率を示していることは、かなりのものである。ここでも回答のあいまいさが伺える。ことによると、今現在調査してみても、これくらいの比率になるかも知れない。

その39　成人の日

「憲法の精神に照らして、（略）新しい日本にふさわしい国民的祝日がほしいという声は、新憲法の施行とともに高まっていった」。「そこで、昭和22年12月5日、祝祭日改正の議が閣議にのぼり、従来の祝祭日を検討改正することになった」。「最終的に九つの祝日が決定され、そのなかに『成人の日』が加えられ、その日は、1月15日ということに定められた」。「昭和23年7月20日、法律第178号をもって公布、即日施行された」。「この日は、『おとなになったことを自覚し、みずから生き抜こうとする青年を祝いはげます。』記念すべき日なのである」。

今回採り上げた論文は「『成人の日』の意義について」（高橋真照、『青少年問題』第14巻第1号（昭和42年1月）12-17頁）である。以下さらに引用していく。「昭和24年1月15日、最初の『成人の日』が、各地で祝われた。（略）行事の主催者は、自治体の長ばかりでなく、公民館長、青年団、婦人会等で、（略）成人式あるいは成年祭は、式典ばかりでなく、講演会、座談会、討論会、（略）ぐっとくだけて、婦人会の手料理による祝宴や慰安会（略）寒中裸行進……。」
「昭和40年1月15日に成人式を行なった市町村は、2,984で、実施率は95.6％に達しているほどである。成人該当者の参加者数は、94万9,694人で、その参加率は、66.3％である。ともかく、各地で、百万人に近い青年たちが、社会の人びとから若い『おとな』として、責任ある社会への門出を祝われ、これからの自らの人生への努力を誓ったということは、大きな意義があったというべきである。」

このように記した後、「昭和31年12月の文部次官通達」を提示している。

成人の日の趣旨としては、「『成人の日』の式は、成年に達した男女青年の新しい門出を祝福するとともに成人になろうとする青少年にもその喜びを分かち将来の祝福を祈念する厳粛であたたかみのあふれたものとする」。主催は、「市

（区）町村教育委員会、市（区）町村とし、その他関係の機関、団体等これに加わることが望ましい」としている。

　以上であるが、私は高橋氏のこの論述内容ではなく、成人式のあり方そのものに批判的である。
「社会の人びとから若い『おとな』として、責任ある社会への門出を祝われ、これからの自らの人生への努力を誓った」と氏は記しているが、そのようなことはほとんどあり得ない。
「成人式」にどれほどの大人の人たちが祝ったであろうか。地域の大人たちも親類縁者の大人たちも、そして両親ですら祝ってないのが、今の行政主体の成人式の姿である。正直言って、祝ったのは行政と会場に参加した関係諸団体のお偉いさん方だけである。真に祝うべき大人たちを阻害させているのが今の成人式である。
　しかも、祝われた青年のいったい何パーセントが式典に感激し、「これからの自らの人生への努力を誓った」であろうか。祝辞や講演を静かに聞いているだけでも上々である。彼ら・彼女らは、その後のクラス会や仲間との飲み会の待ち合わせ場所として成人式場を利用しているだけである。そして、こうした傾向は、既にこの論文が書かれた頃には顕著になっていたと私の経験上、言い得る。
　にもかかわらず、行政は60年以上忠実に成人式を行ってきた。感覚麻痺もはなはだしく、自治体のための関係諸団体のための成人式を公費を使って行ってきた。そして式場で騒ぐ20歳の青年をマスコミと一緒になって悪者に仕立て上げた。
　もうそろそろ文部科学省も自治体も猛省すべきであろう。成人式を家族に返すか、地域に返すべきである。七五三や結婚式のように家族や親類縁者で祝うか、もしくは祭りのように地域で祝うかすべきである。
　もちろん夕方からは、クラス会・同窓会等々、仲間たちと思い思いの祝賀会を開くのは結構なことである。ただし、あまり飲み過ぎないように。

その40　マイホーム主義

　昭和30年代の高度経済成長のあとに来た40年代は豊かな社会の到来であった。そんな頃に登場した言葉の一つが「マイホーム主義」である。

　今回はこのマイホーム主義を採り上げる。「マイホーム主義身がって考察」（品川孝子、『青少年問題』第14巻第6号（昭和42年6月）11－14頁）である。（なお、この他に「〈座談会〉マイホーム主義と青少年」〔第15巻第1号（昭和43年1月）18－28頁〕がある。）

「多少とも物事の筋を通して考えようとする人なら『マイホーム』という言葉に奇異な感じを受けるはずである。（略）当然『アワホーム』となるべきでマイホームはおかしい。」

「ところが、このおかしな言葉が、かえってある事態、ある状況をピタリと表現しているようで面白い。すなわち『わたしの家庭、わたしの夫、わたしの子ども、全部わたしのものだわ』と考えている女性のいる家庭状況を連想させられる。そして、マイホーム主義の教育上の問題も、この主婦中心、おふくろカラー一辺倒のところに巣喰っているように思われてならない。」

「まず、この種の母親の犯しやすい誤りは、『わたしさえいたら』という自分の立場や能力に対する過信であり、また、『すべてわが家でしなければ』という家庭の教育的機能に対する過大な評価ではなかろうか。」

「子どもの教育はすべて小じんまりと事なかれ主義の女性的ムードの中でなされることになった。子どもたちはといえば、気弱で神経質、いたずらもしないが根性もないというタイプに育つようである。」

「つぎに、マイホーム主義の母親は、常に子どもを自分の傘下に置こうとして、友だちとの遊びを制限する。（略）これでは、社会での対人関係の知恵も技術も身につくはずはない。このように親ではできない教育があることを考えないのがマイホーム主義の一面のように思われる。」

このように、マイホーム主義の親、特に母親に対して実に手厳しい批判を投げかけている。

このあとの親子の歴史は、こうした母親に育てられた子どもに対して「親離れのできない子ども」というレッテルが貼られ、のちにドラマの登場人物の名を借りて「冬彦さん現象」と呼ばれ、そんな子と共依存関係にある母親に対しても「子離れできない親」として批判があがった。

さらに、そうした支配・依存のなかでもがく子どもの暴力が「家庭内暴力」として問題となった。この論文は、こうした多くの問題を先取りした論文であると言える。

しかし、こうした母親を出現させた時代性を考えなくてはいけない。

核家族化の進行で、そしてサラリーマン家庭の出現で、さらに地域共同体の解体化で、子育ての責任と役割が母親に集約されていったのが、この時代であった。

しかも、少子化と豊かな社会の到来・便利な社会の到来は、家事の軽減と反比例に、親の子育て責任を強調しだし（それまでの社会では子どもに衣食住を提供するだけで立派な親であり得た）、それに答えて世の母親たちは一斉に「わたしがやらなければ」という意識にかられていったのである。

その結果、子どもに自分を捧げる母親が出現し、夫に対しても子どもに捧げることを要求し、子ども中心に家庭が動く（いや、動かす）という家族が出現した。

そしてそれは、結果として、母親の子ども支配、妻の夫支配へと導いたのである。「母原病」とか「父親不在」といった言葉も生み出された。

ところが、現在、夫も子どもも支配しない、言い換えれば、子どもに自分を捧げようとしない、もちろん夫にも捧げようとしない、自分の快楽追求を第一とする母親の出現を見るに至っている。

過保護・過期待の母親の問題から、放任・無関心・遺棄の母親の問題に変わりつつある。

その 41 | **再・青少年補導センター**

〈その27〉で「青少年補導センター」を採り上げた。今回も採り上げる。何故ならセンターは当雑誌にとって重要な存在であるし、またそれゆえ、センターに関しての記事が多く掲載されているからである。

「少年補導のためのセンターに関する調査」ならびに「同（2）」（中央青少年問題協議会調査課、『青少年問題』第11巻第4号、第5号（昭和39年4月、5月）50－53頁、52－54頁）、「少年補導センターの運営手引き」（徳村直昭、第11巻第6号（昭和39年6月）46－56頁）、「少年補導センターに対する国の補助について」（西野貢、第11巻第6号（昭和39年6月）57－61頁）、「〈座談会〉少年補導センターの役割」（第11巻第7号（昭和39年7月）22－35頁）、「少年補導センターの運営手引き」（徳村直昭、第11巻第7号（昭和39年7月）59－64頁）、と、昭和39（1964）年には、4月、5月、6月、7月と4カ月連続で掲載されている。しかも、同一人物が同一タイトルで書いている（もちろん内容は異なる）。また、「〈座談会〉少年補導センターの歩みと今後の課題」（第14巻第11号（昭和42年11月）18－29頁）、「〈調査報告〉少年補導センターの現状と課題」（日本社会事業大学非行問題研究会、第15巻第5号（昭和43年5月）50－57頁）、と、その後も採り上げられている。

何故このように、この時期多く採り上げられているかと言えば、昭和39年には、少年補導センターが全国的展開を示し始め、総理府から「少年補導センター運営要領」が出され、また補助金が出されたからであり、43年頃では、問題も課題も明確化し始めてきたからである。

それでは、問題ないし課題を中心に引用していく。以下、「少年補導センターの歩みと今後の課題」から。

「合同活動ということに非常なあいまいさを感じます。（略）はっきりした方針がない。それがまた補導センターの性格をあいまいなものにしているのではないでしょうか」。「もう出来てから5、6年、古いところでは10年近く、総理

府が補助金を交付して4年目ですね、この辺でセンターの活動というもの、何かはっきりしたものが出てきていいんじゃないかという気がするんです」。

「補導センターの運営上の問題点は、やはり法的根拠がないということだと思います。街頭で発見したが、その後の補導（いわゆる相談、継続補導）の限界で悩まされているのが現状だと思います。そこでわたし考えますに、センター運営を法制化し、スキッとすることが、むずかしいという総理府のお話でございますから、このままで進むなら、昭和35年に出されている少年警察活動要綱に基づいて警察が行うべきではないかと思います」。

「早く制度化して、内容、形式ともはっきりしたものを作って欲しいと思います」。

「総理府が中心となってそれをまとめ上げて、一つのパターンをつくれると思うんです。それを国の施策として地方公共団体に流して欲しい」。

　センターが設立された年次状況を見てみると、昭和27年に2カ所、以下、28年－1、30年－6、31年－4、32年－7、33年－11、34年－15、35年－27、36年－27、37年－42、38年－29（「少年補導のためのセンターに関する調査」）と、五月雨式に設立されていることがわかる。しかも、総理府が「運営要領」を出す前からである。

　したがって、各地で個別に設立されたセンターに、その後、中央が枠組みを作ったということになる。これでは枠組みが広く、あいまいにならざるを得ない。したがって、上記の批判が出るのはしごく当然なことだったのである。

「少年警察活動要綱に基づいて警察が行うべきではないかと思います」という論述のとおり、その後設置主体が警察関係のセンターでは、かなりスキッとするのであるが、中央が総理府（のちに内閣府）で、各センターの主な設置主体が教育委員会というところでは、中央と地方の咬み合いが良くなるはずもない。

　残念ながら、未だに、このスッキリしない状況が続いていると言わざるを得ないのである。

| その 42 | 中流家庭と少年非行

　今回採り上げるのは、星野周弘「〈調査報告〉中流家庭と少年非行」(『青少年問題』第15巻第1号（昭和43年1月）41-44頁）である。
　星野氏は現在、我が国の犯罪社会学界の重鎮・長老である。その氏の40年以上も前の論文である。

　「昭和38年以来、警察庁の統計は、中流階層の非行少年の増加傾向を示してきている」。ところが、「階層区分については、警察官の主観的な評定により行なわれること、および評定基準が多分にあいまいであることに対して、これまで多くの犯罪学者の批判がよせられてきた」。
　そこで、科学警察研究所環境研究室（当時、星野氏はそこに在籍）では非行少年の調査を行い、その解明を求めた。その際、階層を「経済階層（保護者の財産の所有状況）」と「社会階層（保護者の学歴・職業状況）」とに区分し、それぞれに対して考察を行っている。以下はその調査からの分析である。

　「警察官の評定は、経済階層、すなわち財産の所有状況とほぼ等しく行なわれているといえるが、社会階層とは全く異なることがわかる。したがって、従来、判断の基準があいまいであるとして批判されてきた警察統計の階層区分は、少なくとも、財産の所有状況を指標とした経済階層を意味するものとみてよいわけである。そこで、最近喧伝されている中流階層の非行少年の増加現象は、経済的に中程度の段階にある家庭に、非行少年が多くみられるようになったことをいうものと了解することができる。」
　「ここで特に注意しなくてはならないことは、これらの非行少年の家庭は、経済的には中流と目されるものの、いわゆる中流階層文化の滲透している家庭とはいい難いことである。」
　「上流階層では、人々を評価する際に、その生活様式をもって評価しようとし、下流階層では、所有する金銭の多寡そのもので評価しようとすることが、すで

に知られている。その意味で、非行少年は、経済的に充実し、また保護者の職業や学歴が人々の尊敬に値するものであっても、下流階層の文化や生活様式の横溢したものである。彼らの家庭には、生活様式の点で、社会的に上昇しようという意欲がかけているのである。」

「要するに、中流階層の非行少年の増加ということは、経済的に恵まれた家庭の非行少年が増加したことを意味するものであるが、同時に、それらの家庭は、享楽主義的拝金主義的な文化に彩られた下流階層の生活様式をもつものである。」

「つまるところ、経済的な繁栄が、下流階層を中流階層の水準にまでひきあげ、これが中流家庭の非行少年の増加をもたらしたのであるが、これはほんの皮相的な現象でしかなく、みせかけだけが中流の、数多くの下流階層家族が社会の根底にあって、これがいぜんとして非行の根を培っているのである。」

　昭和40年代に至り、それまでの非行少年とは質の異なる新しいタイプの非行少年が出現してきている、という論が盛んに唱えられた。その代表的な一つが、非行少年の貧困家庭から中流家庭への移行というものであった。このことに際して、一方では警察統計データが持ち出され、今一方ではそのデータの問題が取りざたされたのである。

　こうした学問状況にあって、きわめて明解に分析したのがこの調査であった。豊かな社会の到来により、経済的には中流階層と言える家庭から非行少年は出現している。この限りでは、警察の統計データは間違っていない。しかし、「文化」という視点で見るならば、非行少年の家庭は未だに下流階層のもつ文化を引きずっている、という析出である。

　この分析結果は、おそらく今でも通用するものと思われる。金銭的には中流、ただし、読書といえば大衆週刊誌とスポーツ新聞、そして成金趣味のブランド嗜好といった、そんな親から非行少年が多く出ているのではないだろうか。

　なお、当調査はブルデューの「文化資本」概念登場以前のものである。

その43　青少年局そして青少年対策本部

　思うに、昭和40年前後は我が国の青少年政策のターニングポイントだったような気がする。今回は、そんな青少年政策の推移をみてみたい。
　採り上げるのは、「〈時評〉『青少年局』の設置について」（五島貞次、『青少年問題』第13巻第4号（昭和41年4月）4－5頁）、「〈時評〉昭和41年をかえりみて」（安嶋彌、第13巻第12号（昭和41年12月）4－5頁）、「〈巻頭言〉対策本部とコントロールタワー」（増谷達之輔、第15巻第3号（昭和43年3月）4－5頁）である。

　まずは「『青少年局』の設置について」から。
　青少年局が行う仕事は、「青少年の指導、育成、保護及び矯正に関する基本的かつ総合的な施策の樹立に関すること」、「関係行政機関の施策及び事務の総合調整に関すること」、「他の行政機関の所掌に属しないものを企画し、立案し、及び実施すること」である。そして、付属機関として「青少年問題審議会」が設置される。
　それはまさに、「総合的な施策」を「樹立」する局であり、以前の「連絡調整」ではなく「総合調整」する局であり、自ら「企画」「立案」「実施」する局である。ひと言で言えば、各省庁の青少年対策を束ねる局である。〈その22〉で書いた「青少年問題総合研究所構想」は挫折したが、「青少年局」として花を咲かせたのである。

　次に「昭和41年をかえりみて」から。
　「（昭和41年）4月1日から総理府に内局として青少年局が設けられ、また総理大臣の諮問機関として青少年問題審議会が発足した。（略）青少年局の設置は、永年の懸案であったが、本年に至って漸く日の目を見たわけである。その狙いとするところは、各省庁にまたがる青少年行政に対する内閣総理大臣の総合調整をさらに強力に遂行するところにある。」

第2部　富裕化到来と青少年問題

そして「対策本部とコントロールタワー」。
「現在の青少年局を廃して、代って青少年対策本部が新たに設けられることは略々確定的のようである。」
「昭和41年には総理府に内局として青少年局が設けられ、それに伴ってそれまでの協議会も審議会と改められたが、これは地方からの強い要望に基づいて行なわれたものである。このことは当時、地方の青少年対策活動に大きな勇気と希望を与えた。それだけに、今回とられた措置は、それが行政整理の名のもとに行なわれたものだけに、それでなくてさえ今日までの政府の青少年対策を手ぬるしと見ている関係者の間に、強い失望感と、政府に対する不信感をつのらせたものと思う。」

　戦後の我が国の青少年対策は、時代状況に追われ続け、そのときどきに出現した問題への対処という応急的組織化と対策に終始してきた、と言える。しかし、それでも長期的展望に基づいての総合的対策の方向性は示していた。
　昭和24年の青少年対策協議会の設置、25年の青少年問題協議会への改組、28年の青少年問題協議会設置法の公布、33年の協議会事務局の設置と都道府県・市町村の青少年問題協議会の設置、そして41年の青年局の設置と青少年問題審議会への改組である。また、昭和40年には青少年育成国民運動が提唱され、翌年には青少年育成国民会議が設立され、同時に地方でも青少年育成県民会議が結成された。
　このように、その場しのぎでありつつも、戦後20年間は、青少年問題対策の拡張期であり、統合期であったと言える。
　しかし、この頃から拡張と統合は終了し、よく言えば安定期に、悪く言えば停滞期、さらに縮小期に入っていったのではないだろうか。少なくとも、青少年対策の統合化は終焉し、再び、分化・個別化の方向に舵が傾いたと言えるであろう。
　青少年局はわずか2年で幕を閉じたのである。

その 44 | **非社会的傾向**

　今回は、「〈巻頭言〉非社会的傾向の子どもたち」（『青少年問題』第15巻第6号（昭和43年6月）4－5頁）。なお、執筆者名は記されていないが編集委員のどなたかである）を採り上げたい。

「最近、非社会的な問題をもつ青少年、非社会的傾向の子どもたちが増えているといわれる。一般に反社会的な行動は、生活環境への反撥ないし攻撃的な反応を示す時とられるのに対し、非社会的な行動は、生活環境からの逃避的な反応を示すという形であらわれる。」

「夏を間近にひかえ、フーテン族やアングラ族、サイケ族が頭をもたげてくる。（略）工業用シンナーや工作用接着剤（プラボンド、セメダイン）等による死亡事故や精神障害等の事故は、今年はわずか数カ月で昨年を上まわる勢いである。喫茶店の片隅で酔い心地を楽しんだり、自傷行為をしたり、集団で不純異性交遊をしたりしている。」

「これら享楽派の他にも、非社会的な問題をもつ青少年は数多く見られる。」

「児童・生徒では、登校拒否や緘黙児、集団の中に溶け込めない子ども、いわゆる情緒障害児や、勤労青少年でも職場恐怖症や生活環境からの逃避的傾向を示すものが増えており、情緒的未成熟なものも多い。」

「反社会的傾向をもった青少年が、同年齢人口の3％内外とみられるのに対し、非社会的傾向をもつ青少年は20％程度に達するのではないかと推定される。こうした非社会的傾向をもった青少年の増加は、新しい青少年問題として注目しなければならない。」

「反社会的な行為は、他に対して迷惑を及ぼすので問題にされやすいが、非社会的な問題は、別段邪魔にならなければ、放っておかれやすい。しかし内面的にはむしばまれ、パースナリティが歪められたり、スポイルされていることに変わりはない。」

「こうした現象は、一見健全そうに見える家庭や社会に対し猛省を促している

声なき声ととらえるべきであろう。」

　この〈巻頭言〉が書かれたのは、今からおよそ45年ほど前のことである。終戦から25年たった頃のこと、と言ってもよい。
　我が国が戦後の貧しさを克服して、高度経済成長に突入し、豊かな時代が到来した頃のことである。若者の異議申し立てと社会からのドロップアウトが顕著に展開された頃でもあり、また、若者が流行と消費活動とレジャー活動の中心に躍り出た頃のことである。
　マスコミの青少年への迎合が始まり、歌は十代の青少年の歌ばかりとなり大人の歌える歌がなくなり、マンガの販売部数が大人の週刊誌をしのぐほどとなり、新宿や渋谷、池袋、中野、原宿、等々が大人の街から若者の街となり、遊園地だけでなく、観光地も海も山も若者でごった返すようになった頃のことである。
　この頃既に、現在の青少年の非社会的行動・現象のほぼすべてが問題として出そろっていたことがわかる。
　薬物乱用を典型とする退行的逸脱も、不登校（登校拒否）も登場しているし、緘黙の子や集団のなかに溶け込めない子も既に問題となっている。さらに情緒障害児の問題は学習障害や学級崩壊につながる。また、職場恐怖症や生活環境からの逃避は、まさにひきこもりであり、ニートである。
　人間関係に疲れた子も、人間関係が築けない子も既に問題となっている。自傷行為の子もいるし、もちろん不純異性交遊は、その後の高校生、中学生さらには小学生の性の氾濫や援助交際とほぼ類似する。
　そんな傾向のある子どもたちが既に20％、5人に1人いるという。今でもそのくらいか、いくらか増えた程度であろうか。
　豊かな社会となり、若者文化が台頭し、青少年が青春を謳歌することのできる画期的な時代に突入したその時に、いや、突入したがゆえに、さまよえる青少年が続出し始めたのである。
　現在の青少年問題はこの時代の延長としてある。

その45　『青少年問題』発刊15年

　本書の元である「『青少年問題』の50年」シリーズは、既に記したように、『青少年問題』発刊50周年を記念して始められたものである。
　当初、〈その20〉ほどで終わる予定であった。ところが古い『青少年問題』を読んでいくと、実におもしろく、また意外な発見に出会い、「これも採り上げたい、あれも採り上げたい」と思うようになり、〈その45〉でようやく発刊15年に至った次第である。

　さて、今回採り上げる論文は「〈巻頭言〉発刊15年にあたって」（『青少年問題』第15巻第9号（昭和43年9月）4－5頁。なお、第14巻から〈時評〉が〈巻頭言〉に変わっている。また、執筆者の名前がない）と、「〈座談会〉『青少年問題』の歩んだ道」（同巻同号、18－31頁）である。

　以下、「巻頭言」から引用していく。
　「はじめ、研究会が総理府から青少年問題に関する月刊誌発行の相談をうけたとき、これを引き受けるか否やについては研究会でも全く問題がなかったわけではない」。その問題とは「政府からの予算的裏付けの確約」である。
　「それを敢えて刊行に踏み切ったのは、当時の情況がしからしめたともいえる」と述べ、その情況を、「昭和25年には中央に青少年問題協議会が発足し、昭和28年には青少年問題協議会設置法が公布されて、都道府県六大都市にも協議会の設置が義務づけられ、青少年の健全育成、非行防止の運動は全国的な規模に広がりつつあるときであった」等々と述べられ、「昭和29年（青少年問題）研究会が設立されたのも、また研究会が、この困難とわかっている雑誌の出版事業を引き受けたのも、右のような（原文は縦書きなので）事情認識の上に立ってやったことである」と、締めている。
　そして、結びとして、「幸い、15年後の今日では、雑誌の読者も固定し、中央地方の関係方面の理解と強力な後援も得られて、当初案じられたような経営

上の不安はない」と記している。

　思うに、当時が財団法人青少年問題研究会の全盛期だったのではないだろうか。「政府からの予算的裏付けの確約」を心配したものの、「当初案じられたような経営上の不安はない」と言い切っているのである。この〈巻頭言〉には執筆者名が記されていないが、文面からして当時理事長であった増谷達之輔氏であることは間違いない。

　しかし、その30数年後、財団が瀕死の重傷に陥るとは思ってもみなかったことであろう。最初に危惧した「政府からの予算的裏付けの確約」の問題が現実のものとなったのである。2008年の春季号からは内閣府の雑誌買い上が全くなくなってしまった。

　次に「座談会」から。
「昭和29年に審議室で滝本参事官が青少年問題協議会を担当していた。その時参事官から、その時迄は厚生省で青少年問題という雑誌を出していたが、廃刊になってしまった。そこでもう一度同名の雑誌を発行したらどうかと、頼まれまして私（増谷）がやることになったのです。その時の条件は、政府のやる青少年対策について、ただそれを一般に通達するというだけではいけないんで、そのことに対しての批判を載せたいという希望が通ったので了承したわけです。」
「現在発行部数8千ですが、返本がないので全部さばけております。」

　当時の発行部数は8千部であった。正直言って、現在の5、6倍である。華々しい財団から超弱小・超貧乏財団への転落である。ただし、「政府のやる青少年対策について、ただそれを一般に通達するというだけではいけないんで、そのことに対しての批判を載せたい」という精神は未だに生き続けている。量は激減したが、質は確保し続けている。青少年問題担当の大久保彦左衛門の位置をがっちりと保持し続けている。

その 46 | シンナー遊び

　昭和40年代に入ると、薬物の乱用は「睡眠薬遊び」から「シンナー遊び」（のちに「シンナー・トルエン等有機溶剤の乱用」）へと変容していく。『青少年問題』でもこの問題が採り上げられている。

　まずは「シンナー遊びの恐怖」（警察庁保安部防犯少年課、『青少年問題』第15巻第10号（昭和43年10月）32頁）から。
「昨年の6月広島県の呉海岸で、船倉の内でシンナー遊びをしていた少年5人が全員死亡するというショッキングな事件が発生し、シンナー遊びの流行が心配された。」
「その後群馬県、埼玉県、東京など北関東地方を中心に急激な勢で広がり、北海道に飛火して、昨年中で9人の死亡者を出し、この遊びで補導された少年も2,507人に達した。」
「本年に入ってもこの傾向はやまず、ますますまん延する傾向を示し、6月末には補導対象人員も5,225人と昨年中の倍以上の増加ぶりを示し、流行の範囲も近畿、九州、四国とほぼ全国一円にわたって広まってきており、死亡した者の数も9月13日現在で、少年25人（うち自殺3人）成人7人（うち自殺3人）合計32人とすさまじい勢で浸透している。」

　次に「有機溶剤の乱用―いわゆるシンナー遊びについて―」（竹山恒寿、第15巻第2号（昭和43年2月）6-11頁）。
「シンナーでも接着剤でも、価格が安いので、十代の青少年が乱用するのに適当な薬物になっている。彼等がこれを使用する方法は、シンナーや接着剤を布片や紙片にしみこませ、その蒸発するガスを吸引し、あるいはシンナーや接着剤をビニール袋に入れて、ガスを吸引する。」
「一連の薬物効果は急性中毒として精神障害を意味する。しかし、同時にそれは薬物の魅力となる。薬の作用を知らせるだけでは乱用のブレーキにならない

のである。こうした現象がおこるというのも、有機溶剤が麻酔性の薬物だからであり、それはまた大量に使われると呼吸中枢麻痺を起こすので、死亡事故をおこすことにもなるのである。」

「青少年の有機溶剤乱用は大別して二型となる。その一つは非行化が先行し、不良交友の間でシンナーを使いだすものである。これは集団使用であり、シンナー使用がさらに非行化をふかめてゆく。だからシンナー対策というよりは非行化対策が先決なのである。第二の型は孤独型で、こんな子がどうしてシンナーをやっていたかと疑わせるような外見的には問題のない青少年である。死亡事故をおこして、はじめて有機溶剤乱用者だったと知れることもある。」

　ガソリンや塗料の臭いが好きとか、マニキュアの臭いが好き、という人は多い。また、以前から塗装工たちの間では、シンナー・トルエン系の有機溶剤の乱用と酩酊が見られたという。しかし、昭和40年代前半のシンナー乱用の流行は異常であった。

　当時は若者現象が一斉に噴出した時代である。大学では学園紛争が勃発し、後に「全共闘世代」という言葉で語られた。新宿では「ベ平連」がフォークゲリラを行い、反戦フォークが流行した。

　一方、ビートルズ旋風後、エレキとグループサウンズの時代となり、街ではゴーゴー喫茶なるものが出現し、そこで若者は深夜まで踊り狂った。演劇では「アングラ（アンダーグランド）」が人気を博し、サイケデリックなファッション・アートが登場した。

　そして、「和風ヒッピー」と呼ばれたフーテンの登場である。当時、新宿の路上は、深夜、シンナーを吸引するフーテンもしくはフーテンもどきの若者で氾濫していた。

　「自分探し」とか「居場所のない子どもたち」とか「生きる意味の喪失」とか、現在、今の青少年に対して言われているが、この頃の青少年も全く同じで、人生の目的も目標もなく、居場所もなく、街をさまよい、寂しさを紛らわし、アルコールとシンナーに溺れていたのである。今、60代の人たちである。

その 47 　学生運動

　昭和40年代を代表する社会問題の一つとして学生運動をあげることができる。それは「政治問題」であり、「大学問題」であり、そして「青少年問題」であった。

　今回はこの学生運動を採り上げる。「〈巻頭言〉暴走する若者」（千葉雄次郎、『青少年問題』第15巻第2号（昭和43年2月）4－5頁）、「〈巻頭言〉大学と大学生」（第15巻第5号（昭和43年5月）4－5頁）、「大学生の生活」（副田義也、第15巻第8号（昭和43年8月）6－11頁）、「〈巻頭言〉大学騒動に学べ」（第16巻第2号（昭和44年2月）4－5頁）である。

　まずは「暴走する若者」から。
「ここで特徴的なことは、かれらが一つのイデオロギーすなわち彼らの解するマルクス主義のイデオロギーを、絶対に正しいものとして信奉していること、そしてそのイデオロギーのためには、いかなる暴力行為も肯定される、むしろ『そういう暴力行動に出ないのは卑怯者だ』という英雄主義が、その行動の裏にあることである。」
「社会には、かれらならずとも不満のたねは多い。しかしそれだからとて、不満をすぐに矯激な行動で現わしていい、ということにはならない。こういう行動に導くものは、あまやかされた、だだっ子の論理であり、心理である。いまの学生運動なるものを見ているとそれが目立つ。」

　次に「大学と大学生」。
「東大の卒業式が、医学部紛争のあおりで、中止となり、（略）この朝、卒業式に出ようとした大河内総長は、自宅で、『大学の自治が外からではなく、内部から脅かされている。』と、悲痛な感想をのべられたということである。」
「大学が良識の府としての使命をはたすために、大学の経営担当者も、教育担当者も大学生自身も、われら何をなすべきかについて、真剣に反省すべきときがきているのではないだろうか。」

そして「大学生の生活」。

「学生運動の基調は抗議と闘争にある。その運動に参加する学生たちは、他者にたいする烈しい告発の姿勢を示す。」

「他者の誤ちにたいする烈しい告発は、それ自身では、けっして、自己の内部の正しさを保障するものではない。」

「内省や自己にたいする洞察を欠いた他者への告発は、力の基準にはかなっても、心理の基準にはかなうことができない。」

最後に「大学騒動に学べ」。

「今日の大学生はその年齢からいって、完全な戦後教育の結果として形成されたものである。社会の保護に甘え、自己を主張し、他を省みず、拘束をきらい、社会人としての成熟度は極めて低い。」

「戦後青少年育成対策の強化は休みなく叫ばれてきた。たしかにある面では効果があがっている。ただ残念なことには、それらの対策に総合的なものがなく、それらの対策が集約的に一つの人間形成の道につながっていなかったところに今日の悲劇が生まれたといえる。」

以上である。その後、学生運動はさらに暴力をエスカレートさせ、リンチと殺人への道を歩んで行った。現在、60歳代の方々は、この文を読んで、どのような感想を抱くであろうか。

ここでは、学生運動とは、学生による〈自己に対しての不満・不安の政治化〉〈自分探しの政治化〉だった、と言っておきたい。それは、昭和30年代までの生きていくための生活・労働闘争から、豊かな社会到来による生きる意味を探す衝動的破壊的闘争への変容であった、と言ってもよいであろう。自分探しの迷宮に迷い込んでいた若者にとっては、すがりつきたくなる魅力を学園闘争はもっていたのである。

ただし、大半の大学生は学園闘争とは関係ないところで学生生活をエンジョイしていたことを付け加えておく。

その48 40年前の少子高齢化

　今回採り上げるのは「曲がり角に立つ人口問題―百年の大計を考えるべき時―」（五島貞次、『青少年問題』第16巻第11号（昭和44年11月）6－11頁）という論文である。

　この論文、最初の章のタイトルからしてすごい。「世界に類のない出生力低下」とある。そして、「わが国の人口の動向は、いま重大な曲がり角に立っている」という出だしで始まる。
　さらに引用していく。
「わが国の人口が、一世代後に、現在よりも減ることなく、ある大きさで静止するためには、現在の死亡確率の下で、2.13強の合計特殊出生率を必要とする。（略）ところが、わが国の最近の合計特殊出生率は約2、純再生率は1を割っているので、この出生力は、人口が将来静止する限界を割っており、縮小再生産の道をたどる傾向を示している。」
「厚生省人口問題研究所の推計によると、今後幼少人口の比率は、年々低下し、逆に、老年人口の比率は、急上昇してゆくものと見られている。」
「つまり、わが国の将来の展望としては、次第に少なくなってくる労働力人口で、ますますふえてくる老齢人口を養わなければならなくなる。」
　いかがか。40年以上前に少子高齢化への警告が発せられていたのである。現在、騒いでいることの基本が既に述べられている。「合計特殊出生率は約2」という、今から見れば、たいしたことない数字であるが、それに危機感を抱いているのである。
　この当時、いわゆる結婚適齢期にいた人たちは、今では70歳前後である。この年代の人たちがいま少し産んでいたら、今の少子化も少しは和らいでいたはずだ。なお、「たいしたことない」と私は言ったが、こうした意識こそが、現在の状況を招いたわけである。

「毎日新聞社では、去る8月下旬に、家族計画に関する第10回世論調査の結果をまとめて発表した。(略)家族計画の普及で人口が減れば、利益になるか、不利益になるか、との質問に対して、(略)個人の場合は、19.6パーセントが不利益になる、としているのに対し、29.8パーセントが利益になる」と答えている。

　おもしろい結果である。40年、50年後の若い人たちのこうむる不利益さには、全く考えが及んでいなかったのだと思う。子どもは少ないほうが個人的にはいい、ということだ。しかし、少子高齢化と騒がれている現在でも、人々は、理念としては子どもは欲しいが、今の生活を考えると、結婚しない、結婚しても子どもは要らない、という人が、若い世代ではかなり多いのではないだろうか。40年以上前の暢気さを、とても批判できない。

「わが国の出生率、幼少人口の比率は、著しく低下した。それは、戦後の窮乏から脱出し、より豊な物的生活を築くために、国民が選択した道であった。もし人口の増加を抑制しなかったとしたら、これだけ豊な生活は、実現できなかったであろう。」

　そのとおりである。しかし、物の豊かさより心の豊かさ、などど言いつつも、今の人たちも、出産のために生活の豊かさを犠牲にしたくはないのだろう。

「為政者のなすべきことは、国や民族の盛衰という高い次元から、出生を促進する条件、環境を整える政策を、積極的に強力に展開し、国民の自由な意思による計画的出産が、国の目標に一致するよう努力するということである。」

　さすが毎日新聞論説委員である五島氏、ずばりと的を得た提言で論を閉じている。

　40年以上前に、こうした提言があったにもかかわらず、ずるずると今日まで来てしまったのである。当時の「為政者」は何をしていたのであろうか。それとも、為政者笛吹けど国民踊らず、だったのだろうか。とりあえず、この国民ありてこの為政者あり、ということで締めておこう。

その49　40年前の肥満とヤセスギ

　今回も、現在の問題が既に40年以上前に警告されていた、ということを採り上げる。「現今の青少年の健康と体力の問題」（紅林武男、『青少年問題』第16巻第11号（昭和44年11月）25－30頁）である。

「最近の東京都、中央区の児童の体力調査の結果で100人中、14人の肥満児がいるということが発表された。」
「このように肥満児がふえているのは、大都市ばかりでなく、中小都市にも及んでいる。」
「生活環境が良く、日常の生活活動はほとんど機械化するので身体を働かせる必要が全くないということとなれば、丁度豚を飼育しているのと同じで、太るのはあたりまえであろう。」

　このように、既にこの頃、子どもの肥満が問題化されている。豊かな社会となり、カロリーのあるものを腹いっぱい食べる。いや、親が腹いっぱい食べさせる。間食もする。それでいて、日常生活では体を動かすことが少ない。働きもしないし、体を激しく動かして遊ぶということもない。これでは「豚を飼育しているのと同じ」と、きびしい。また、「今後益々増加していくことがうかがえるのである」と、警告を発している。

　しかし、こうした警告は、本当に深刻化するまでは、常に軽視される。次の「ヤセスギ」もそうである。

「若い女性、特に都会で働いているインテリー層の人の間に、"ヤセル"ことが、スマートなスタイルだという考えが、充満している。」
「私からみれば丁度よい身体をしていると思う人でも、ただむやみやたらに"ヤセタガル"のである。喰うものもろくに食わず、ろくに運動もしないで、ただ只管ヤセルことに憂身をやつしているのは一体どうしたことかと心配でならない。」

「過般、日本赤十字社の献血運動の結果をみて驚いたことは、若い女性の献血申込者のなかで、採血不能が51％もあったということである。つまり、採決不能者は全部といっていい程、"ヤセスギ"である。血液の濃度が薄く、その血液は老化しているといってよいというのである。」

「マス・コミのなせるわざであり、ラジオ、テレビや映画などの若いものに与える影響は、全くおそるべきものである。」

　この頃既に摂食障害がどれほどあったのかは知らない。こうしたケースがあったという文献はあるが、たとえあったとしても、ごくごく少数であったはずだ。また、少なくとも「拒食症」や「摂食障害」という言葉は流布していなかった。しかし既に、若い女性のヤセ志向は問題化されるほどになっていたことがわかる。

　ファッションモデルのツィギーがミニスカートをはいて日本に来たのは昭和42年の10月のことである。この原稿が書かれた2年弱前のことだ。このツィギー来日以来、日本で女性のヤセ志向が始まったと言われている。とすると、わずか2年足らずの間に、採血不能が半数も出てくるほどに（もっとも、もともと痩せていたり、貧血の人もいるが）、ヤセ志向が浸透したということであろうか。それともツィギー以前から既にヤセ志向は浸透しつつあったのだろうか。

　以前は、女性の肉体の魅力はマリリン・モンローやブリジット・バルドーを代表するグラマーであったのだが、この頃から急激にヤセ志向が出てきて、一時の流行と思いきや、これが親子二代に渡って未だに続いているという、当時では想像できなかったことが以後進行していくのである。

　近頃では、「Fカップ・スリム」とヤセていて乳房は大きいというのが理想らしいが、私からすれば、かつてコルセットで腰を異常なほど細めたのと同じくらいに、歪んでいる。

　はたして、この女性のヤセ志向はいつまで続くのか。おそらく親子孫の三代は続くことであろう。おそろしいことである。

その50　情報化時代と青少年

『青少年問題』第17巻第9号（昭和45年9月）は、情報化社会を特集している。そして、「〈巻頭言〉情報化時代と青少年の育成」（4－5頁）、論文「情報化社会の中の青少年―性の問題を主にして―」（堀秀彦、6－13）、「〈座談会〉情報化社会に育つ青少年」（14－28頁）と三本掲載されている。以下では、巻頭言と堀論文を採り上げる。

まずは「巻頭言」から。
「かにかくに情報の氾濫している時代である。（略）これでもか、これでもかという程、情報が押し付けられている。」
「現代の青少年は、小学校にあがる前から情報の海の中で生活してきている。（略）それだけに、彼等の人間形成にとって情報の果たす役割はきわめて重要になってきている。」
「情報の多いことは決してわるいことではない。問題は、情報の質、内容とそれらの受けとめ方や遊び方にある。」
「多種多様な情報のなかから、正確な事実をえらび出すことは、社会経験のゆたかな大人にも難しい。まして、社会的、心理的に成熟過程にある若者たちが虚妄の情報におどらされたとしても、むしろ当然かもしれない。」
「情報は利用すべきものであって、利用されるべきものではない。ところが、われわれの見聞する限りは、情報を過信し、情報に盲従し、右往左往している若者たちが如何に多いことか。」
「一方、言論、思想、表現の自由という美名にかくれて、無統一、無規制に雑多な情報が作られ、マス・メディアの普及の波に乗っていたところに流されている社会的状況についても、この際強く反省を促したい。（略）有害情報は、その根の深さとひろがりにおいて、次代を背負うべき青少年をむしばむ害悪において、産業公害よりもはるかに切実な問題ですらある。」

第２部　富裕化到来と青少年問題

次に堀論文。
「情報化社会は大人と子供の境界をぬりつぶしてしまった。」
「青年期、つまり準備期としての青年期は、強烈な情報化時代のために、消滅しつつある。子供は一挙に成人になってしまった。」
「もはやどっち途、青年（アドレセント）はいなくなりつつある。その代り、現代の社会教育の世界で言われているように、『若い成人（The young adult）』がそこらじゅうにあふれてきたのだ。すべてこれも情報化時代のたまものだ。いずれにせよ、今日、インスタントに小さな成人が生まれつつある。」

　既に40年以上前から、「情報化時代」「情報化社会」と言われていた。近年、言われだしたことではない。その意味では、わが国は、ほぼ40年間（いや、それ以上の間）、ずっと情報化社会なのである。そして、「現代の青少年は、小学校にあがる前から情報の海の中で生活してきている」と言われたその青少年は、今では50歳代・60歳代となっている。
　しかし、この頃問題となっていたマスメディアの中心はテレビである。あとはマンガと映画である。つまり、マンガ漬け・テレビ漬け・映画漬けの青少年（蛇足ながら、かく言う私もこの世代である）が問題とされたのである。
　ところが、今では、それらに加えて、ビデオ、テレビゲーム、インターネットそしてケータイと、我々はメディアの多様性のなかで生活している。ますます大人と子どもの境界は不明になってきている。大人も子どもも同じメディアで同じことを同じようにしている時代となっている。
「おとな」という概念「こども」という概念の再考の時代にさしかかっているのかもしれない。11～12歳頃から「おとなこども（大的小人）」となり、そのうちなんとなくわけもわからず「こどもおとな（小的大人）」となっていくのかもしれない。

その 51　おどおどする親

『青少年問題』だから、親に関しての記述は実に多いことであろう、と思うはずである。親や家庭が出てくるのは当然である、いや逆に、出てこないとしたらそのほうがおかしい、異常である、とすら考えるであろう。

ところが、第1巻から第10数巻まで、言い換えると、昭和30年代までは、親に関しての記事は意外と少ない。もちろんあるが、それらは貧困、片親といった内容が主となっている。ところが昭和40年代になると、別の内容で親が登場する。しかも頻繁に登場しだす。

今回は「〈巻頭言〉子どものために親は自分に希望を持て」(『青少年問題』第15巻第10号（昭和43年10月）4－6頁）を採り上げる。

「最近の大人の子どもへの対し方を見ていると、どうも子どもにたいして、おどおどしすぎるように見えることが多い。」
「表面に現れた形としては、保護のし過ぎと、その逆の放任ということが問題にされている。」
「この二つの形は、現われとしては、両極端にあるように見えるが、大人の型としては、ある共通した機制を持つように見える。これらの親はどちらも、子どもに対する時は気分的におどおどしている。」
「これらの親は、親が本来子どもに対して持つ責任とか、自分が成人として社会に対して持つ役割の自覚といった面での不足を示すことが多い。」
「良い親である為には、子どもの扱い方の技術にすぐれていることより前に、そんなことに関心を集中するより、まずよい大人＝社会人になることである。ガンコな親は、子どもに対し技術的に悪い関係と映っても決して悪いモデルではない。」

40年以上前の親である。この親たちを当時40歳前半とすると、今では80歳代である。ひ孫がいてもおかしくない世代である。この頃既に、子どもに対して

おどおどする親が指摘されている。子どもに何も言えない親、子どもを叱れない親、子どもを指導できない親である。

　これ以降、こうした親が続出する。子どもを甘えさせる、子どものゴキゲンを取る、子どもの喜ぶことしかしない、いやできないという、子どもの言いなりになっている親の出現である。子どもの欲望を規制することができない親である。さらに、そんな親は、子どもの躾ができず、それを学校に押し付ける。子どもには弱いくせに、第三者にはいたって図々しい。挙句に、学校は躾や基本的生活習慣まで請け負わされることになる。そんな時代がこのあとにやってくる。

　非行少年の親たちが、必ずといってよいほど言うせりふは、「私たちの言うことは何にも聞かないので…」だという。子どもにバカにされ、無視される親の続出である。そして家庭内暴力、無力な親の典型的な姿が登場する。

　ガンコな親は子と対立する。その典型が「カミナリおやじ」であろう。ガンコな親が必ずしも良いとは言えない。特に、子どもへの愛情の欠如した、度量の狭い、人間として問題のあるガンコさは、大いに問題である。社会性を欠如させ、子どもに対していばり散らす親、言うことが日々ころころと変わる親は最低である。しかし、大人としての成熟性を持った、親としてしっかりとした子育ての信念を持ったガンコさは、必要である。

　叱るときは、大いに、またきちんと叱ることのできる親、してはいけないことは断じて禁止する親、怒ったら恐い親、それでいて、優しく信頼できる親、尊敬できる親、こうした親像を大人たちは戦後つくることを怠ってきた。それでも、貧しい時代では、懸命に働いている親の後姿が、子どもを社会化させた。親が働いているから自分たちは生活できる、と無言の後姿から子どもは理解した。

　しかし、豊かな社会が到来したとたん、そうした社会化はなくなった。そこから、親の悲劇が始まったのである。その始まりは、今から40年以上も前のことである。

その52 親の資格のない親

　前回の「おどおどする親」に引き続いて、今回も親の問題をテーマとする。
　具体的には、「〈巻頭言〉親の資格のない親」(『青少年問題』第18巻第2号（昭和46年2月）4－6頁）と、「〈巻頭言〉父権の喪失をめぐって」(第23巻第6号（昭和51年6月）4－6頁）を採り上げる。
　なお、これらのほかに「母性愛喪失と子どもの育て方」(木下正一、第18巻第2号（昭和46年2月）、6－11頁）、「〈座談会〉問題の親」(第19巻第5号（昭和47年5月）18－29頁）がある。

　まずは「親の資格のない親」。
「親でありながら、わが子の養育を放棄する者がいる。」
「今日の子殺しは、迷信による過失致死、愛情のない折檻、親子心中の失敗、親の生活のために子の人権無視、多くの嬰児殺し、そしてさらに多くの堕胎する親の無責任な心情など、親の資格のない親の無責任な行為による子どもの受難時代を示すものなのである。」
「非社会的な子どもを作り上げる親は、一見慈悲あふれる親のように見えるが、子どもの教育に対する節度がない親だと言わざるを得ない。これも広い意味で、親の資格のない親なのである。」

　昭和40年代に入って出てきた親の問題は、貧困の親や一人親ではない、親になれない親であった。母である前に女でいたいという母親、まだ遊んでいたい父親という「母性の喪失」「父性の喪失」の問題である。そんな親が起こす虐待、子殺しといった悲劇は、「親の資格のない親の無責任な行為による子どもの受難時代」だという。しかし、その受難時代は未だに続いている。

　次に「父権の喪失をめぐって」。
「戦前の家族において、父親は権威をもって家族に臨んでいた。ひらたくいえ

ば、父親は『こわい存在』であった。地震・雷・火事・親父といわれたほどである。それが現在ではどうか。父親は権威を失ってしまった。おれは単なる月給運搬人だというような自嘲が当の父親たちから聞こえる。」

「要するに、戦前の父権＝家長権は、その存立基盤を、物質的にも、思想的にも完全に失っているのである。その単純な回復の願いは、言葉をどのように飾ってみても、アナクロニズム以外のなにものでもない。そのわずかな効用は、無気力な男たちの内弁慶の心情に媚びるていだけのものであろう。」

「新しい父親の生き方を探すべきである。そのさい、有力な示唆のひとつは、『父親社会』が『父なき社会』に変化し、やがて『兄弟社会』に発展してゆくという精神分析学派の省察にあるとおもわれる。」

　当時、「父親不在」が問題となった。企業戦士で家庭を顧みない父親が槍玉にあがった。マスコミはマイホーム主義を批判しつつも、家庭を省みない父親にも批判的だったのである。もちろん今でもそうだが。

　また、「父権の喪失」も問題となった。「月給運搬人」となった父親という哀れさが指摘されているが、しかし、その後給料が銀行振込になると、運搬すら出来なくなってしまい、「濡れ落ち葉」と言われるようになる。

　こうした状況から、筆者は「新しい父親の生き方」として、「父親社会」から「父なき社会」そして「兄弟社会」へという期待を抱くが、そしてその期待はある程度当たり、今では仲の良い「友達親子」が多いのだが、これが理想とする新しい親の姿であるかどうかは疑問である。

　その後、母親と娘、母親と息子が「友達親子」となり、「お父さん、子どもと遊んでいますか」と鼓舞した社会は、今では「子どもと遊ぶだけの父親」と揶揄気味に批判している。

その 53　子殺し

今回も親の問題である。「〈資料〉最近の"子殺し"をめぐって—子どもの人権を守るために〈第三集〉より—」（全国社会福祉協議会、『青少年問題』第18巻第2号（昭和46年2月）12-15頁）を採り上げる。資料であり、解説はごく少ないが、昭和44（1969）年1月から12月までの「朝日新聞」から収録した「子殺し事件内容一覧」が興味深い。そこで、この一覧を中心に、述べていきたいと思う。

「ノイローゼ・精神神経症が原因」のものが15件。「男3才、女10ヵ月、母、子供育てる自信がなく、ノイローゼ（心中）」、「男2ヵ月、母、泣きやまないので、ノイローゼ気味（圧殺）」など。

「遺棄（施設に引き取られて無事だったもの）」が8件。「生後1ヵ月、19才の父親に育児結婚の意志なく母親が路上に捨てる」など。

「遺棄（死体として捨てられたもの）」が10件。「生後2日目、便所に捨てる」、「男嬰児、ビニール袋に入れて川に流す」、「女嬰児、デパート女子便所のゴミ入れの中」など。

「虐待」が7件。「男7ヵ月、父、はげしく泣くので布団をかぶせ（圧殺）」、「女1才、父母、連れ子いじめ、殺して畑に埋める（傷害致死）」など。

「衝動的虐待」が5件。「男5才、母、いたずらしたので折かんして（傷害致死）」など。

「家庭不和」が22件。「男9ヵ月、母、夫が家に帰らず生活苦（絞殺）」、「男3才、母、夫婦別れを苦に（心中）」、「女1ヵ月、父、酒をのんで夫婦げんか、そばにいた子にあたる（傷害致死）」など。

「生活苦」が11件。「女6才、男1才、母、夫が病気でノイローゼ（心中）」、「女、1才、父、資金難でノイローゼ（絞殺）」など。

「ギャンブル」が3件。「男10才、女12才、母、夫がギャンブルにこり、借金を作り（心中）」など。

「病気（障害児をかかえ）」が5件。「男6ヵ月、父母、子どもの視力障害なおる見込みないため（心中）」など。
「住宅問題」が2件。「男4ヵ月、母、家新築のため生活をきりつめるため（圧殺）」など。
「不明」が10件。「女12才、8才、4才、男10才、3才、父母、心中」など。

　以上、計98件である。なお、11の原因別カテゴリーは、厳密なものではなく、また原因は複数存在するので、参考程度に思っていただきたい。
　心中が圧倒的に多く、全部で45件ある。うち、母子心中が35件で最も多く、父子心中が6件、親子心中が4件である。これは今と異なる。夫に逃げられて心中をするという母親は少なくなった。男にすがって生きる女の減少であろうか。
　産み捨ても今は少ない。当時、「コインロッカーベイビー」という言葉が流行った。子を産んで、コインロッカーに捨てるという事件が何件か起きたからだ。「遺棄（死体として捨てられたもの）」はこの類である。
　しかし、今と変わらないところもある。まず第一に、当時も多くの子どもが親に殺されていた、ということである。筆者は「今日の社会ほど"子殺し"という表現がぴったりする社会はない」と述べているが、この言葉をそっくり今使うことができる。40年以上前から既に、子どもはダメな親に殺されていたのである。虐待と騒がれている分、今のほうが子どもにとってよいのかもしれない。
　第二に、圧倒的に殺すのは母親であるが、母親を殺しに駆り立てたのは多分に父親（同居の男）である。もちろん、病気、破産等といった、父親としても外圧に屈してのこともあるが、その大半は子育て失格男である。いや、そもそも子育てをする気があったのかどうか疑わしい男である。もちろん、こうした男を選んだ母親も問題である。これも、今の状況とほとんど変わらない。
　第三は、親類、地域、社会から孤立しているということだ。残念ながら、これも今と変わらない。

その54　遊び型非行と非社会的行動

　今回は「遊び型非行」について書く。採り上げるのは「現代青少年の非社会的病態とその背景」（柏熊岬二、『青少年問題』第18巻第4号（昭和46年4月）6－11頁）、「〈巻頭言〉最近の少年犯罪におもう」（第18巻第6号（昭和46年6月）4－5頁）、「〈巻頭言〉非行ブームにおもう」（竹内善昭、第24巻第9号（昭和52年9月）4－5頁）である。

　まずは柏熊論文から。
「累犯年長少年の凶悪化傾向とともに、年少少年の非行の増加が目立ち、『遊び型』といわれる享楽的なタイプの非行が広がっているという。スーパーマーケットからの万引などに、その例をみることができる。品物が欲しくて盗るというよりも、スリルを求めての遊びであり、手段ではなくてそれ自体が目的である。」
「シンナー遊び（ボンド等を含めた有機溶剤の乱用）も、傾向としては似ている。（略）彼らのほとんどは罪の意識のない"誰にも迷惑をかけていない。大人が酒を飲むのと同じように楽しんでいるだけだ"というようなことをいう。（略）もし被害があるとすれば、それは誰よりも本人自身である。」
「そういえば最近、学校嫌いの青少年が増えているという。（略）登校拒否症も増えている。」
「職場でも、不安神経症や対人恐怖症などに悩んでいる若者は多い。このような非社会的病態は犯罪などの反社会的行動と違って、異常が内にこもるので、一般的にあらわれ方が目立たない。だが、内面の問題は優るとも劣らないものがある。しかも多くの場合、本人の悩みを伴うので、深刻さもひとしおのものがあるといわねばならない。」
「これらの問題傾向はこれからも進むと思われる。私は1970年代の青少年問題は、これが中心になるのではないかとさえ感じている。」

次に「最近の少年犯罪におもう」から。
「警察庁では、戦後の少年犯罪の流れを①戦後の崩壊と混乱の中の非行②経済発展と繁栄の中の非行から、第三段階というべき、非行の多様化傾向にあることを指摘している。それらの犯罪は、大きく分けて、『遊び型』と『学習型』とに分かれてきているということである。」

　最後は「非行ブームにおもう」から。
「第三期の少年非行の特徴は、まぎれもなく"遊び型"である。少年非行が社会をうつす鏡であるなら、まさに今日の社会そのものが"遊び型"そのものであることを、改めて反省しなければならないと思われる。」

　筆者の故柏熊岬二氏は私の恩師である。
　警察庁の山下力氏がこの「遊び型非行」という概念を創り、柏熊氏が理論的に発展させ、罪悪感が欠如した遊び的な感覚で行う非行という意味で、非社会的な特性のある現代型非行を遊び型非行と呼び、当時、研究者やジャーナリストの間で流布した。
「まさに今日の社会そのものが"遊び型"そのものである」という指摘は、そのとおりである。少し前から「レジャーブーム」が起こり、「労働」から「余暇」に人々の関心が移り、「マイホーム主義」が言われ、誰もが便利さと快適さとおもしろさを追及しだした時期である。非行でも、おもしろさと心地良さと快適さを求めての非行が現れておかしくない。
　ところが、柏熊論文はそれ以上のことを論じている。
「学校嫌い」「登校拒否症」そしてさらに若者の「不安神経症や対人恐怖症」を指摘し、それらを「非社会的病態」として、「内面の問題は優るとも劣らないものがある」「深刻さもひとしお」と述べ、最後に「1970年代の青少年問題は、これが中心になる」と言うのである。
　70年代どころか、2010年代までも「非社会的病態」は続いている。

その 55　非行防止と地域の連帯

『青少年問題』第18巻第7号（昭和46年7月）は地域社会を特集している。そして、「〈巻頭言〉地域社会の連帯感を深めよう」（4－5頁）、「〈座談会〉非行防止と住民の参加」（16－29頁）、「青少年の非行防止と住民の参加」（岩井啓介、30－32頁）と三本掲載されている。

以下では、巻頭言と岩井論文を採り上げる。

「巻頭言」では、「社明運動においては、青少年の非行防止について、地域社会の連帯感に期待している。かつては、地域社会のもつ生活規制力が強く、その小社会のなかでは、犯罪予防の作用が働いていたのであるが、今日のような地域社会の規制力では、青少年犯罪の防止力がなくなっているので、地域の連帯感を再び呼びもどそうというのである」と述べ、また「コミュニティの形成という新しい言葉で表現されてはいるが、要するに、地域を基盤とする社会連帯の強化を期待する社会的要請がおこってきたことをしめしている」と述べている。

次に、岩井論文。
「今年の『社会を明るくする運動』の重点目標は、『青少年の非行防止と住民参加』である。ここでは、住民が、直接間接に非行防止に関与している各種の活動にボランティアとして参加すること、ないしはそれらのボランティア活動に側面的援助をすることが中心になるだろう。」
「犯罪防止の分野で、いわゆる『専門家』たちが改めて市民参加の必要性を再認識するようになったということは特筆すべきでき事である。」
「個々の住民が提供できる持ち味のバラエティーは、とうてい公的な機関には期待できない広さを持っている。このような長所を活かし、それが政府機関のサービスと巧みに組み合わされるようになれば、そのときは本当に血の通った対策が実現することになる。」

「実際をみれば、各組織では、概ねその場合後継者の発見と市民の強力確保に常に苦慮しているのが実情であり、各地域内の組織と住民のコミュニケーション自体にもまだ多分に改善の余地があるように思われる。」

「非行問題に取り組むには、強力なボランティア活動が必要である。そしてそのためには、志を有する限りすべての住民が地域社会の各層から広く参加して、各自の持分に応じた寄与が無理なく行われるような態勢を作ることが、今後最も望まれるところである。」

めぐりめぐって、現在、また地域に期待が寄せられている。ひところは、学校に期待が寄せられ、学校に過分の負担がかけられ、その期待に学校が応えないと（もしくは応えられないと）、学校・教師バッシングが行われた。

もちろん、警察にも、そして国や自治体の行政にも期待が寄せられた。しかし、警察も行政もできることには限度がある。そこで再度地域の登場となってきたのであろう。

巻頭言にしろ、岩井論文にしろ、そして紹介は省いたが座談会にしろ、その言っていることは、現在の地域非行防止政策そのものである。全く古さを感じさせない。

「地域社会のもつ生活規制力」そして「地域の連帯感」はぜひとも必要である。「個々の住民が提供できる持ち味」と「政府機関のサービス」とが「組み合わされ」て「本当に血の通った対策が実現する」とは、まさにそのとおりである。「非行問題に取り組むには、強力なボランティア活動が必要」であり、「すべての住民が地域社会の各層から広く参加」する活動が望まれるのは当然である。

問題は、何故うまくいかなかったのか、何故持続性が弱いのか、というところにある。その要因を明らかにしていかない限り、近年の地域非行防止の諸対策もまた、理念と計画はすばらしいが、持続性の弱い、竜頭蛇尾の政策と化してしまうであろう。

その56　家出

　昭和40年代、少年少女の家出が問題となった。『青少年問題』もこの家出問題を採り上げている。

　今回は「〈巻頭言〉家出の季節」(『青少年問題』第19巻第9号（昭和47年9月）4－5頁）を採り上げる。

　なお、この他に、「〈調査報告〉家出人の実態─少年を中心に─」（警視庁防犯部少年第一課、第22巻第6号（昭和50年6月）34－40頁）、「上野駅で見た家出少年」（川村菊夫、第23巻第12号（昭和51年12月）21－26頁）」、「少年の家出と非行─その防止と家庭の役割─」（大貫紀信、第24巻第9号（昭和52年9月）12－18頁）がある。

「家出にまつわる問題は多い。」
「まずこれら少年が家出中に、特に女子の場合、福祉犯等の被害にかかる者が多くいる。また非行をする者も多い。おおよそ、短い家出期間中に、12人に1人が罪を犯し、19人に1人が被害を受けている。」
「また、これら家出少年に対し、保護者が警察に捜索願を出しているのは約半数でしかなく、残る半分は、家庭でその家出を放任していたと見なせることも問題である。」
「多くの少年が、警察に発見されずに家出の状態を延長していると推測されよう。現に、捜索願を出した半分前後は、未発見だとも言う。」
「私は昔、家出研究をしようとした時、この家出の言葉の定義に苦しめられた。素朴な家出のイメージとして、東京の場合で言えば、東北の田舎から少ない小遣いを握りしめ、東京に行けばどうにかなるさと夜汽車に乗る少年を私は思い描いていた。」
「しかしその一方で、（略）都会から都会へ、あるいは都内、近県の家を飛び出した者が多く、そしてまた、集団就職した少年が職場を飛び出し、故郷の家に帰らずにふらついていることも多かった。」

「家出とは、家から空間的に遠く離れるだけのことを言うのではない。(略)連絡を、家の外にいる側から断つ時、家出が始まる。」
「これに対し、先に示した、捜索願を出していない、家の側から連絡を求めない少年を何というのか知らない。」

　大学4年生のとき、中央大学文学部社会学専攻那須ゼミにて、私たちの班は「少年の家出」を研究することにした。昭和45年のことである。そして私たちは、ここにも記してあるとおり、家出の概念に混乱した。「捜索願出家出」と「発見保護家出」とがあり、その数値にずれがあり、両者の家出人の半分ほどは別人なのである。
　しかも、家出とは、自宅から出て行くことだけでなく、下宿先や住み込み先等から出て行っても家出となる。そうなると、電話も十分にない時代のこと、保護者の知らない家出が多くなるのもうなずけることである。
　しかし、その後の家出はさらに複雑となる。続々と少年少女の「無断外泊の延長としての結果家出」が出てくるからだ。「長期無断外泊」「プチ家出」である。
　そしてさらに現在、携帯電話の普及によって、「連絡あり」の家出が出てきている。補導しても、保護者は「携帯で時々連絡が来てますから」となんら問題にしていない「家出」ないしは「長期無断外泊」である。
　また、定期的にこっそり家に帰って来て、冷蔵庫を探り、親の財布から金を抜き取り、着替えを持ってまた出て行くというのもある。これらは一体何なのであろう。
　なお、家出から福祉犯の被害に遭う少女を当時「転落少女」と呼んでいたが、今はそんな呼び名すらない。もっとも、家出少女が年齢を偽り、風俗で働くことができれば、彼女にとっては「転落」ではなく「成功」だったのである。今では、男とセックスをして、ホテルを泊まり歩いている少女も、本人としては「転落」ではなく「成功」なのであろう。

その57　少年補導センターの法制化

〈その27〉と〈その41〉で「青少年補導センター」を扱った。今回、再々度採り上げる。

「少年補導センター雑感」（長岡茂、『青少年問題』第20巻第10号（昭和48年10月）58－61頁）、「〈座談会〉少年補導センターはどうあるべきか──少年非行とコミュニティ・オーガニゼーション──」（第21巻第6号（昭和49年6月）12－24頁）である。

　まずは「少年補導センター雑感」から。なお、長岡氏は執筆時総理府青少年対策本部参事官である。
「西日本少年補導センター連絡協議会の名前で、補導センターの法制化という問題の陳情をしばしば受けている。法制化ということは、法律を作るということであるが、中身は、センターという組織の法制化、センターの業務の法制化、少年補導委員の法制化の三つのことになると思う。」
「補導センターは関係者の活動の拠点であって、厳密な意味で組織であるかどうかという立法技術問題もある。」
「これ以上くわしく規定を設ける必要があるかどうか。また、仮に規定するとしても、現状においては補導センターの業務が必ずしも一様でないため、技術的に困難である。」
「補導センターは、地域の特性を活かして活動をしているのであるから、これを国が画一化することが、真に非行対策上好ましいかという問題もある。」
「少年補導センターのように、法律の根拠がなく予算補助で設置されている民間ボランティア委員は、ほかに幾らでも例がある。」
「このように考えてくると、法制化問題は格別のメリットがなく、むしろ補助金の増額、人員や施設の確保など、実質的な強化に努力すべきなのではないだろうか。」
「今年度、総理府では『少年補導センター等に関する調査企画委員会』を設け

た。(略) この委員会で補導センターのあるべき姿や将来の方向づけがされることを期待している。」

「〈座談会〉少年補導センターはどうあるべきか」は、この「調査企画委員会」の研究がまとまり、近々報告書が出るということで、その委員たちが出席しての座談会である。この座談会の出席者の一人は長岡氏であり、氏はここでも同様の発言をしている。つまり、法制化反対ということだ。また、センターの業務として、補導と相談の他に、環境浄化活動には賛成、健全育成活動には反対している。なお、以下のような発言もある。
「警察の補導活動は非行少年、(略) 再非行の防止をはかるということに重点がある。これに対して、センターが対象とする少年は、前非行少年で、例外的に非行少年が対象になり、初犯防止に重点を置いているという点です。」

こうして、センターの業務は、補導、相談、環境浄化の三本柱となっていく。しかし、それらには法的根拠がない。よって、補導でも警察官同伴でない限り、何の権限もなく、少年が所持しているタバコを取り上げることすらできない。相談といえども、何の権限もない地域のおじさん・おばさんとしての相談でしかない。

当時、警察が主体で設置しているのは12センターだけで、全体の3％であった。その後、警察は「少年サポートセンター」を設置し、専従の職員を配置し、民間ボランティアを「少年補導員」「少年警察協助員」「少年指導委員」と整備していき（さらに現在、これらを一括して「少年警察ボランティア」という統一名称が確立している）、全国組織として「全国少年補導員協会」（現、全国少年警察ボランティア協会）を立ち上げる。

現在では警察系の少年補導員は地方自治体の少年補導センター系の少年補導委員とともに大きな勢力となり、さらにその身分・権限の法制化もすすめられている。

つまり、この間に大きな勢力の変動があったのである。そしてその変動の原点は、この委員会の報告にあったように、私には思える。

その 58 自然への甘え

　今回は「〈巻頭言〉自然への甘えに反省を」(『青少年問題』第21巻第2号(昭和49年2月) 4－5頁)を採り上げる。

「子どもたちの団体活動を指導する青少年指導者の指導目標にも、自然を大切にすること、自然を守ることという項目がその比重を強めてきた。」
「現代のわれわれは、いま再び自然というものに目を向け出したといってよい。しかし、そこにはある種の甘えがありはしまいか。いいかえれば、そこに見られる自然観には、自然というものを景物として鑑賞するという態度が軸になっているのではなかろうか。そしてさらには自然は、人間に木材や食糧など生活の質を与えてくれるものという面だけで自然をとらえようとする依存性が見えすいていはしないだろうか。」

　筆者はこのように述べて、次のような例を提示する。
　あるとき、郊外に住んでいる男が、「自分の居住地は不便な代りに山と水に恵まれている」と発言したという。それを聞いた一人の女性が「それこそ理想の生活だ」、「山とか水とか自然そのものの中に生きられるなんてすばらしい」と言うので、その男が「自分の家の近くにはヘビもいるし家の庭の木にはケムシも多い」と付け加えると、「そんな自然はいやよ」と言ったという。
　そして筆者は「現在の人間が口をきけばすぐいう『自然尊重』などということばの中にはこの女性のような甘えがなければ幸いだ」と皮肉る。
　また、子どもたちの団体活動ではイモ掘り行事をするところが多いが、「しかし、イモ掘りはさせるけど、イモ植えをさせたという話は聞いたことがない」と指摘し、「イモは植えなければいくら掘っても出てこない。ほんとうの自然を知るためにはイモを植える苦しい体験をしなければなるまい」と批判する。
　そして、「自然は美しいが同時に人間におそいかかってくるものでもあり、

また自然の理法に基づかないかぎり生産物を手に入れることができないものでもある。その前提のもとに自然と人間との共存体制を人間が創造していくべきものだということを再確認することである」と締めくくるのである。

　この短い文のなかにはその後、自然と人間（もしくは子ども）との関係で提言される三つの主要な問題が既に提示されている。
　その一つは、「自然と人間との共存体制」ということであり、その後の地球環境の破壊を食い止めるための「継続可能な開発」を求める提言に近い。
　二つ目は、自然美化である。ある程度の物の豊かな生活を手に入れた都会人は、さらなる豊かさを手に入れようと欲望を拡大させていく。その欲望の一つが自然であった。ただし、その自然は便利で美しく心地良いものでなくてはならない。舗装道路があり車があり、ガス・電気・水道があり、そして美しい景色と澄んだ空気があり、小鳥はさえずりカブト虫はいるが、蛾・蠅・蚊・蜘・蛇・蛆虫はいない、という自然である。もちろんトイレは水洗でウォシュレット、決して汲み取り式のボットン便所ではない。
　三つ目は、子どもの健全育成での楽しい自然である。ここでの芋掘りもそうだし、川魚の手づかみや泥んこ遊びも然り。金をかけて、大人たちが用意した川魚を放流して、子どもたちがつかみ取りをして、おおはしゃぎ。これが子どもの健全育成イベントというわけだ。大きな人工の囲いを作り、その中にダンプで泥を運び、消防の消化ホースで水を入れて、泥んこをつくり、遊ばせるというイベント。
　これらはみな、贅沢な見せかけの自然である。自然という体裁の人工物である。自然は豊かで美しいが、と同時に厳しく恐ろしいものである。そうした自然の厳しさ恐ろしさこそが、数十年前の子どもたちをたくましく育て上げたのである。自然環境と健全育成では、このことを決して忘れてはいけない。

その 59 ｜ ヤング・テレホン・コーナー

　今回は「ヤング・テレホン・コーナーの一年」（警視庁防犯部少年第一課、『青少年問題』第22巻第5号（昭和50年5月）30-40頁）を採り上げる。まずは引用から。

「昭和49年1月7日から、警視庁少年第一課に開設した"ヤング・テレホン・コーナー"（電話による少年相談）は、予想以上の反響を呼び、昨年中に7,983件の相談を受けるという大きな成果を収めて1年を経過した。」

「少年の非行化を防止する目的で、しかも公的機関が電話相談を始めたのは、このヤング・テレホン・コーナーが最初であったが、少年警察の新しい分野として注目されるに及んで、その後、長野、愛媛、北海道、神奈川、広島、長崎、富山、千葉、兵庫、石川、奈良、埼玉の各道県の警察でも『少年のための電話相談』を開始している。」

「電話相談を受けるにあたっては、一般的な面接技術や心構えを身につけた上で、さらに、どこの誰かわからないこと、顔が見えないこと、通話の権限が相手方にあることなど、電話の特殊条件に伴う配慮が必要であり、相談員は、あらゆる場合の臨機応変な判断や適応性が要求される。」

　そこで、「留意事項」と「取扱心得」を作成した。その一部を紹介すると、「留意事項」は「応対は親切を旨とし、言葉づかいに気をつけること。特に相手を傷つけるような不用意な言葉や態度は厳に慎むこと」、「十分に話を聞き、共感できることは、その気持ちや考えに指示を与えるだけでも効果があることを忘れてはならない」等であり、「取扱心得」は「緊急を要する事態が推察される時は、相談者との通話を大切にし、相談者に冷静沈着を促す話しかけを続行すると同時に、必要に応じ適切な措置を取ること」等である。

　相談者の内訳は20歳未満の少年が68％、あとの32％が成人であった。また、最も多い相談は「異性に関する問題」で、そのうちの約1割は「妊娠という問題」を含んでいた。「非行に関する問題」では、「その大部分は保護者（主とし

て母親）が、わが子の外泊、不良交友、喫煙、薬物乱用等のことで心配して相談してくるものであるが、これらの相談は継続的な指導が必要なので、できるだけ面接相談に導入したり、相談者の居住地にある相談機関を紹介している」という。

　今までの相談は、警察に来て少年警察の係官に相談するというものであった。こうした相談が今でも最も理想であることは言うまでもない。しかし、これでは気楽に相談することはできない。保護者であれ、少年本人であれ、一大決心のもとに、尋ねて行かなくてはならない。つまり、「相談」の前に「訪問」という行為が必要だったわけだ。これを省いて、いつ・何処にいても相談できるようにしたのが、この「ヤン・テレ」である。
「どこの誰かわからないこと、顔が見えないこと、通話の権限が相手方にあること」といった困難性にもかかわらず、このヤン・テレは警視庁の導入後、記述のとおり全国の道府県で導入され、大きな成果をもたらした。そして、今ではインターネットによる相談業務がなされている。

　『青少年問題』第626号（第54巻春季号、2007年4月）の松浦眞紀子「サイバーボランティア活動を通じて―未成年者の売春行為に憂う―」（32-35頁）では、「サイバーボランティア指定員は、全国少年補導員協会（全少協）から、全国121名の補導員がその指定を受け、子どもたちに対して『ホットライン活動』を実施している」と紹介している。
　ここでは、声も聞こえないというさらなる匿名性のなかで相談業務がなされており、また、それだけでなく、青少年に有害な情報を提供する出会い系サイトに対しての対応や、サイバーパトロールによる出会い系サイト利用少年への声かけ・補導活動も行われている。
　時代の変容は新たな非行少年を生むが、また新たな対応も生み出すのである。

その60　塾の効用

　今回は「〈巻頭言〉塾教育への批判は容易だが……」（『青少年問題』第22巻第6号（昭和50年6月）4－5頁）を採り上げる。

「東京多摩地区の校長会では、さいきん、子どもたちについてある調査を行った。」

「はたせるかな、子どもたちの6割は塾に行っているという。そしてまた5人にひとりは家庭教師についているという。（略）またもや、わが国の受験構造が証拠立てられたというほかない。」

「しかしまた、この塾などに通う子どもたちが挙げる『塾の効用』は、塾に学ぶことによって、学校の勉強がよくわかるようになったとか、塾生活が楽しいということでもあった。そこには、はっきりいって学校教育に対する、子どもたちの実感的な批判もあったことをわれわれは見のがすわけにはいかないのである。」

「現在の学校が何十人かを、ひとまとめにして行わざるを得ない学級一斉授業という限界からはみ出した子どもたちは、大人や、とりわけ識者たちが口をそろえて非難する塾教育によって、かろうじて『よくわかる』勉強ができるようになっているということなのである。また、つめこみ教育も含めた、学校教育のつまらなさを『楽しい』塾学習によって埋め合わせているのだともいってよかろう。」

「塾や家庭教師の弊害について、あげつらうことは容易である。しかしそれを子どもたちの生活の中からとり除いても子どもたちがちゃんと学び、遊べるよう、社会全体が、地道な町づくりをはじめとした努力を重ねない限り、いつまでも大人は評論家にとどまってしまう。」

　私自身のことを書くのは恐縮だが、大学院生時代から大学の専任講師になるまでのほぼ10年間、私は塾を経営していた。昭和40年代後半から50年代前半の

ことなので、この「巻頭言」の書かれた時代のことである。

　大学卒業直後に結婚し、大学院に進み、修士課程のときに長男が生まれ、オーバードクターのときに二男が生まれたのだから、大変な生活であった。6畳と3畳の畳の部屋にお膳をいくつか置いての塾経営であり、まさに寺子屋もどきの個人経営塾であった。
「二宮金次郎はまきを背負って勉強したが、私は子どもを背負って勉強した」と、今では笑い話として学生などに言うが、本当の話である。

　小学校での作文『おとうさんのしごと』では、我が長男は「うちのおとうさんはしごとをしていません」と、ひと言書いた。先生はあっけにとられ、くちあんぐり、である。そんなことで、この巻頭言には実に懐かしさを感じる。

　当時、塾は悪者であった。塾への風当たりは強く、必要悪とされていた。教育学者や評論家のそんな批判に対して、当初から私は、異論を唱えていた。その異論が、この巻頭言に書かれていることである。

　当時、塾は「補習塾」と「進学塾」に二分されていた。前者は学校の授業の落ちこぼれ予防機能をもち、後者は受験対応の機能を有していた。前者は零細塾が多く、後者は大手化が進んでいた。私の塾は前者であった。できの悪い中学生相手に数学と英語を教えていた。

　この補習塾では、完全に学校の教師の授業と重なることになる。そこで、常に教師と比較される。子どもたちにとっては、どちらの先生の授業がよくわかるか、どちらの先生がより親しめるか、そして信頼できるか、である。これに勝てないと塾経営は成り立たない。つまり、〈学校の先生より塾の先生のほうがいい〉と、子どもたちが思わない限り、補習塾はやっていけないのである。

　この巻頭言は、こうした塾の機能に目を向け始めた頃に書かれた、なかなか鋭い批評である。

その61　暴走族

「サーキット族—神奈川県警の調査から—」(編集部、『青少年問題』第21巻第8号（昭和49年8月）25-29頁)、「〈各省だより〉暴走族の実体と対策－非行対策の側面から－」(警察庁刑事局保安部防犯少年課、第22巻第8号（昭和50年8月）45-46頁)、「〈巻頭言〉暴走族の少年たち」(第22巻第9号（昭和50年9月）4-5頁)、「暴走族の少年たち」(田村雅幸、第23巻第8号（昭和51年8月）6-11頁)と、昭和50年前後の夏場の号は、暴走族に関しての掲載が多い。

以下、それらのいくつかを採り上げる。

まずは「暴走族の実体と対策」。
「若さと無軌道を示す暴走族は、くるま社会を反映して東京をはじめ全国主要都市に出現、更に地方都市へと波及し、『オトキチ』『カミナリ族』『サーキット族』等と称されていたが、最近においては、単に自動車の暴走行為に留まらずその機動力を利用して集団で強盗、強かんなど悪質な犯罪を行い、また、集団数の増加と大規模化に伴い、各地で集団相互間の対立抗争を繰り返すなど非行集団化の傾向を強め、今や大きな社会問題となっている。」という出だしで始まる。

集団数は1,035集団以上で、関東地区が最も多く579集団。構成員は3万1,572人にのぼっており、警視庁管内では90.7％が少年である。昨年中、刑法犯等（交通法令、業過を除く）で検挙された暴走族は3,295人であり、うち少年は2,764人（83.9％）であった。

また、暴走族の特性として、「現代の若者特有の甘えの態度があり、自己中心的で他人に対する迷惑、法規範に対する責任といった意識は弱く、若いんだから許してもらえるといった甘えがみられる」と述べている。

次に「巻頭言」から。
「去年から今年にかけて、暴走族の少年が大きな話題になった。」

第２部　富裕化到来と青少年問題

「今の中学、高校生くらいの年代には暴走族になりたいと思う子がすごく多いのである。それら少年達は、今の暴走族少年で見る限り、家庭に落着けず、学校にも職場にもなじめず生きがいを喪失して、何かに逃げたがっている子がほとんどであった。」

　最後は、田村論文から。
「（家庭は）およそ中流であり、（略）車やオートバイの購入も、彼等の約半数が親の援助によっている。子供にせがまれて、遊びのための車を安易に買い与える親の甘さが指摘されよう。」
「親はあきらめている（17％）」「自分が加入していることを知らない（28％）」と、「子供に甘く、監視の目もとどかず、子供からは無力で、権威も指導性もないと見られている親は、非行少年の親と同様の問題があろう。」

　昭和40年代後半から50年代の前半にかけて、暴走族は主要な青少年問題であった。
　それ以前の「カミナリ族」は、上流層の子弟というごく一部の階層であったが、豊かな社会の到来は、車を持てる層を限りなく拡大させ、暴走族という逸脱青少年集団を多発させた。
　この暴走族に対しては現在非行少年に対して言われていることのほぼ全てが指摘されている。
　つまり、自己中心的で若者特有の甘えがあり、責任は希薄で、家庭に落ち着けず、学校や職場になじめない少年、生きがいを喪失し現実から逃避する少年、である。また、その保護者に対しては、子どもに甘く、監視能力がなく、子どもに対して無力で権威も指導性もない親、である。その後のさまざまな非行少年（たとえば校内暴力少年）にもこうした言説が登場する。
　要するに、非行問題においては昭和40年代後半はもはや現在なのである。ただし、集団の強固性ということに関しては、暴走族は一昔前の暴力非行集団の様相を持っていた。

その 62 　性の問題

　昭和40年代になると、青少年の性が青少年問題となる。
　昭和30年代初期までの性問題はもっぱら売春であったが、昭和30年代も中盤からは、一部の非行少女の性の乱れと性的被害の問題、マスコミの性的描写の問題と変わっていき、昭和40年代も後半となると、青少年の性行動そのものが問題化されていくのである。
　『青少年問題』もこの頃から性に関しての記述が多くなる。
　例えば、「現代学生の生活と意識―自動車・音楽・性などのばあい―」（副田義也、『青少年問題』第19巻第1号（昭和47年1月）12－18頁）、「〈特別読物〉マス・コミが示す『性』と青少年」（中里至正、同巻同号、33－38頁）、「〈座談会〉青少年の『性』」（第19巻第2号（昭和47年2月）12－24頁）、「〈特別読物〉同棲時代」（阿部幸男、第20巻第8号（昭和48年8月）、30－35頁）、「〈調査報告〉青少年の性行動」（総理府青少年対策本部調査係、第23巻第2号（昭和51年2月）33－39頁）、「〈調査報告〉女子少年の性非行―うれうべき実態とその問題点―」（吉村昭夫、第24巻第3号（昭和52年3月）36－40頁）、「〈特別読物〉現代の性と青少年（上）（下）」（島田一男、第24巻第7号、第8号（昭和52年7月、8月）21－25頁、21－26頁）、等である。

　ここではその中から「〈調査報告〉青少年の性行動」を中心に採り上げることにする。
　キス経験は、「15歳で男子の15％、女子の8％が経験を持つ。その後、18歳で男子は37％、女子は26％、21歳で男子は50％、女子は46％」である。「以前の調査（1953及び1960、朝山調査）と比べ、初経験年齢の低下と、経験率の激増が目につく。男子15歳で約5倍、18歳で2倍以上、21歳で約1.3倍となっている。女子も15歳で4倍、18歳で3.6倍、21歳で2倍に増加している。」
　性交経験は、「男子は15歳で約3％、女子は約2％、18歳ではそれぞれ、14％、7％、21歳では28％、16％」である。

この調査は、総理府青少年対策本部の委託により、財団法人日本性教育協会が行ったものである。調査年は昭和49（1974）年である。日本性教育協会はこの調査を第1回として、6年おきに調査を行っており、第6回調査が2005年に行われた。

　この調査結果は『青少年問題』の「第626号（第54巻春季号）（2007年4月）」に掲載されているが、それと比べてみると、かなりの違いが見られる。

　例えば、性交経験であるが、1974年調査と2005年調査を比べてみると、高校生男子では10.2％から26.6％に増加している。高校生女子では5.5％から30.0％に増加している。女子では5倍以上の増加であり、しかも男子と逆転している。高校生では、男子よりも女子のほうが性経験率が高くなっているのである。また、性経験では、今の高校生は既に30年前の21歳よりも多く経験していることになる。経験の低年齢化であり、しかも女子においては急激な低年齢化である。

　こうしたデータを見ると、「同棲時代」というかつて流行した言葉は、むしろそれなりに品格があったのではないかとさえ思えてしまう。当時は、婚前交渉ならぬ婚前同棲ということで、青少年の性の氾濫が生んだひとつの現象とされていたのだが、今では、ごく当たり前のことになっている。

「〈調査報告〉女子少年の性非行―うれうべき実態とその問題点―」では、好奇心で性非行をする少女を問題として取り上げているが、その20年程あとには援助交際が問題となるのである。

　ごく普通の青少年の性が開放され、性経験が低年齢化すれば、必然的にそれに伴って性非行の様態は変化し、また低年齢化するはずである。今後さらに性経験は低年齢化していくことと思われる。中学生女子の性交経験率が今の高校生女子並みになる日がそのうち来るであろう。そのときの性非行を今から想定しておくのも悪くない。

　なお、「青少年の性行動」第7回調査が2011年におこなわれた。

その 63　再び覚せい剤乱用

〈その7〉にて「ヒロポン（覚せい剤）の時代」を書いた。初期『青少年問題』の覚せい剤に関する記述を採り上げたものである。

今回再度、覚せい剤乱用をテーマにする。というのも、この頃から、覚せい剤の論述が目立ちだしたからだ。

列記してみると、「〈座談会〉覚醒剤の乱用をめぐって」（『青少年問題』第20巻第8号（昭和48年8月）18-29頁）、「〈各省だより〉覚醒剤の乱用対策強調月間10・11月—青少年をその害悪から守るために—」（総理府、第21巻第10号（昭和49年10月）43-47頁）、「薬物乱用と青少年」（生盛豊樹、第23巻第9号（昭和51年9月）12-19頁）、「青少年をむしばむ覚醒剤の恐怖」（田村雅幸、第24巻第10号（昭和52年10月）6-13頁）である。

今回はこのなかで田村論文を採り上げることにする。

覚せい剤では「耐性が形成されるのが早く、使用量は初期の20〜30倍にも達することがある」。

また、「精神的依存（薬を使用したいという、やむにやまれぬ願望）は、ヘロインなどの麻薬同様、あるいはそれ以上に強烈である。中毒者の多くは、精神分裂病（現在、統合失調症）のそれと類似した幻覚・幻想などの精神症状を示す」。
「覚せい剤は昭和45年から増加し始めて検挙者は千人を超え、48年には8千人を超えた。その年の11月に覚せい剤の取締法が強化され、麻薬なみの罰則となった。翌49年には6千人と若干の減少を示したが、51年にはついに1万人を超えた。改正法による罰則の強化だけでは今日の薬物乱用を抑えることはすでにできなくなっている。」
「覚せい剤の密売は暴力団の主要な資金源の一つになっていて、乱用者のほとんどの者は暴力団と何らかのつながりのある者である。昭和48年に行われた覚せい剤乱用者の調査では、男の場合その48％が暴力団であり、さらに23％が暴力団に関係を持つ者であった。30％ほどが関係のない者であるが、薬の入手の

ためには暴力団関係者と接触せざるを得ない。」
「女子については、年齢20歳から29歳の者が多く、トルコ風呂（現、ソープランド）、キャバレー等の風俗業・接客業に従事している者が主であった。」
「この調査当時から『素人』層への侵入がいわれていたが、調査には現れていない。すなわち、覚せい剤乱用者は、前科・前歴を持つ暴力団員と、その関係者、ならびにそうした者と接する機会の多い風俗営業に従事する女子たちというのが一般的な姿であった。」
「女子の場合の覚せい剤に至る一般的な道すじは次のようである。まず、家出の常習者が多い。スナックやディスコに通い、そこから仲間ができ、彼らのアパートに泊まり歩くようになる。やがて暴力団の関係者を知るようになり、性的な関係を持つと同時に覚せい剤を知るようになる。覚せい剤、性、暴力団は三題話のように、こうした事件には必ず結びついている。」
「昭和20年代の覚せい剤禍を撲滅した時のような強力な体制と、人々の意識を作りあげなければ手遅れになる可能性がある。」

　一度撲滅されたかにみえた覚せい剤乱用が、暴力団の資金源として再度登場してきたのが、この昭和40年代後半から50年代のことである。
　覚せい剤の売買は暴力団文化圏でなされるが、この文化圏に一般の人も出入りし、覚せい剤の入手とともに、乱用文化の吸収と乱用方法の学習が行われる。「家庭の主婦が覚せい剤乱用」、「女子高校生が覚せい剤乱用」、「覚せい剤一般の人々にも浸透」と、当時マスコミでは騒がれたが、こうした主婦や高校生はごく一般の主婦や高校生ではなく、覚せい剤文化圏に入り込み、十分に文化を吸収した主婦や高校生だったわけだ。
　なおその後、平成7年頃から再々度、覚せい剤の乱用が浮上したが、ここ数年は沈静化の方向にある。

その64　お正月

「昔の人と『お正月』」(祝 宮静、『青少年問題』第24巻第1号(昭和52年1月)13－17頁)という論文がある。『青少年問題』にはふさわしくないような、そんな題の論文だ。実際、その内容は直接には青少年問題とは関係ない。

「あけましておめでとう」
「何がめてたいかというと『歳神(としがみ)さま(子供は『お正月さん』ともよんだ)をお迎えすることができてめでたい』と言っているのである。」
「としがみさま」は「稲作の終ったときに天降るところの『かみ』で、家々から見れば祖先神である。祖先神は子孫の繁栄を願い稲作の豊凶を案じ、かつ新しい年の幸福を祝うため天降ってくるのである。」
「ついでに書いておくが、稲作のあとのお正月に対して麦作のあとにはお盆があって同じように祖先神を迎える。お盆は仏教行事のように考えている人が非常に多いが、もともとそうではなくて、全くお正月と同様の意味をもつものであった。」

「なぜ『門松』を立てる」
「松飾りなどともいうが、これは決して飾りではないのであって『としがみさま』を迎えるための『よりしろ』というものなのである。(略)専門用語では憑霊というが、この憑霊する物質を『よりしろ』と日本人は言っていたのであって、あの能楽堂の背景―鏡板というが―には一本の老松が描かれているだけである。あの老松こそは神の『よりしろ』であって、その前に神みずからが舞を舞われるのである。」
「このようなわけで『よりしろ』の松は、本来、一本でよかったのであるが、入り口に立てるようになって二本になった。」

「なぜ『鏡餅』を供える」

第２部　富裕化到来と青少年問題

「これは、いうまでもなく新しく取り入れた餅米を『としがみさま』に供えて豊作を報告し感謝する意味で、その『おさがり』を家門一同に分けて新しい生命の復活を祈るのである。」
「私は神奈川の江ノ島の近くに住んでいるが、ここでは漁船に松を立て枝にワラ（藁）で編んだ籠に『おぞうに』を供える慣わしがある。年とった漁師が供えものをしている姿に、私は、しみじみと日本の『心のふるさと』を見出すのである。」
「昔の人にとって『お正月』は『おまつり』であったのである。」

　いかがでしたか。確かに青少年問題とは関係ないが、こうした論文があると、なんだかほっとする。
　1月号にふさわしい論文であるし、執筆者の方が「祝（はふり）」という名前であることが、またおもしろい。どのような方なのかは存じないが（文学博士、名城大学教授とある）、由緒ある家柄なのかもしれない。
　もちろん、内容は、実に知的興味をそそるものであるし、こうした記述は時代を感じさせない。今の『青少年問題』に掲載してもなんら差し障りない。
　専門知識を伝えるだけが『青少年問題』の使命ではない。日頃、青少年問題に携わっている方々や少年の補導や相談に明け暮れている方々にとって、こうした論文は一種の清涼剤となるし、また心の豊かさ・温かさを与えてくれるものである。本当に、しみじみと日本の「心のふるさと」を味わったような気にさせてくれる。
　今回は、こんな論文も『青少年問題』には掲載されていたのだ、ということをお伝えしたくて、採り上げた。ただし、まったく青少年問題と関係ないか、というとそうではない。
　親も子も、日々こんな気持ちで生活していたら、非行など決して起こらないのではないか、と思えるのである。

その 65 | # 社会を明るくする運動

　法務省主催の"社会を明るくする運動"が、いつどのようにしてできたのか、そして今日までどのように行われてきたのか。『青少年問題』は毎年のようにこの運動を掲載しているのだが、編集長である私自身、この論文を読むまではよくわからなかった。

　今回は、「地域社会における青少年非行の防止」（恒川京子、『青少年問題』第24巻第7号（昭和52年7月）6 - 12頁）を採り上げる。

「今年も、炎暑とともに、"社会を明るくする運動"の季節が巡ってきた。」
「第27回を迎えるこの"社会を明るくする運動"は、毎年7月の1か月間を実施期間として、全国的に繰り広げられる非行防止活動である。」
「この運動は、法務省主唱のもとに、中央・都道府県・地区にそれぞれ委員会を設けて実施されている。」
「現在の"社会を明るくする運動"の萌芽は、更生保護の基本法である犯罪者予防更生法が施行された昭和24年にさかのぼる。犯罪者を施設に入れるのではなく社会の中で見守りながら立ち直らせることを目指す、この法律の趣旨に賛同した銀座の商店会連合会の有志から申し出があり、協議の結果、7月13日から1週間、銀座の商店街で『犯罪者予防更生実施記念銀座フェアー』を行うことになった。」
「翌年には、7月1日から10日間、犯罪者予防更生法施行1周年を記念して、『矯正保護キャンペーン』（犯罪者予防更生運動）が行われた。」
「そして、昭和26年には、名称を"社会を明るくする運動"と改め、社会を明るくする運動実施委員会が主催し、法務省が主唱するという現行の運動形態が定着した。」

　こうして"社会を明るくする運動"はスタートしたのであるが、時代が進むに連れ、変化していく。

「これから分かるように、運動の目標は、当初は青少年の非行防止と更生保護

の強化であったが、昭和40年代以降は、更生保護の普及宣伝は一応背後に退いて、地域社会の参加が強調されるようになった。つまり、目標が年々拡大していると言える。」

　こうした"社会を明るくする運動"も、いくつかの問題を抱えている。そのなかのひとつが、次の問題である。
「問題の第二は、更生保護思想の普及宣伝という運動発足以来の目標と、最近の目標に見られる非行防止のための地域再組織化活動を、どのように調和させていくかである。」

　地域の非行防止活動を何故法務省がするのか、これでなぞが解けた。最初は「犯罪者予防更生実施記念銀座フェアー」だったのだ。
　第2回からは「矯正保護キャンペーン（犯罪者予防更生運動）」となり、第3回から「社会を明るくする運動」となった。しかし、2回と3回の名称の落差が激しい。趣旨としたら「犯罪者予防更生運動」か「矯正保護運動」が正当であろう。せめて「犯罪者・非行少年立ち直り支援運動」であろう。それを意味不明の名称とした理由があったはずだが、それはわからない。わからないが、歴史は案の定意味不明へと進んでいった。恒川氏の言葉で言うのなら「目標が年々拡大」していったのである。
「昭和30年には不良文化財・覚せい剤などの追放と社会浄化活動等を目標として採り上げている」と記されているように、既に昭和30年代では犯罪者予防更生・矯正保護だけでなく、青少年の非行防止と地域の環境浄化が目標と化す。むしろ、そうするために名称をファジーにしたとも思われる。
　その後は、恒川氏が指摘するとおり、更生保護の普及宣伝は背後に退き、同じ月に行われる内閣府・警察庁の「青少年の非行問題に取り組む全国強調月間」と、一般の人には区別のつかない運動となっていくのである。ただし、「全国強調月間」は、昭和57年から始まったので、時代は新しい。
　2012年、「社会を明るくする運動」は第62回となり、未だに続いている。また「青少年の非行問題に取り組む全国強調月間」も続いている。

その 66 　文通魔

「〈青少協関係各委員のページ〉ポルノ雑誌のはん濫と文通魔の出現」（高橋真照、『青少年問題』第24巻第8号（昭和52年8月）44-45頁）におもしろいことが書かれている。タイトルからもわかるとおり「文通魔」である。2頁という短文ではあるが、今回はこれを採り上げる。

まずは、「少年非行は、昭和48年を境にして量的拡大傾向を示し、戦後3番目のピークを記録しているという」という出だしで始まる。そして、「少年非行そのものは、恐らく人間の社会生活の中では起こりうる可能性を持っている現象であるが、今日ほど少年非行発生を容易ならしめる時代はないのではないかとさえ思われる」と述べる。
「今日ほど少年非行発生を容易ならしめる時代はない」というセリフはいつの時代にも書かれる。もちろん、現在でも書かれている。しかも、当時より現在のほうが非行の発生は「容易」のように思われる。しかし、数十年後と比べたら、現在もたいしたことないのかもしれない。

さて、その後、記述は「文通魔退治への道」となる。
「雑誌の文通欄を通してペンフレンドとなった若い女性が、相手の男性から暴行を受けたり、極端な例ではあろうが、殺害されるという事件が起こり、世間を驚かせている。」
「安芸の宮島で殺された女性（18）は、親の注意をきかず山形から宮島までペンフレンドを訪ね、命を奪われる結果になったが、暴行などの場合、将来を考えて相手を告訴することはごくまれなため、従来は泣き寝入りとなりがちであったが、神奈川県の暴行事件が明るみに出たことから、警察庁が全国的にこの種の事件の調査にのりだすに至った。」
「国民会議でも、ペンフレンド運動のもつ教育的意義を評価しながらも、この運動の中に思わぬ落とし穴のあることにかえりみ、文通魔のえじきにならない

よう、青少年や保護者ならびに雑誌関係者の注意を促さなければならないと、環境専門委員会の緊急課題として、研究を始めるに至った。」

　いつ頃からだろうか、「文通」というのが流行した。私の高校生時代には既に流行っていたので、今からもう50年ほども前のことだ。
　当初、文通は肯定的に評価されていた。数年間文通して、その文通相手と結婚した、などというニュースを聞いたことがある。もちろん、ほほえましい話題としてだ。また、国際的な文通は、英語の筆記力を高め、国際的視野を育む、などと言われ、推奨されていた。私の友人も、外国（英語圏）の人と英語で文通していた。
　青少年の雑誌の多くは、この文通欄を設けていたと記憶している。私と私の妻の若い頃の告白であるが、二人でこの文通を試みたことがある。大学院生の頃のことだ。まず私が始めた。文通欄に、文通しましょうと投稿したら、それが掲載されてしまったのだ。その途端、毎日数十通の手紙が届きだした。全国の女の子からの文通希望だ。そこで、妻も同じことをした。そしてやはり掲載された（掲載されるコツがあるようだ）。妻への手紙は私の場合の数倍あった。それらは真面目なものから実に卑猥なものまで、さまざまであった。

　そんなころに、この「文通魔」事件が起こった。文通相手に殺された、というものだ。この「文通魔の出現」によってか否か定かではないが、その後文通欄は青少年雑誌から消えていった。
　それから数十年。今度は雑誌ではなく、インターネットでの男女のやりとりが始まった。手紙より更に便利となり、さらに匿名となり、当然のこととして〈ネット魔〉が出現した。
　「親の注意をきかず」どころか、親の全く知らないところで、ネット魔に会いに少女は出かけていき、そして悲劇が起こった。文通魔もネット魔も目的は同じ、そして手口も同じ。ただ、桁外れに「容易ならしめる時代」となっている。

その 67 │ 青少年白書20年の比較

「白書に語り継がれる群像としての青少年―昭和52年版青少年白書を中心に―」（石原公道、『青少年問題』第25巻第2号（昭和53年2月）6 - 14頁）には、「昭和30年に第1回白書が上梓されて以来20年の歳月が流れ、昨年の11月には第20回目の白書が刊行された」、「今回の白書が、創刊当時の青少年の実態と現代の青少年のそれとを比較しようと試みたのも、そういったところにねらいの一端がある」として、「20年前の青少年と現代の青少年」の比較をおこなっている。今回はそれを紹介する。

　まず、「青少年をめぐる状況の変化」として、「(1)兄弟の数が減り、家族規模も急激に縮小した」、「(2)多くの青年が上級学校へ進学するようになった」、「(3)多くの青年が余暇を享受できるようになった」、「(4)青年の賃金が上昇し、彼らが消費をリードするようになった」、という4点を指摘している。(1)は少子化そして核家族化の進行であり、(2)は高校、大学への進学率の上昇であり、(3)と(4)は若者が消費の舞台に踊り出て、それを享受し得るだけの経済と時間を確保したことである。

　この20年間は、豊かな社会の到来という日本人全てにおいて大きな変化であったが、特に青少年にとっては大きな変化であった。もはや貧困の時代を知らない青少年の出現という画期的な変化であり、その後今日に至るまでの40年間近い変化よりも激しい変化であった。

　本稿にしても、昭和30年代の前半までを扱った〈その20〉くらいまでは、貧困と戦後の傷跡が色濃くうかがえるが、その後は、今日の豊かさのなかでの青少年問題の色合いが出てきている。

　こうした基本的な変化に伴って、青少年の様々な局面で変化が生じた。
　余暇では、屋外での遊びから部屋のなかでの遊びへと変化し、映画の衰退とテレビ視聴の増加が指摘され、読書では、高校生の本離れと雑誌への移行、特

にマンガ雑誌への移行が指摘され、体位・体力では、小・中・高校生の体位の向上、にもかかわらず体力の伸び悩みが、そして学習では、進学熱の高まりと塾の需要の増加が指摘されている。

　まだファミコンとインターネットは登場していないが、既に子どもたちの遊びは部屋の中に移行している。その最大の原因はマンガとテレビである。青少年の活字離れは、今ではマンガ離れにまで至っている。〈映画／ラジオ→テレビ／マンガ→ファミコン／インターネット／ケータイ〉という青少年が熱中したものの推移の図式が描けるであろう。

　また、対人関係では、「友人を最も大切にするものは、8割を超え、『いのち』すらも凌いでいる」、「自らの存在よりも友人を大切にするという意識のあり方からも、青少年にとっての友人の存在意義がいかに高いものであるかがわかる」と指摘している。

　昔から、青少年にとって友人は大切であったろう。しかし、この頃から、異常とも言えるほどの友人重視の文化的圧力が始まったように思える。おしゃべり文化が出現し、大学生活での第一の目的は友人をつくることとなり、小中学校では昼休みなどに一人でいる子どもを問題視するようになり、そのあとには「1年生になったなら、友達百人できるかな」なんていう歌も登場する。これら全て文化的圧力による現象である。

　この仲間関係重視圧力は、批判されることなく、ますます強化され、今日に至っている。こうした文化状況のなかでは、ケータイが青少年にとって生きるための必需品となるのは当然のことであり、また、仲間関係重視圧力に適応できなくなった「ひきこもり」が、その後出現したのも当然の成り行きである。

　なお、余談だが、昭和31年版の青少年白書は『青少年児童白書』という名称であり、編集は中央青少年問題協議会、発行は私どもの青少年問題研究会である。

その68　青少年とは何歳か

　第25巻にはすばらしい論文が掲載されている。内閣総理大臣官房参事官・田代則春氏による「青少年とは何歳か―各種法令による青少年の年齢区分―」（その1）から（その7）（『青少年問題』第25巻第3号（昭和53年3月）～第9号（昭和53年9月）14－20頁、14－21頁、22－25頁、22－27頁、14－17頁、19－22頁、12－14頁）である。
　今回はこの論文を紹介する。

「ひとしく青少年といっても、その捉え方は一様ではない。それぞれの立場によって、その準拠法令によって各様となる」、「そこで、青少年に関する論議の一助とするために、各種法令による青少年の年齢区分を考察してみることにした」という出だしで始まる。
　その後、各種法令の年齢区分一覧表が続く。ずーっと続く。（その1）から始まって、（その2）、（その3）、（その4）まで続くのである。これが圧巻、よくぞここまで調べあげたものと感服する。
　そのほんのいくつかを例示してみる（なお、以下は田代氏が本論を執筆した年のものである）。
「皇室典範」の「皇族身分の離脱」は「年齢15年以上」、同じく「皇室典範」の「摂政を置く場合」は「18年未満」。「道路交通法」の「幼児」は「6歳未満の者」で、同法の「児童」は「6歳以上13歳未満の者」。
「学校教育法」の「学齢児童」は「満6歳に達した日の翌日以後における最初の学年の初めから、満12歳に達した日の属する学年の終わりまでの者」（要するに小学1年生から6年生まで）、同法の「学齢生徒」は「小学校の課程を終了した日の翌日以後における最初の学年の初めから、満15歳に達した日の属する学年の終わりのまでの者」（要するに中学1年生から3年生まで）。「民法」の「未成年者」は「満20歳未満の者」。「刑法」の「刑事未成年」は「14歳に満たざる者」。

「少年法」の「少年」は「20歳に満たない者」。「少年院法」の「医療少年院」は「心身に著しい故障のある、14歳以上26歳未満の者」。「未成年者喫煙禁止法」の「喫煙の禁止」は「満20歳に至らざる者」。「労働基準法」の「労働者として使用してはならない」年齢は「満15歳に満たない児童」。「児童福祉法」の「児童」は「満18歳に満たない者」、同法の「乳児」は「満1歳に満たない者」、同法の「幼児」は「満1歳から、小学校就学の始期に達するまでの者」、同法の「少年」は「小学校就学の始期から、満18歳に達するまでの者」。「母子福祉法」の「児童」は「20歳に満たない者」。

以上、まだまだあるが、きりがないのでこのへんにしておく。

（その5）で田代氏は、「都道府県青少年保護育成条例」の年齢区分を提示したあと、「読者の理解を便利ならしめる趣旨から、年齢を段階的に区分し、その区分された年齢ごとに、各種法令の規定を見て」いく。その整理が、（その6）まで続く。そして最後の（その7）でまとめに入る。

そのまとめでは、「『児童』『少年』などの関係用語が、法令ごとに独自の年齢区分となり、全体的にはバラバラであって、関係用語についての、法令全体を通した統一概念は存在しない。また、それぞれの関係用語は、青少年の成熟度に即した年齢区分とはなっていないのみならず、法令によっては、通常の社会常識や経験諸科学上の概念とも相いれないものもある。これらが、青少年の年齢区分の理解を困難ならしめているものと思われる」と述べる。

特に「児童」に関しては、一般常識からしても経験諸科学上の見解からしても、5、6歳から12、13歳までの子どもであろう、それを、18歳未満の者、さらには20歳未満の者まで「児童」とするのは、かなりの理解の困難を伴う、と手厳しい。

しかし、こうした法令は今でも生き続けている。つまり、未だにバラバラで、通常の社会常識や経験諸科学上の概念と相容れないのである。

なお、青少年保護育成条例では、近年ゼロ歳児までも「青少年」と定める方向にある。

その69　予備校

〈その60〉で塾のことを採り上げた。今回は予備校のことを採り上げる。「予備校の教壇から」（桐山一隆、『青少年問題』第25巻第4号（昭和53年4月）6－12頁）である。なお、桐山氏は高校を退職して執筆時予備校の講師をしている方である。

「昨年は予備校の経営者にとっても、講師にとってもショッキングな事件がありました。それは、政府による教師のバイト禁止です。」
「予備校の教師には公立校の教師がかなりおります。先生がたは、このことでかなり窮地に追い込まれたはずです。」
　そのとおりで、以後、現役教師のバイトはなくなり、専属の予備校教師が大量に出現することとなる。しかし、予備校にとってはそのほうが良かった。彼らは大学・高校の現役教師以上の入試教育プロとなっていったからである。

「マス・コミでは、よく塾や予備校へのきびしい批判が行なわれていますが、わたしは、そうした施設や、そこへ通っている生徒たちに同情と深い理解をもっております。塾や予備校は、6・3・3・4制の教育制度の不備から生まれた落とし子であるからです。大学進学希望者の数が大学の収容能力より多ければ、当然の結果として浪人が生まれます。ところが、彼らを救済する公的教育機関はありません。そこで、彼らを収容・救済するための予備校が出現したのです。」
「才能に恵まれた者を収容する国立大学は国家が経営し、私立大学にも莫大な国家からの経済援助がありますが、不遇な浪人を収容する予備校には1円の補助もありません。日本人には不遇な者に冷たい精神構造があって、それが政治にも反映しているのでしょうか。」
　これは実におもしろい見解である。なるほどと、うなずいてしまう。しかし、予備校は国家からの援助を受けなかったからこそ、競争原理に徹した運営がで

きたわけであり、それゆえに、公教育とは異なった存在意義を持ち得たと私は思っている。

　援助を受け文部省（現、文科省）の管轄下になっていたならば、日本の予備校は独自の教育を育むことができず、結果として、ダメになっていたことであろう。

　なお、桐山氏は「私立大学にも莫大な国家からの経済援助があります」と述べているが、この後、援助は大幅に削減され、現在は基本的には教員の研究活動への助成と化している。

　ところが、援助を削減したにもかかわらず、近年の文科省の大学への締め付けは厳しくなっている。研究活動をせよ、教育活動も手を抜くな、書類はきちんと整えよ、頑張っている大学にだけご褒美をやる、と飴とムチをうまく使い分け、大学の支配を貫徹させている。そして、そんな文科省に対して、大学は生き残りのために言いなりである。

「やがて高校全入が実現され、高校に格差がなくなり、同様にして大学全入が実現すれば、6・3・3・4制の落とし子である予備校生も世の中から姿を消すでしょう。こんな世の中が到来すれば青少年は受験地獄から解放されます。全く夢のような話ですが、こんなことになったら、国家予算が天文学的に膨張して、国民はその税の負担に苦しめられるだろうし、学校は生徒たちの遊園地化することは必然です。」

　将来の予測の記述であり、こうした記述は往々にして、当たらないものである。「全く夢のような話」ではなく、高校のみならず大学も全入の段階に入った。がしかし、高校の格差も大学の格差もなくなっていない。そして下位の大学は淘汰されつつある。

　青少年が受験地獄から解放されるという方向性はそれなりに当たったが、国家予算は逆に削減されている。大学間格差があるために予備校生はまだいる。高校生も大学生も学力低下は指摘されているが、「遊園地化」までには今のところ至っていない。

その 70 | **青少年の体位と体力**

　今回は青少年の体位と体力について述べる。
　紹介する論考は「〈巻頭言〉青少年の健康・体力づくり」（安養寺重夫、『青少年問題』第25巻第6号（昭和53年6月）4－5頁）ならびに「青少年の体位と体力について」（粂野豊、第25巻第10号（昭和53年10月）13－19頁）である。

　まずは「〈巻頭言〉青少年の健康・体力づくり」から。
「最近の文部省の調査によると、児童・生徒の体格（身長、体重、胸囲、座高）は20年前と比較して、男子は中学校段階で、女子は小学校高学年と中学校低学年段階において著しい伸びをみせているようです。しかしこのごろの子どもはすぐに骨折したり、心臓や腎臓に疾患があり、体力が劣るとしばしば聞かされます。別の調査によると、体力は一般的にみると年齢が進むにつれて向上している。男子は高校段階、女子は中学校段階に体力的ピークを迎える状況がわかります。このように総体的には体力が向上してはいるが、筋力面での低下傾向が認められ、体格面での伸びに比較すると、体力がそれ相応になっていない。また、体格の完成期と考えられる年齢ですでに体力的低下の現象を示すようになる現状は問題があるといわれています。」

　次に「青少年の体位と体力について」。
「身長、体重、胸囲ともに、男子では各年齢段階とも順調に伸びている。しかし、走力、跳力、投力、懸垂力、持久走などの体力の面の発達になるとかなり問題がみられる。」
「体格の発達に比べて、体力は必ずしも順調に発達しているとはいえない。」
「戦前に比べて、戦後の子どもたちの体格はかなりよくなったが、体力面の発達は必ずしもじゅうぶんに発達しているとはいえず、むしろ戦前よりも戦後のほうが劣る傾向を示すと考えてよい。」
「子どもの骨折件数」であるが、「昭和35年」と「昭和49年」を比べてみると、

「小学校段階の骨折者」の「発生率は、約２倍になっている」。「中学校段階についてみると」「約2.4倍の増加率を示している」。
「彼らの毎日の生活における運動不足による身体的不器用やからだの鍛練不足による"もろさ"のあらわれとみてよいだろう。」
「今日の子どもたちのスポーツなどの身体活動に使われる時間量は、10〜15歳の男子で平日約19分、土曜38分、日曜１時間９分程度である。女子は、平日５分、土曜９分、日曜10分程度にすぎない。16歳〜19歳の男子になると、その１日の運動量は、平日４分、土曜５分、日曜８分程度にすぎない。今日の子どもたちの運動時間量はあまりにも少ないといってよいだろう。」

　昭和50年代、子どもたちの体力の問題が大きく取り上げられた。その際、三つの実証的データからの提起がセットとなり、問題を大きくした。
　一つは文部省による児童・生徒の体格・体力調査データである。ここからは上記のとおり、体格の著しい向上とそれに見合わない体力の伸び悩み、ないしは低下が問題とされた。二つ目は、子どもの骨折・偏平足といった医学からの問題提起であった。そして三つ目は、鉛筆の削れない子・雑巾を絞れない子・ボタンをかけられない子という教育学の研究者や臨床の人たちからの問題提起であった。
　これらがセットとなり、当時の青少年の身体能力問題となったのである。なお、この頃、ひょろひょろと背だけは高い現代っ子に対して「もやしっ子」という言葉がさかんに使われた。
　その後、文部省の体力向上を図る政策化と教育実践で、それなりの改善はなされたのであるが、青少年の体位・体力に関して問題が解消されたわけではない。
　ただし、近年、問題の関心が青少年の心の問題やストレス、そして成人病・生活習慣病に移ってしまっていて、体位・体力問題はとんと聞かれなくなってしまった。

その71 | 青少年国際比較調査

今回は二つの国際比較調査結果を採り上げる。

一つは総理府が昭和51年に行った日米比較調査「家庭と青少年調査」の結果であり、今ひとつは総理府が昭和52年12月から翌年の1月までの間、日本を含めて11ヶ国で行った「第2回世界青年意識調査」の結果である。

これらの結果は、「『青少年の人格形成に影響を及ぼす諸要因に関する研究調査』の概要」(坂本稔、『青少年問題』第25巻第9号（昭和53年9月）16－24頁)、「世界青年意識調査（第2回）の結果について－その1」「同－その2」「同－その3」(田代則春、第25巻第10号（昭和53年10月）〜第25巻第12号（昭和53年12月）6－12頁、12－16頁、17－23頁)、「日本の若者の特質」(田代則春、第26巻第1号（昭和54年1月）13－22頁) に紹介されている。

なお、昭和40年代の終わり頃から50年代の初めは、日本の青少年と他国の青少年を比較するという国際調査が本格的に始められた頃であった。

ここでは、コンパクトにまとまっている「日本の若者の特質」を用いて、青少年の公共性に関して紹介していく。

まずは「家庭と青少年調査」の結果。
「若者の、外社会、パブリックな面でのしつけの状況はどうなっているかを見てみましょう。まず、父や母からよく注意されるものについて見てみますと次のようになります（カッコ内はアメリカ）。」
「道路や公園を汚さないように」8％(45％)、「列のわりこみをしないように」4％(32％)、「老人や体の不自由な人をいたわるように」18％(66％)、「電車や図書館の中などで、ほかの人にめいわくにならないように」11％(42％)、「人によくあいさつするように」53％(66％)、等々。
「アメリカのほうが、はるかに外社会、パブリックな面でのしつけがなされており、日本とアメリカの差は決定的なものがあるといっても過言ではないでありましょう。そこで、若者自身がよく身についていると思っているものについ

て見てみますと、次のようになります。」

「道路や公園を汚さない」31％（55％）、「列のわりこみなどをしない」47％（55％）、「老人や体の不自由な人をいたわる」38％（85％）、「電車や図書館の中などで、ほかの人にめいわくにならないようにする」46％（56％）、「人によくあいさつをする」51％（69％）、等々。

「かなりの差をもって、アメリカのほうが、自分でよく身についていると思うものが多いという結果になっております。」

　次に「世界青年意識調査（第2回）」の結果。
「『日本のために役立つと思うようなことをしたい』と答えた者は46％であって、世界で低いほうとなり、進んで、『そのためには私自身の利益を犠牲にしてもよい』と答えた者は、20％であって、世界で最低となっております。」
「地域社会に愛着を持っている若者は67％で世界最低、地域社会に定着意識を持っている若者も52％で、これも世界で最低という結果には、考えさせられます。」

　最後に筆者の田代氏は、このように述べている。「自分のことや自分の家族のことには一生懸命になるが、国家や社会のことは知らぬ存ぜぬの若者が充満したら、一体日本はどうなるのでしょうか。肌寒い感じです。」

　これらの調査から30年以上たった今、その頃の青少年が今の青少年の親になっているのである。ということは、大人も子どもも一億総ジコチューであっても、何ら不思議ではない。

　にもかかわらず、日本の社会は意外と秩序だっているのだから不思議である。はたして数値は事実を語っていたのか。文化の異なる国際比較調査の難しいところである。

その72 　青少年を非行からまもる全国強調月間

　昭和54年7月「第1回青少年を非行からまもる全国強調月間」がスタートした。その年の同月「第29回社会を明るくする運動」がおこなわれている。よって、「強調月間」は「社明運動」からおよそ30年遅れてスタートしたことになる。

　ここでは、「青少年を非行からまもる全国強調月間の実施について」（以下、「第1回論文」）（小林榮吉郎、『青少年問題』第26巻第7号（昭和54年7月）6－12頁）と、その10年後に書かれた「10回を迎える『青少年を非行からまもる全国強調月間』」（以下、「第10回論文」）（総務庁青少年対策本部、第35巻第7号（昭和63年7月）22－25頁）を採り上げる。なお、社明運動については〈その65〉で採り上げてある。

「第1回論文」から、まずは強調月間の趣旨を引用する。
「従来から7月には、法務省の社会を明るくする運動、警察庁の環境浄化月間等のほか、文部、厚生、労働の各省、都道府県、市町村及び関係団体等がそれぞれの立場で非行防止の施策・活動を実施してきている。」
「しかし、（略）本年は国際児童年を迎え、7月という時期に統一的かつ効率的な月間を設定すべきではないかという意見が出され、総理府をはじめ関係各省庁等で検討を重ねた結果、この月間が実施される運びに至ったものである。」
「この月間は、関係機関、団体等の諸施策や活動を有機的に連携づけ、共通の理解と認識の下に、これらを集中的に実施することとされている。したがって、従来から実施してきた諸施策等については、その伝統、自主性等が十分に尊重され、これらの効果が更に伸長されるよう配慮されるべきで、このために、それぞれの役割分担を明確にした計画が必要とされることになる。」
　期間は「7月1日から同31日まで」。「実施機関」は「総理府が"主唱"し、警察庁、法務省、文部省、厚生省、労働省、自治省、最高裁、都道府県、市町村が"参加"する」。ここでは協力・協賛の団体名は省くが、多くの青少年関

係諸団体が名を連ねている。

　次に、その10年後に書かれた「第10回論文」。
　ここでも実施の契機と趣旨が書かれているが、上記と全く同じである。「事業」では、「総務庁（当初は総理府）では昭和54年度から、青少年非行防止運動の普及と定着化を図るための青少年非行防止特別実践活動事業の実施を、都道府県に委託して行っている。」
「また、総務庁（当初は総理府）では」「ポスターを製作し全国に配布」し、昭和58年からは「大型パネルの掲出」、62年からは「カードを作成」している。

　現在（2013年）でも、毎年7月には「社明運動」と「強調月間」という同じような活動が行なわれる。何故、同じ月に、同じような活動が行なわれているのか、実に不思議であったが、これでよくわかった。
　思うに、「強調月間」は、それ以前にあった同類の運動をすべて統合するためにできたのであるが、唯一大先輩格の「社明運動」へは「従来から実施してきた諸施策等については、その伝統、自主性等が十分に尊重され、これらの効果が更に伸長されるよう配慮されるべきで」と配慮し、統合しえなかったのである。
　また、「強調月間」では総理府は当初から活動を「都道府県に委託」し、極端に言えばポスターやカードを作るだけのところであったが、その後、総理府から総務庁に管轄が移り、さらに内閣府に移るに至って、さらに存在が薄くなり、正直言って、現在では〈ほそぼそと〉行われている、といった状況である。
　なお、「強調月間」では、多くの青少年関係諸団体が協力・協賛団体として名を連ねているが、総理府（→総務庁→内閣府）管轄の青少年関係団体では最も老舗の一般財団法人青少年問題研究会は名を連ねていない。当時、総理府との関係は一体全体どうなっていたのであろうか。熱かった関係が既に冷めてしまっていたのか。疑問である。

その73　女子非行少年の性

　今回と次回に分けて、坪内順子氏の「女子非行から見た現代青少年の心の病理―特に性と暴力を中心とした分析―」(『青少年問題』第26巻第11号(昭和54年11月)15－23頁)を採り上げ、今回は「性」の問題を紹介する。
　なお、坪内氏は愛光女子学園分類保護課長(執筆時)であり、データは昭和54年1月から8月までの愛光女子学園入園生43名のものである。

「女性であるからには、初潮、初交、妊娠は成熟した大人へと脱皮するために通り抜けねばならない成女式、イニシェーション(通過儀礼)の意味を持っている。この大切な儀式をうまく通り抜けることが、女性として成長するための重要な試練ともなる。」
「特に、女子非行は、性の崩れとまさにぴったりと張り合わせで非行が深まってゆく特徴があるので、非行の深さを知るためにもこの点は重要である。」
　調査の結果、初潮に関しては「ピークは12歳であり、13歳までに93％の少女が初潮をみており、一般の少女の初潮平均12歳と変わらない」という結果が出た。
「初交は、14歳から15歳にピークがあり、80％強の少女は15歳以前に初交体験がある。(略)非行に陥った少女たちは性的に著しく早熟と言える。」
「個々の少女たちとじっくり話し合ってみると、性的な被害体験を持っている少女の多いことに驚かされる。(略)不幸なことに、初交が強姦であった少女は26％、(略)強姦されたことのある少女は56％」であり、「中絶体験者は37％に及ぶ」。
「性交渉でいわゆるオーガスムスを感じたという少女は皆無に近い。彼女たちは次のように述懐する。」
「セックスすれば男の子と友達になれるし、ディスコへ行ったり、車に乗って走り回れたりするでしょ。それが楽しい。」
「セックスすれば男の人って優しくしてくれるし、友達の輪が大きくなる。」

「セックスするときの寝物語がいいの。あたしの生い立ちや悩みを男の人って背中をさすってくれてウンウンって全部聞いてくれる。その優しさに泣けちゃう。」

「セックスすると男の人って皆優しくしてくれる。」

「心の渇きを一気に自分の性を代償に異性の表面のみの優しさで満たそうとしているように思われる。この心の渇きが強ければ強いほど、男たちの甘言に乗りやすい。」

性交渉の初期でオーガスムスを感じる女性はほとんどいない、と言われる。女性が性的行為に求めるのは、性的行為を介しての親密で優しい関係だ。今どきの言葉で言えば、オンリーワンになれない女性が、オンリーワンになれるという、そんな関係が男女の性的場面では成立する。

であるからこそ、親子関係のなかで親密さを味わえない少女（家庭に居場所のない少女）、学校で落ちこぼれた少女（学校に居場所のない少女）、仲間関係をうまく構築できない少女（友達のなかに居場所を見出せない少女）は、なおさらのこと優しさを求めて、男とセックスする。さびしければさびしいほど、優しさを求めるのは当然のことである。

こうした少女たちの願望をナンパする男たちは的確に捉える。優しい言葉を投げかけ、実際にセックスを提供する限り実に優しく接する。ただし、それは体だけの一時的な関係である。それはそれで割り切れれば、さほど問題はない。しかし、当時は、坪内氏が指摘するように「とうとう傷ものになってしまった」、「もうこわいものない感じ。落ちるところまで落ちた」という自傷感情に見舞われる。こうして、性的キャリアは非行キャリアと相補関係に進んでいくのである。

今の少女たちも同様である。今では非行少女だけでなく、ごく一般の少女の多くが、親密な関係と優しさを求めて、男とセックスをする。それがたとえ一夜だけの関係であろうと遊びであろうと、また援助交際であろうと。ただし、ただひとつ救われるのは、彼女たちはそれほど傷ついていない、ということである。

その74 | 女子非行少年の暴力

　前回に引き続き、坪内順子氏の「女子非行から見た現代青少年の心の病理—特に性と暴力を中心とした分析—」を採り上げ、今回は非行少女の暴力を紹介していく。

　「この２年間の女子少年院の少女たちと話し合う中で感ずる少女の暴力の気味悪さを感じたことはかつてない。ばら色の頬をし、あどけない顔の少女の口からおよそ不似合いなリンチについての話が漏れてくる時、気味悪さは倍増する。」

　昭和54年８月の愛光女子学園入園生30名を対象とした暴力調査の結果は、「リンチを受けたことのある少女は66％に及ぶ。初めてリンチの犠牲になる年齢は、14歳が30％、15歳が30％、16歳が35％である。加害者の性別は、その75％が女子のみのグループである。リンチの場所は、学校のトイレ、更衣室が最も多く、次に下校時の道すがらの公園、空き地、駐車場で、ともかく初めてのリンチは学校を中心とした場所で受けている」、「リンチされた理由は『突っ張っているから気にくわない』というものである」、「リンチの加害になったことについての質問では、60％の少女が『ある』と回答している」、等である。
　「数値で示せないニュアンスを少女たちの書いた生の言葉で少し肉づけしてみる。」

　　「リンチの手口は、火の付いたタンベを押しつける。ケリ入れる。なぐる。口でオドシをかける。（略）あたしは、相手が血を流しても倒れても、くたばる寸前まで一時間は正座させてリンチをかけた。あたしがバン張っていたからには場を守らなければならない。半突っ張りは片っぱしからおとなしくさせる。それがキマリだから。」
　　「俗に突っ張りの世界では、オトシマエをつけることが常識だから。」
　　「グループでつるんでいる女つかまえて来てペコンペコンになるまで何回もリンチをかけた。リンチやりだすと楽しくなって何回もやっちゃう。」

「結論を急ごう。(略)彼女たちはこの残虐な儀式を通じ仲間意識を固めていくのである。リンチの結果で、上に立つか、下につくか、同地位になるかはさまざまであるにせよ、とにかく仲良くなるのである。言いかえれば、言葉による話し合いで友人と心をつなげるのではなく、暴力によって初めて心がつながり、仲間ができてゆくとも言える。(略)これも退行(幼児がえり)のコミュニケーションの手法である。」

　かなり凄まじい情景である。当時は暴走族、校内暴力と暴力の吹き荒れていた時代であり、非行が全般的に硬派の傾向を示していた時代であった。また、女子の暴力も盛んに行われ、暴走族の「レディース」が現れ、制服のスカートはくるぶしが隠れるほどに長くなり、「スケバン」などという言葉が流行し、さらに「ツッパリ」とか「ハンパジャネエ」といった言葉が非行仲間で盛んに言われていた、そんな時期であった。
　ただしまだ「いじめ」は表面化していない。ここでの記述も、スケバングループ内での内部リンチ、スケバングループ間同士の集団抗争、グループ外の突っ張っている少女への集団暴力である。言うなれば、同一学校内のツッパリ少女たちの間の暴力闘争といった類の暴力である。
　坪内氏の記述には共感し、かつ感心させられるが、しかし最後の結論は急ぎすぎた感がする。
　リンチが仲間形成の手段であるかのように書かれているが、リンチは集団外の者や、もしくは集団の離脱者や裏切り者・違反者に対して行われるのが主であり、それはリンチする者とされる者との仲間関係形成ではなく、リンチする側の仲間の結束と仲間に対しての自己のハンパでないことの誇示によるものと思われる。社会学でいうところの外集団に対しての敵対と内集団の結束である。
　だからこそ、「あたしがバン張っていたからには場を守らなければならない」し、「それがキマリ」だし「オトシマエをつけることが常識」なのだ。

第2部の解説

(1)

　昭和40年代（1965〜1974年）に入ると、日本の繁栄も本格化してくる。高度経済成長が続き、〈飢餓〉などということは、遠い昔のことのように思えてくる。「白い飯が腹いっぱい食える」などということは当然のこととなり、働いて稼いでくるだけでは父親は尊敬されず、給料の銀行振り込みは、父親を給料運搬人からも脱落させる時代となる。妻子のために一生懸命に働いていても「父親不在」という烙印を押される。そして、家庭という密閉された空間では、父親不在のなかで、母と子の母子相愛的関係が成立する。

　昭和48年に起こったオイルショックを日本は見事に切り抜けたがゆえに、それは人々に時代の深刻さと生活の深刻さを見つめるという契機とはならず、そのまま「ジャパン・アズ・ナンバーワン」(1979) へと歩み続けることとなった。

　こうした時代背景のなかから、第1部の後半に引き続き、さまざまな青少年問題が出現してくるのである。

(2)

　都市化により、農村の出稼ぎに変容が起こってくる。「専業型」「夏型」の出稼ぎから「兼業型」「冬型」の出稼ぎへと変容し、農閑期の数ヶ月間、都市の土木建設業に従事するという高度経済成長期典型の出稼ぎが成立する。そして、ここから、「帰らない父」「行方不明の父」が社会問題化しだす。都会の享楽文化のなかで、貧しい生活を捨てる（ということは妻子を捨てる）という出稼ぎ者の出現である。ただし、ここでの貧困はかつての食うことのできない絶対的貧困ではない。農業の近代化に伴っての、トラクターや車の購入、子どもを高校まで行かすための貯蓄、等という豊かさに向けての貧困であった。

　非行原因意識（言説）が、時代によって大きく変容することをデータで提示したのが「昭和40年総理府非行調査」であった。この後で出てくる「教育が悪い」「学校が悪い」「教師が悪い」という正義イデオロギーのマスコミによる

バッシングは全くみられない。

「マイホーム主義」には何故か納得してしまった。何故「アワーホーム」ではないのか。言われてみればごもっともである。「私の家」「私の家族」「私の夫」「私の子ども」……「みんな私のもの」。確かにこの頃の主婦の意気込みはこういうものだったのかもしれない。そのように、歴史が主婦をして、意識化させていったのだ。妻が働かなくても生活しえるようになった社会の到来、住居と職場の分離したサラリーマンを大量出現させた社会の到来。こうした時代変容が、家のなかのことをしているだけでよい専業主婦をつくっていったのである。「私が家庭を守る」という意識と行動こそが〈専業〉主婦だったのである。

一億総中流化時代の到来である。少年非行は貧困家庭から中流家庭へとその出現家庭が変容していった。中流家庭が増加すればそれに伴って中流家庭の少年の非効率も上昇するのは当然のことである。とは言うものの、比率でみれば、貧困家庭からの非行少年の出現率のほうがやはりずっと高い。星野はさらに第三の因子として、経済的中流と文化的中流とのギャップを指摘した。豊な社会の到来で、経済的には中流になったものの、その中身は以前の貧困層の文化にある家庭から非行少年が出現している、というものである。

バブル崩壊後の非正規雇用労働者やニート問題は、この第三の指摘に通じる文化資本・社会資本の問題を顕在化させている。

(3)

時代を反映する青少年問題が、この第2部でも登場している。青少年問題の非社会的傾向だ。

昭和30年代の番長グループを代表とする硬派の非行、反社会的青少年問題、犯罪では殺人・強姦・強盗・恐喝・傷害から、軟派の非行、非社会的青少年問題、犯罪では薬物乱用・暴走・窃盗へと、変容していったのがこの時代であった。

非行は利益追求のヤバく・慎重な行為ではなくなり、あそびと同類の楽しく・なんとなくの行為と変容し、「あそび型非行」という用語を生み出した。それは、言い方を換えれば〈逸脱型あそび〉と称してもよい。ロカビリー喫茶

から始まり、ゴーゴー喫茶、ディスコ、クラブという経路への道程、「カミナリ族」「オトキチ族」から「サーキット族」「暴走族」への道程、「愚連隊」から「番長集団」「校内暴力」そして「いじめ」への道程、「家出」から「不登校」「ひきこもり」への道程、「自殺」から「リストカット」への道程、「売春」から「援助交際」への道程。これらは非行（犯罪）とあそび（退屈しのぎ）との〈混在化〉として、青少年問題の時代変容を位置づけることができよう。
「睡眠薬あそび」は「シンナーあそび」に引き継がれ、全国的な広がりをみせた。昭和20年代や30年代ならば、15歳～17歳ほどの若造は、職場の先輩や上司から酒の飲み方を教わり、安酒をくらっていたのだが、昭和40年代では、酒の飲み方を教えてくれる先輩や上司がいなくなり、飲酒（大人のストレス解消行動）から同類の若者が寄り添っての怠惰で享楽のシンナー乱用（少年のストレス解消行動）へと移行していくのである。
「家出」は、家を捨て憧れの大都会を目指す行為、時として立身出世を夢見る行為から、むかつくから一時的に家を抜け出して、楽しく遊んだら、そのうち帰るという行為へと変容していった。

（4）

ただし、この頃、硬派の青少年問題がなかったといったら、そうではない。「暴走族」は、非行とあそびの混在型ではあるが、硬派系の非行である。暴走族の前半は秩序無視の破壊活動性が高く、組織性が高い。後半は暴力性は高いが、破壊性、組織性は弱くなっていく。内部集団の結束と敵対集団同士の対立抗争が顕著になる。この点、「学生運動」の前半と後半の変容と類似している。

その後の校内暴力も硬派系の非行であった。反社会性と暴力性はかなり高い。しかし、組織性は低い。「半端じゃねえ」とか「むかつくんだよー」とか言って、暴力を振るったにもかかわらず、組織統制力は弱く半端であった。思うに、暴走族は組織性の高い青少年の反社会的集団の最後であったと言えよう。

硬派の青少年問題の最たるものは「学生運動」であった。思想的にも「革命」を思考する悲壮な政治的壮士気分であったし（少なくとも当事者たちは）、やることも、毛沢東の文化大革命やチェ・ゲバラの革命の影響を多分に受けていたので、破壊性、暴力性、そして残虐性は、一般の暴力系非行集団など比で

はないほどの激しさを有していた。

　その点では組織暴力団ほどに学生運動団体は暴力性を有していたわけだが、政治的事情と大学の事情により、警察を中心とした国家権力の発動が潤滑に機能せず、改革性も失われ、正常化の途すら閉ざされ、最後は日本の犯罪史上に残る悲劇で幕を降ろすことになる。

（5）

「半端じゃねえ」とか「むかつくんだよー」ということでは、愛光女子学園在園の女子少年の実態は興味深い。

　15歳までに80％以上の少女に性経験があるというのは、現在でもありえない数値である。30年以上前ではさらに驚異的な数値である。これだけでもどのように生きてきた少女なのか想像がつく。さらに、半数以上の少女が強姦経験をもち、3人に1人は中絶を体験している。〈悲惨な青春〉という理解が可能である。こうした少女が売春をしたとしても、驚く人はまずいないであろう。たとえ、バイト気分での、あそび感覚での売春であったとしても、「保護すべき少女」ということで理解し処理することで済む。そこが、その後の援助交際少女との決定的な違いである。

　暴力もすごい。3人に2人はリンチを受けている。そのほとんどは14歳から16歳（中2から高1）までに受けている。「突っ張っているから気にくわない」というリンチ理由からは、思春期の少女の情緒不安定でかつ激情的な心情が読み取れる。男も女も思春期は最も野生性が現れてくる年齢期なのかもしれない。

（6）

　予言めいた内容の随筆もある。

「少子高齢化」は既に40年以上も前に指摘されていたのである。国民は残念ながら、行き着くところまで行かないと、その深刻さを実感し得ないようである。10年後の心配よりも1年後の心配、1年後の心配よりも明日の心配、これが人々の心情である。

　日本の財政が既に破産してもおかしくない状況にあるにもかかわらず、破産しない限り、財政の思い切った建て直しは、常に国民の反対（それに迎合しての政治家とマスコミの反対）に遭遇する。おそらく、このことも十数年後にやっ

てくることであろう。そのときは「消費税30％」か。

　情報化時代の到来も、その指摘は随分と古い。考えてみれば、新聞、書籍、雑誌が普及しだした明治中期は第一次情報化時代である。その後、映画（無声からトーキーへ）、ラジオと続き、情報化社会は量的にも質的にも拡大化・複雑化していく。これを第二次情報化時代と言ってもよいであろう。この第２部に登場する情報化時代は、マンガ雑誌、テレビの登場により、さらに量的にも質的にも拡大化・複雑化した第三次情報化時代である。文字を覚えるというのは、それなりの努力と期間が要る。それゆえに、年齢差というものが生じる。それに対して、音声と画像は理解にあたってさほどの努力を要しない。こうなると、大人と子どもの差異は縮小する。パソコン、ケータイそしてネット社会の到来という第四次情報化時代はさらに大人と子どもの差異を縮小化させている。

　「肥満」は既に多くの人たちが指摘していたところであるが、「ヤセスギ」も既に40年以上も前に指摘されていたのである。そうなると、女性のヤセ願望の第一世代が母親となり、その子がヤセ願望第二世代となり、社会問題化した、という推察が成り立つ。ヤセていることに価値意識をもっている母親に育てられた女の子が、潜在意識として幼少時からヤセ価値意識を抱くのは、納得のいくことである。こうした第二世代にあって、「摂食障害」等の病名が付され、大きな社会問題となっていったということなのではないか。そのピークが今現在30歳代の女性であるならば、今幼児の女の子はヤセ願望の第三世代ということになる。げに恐ろしきことである。

（7）

　親も登場している。可愛がることはできても、叱ることのできない、甘えさせることはできるが、禁止させることのできない、そんな親。子どもの気分を害することを恐れ、子どものご機嫌を取り、子どもの言いなりになる親。「おどおどする親」の登場である。

　さらに、その反対の親も登場。子育てする気のないまま子どもをつくってしまった親。我慢することなく育った子どもが大人になり、結婚し、子どもをつくったら、否が応でも我慢せざるを得ない立場に立たされ、「こんなはずではなかった」と育児放棄する親。結婚は愛さえあればそれで良いと思い込み、赤

ちゃんは可愛いと思い込む。ところが、結婚生活はそんな甘いものではないし、子育ては忍耐なくしてはできない。〈親失格〉、もしくは〈無資格親〉の出現である。

そんな親の起こした事件が「子殺し」である。育児の過酷さ（当事者としては、そうであろう）に耐えかねて、ストレスを溜めに溜め、育児ノイローゼとなり、虐待し、殺してしまう、というわけだ。

父親は不在、いたとしても役に立たない、「うるさい」と怒鳴るだけの存在。実家との関係も薄いか、絶縁状態。近所付き合いはなく、学校時代の友達との付き合いも絶えている。

まさに、現在まで面々と続く、事件であり、状況である。

(8)

いろいろな青少年問題の組織、制度、運動も紹介した。「青少年局」「青少年対策本部」「青少年補導センター」「ヤング・テレフォン・コーナー」「社会を明るくする運動」「青少年を非行から守る全国強調月間」「非行防止と地域の連携」である。

こうした組織、制度、運動も、時代の変容と共に変容していく。時代が変わるのであるから、それに対応して組織・制度・運動を変えるのは当然のことである。むしろ、そうでないならば、時代にそぐわない組織・制度・運動となり、また、形骸化した組織・制度・運動となる。

私にとっておもしろいのは、組織・制度・運動の変革から、時代を読み取ることができるということだ。さらに、既に運動の中身が変わっているにもかかわらず、もしくは運動自体はとうに衰退化しているにもかかわらず、未だ存在しているということの背景がわかるということだ。

第3部　豊かさのなかの青少年問題

―昭和55（1980）年～平成3（1991）年―
　　〈その75〉～〈その109〉

第3部

その75　ディスコに出入りする青少年

　今回採り上げるのは、「ディスコに出入りする青少年の実態」（星野周弘、田村雅幸、内山絢子、『青少年問題』第27巻第6号（昭和55年6月）35－41頁）である。

「都内でディスコという名称が使われるようになったのは昭和42年ごろからであるといわれ、当時、渋谷、麻布、六本木などでニューロックのレコードをかけてゴーゴーを躍らせるナイトクラブが散見された。」

「都内のディスコの店は53年10月の80軒から54年5月の124軒とこの時期に急増し、54年12月では138軒となっている。」

「都内の地区別では、歌舞伎町を中心とした新宿周辺で43軒、六本木界隈42軒と、この二つの地域が現在のディスコのメッカとなっている。」

「料金は2,000円から3,000円くらい。若い女性の多い店は必然的に男性も多く集まるようなので、女性は半額、あるいは割引というシステムをとる店も多い。」

「一部の者は明らかにディスコをハントの場と考えてくるので、レンタルルームやラブホテルに流れる者もいる。」

「この調査は、新宿のディスコで夜を明かし、早朝に補導された少年を対象としているので、（略）やや問題性が高いと予想されるサンプルである。（略）また、ディスコは風俗営業であるため、18歳未満の立ち入りを禁止しているが、今回の対象者の約半数が18歳未満にあたる。」

「男子に対する印象を一言でいえば、かなり暴走族と近いタイプではないかと感じられた。人相、身なり、風体、物腰、話し方、高校生も含めてそんな印象であった。（略）女子については高校生も含めて、半分がごく普通の娘、半分が後に述べるような服装・化粧などから現代の流行や風俗志向型のいわば同年齢の少女としての制約からはみ出そうとしている娘という印象である。」

「ほとんどは友達の家に泊まってくると言って外出したり、帰宅時間を告げずに家を出たりしている。（略）中学・高校生は親に隠れて、その他の青少年は

第3部 豊かさのなかの青少年問題

親との『なれあい』で、それぞれディスコに出かけているとみることができる。」

「青少年は、男女とも2〜4人の同性のグループでディスコにくることが多い。（略）同姓のみからなるグループでやってきた青少年は、ディスコに来てから異性のみで形成されている他のグループと融合するようになり、一緒に踊り、飲食を楽しみ、おしゃべりをし、ディスコを出てからも行動を共にするようになる。」

「踊れる、雰囲気が楽しい、仲間がいる、この三つが男女や年齢を問わず共通したディスコの魅力のようである。（略）異性と仲良くなれるという理由をあげるものは男子では半数近くになるが、女子では10％しかいず、むしろ異性と仲良くなれるという意見に否定的な考えをする者のほうが多い。」

　以上であるが、実はこの調査に私も参加することになっていた。私が30歳の3月のことである。ディスコ等のナンパ系問題少年に詳しく彼らと年齢的にも近い、ということから、私がご指名された次第である（しかし、他の用事で参加できなかった）。

　私がディスコによく行ったのは昭和43-44年（大学2-3年）のことで、しかも場所は横浜だったので、高校生らしき人物はいなかった。また、男3人女4人ほどの集団で行ったので、ハント目的ではない。踊り大好き女が一人いて、みんなでその女に付き合って行った次第である。

　ただし、ハント目的の男だけのグループは、女だけのグループを見るとすぐにアタックしていた。踊り大好き女がすぐにグループを離れて行動し、知らない男たちとイチャイチャするので、他の女たちのひんしゅくを買っていた。

　今回は私の体験談となってしまったが、実に懐かしい調査なので、また、〈「深夜喫茶」→「ゴーゴー喫茶」→「ディスコ（前期→後期）」→「クラブ」〉という時代の流れの一部なので、紹介させていただいた。

その76　家庭内暴力

　今回は昭和50年代に社会問題となった家庭内暴力を採り上げる。

　この頃の『青少年問題』では家庭内暴力の記事が多い。「家庭内暴力―その隠された深層―」（足利信造、第27巻第7号（昭和55年7月）26－31頁）。「家庭内暴力に関する調査研究」（高橋義人、第27巻第12号（昭和55年12月）4－12頁）。「家庭相談所にみる家庭内暴力について」（神宮英夫、山本保、第29巻第1号（昭和57年1月）14－21頁）。「家庭内暴力児とその生育過程」（田村健二、第29巻第9号（昭和57年9月）14－19頁）。「中学生の家庭内暴力傾向に関する調査研究」（鈎治雄、第32巻第1号（昭和60年1月）26－33頁）である。

　このなかで高橋論文を採り上げる。

「近年、わが子の家庭内における異常ともいえる暴力で、家庭内が危機的状況に追い込まれ、救いを求める訴えが警察の少年相談所や教育相談所、児童相談所、医療機関に相次いでいる。」
「わが子の暴力に耐えきれず、息子を殺害し、自らも死を選びながら果たされず自首した親や、暴力がエスカレートして祖母を殺し、自分は自殺した少年などもあり、『家庭内暴力』の言葉とともに社会問題化されてきている。」
「このたび、警察庁保安部少年課の協力を得て全国450ヵ所の少年補導センターにおいて、婦人補導員が、昭和53年1月から54年8月まで取り扱った家庭内暴力に関する事例1,051例について調査分析を行った。」

　以下は、その結果である。
「父親は母親まかせ、母親は父親の介入を好まず、自分の好きなように育てていながら、実は、思春期になって暴力がおきると、父親にすべてをゆだねようとしているというような傾向がみられる。」
「こうしたことは、幼児期のいわゆる躾の面でもあらわれてきていて、金銭やおもちゃの与え方にもいいなりのものが多くなり、過干渉でありながら無責任

になっている面もみられる。」
「印象として、父親は無口でおとなしく、社会的には有能であっても家庭の中では存在感が薄く、子どもとの接触も少ないため、子どもに対してはどう対応してよいか戸惑っているという感じが見受けられる。」
「母親は、幼児的あるいは未成熟な面があり、子どもに対して嫌悪などの感情をはっきり出しすぎたり、自分のわがままをとおそうとしたりする点がみられる。(略)また、特徴的であったのは、母親に近所づきあいをはじめとする他の大人とのつきあいが『少ない』か『ない』という点であり、90％の親がつきあいの少ないことを指摘されている。」

　地域共同体の崩壊、核家族化、サラリーマン化、そして余暇活動の商業化は、親族とも地域とも交わらないで、家族だけで楽しく生きていける時代をつくった。「マイホーム主義」(〈その40〉参照)という言葉も登場した。
　しかし、他者と孤立した家族だけの生活は、家族どうしの馴れ合いのなかの相互依存と相互の甘えをもたらす。親密であればこそ、対立・葛藤が起こった際の処理能力の欠如をもたらす。
　互いに自律も自立もできず、互いに関係を解消することができないにもかかわらず、互いに感情的な対立となり、傷つけあうという、歪んだ親密さを生じさせる。
　こうして、雷おやじなら、ひと言「勘当だ、出て行け、これからは親でも子でもない、二度と顔を見せるな！」で済ませるところであり、自立性の強いかつての子どもであれば家を飛び出すということになるのだが、それができず、いつまでも関係を維持し続け、暴力の再生化をもたらすことになる。
　孤立した親密関係の時代の第一期暴力現象であった。もちろん、第二期はドメスティック・バイオレンス(DV)であり、児童虐待である。そういえば、この当時家庭内暴力をおこした少年たちが30歳代になった頃にDVと児童虐待が顕在化している。

その 77　校内暴力

　前回は家庭内暴力を採り上げた。当時、今ひとつの甘えの場で、子どもたちの暴力が横行していた。校内暴力である。今回と次回はその校内暴力を採り上げる。

　この頃の『青少年問題』では家庭内暴力同様、校内暴力関連の論文も多く掲載されている。

　順を追って記すと、「家裁からみた校内暴力について」（山崎森、第28巻第3号（昭和56年3月）14－23頁）、「少年院における校内暴力少年の現況」（荒井英雄、第28巻第6号（昭和56年6月）4－11頁）、「荒れる学校とその対応」（杉尾勇、第29巻第4号（昭和57年4月）20－27頁）、「学校内暴力事件の実態について―検察庁の事件処理を通して―」（柏原伸行、第29巻第9号（昭和57年9月）4－13頁）、「校内暴力について―教育モニターアンケート調査から―」（崎谷康文、第29巻第12号（昭和57年12月）4－11頁）、「校内暴力の現状と問題点」（久川茂夫、第32巻第4号（昭和60年4月）4－11頁）である。

　以下、山崎論文から引用する。この論文では、校内暴力事件を起こした21人のケースの分析をとおして、校内暴力事件の背景についての説明がなされている。なお山崎氏は東京家庭裁判所科学調査室主任調査官（執筆時）である。

　「少年の供述によって教師に注意された内容を見ると、ラッパズボン、染髪、眉そり等が最も多い。『中学生らしさ』という常識的感覚の欠如は、異装、異態がおかしいという自覚症状を失わせており、他覚的には珍奇な格好が逸脱集団の中では逆に魅力となっている。」

　私は少年非行を硬派系少年非行と軟派系少年非行とに分ける。両者は時代によってほぼ交互に現れる。性的逸脱では、強姦が多いのは硬派系少年非行の時代で、売春が多いのは軟派系少年非行の時代である。また、暴走族や暴力非行が多いのは硬派系少年非行の時代、薬物乱用が多いのは軟派系少年非行の時代

である。
　この頃は硬派系少年非行の時代であった。チョーラン、ソリはその典型で、女子高生の制服のスカートもくるぶしが隠れるくらいに長かった。

「問題行動を起こす子どもの親に共通して見られることは、子どもの側のみに立って弁護し、自分や自分の子どもにも問題があったかもしれないと疑ってみる態度に欠ける人の多いことが指摘できる。（略）また、問題行動を起こした子どもや親は、校内暴力事件の原因・動機を語る場合に、学校不適応を正面に出して自己を防衛しようとする態度のあることを見落としてはならない。」
　こうした傾向は多分にある。親も子も学校が悪い・教師が悪い・社会が悪いと、責任を外に押し付けて、自己の責任を免れようとする。「学校や教師が悪い」とマスコミが学校・教師いじめをしていた当時は、その傾向が今以上にひどかった。
　言うなれば、マスコミが子どもと親に「中和の技術」（非行の正当化）を教授していたわけである。

「生徒の問題行動について、学校側はなるべく非行扱いにせず、教育問題として、学校内で指導しようとするのが一般的傾向である。」
「集団行動化する校内暴力に対処するためには、教師集団の協力体制による指導の強化が望まれる。校内といえども、集団暴力はすでに教育の対象というよりは犯罪として対処すべき問題と考えられる。教育的配慮にこだわって、問題のある生徒の暴力行為の許容範囲を拡大させ、生徒に暴力に対する誤った自信をつけさせてはならない。」
「教育的配慮」「子どもを警察に引き渡すな」「警察に頼るのは教育の敗北」という当時としては正義の言説が、結果として、校内暴力を隠蔽し、暴力をさらにエスカレートさせるという悪化を招いたのである。
　解決能力もないのに内部処理しようとする体質、一致団結しない教師の体質が暴露され・批判されたのは当然のことであった。

その 78 　続・校内暴力

　前回に引き続き、校内暴力について述べていく。今回は「荒れる学校とその対応」（松尾勇、『青少年問題』第29巻第4号（昭和57年4月）20－27頁）を採り上げる。なお、松尾氏は東京都葛飾区立奥戸中学校長（執筆時）である。

「暴れている子どもたちに対応し、なぜこんなことになるのだろう、どうしたらよいのだろうと悩む。長い間、教師として生きてきた自分が無力で、今までの体験がまったく生かされず、むなしさと自己嫌悪、自信喪失にさいなまれて落ち込んでしまう。こんなことではいけないと、自らをふるい立たせて学校へ向かうが、やることなすことが裏目裏目になって現われ、意欲をそぐどころか、肉体も心もボロボロになっていく感じ。」

「学校教育体制そのものを破壊し、自分たちのわがまま勝手がまかりとおる所にすることが目的であるツッパリグループの行動は、グループのメンバーとして存在意識が得られるまでエスカレートしていく。（略）どこの学校、どのグループもほぼ同じ方法、内容で進行されていく。服装、髪型の乱れから仲間うちの評価を受け、ツッパリとしての身づくろいをしていく。それから授業サボに始まり、授業妨害となり、喫煙、落書き、校舎破壊を重ねていって、教師への反抗、暴言から暴力にまで至ると、一人前になったとされる。その頂点を目指して目的的、意識的に行動を展開していく。」

「教師の心ある指導、誠意ある努力、手厚い、思いやりのある根気強い援助を尽くしても、心を動かすことなく、かえってあくまでも冷たく残酷にさからってくる彼らの心理機制、行動のエネルギーは、一体どこからくるものだろうか。」

「家庭の影響を無視することはできない。（略）10年以上も大人が勝手に放任しておき、甘えに甘えさせておいた親の責任は重い。その親が、ある日突然のごとく、浮き出してきたわが子の異常な行動に対処しきれず、とまどい、オロオロとなげき悲しみ、救いを求めてあちこち走り回るのはまだ望があるほうで

ある。果ては、わが子ながらもうどうにでもしてくれと開き直ってしまい、放棄してしまう始末である。」

「そんな親にかぎって、初期の大事な時期に、情報を伝え、協力を求めても、『うちの子に限って……』と事実を認めようとしない。逆に、もしもそんな事実があったとすれば、その原因を学校や教師のせいにして非難してくる。そしてさらに、わが子の前で、学校の指導を批判し、教師をこきおろすことをする。」

「いうまでもなく、教師の指導力の未熟さ、教師集団の組織力の欠如を反省しないわけにはいかない。昔から非行生徒はいた。もっと多くの問題を持つ生徒がいた。しかし、教師は毅然として対応してきた。なぜ今それができずに、ぶざまな姿を見せているのかといわれる。(略) 教師の一致した指導がくずれると問題が起こってくるし、また、非行集団が組織化されてくると、教職員の協力体制が乱れてくるものである。」

　教師たちの置かれた状況と意識状態が実に誠実に記されている。どうしようもない現実を突きつけられて、自信を喪失させ、何をしてよいのかわからなくなり、途方にくれ、おろおろとしている様が、痛ましい。
　しかし、今までの教育基盤が既に崩れだしていたことに気づいていなかった無知が引き起こした自業自得でもあった。校内暴力は、子どもたちを教育という名で囲い込み、「どんな子どもでも、誠意をもってあたれば心を開いてくれる」などという教育神話を信じ込んでいた教師のうぬぼれを崩壊させたのだ。
　荒れた生徒にとっては、教育も教育的配慮もまったくの無価値であり、教師は自分たちにとってヨソ者にすぎないのである。そんな教師に従い、授業中静かにしていなくてはならない道理はない。
　学校は仲間と遊ぶ場であり、むかついたらツッパッテでも自己主張する場である。こう思い込んだ一部生徒集団の「教育的配慮」のある学校内だからこそ成立した甘えが校内暴力であった。被害を受けた教師・生徒の人権がそこでは無視されていた。被害者がクローズアップされるのは、そのあと社会問題となった「いじめ」からである。

その79　鉛筆が削れない

〈その70〉にていくらか言及したが、今回「鉛筆が削れない子」について本格的に採り上げる。

　紹介するのは、「現代の子どもの手の労働について」（比嘉佑典、『青少年問題』第28巻第4号（昭和56年4月）14-21頁）である。

「私たちが、現代の子どもたちの手の落ちこぼれに、危機意識をいだいたのは数年前からである。それ以来、研究会を作り、子どもの手の労働の問題に取り組んできた。この間、子どもの手の不器用さをマスコミが取り上げたこともあって、問題は大きく広がってきている。」

「それらの（『子どもの遊びと手の運動』『子どもの手』『鉛筆が削れない―現代っ子の不器用の証明―』）報告からいくつか取り上げてみよう。」

「紙をきちんと二つ折りできない（小学1年）」、「ボタンかけが充分にできない（小1）」「ぞうきんを絞れない子が多数（小1）」、「カッターが使えない（小1）」、「鉛筆が削れない（小3）」、「はち巻きを上手に結べない（小2）」、「箸の持ち方がほとんどでたらめである（小3）」、「彫刻刀でけがをする子どもが多い（小4）」、「ちょう結びができない（小5）」、「定規を使って直線がうまく引けない（小5）」等々。

「（　）内の学年の子どもすべてがそうだというのではない。その学年でも、できない子が多いということである。ナイフ、ノコギリ、キリ、カナヅチといった道具を使えない子は、高学年でも多数に上る。ある小学校の5・6年生にリンゴの皮をむかせたら、自分の手の皮を切る者が次々に出たという。また、中学1年生に、10キロのジャガイモの皮をむかせたところ、5キロになったという笑えない話もある。」

　ここで比嘉氏は一つの表を提示する。その内容は、「ひもを堅結びで結べる」年齢が、1954年では、3歳で54.4％、4歳で83.4％、1969年では3歳で

11.6％、4歳で40.4％、また、「ひもを花結びで結べる」年齢では、1954年は、4歳で28.6％、5歳で48.3％、1969年では4歳で7.3％、5歳で22.7％、というものである。

「この表でも、ひもを結ぶ技能の差は歴然としている。(略)ただ単に、ひもを結ぶ生活が少なくなっているからだけではすまされない問題である。」

「今後、生活がますます便利化されてくると、生活のなかでの手仕事、つまり手の労働は一層減少していくだろう。それに代わって、電話のダイヤルを回す指、プッシュする指、電卓を押す指等の手を使うことが発達するのかもしれない。しかし、その指先でひもが結べないとなると問題が残る。」

「手によって開かれていく世界、手が道具を巧みに使って開いていく世界、この物を作る(創造)世界が、今日の子どもたちの生活、遊びの世界から消え去りつつある。こうしたなかで、自分の手や体を自由に使いこなせない子どもが増えてきたことは、子どもの心身の発達にとって危険だといわねばならない。」

当時、転んで骨折する子、脚の偏平足の子と並んで、この鉛筆が削れない子・雑巾が絞れない子が大きな問題となった。マスコミによって深刻な問題として取り上げられた。手や指の運動低下は大脳の低下を導く、人間は手を使うことによってサルから人間になった、その根本が危険にさらされている、というわけだ。

しかし、数年も経つと、そうしたことがさっぱり言われなくなってしまった。子どもの手の労働・手の遊びが回復されたわけでは決してないのに、一体、どうなったのであろう。

当時でも、「パックマン」や「インベーダーゲーム」など、テレビゲームでの子どもの指の器用さには驚くべきものがあった。今はさらにケータイの出現により、子どもの親指の器用さは凄まじい。道具は使えなくても、これで大脳の低下を補っているというのだろうか。

マスコミで騒がれる学問の流行というものの栄枯盛衰がよくわかる一例である。

その80　他人の子どもを叱る運動

　今回は他人の子どもを叱る運動について採り上げる。「他人の子供を叱る運動―その考え方と問題点―」（岡本貞夫、『青少年問題』第28巻第5号（昭和56年5月）12－19頁）である。なお、筆者の岡本氏は「他人の子供をしかる」運動推進委員長（執筆時）である。

「帰省する時、満員の車中で傍若無人に回る子どもを見かね、叱りたかったが、母親が一緒にいたので、不愉快だが黙っていた」という「会合で会員の一人が話した"叱れなかった"ことが、そもそも『他人の子供を叱る運動』のきっかけになった」。
「他人に平気で迷惑をかける子供と、それを見ても叱らない親と、不愉快な顔はするが、何もいえない周りの大人たちと……。これは日常よくぶつかる光景である。」
「私が子供のころ（戦前）は、親や近所の大人から叱られるのは日常茶飯事だった。家庭にあっては、父親は『怖い』存在で、母親は父親を立てながらのなだめ役だった。だからこそ、母親のやさしさが鮮明に記憶に残るのだ。」
「隣り近所とのつき合いのなかで、子供たちがしつけを覚えてきた時代と違い、家族単位で暗黙の不可侵条約を結んでいる今日、他人の子供を叱るなど不可能に近いことである。」

「私たちの『他人の子供を叱る運動』は、昭和52年10月20日にスタートした。（略）『ユニークな運動』として週刊誌やラジオで紹介され、その後もマスコミを媒介として広く知られ、各地でこの運動が定着した。（略）翌年9月には神戸市で『よその子どもも叱る運動』が始まり、続いて愛知県豊橋市でも同様の運動が展開された。」
「今年1月の『しかる運動全国集会』を開催させ、成功させた。各地でそれまでバラバラに運動を展開してきた団体が、今後全国的な組織をつくり、『運動

の輪を広げ根付かせよう』ということで、共同歩調を取ることを約束した。この全国集会の模様は、各新聞に大きく取り上げられた。この成果は大きく、これからの運動の発展に期待が持たれた。」

「神戸市PTA協議会・神戸市教育委員会では、『叱り方・ほめ方』のパンフレットを作っている。そこでは次のような叱り方が具体的に書かれているので紹介する。」

「一、悪い点をはっきりと示して叱れ／二、悪いことをしたらすぐ叱れ／三、行為を叱れ、心を傷つけるな／四、クドクドと同じことを繰り返すな／五、気分や都合で叱らず一貫性を持て／六、友達や兄弟姉妹と比べて叱るな／七、他人を持ち出して叱るな／八、叱るタイミングを考えよ／九、叱るにやじ馬はいらない／十、子供の言い分にも耳をかせ。」

　この頃から、公衆道徳の守れない子どもを叱ろうとしない（もしくは叱ることのできない）親の問題とともに、子どもを叱ろうとしない（もしくは叱ることができない）周りの大人たちの問題が浮上してきた。子どもを叱ったら、その親から激しく非難された、などという報告も盛んに出てきた。
　地域共同体がまだ堅固であった頃は、地域の大人たちが地域の子どもたちを叱ったという言説をバックとして、子どもたちを叱れない状況の問題性の指摘と、そうした状況の打破・改善が求められた。
　その一環として現れたのが、この「他人の子供を叱る運動」である。全国大会まで開いたというのだから、当時随分と盛り上がった運動だったことが推察される。
　しかし、今現在（2012年）ヤフーで検索してみると、「ロータリークラブ」にてかつて行っていたことが判明するだけである。おそらく消滅してしまったのか、実質的に消滅状態にあるのではないだろうか。このあとに出てきた、「子どもは叱らないでほめて育てよう」という言説の台頭で消えて行ったのかも知れない。
　とは言え、公衆の場で迷惑行為をしている子どもを叱らない・叱れない親は未だに後を絶たないし、未だに周りの大人たちも叱らない・叱れない状況にある。上記の叱り方十か条などはよくできているのだが、残念なことである。

その81　「雷おやじの会」と「おやじ日本」

　前回同様、今回もあるおじさんたちの運動について採り上げる。
「『雷おやじの会』を発足させて」（細野たいじ、『青少年問題』第29巻第6号（昭和57年6月）30-33頁）という運動である。なお、筆者の細野氏は「雷おやじの会」事務局長（執筆時）である。

「当会は、昨年（昭和56年）12月12日、植村直己、ガッツ石松、加藤芳郎、菅原文太、花籠昶光（元横綱輪島関）、八代英太、山本直純の8氏を発起人として発足したものです。」
「12月12日の発足当日、共同記者会見を行いましたが、テレビ・ラジオ・新聞・雑誌等マスコミ関係約30社においでいただきました。」
「当会の組織は、世話人（発起人の名称は発展的に解消）、会友、個人会員、法人会員、事務局員およびボランティアからなり、役員会および運営委員会を構成しています。」
「発起人であった世話人のほかに、森繁久弥、岡本太郎、三好京三、井上ひさし、三遊亭円楽、荻昌弘、片山竜二、出村博（東京女子医大教授）等の各氏も新たに世話人となられました。」
「当会の会員（4月1日現在）は、個人会員が256名、法人会員が13社となっています。」
「発足後、現在まで、機関誌創刊号および第2号の発行、対話集会の開催、小座談会、勉強会3回の開催、各地での講演会12回および教育相談等を行ってきました。」
「5月5日の『子どもの日』には、父親のいない子の施設を訪問しましたし、5月末日で締め切りましたが、当会の主題歌の歌詞（作曲は山本直純）や、子どもたちから、『うちのお父さん』のテーマで作文も募集しました。」

　俳優菅原文太が発案し、菅原氏、細野氏と事務局員の二人で構想を練り、お

そらくは菅原氏の顔で各界の有名人を募って発足した、というところであろう。当時マスコミが随分と騒いでいたのを記憶している。確かに、有名人がこれだけ集まって創った会であればマスコミ受けしよう。そしてマスコミで取り上げられれば、人々の注目を集めよう。しかし、しっかりとした理念・目的と持続させる意志・組織・財源・人材がない限り続くものではない。

　この「雷おやじの会」をヤフーで検索した（2012年）のだが、雷おやじの会『おやじのカミナリ宣言』という本をみつけただけである。今いったいどうしているのであろうか。おそらく、解散したのではないかと思う。

　この記事の四半世紀後、つまり平成18（2006）年に「『おやじ日本』からのメッセージ」（竹花豊、『青少年問題』第622号（第53巻春季号）（平成18年4月）2－7頁）という論文が掲載された。筆者の竹花氏は警察庁生活安全局長（執筆時）で前東京都副知事そして「おやじ日本」会長である。
「父親よ、子どものつぶやきに耳を傾けよう。子どものいる学校へ出かけよう。子どもが育つ地域へ、もっと足を運ぼう、不器用でも、口べたでも、子どもに思いを伝えよう。そして、子どもとともに楽しもう。やれることはたくさんある。家庭だけではなく地域の『おやじ』になろう。地域の『おやじ』たちと手をつなごう。……おやじ、出番だ!」
　これは「おやじ日本」からのおやじたちへの呼びかけである。「おやじ神奈川」「おやじ千葉」等々、各都道府県に組織が創られ、地域の「おやじの会」が創られている。この会もいつまで続くかわからない。10年後にはなくなっているかも知れない。しかし、今のところそのような兆しはない。
　「雷おやじの会」にしても、「おやじ日本」そして地域の「おやじの会」にしても、とにかく家庭で地域でおやじは目立っていなくてはいけない、職場と盛り場ばかりで目立っていてはダメ、というメッセージである。また、家庭や地域の子育てを女性（母親、おばさん）たちだけに任しておいてはいけない、というメッセージである。
　「おやじ日本」と「おやじの会」の持続を、そしてさらなる展開を願う次第である。

その82　青少年の性行動

　青少年の性の問題については、〈その62〉〈その73〉で採り上げているが、『青少年問題』第29巻には性に関する論文が多く掲載されている。それは総務庁青少年対策本部が「青少年の性行動調査（第2回）」の結果を発表したからである。

　掲載されている論文は、「青少年の性行動」（総理府青少年対策本部調査係、第29巻第2号（昭和57年2月）14－25頁）、「思春期性徴と思春期性教育」（俵谷正樹、第29巻第7号（昭和57年7月）4－11頁）、「変容する青少年の性への対応」（黒川義和、第29巻第12号（昭和57年12月）12－20頁）である。

　今回は、「青少年の性行動」を中心に「青少年の性行動調査」を紹介していく。

　なお、この調査は、第1回が昭和49年、第2回が昭和56年に行われており、その後も、この調査を実施した財団法人日本性教育協会は継続調査を行っており、本誌では『青少年問題』第626号（平成19年4月）に最新の調査結果が掲載されている。

「初めて射精した年齢分布は、（略）13歳で60％をこえ、15歳で90％に達する。前回調査結果とほとんど差がない。」
「女子の初潮経験は、（略）12歳で50％をこえ、13歳で85％、15歳でほぼ全員が体験している。前回調査結果とは、男子の射精経験と同様差がない。」
「マスターベーションについては、（略）男子では13歳で50％、16歳で90％をこえる。女子では15歳で20％、18歳で30％、20歳で40％に達している。」
「キスは、（略）男女とも19歳で経験率が約50％になり、21歳の経験率は、女子が男子を上回っている。7年前と比べると、男女ともに経験率が増加しているが、とくに女子の19歳以降の増加が目立っている。」
「性交は、（略）男子では、18歳では17.6％（前回14.2％）と7年前と大きな差はないが、20歳になると37.4％（前回26.8％）と7年前より10％以上高くなり、

21歳では46.8％（前回28.1％）と7年前の1.7倍となって5割に近づいている。女子では、18歳で10.4％（前回6.7％）と、7年前と大きな差はないが、19歳では17.1％（前回6.8％）と7年前より10％以上高くなり、20歳で28.0％（前回11.2％）、21歳では36.5％（前回15.9％）と7年前の2.3倍となって、全体の3分の1以上が経験者となっている。」

　戦後、男子の射精と女子の初潮の低年齢化が起こったが、この頃になると、それがだいぶ収まってくる。ところが、性経験に関しては、経験の増加化が現れてくる。特に、女子にその傾向が強く出ており、キスでは男子と女子で逆転現象が起こっている。
　しかし、上記の数値を見ればわかるとおり、現在に比べればどってことない数値である。性交経験率が、18歳の男子で18％、女子で10％、21歳では男子で47％、女子で37％と、かわいらしい数値である。しかし、それでも当時としては、青少年の性の解放性は注目の的となった。
　2005年の調査では、高校生の段階で、キスだけでなく、とうとう性交経験も男女が逆転し、高校生男子の性交経験率が27％なのに対して、女子は30％となっている（『青少年問題』第626号）。ちなみに、大学生では、男子74％、女子74％と、同率である。
　今後、さらに性交経験率は上昇し、しかも低年齢化していくものと思われる。高校1年生終了時には女子の性交経験率が3人に1人を超え、高校卒業時には女子の3人に2人は性交経験あり、という時代もまもなく来ることであろう。もちろんその時は、中学生の性交経験率も上昇していることであろう。
　ただし、数値化されてはいないが、近年、男女ともに性経験の両極化が始まっているように思える。つまり、経験の早い者と遅い者との二極化である。高校1年生で既に経験という人が男女共に（特に女子に）多くなる一方、30歳で未だに童貞・処女（特に童貞）という人も多くなるのではないだろうか。
　なお、日本性教育協会は2012年4月1日、（財）日本児童教育振興財団と合併し、（財）日本児童教育振興財団内日本性教育協会となった。

その83 ｜ 有名人執筆

『青少年問題』には随分と有名な方が執筆している。第1巻から現在に至るまで、第一線の研究者、大物研究者が執筆しており、今では超貧乏財団の雑誌ではあるが、この点に関しては大いに誇れる。

昭和50年代後半には、特にこの傾向が強い。「えーっ、こんな人が書いているの！」と、現在の理事長兼編集長である私にとっては、よだれが垂れるほどのうらやましさであり、また驚きである。今回は、その何人かをここで紹介したい。

第29巻第1号（昭和57年1月、2－3頁）では作家の三好京三が「〈巻頭言〉立ち直り」を書いている。さわりのところをほんの一文のみ引用する。
「わたしの尊敬する作家が少年時代の補導歴回数を聞いてびっくりしたことがあります。あの作家は、いつ、あのようにみごとに立ち直ったものであろう、としばし考え込みました」。「とすれば、人間、だれでもが立ち直れるのですね。そして、失敗をし、立ち直り、失敗し、立ち直る。それが動物と違う人間の生き方なのだと言えそうです」。

第30巻第1号（昭和58年1月、2－3頁）では同じく作家の水上勉が「〈巻頭言〉ある感想」を書いている。やはり一文のみ引用する。学歴主義を批判し、教師に反抗し、高校を中退していったある青年に対しての言葉である。
「作家の道具は『ことば』と『感性』だろう。（略）一生懸命成績を上げて国立大学へ入っても、『感性』はくれまい。教師に反抗しても学校を捨てても、社会が『感性』をくれるはずもない。本人がこつこつと育てるものだから」。

第30巻第5号（昭和58年5月、2－3頁）では作家で精神科医の加賀乙彦が「〈巻頭言〉父と子」を書いている。これも一文のみ引用する。
「子どもが幼いとき、二つのことだけは父親として教えなくてはと思って実行

した。なに簡単なことで水泳と自転車を教えたのである」。「父親というのは、わずかな点はしっかり押さえていて、あとは何もしないのがいいのかも知れない」。

　第30巻第12号（昭和58年12月、2－3頁）では遠山敦子が「〈巻頭言〉一年をふりかえって」を書いている。当時の肩書きは「文部省中学校教育課長」である。しかしその後、小泉内閣で文部科学大臣になっている。

　第31巻第1号（昭和59年1月、2－3頁）では井深大が「〈巻頭言〉原点にもどって」を書いている。肩書きは「㈶児童開発協会理事長・㈳青少年育成国民会議議長」となっているが、知る人ぞ知る、ソニーの創始者である。やはり一言。「人間の脳細胞は約140億ありますが、その脳細胞間を結ぶ配線（連絡）は、生まれたときにはほとんどなされていません。その後約1年くらいで急激に配線が進行して脳が成長します」。「子育てとは、受胎した時から始まるものだと考えなければならないと思います」。「3歳では遅すぎることに気づいてもらいたいものです」。

　第31巻第4号（昭和59年4月、2－3頁）では茅誠司が「〈巻頭言〉海外協力隊員の活躍」を書いている。肩書きは「『協力隊を育てる会』会長」となっているが、これも知る人ぞ知る、元東京大学総長である（なお、蛇足ながらひと言。この頃の東大総長は総理大臣に匹敵するほどの偉さだった）。

　第33巻第4号（昭和61年4月、2－3頁）では江崎真澄が「〈巻頭言〉青少年対策に思う」を書いている。当時の肩書きは「総務庁長官」であるが、自民党の大物政治家である。

　以上、今回は私の意見はなし。紹介のみとさせていただく。なお、現在の『青少年問題』の執筆者が小者ということではない。編集方針の変更で、現在は研究者・実践者中心に雑誌を構成している。

その84 　冒険のすすめ

　前回、「『青少年問題』には随分と有名な方が執筆している」と書き、7名の有名人を紹介した。実は、その方たち以外にもいるのである。今回はスポーツ界で有名な方を紹介させていただく。
　三浦雄一郎「冒険のすすめ」(『青少年問題』第29巻第10号（昭和57年10月）22－29頁）である。本稿での肩書きは「青森大学教授、三浦ドルフィンズ主宰」となっているが、言うまでもなく、プロスキーヤーであり登山家の、あの三浦氏である。

　子どもの頃、田舎の自然のなかで、自由に遊んでいた三浦少年。ところが、両親によって都会の名門小学校に転校させられる。そのため三浦少年は極度のノイローゼに陥ってしまう。
　「この学校では、泳ぐといえばプールを行ったり来たり。学校代表の選手に選ばれた僕は、つまらないプールの壁を蹴っては往復させられるだけの水のしごき場で、奴隷のように泳がされていた。」
　三浦少年にとって、プールは魚のいない水溜りのようなものであった。競泳の練習は楽しい遊びの泳ぎとは全く違っていた。こうして、「入院、治療」。そして「中学の受験には見事に失敗、とうとう岩手の山奥の田舎の村での浪人暮らし」となった。

　そんな三浦少年のノイローゼと挫折感を拭ってくれたのは冒険だった。
　「中学3年から高校3年までの夏休みには、津軽半島の竜飛岬の断崖と海が、僕の生活の場所だった。ときには、知り合いになった漁師の家で漁の手伝いをしながら数日お世話になったりしたけれども、ほとんどが海岸の岩陰や砂浜で夜を過ごし、朝になれば海へ潜ってその日の食料を確保し、崖から崖を伝っては津軽半島の西海岸の原始生活を楽しんでいた。」
　三浦氏はこのように述べている。「子どもたちにとって、心と体にもっとも

第3部 豊かさのなかの青少年問題

必要な活力の素は、野生であり、自然であり、自由であり、時にはすり抜ける危険な味わいであるのだ」と。さらに、「青春時代は、いわば独り旅の時代だと思う。仲間はいても、人生をそれぞれに生きて行こうとする独りの旅を、心の中で、さらに実体験の中でする必要があると思う」と述べる。そして「現代の学校教育の中では最もかけている要素の一つだ」と言うのである。

　自然体験とか自然学習とか、近頃ではよく言われている。しかし、それは三浦氏の言うような自然のなかでの冒険体験とはかなり違っているように思えてならない。大人の手によってきちんと管理され、安全が確保された自然を大人が提供し、子どもはその消費者・お客様という、そんな自然体験ではないのだろうか。
「海岸の岩陰や砂浜で夜を過ごし、朝になれば海へ潜ってその日の食料を確保し、崖から崖を伝っては津軽半島の西海岸の原始生活を楽しんでいた」というたった独りで生きていく自然、こんな体験はもはや要求すること自体が無理なのだろうか。せめて、落語の「目黒の秋刀魚」にはならないでいただきたい。

　なお、解説する紙面はもうないので、次の二つの記事を紹介だけしておく。
　ひとつは山口良治「私のラグビーと子どもたち」（第30巻第4号（昭和58年4月）22－27頁）。山口氏はテレビドラマ「スクール・ウォーズ」のモデルとなった人物であり、またNHKの「プロジェクトX」で有名になった京都市伏見工業高校の元教諭である。それが今から30年ほど前に、すでに当雑誌に書かれているのである。

　今ひとつは、春日野清隆「〈巻頭言〉子どもにさまざまな体験を」（第30巻第10号（昭和58年10月）2－3頁）である。春日野氏は名横綱栃錦であり、当時は㈶日本相撲協会の大理事長であった。氏も三浦氏同様、子どもの頃の遊びの体験の重要さを指摘している。

その85　遊び型非行の少年

「遊び型非行」については「〈その54〉遊び型非行と非社会的行動」にて一度採り上げたが、今回、再度採り上げることにする。採り上げるのは、「遊び型（初発型）非行の少年について―「遊び型非行」の特性に関する研究調査（総理府青少年対策本部：青少年問題研究調査報告書）から―」（麦島文夫、『青少年問題』第30巻第8号（昭和58年8月）4－11頁）である。

これは、サブタイトルにあるとおり、青少年対策本部が行った調査に基づいての論文であり、結論から言えば、「遊び型非行」の非行少年は遊んでいると思われるが、実際は遊んでいない、言わば、遊びを知らない少年の非行である、というものである。それでは引用していく。

「小学生のころに子どもがよくする遊び、例えば、チャンバラ、ビー玉、オニゴッコ、野球、そのほかだれもがしそうな遊びを示して、その体験を尋ねた。そうすると、非行をした群の子どもは、一般に、こうした遊びの体験の乏しいことが明らかになった。」
「碁、将棋、マージャン、スポーツ、楽器、室内ゲームなど一般に公認されているような遊びに関しては、すべて、非行群よりも一般群のほうがよく遊んでいる。」
「ただし、一般にやや悪いと思われている遊び―車のスピードを出して走る、ゲームセンターに行く―などは非行群のほうが多い（以上男子）。特に女子の場合、非行をした少女は、以上に加えてディスコ、盛り場ぶらつき、ポルノ雑誌を見るなど、すべて無非行の女子よりも多い。」
「以上、小さい時から今も含めて、非行群はごく悪い遊びを除いて、遊びの体験の乏しいことが明らかになった。」
「非行群は遊び体験が乏しいとともに、これら少年は遊びに打ち込めないでうじうじしているように見える。（略）例えば、マージャンにしろスポーツにしろ、それらを遊ぶ場合、それを楽しんでいるか、面白いかと尋ねると、一般群

の子は、それを面白いということが多いのに、非行群の子はそうでないということが多い。」
「非行群は（略）、ろくに遊んでもいないのに遊び過ぎていると思い、遊びに消極的で、遊んでも楽しさが燃焼しないでいる。ただし、車の暴走やゲームセンターなど、集団的ルールのない、赤の他人からあまり勧められない遊びはかなり多くしている。」

　遊び型の（つまり、万引やオートバイ・自転車窃盗の）非行少年は、子どもの頃、あまり遊ばなかった子どものようだ。少なくとも、積極的に遊ぶような子どもではなかったようだ。そして今でも、スポーツを典型とする青少年の健全な遊びはあまりしていないようだ。また、ルールのある遊びやスポーツは苦手のようだ。
　路上で地べた座りなどしてたむろしている少年たちを見ると、なんとなく納得する。また、彼らがよく使う言葉の一つが「かったるい」ということもうなずける。
　かつて少年院に見学に行ったときも、同じようなことを教官が言っていた。ここに入って来る子どもたちはルールのある遊びができない、例えば、サッカーをやらせても、ただボールを蹴るだけ、ボールをパスするということすらしない、体育館でボールを与えてもそれで遊ばず、板塀に蹴りを入れて遊んでいる、ということだった。そして、ルールに従ってスポーツが出来るようになると、その子たちは急速に健全化していく、と言っていた。
　集団で、ルールにのっとって遊ぶ、しかも夢中になって遊ぶということは、人の子の成長にとって欠かすことのできない経験である。そうした経験が少なくて成長すると、何かに向けて頑張るという前向きの姿勢が出てこなくなるのではないだろうか。
「遊び」を辞書で引くと、①遊ぶこと、②ゆとり、③しまりのないこと、となっている。非行少年の遊びとは、この「しまりのないこと」に近い遊びなのではないだろうか。そして、遊びの始まりも終わりもはっきりしない「けじめ」ということの不明瞭な〈アソビ〉なのではないだろうか。

その86 | **ポルノ雑誌自販機**

　今回は「〈南信北声〉補導活動とポルノ自販機の追放運動について」（蒔田嘉造、『青少年問題』第30巻第8号（昭和58年8月）44－45頁）を採り上げる。なお、蒔田氏は上田市の少年補導委員（執筆時）である。

「昭和56年3月まで、当市には青少年に有害となるポルノ雑誌自動販売機は2台しかなかったが、青少年保護育成条例を持たない全国で唯一県の本県に県外業者は目をつけたのか、昭和56年4月初旬、市内でも旧農村地帯の国道沿いで、しかも、通学路に面した貸店舗に突如として7台のポルノ雑誌自動販売機が設置されたのである。」

「自販機はいずれも古いもので、隣県で使用していたものらしく〇〇県条例より（略）という張り紙までしてあり、明らかに他県の条例によって追放されたものであった。」

「設置者は埼玉県の某書籍販売会社、地権者は地元のK氏、仲介者も地元のS不動産業者で、家賃は月3万3,000円の3年契約であって、マンガ本や週刊誌を販売するということで契約が成立したことがわかった。」

「自販機の撤去方法を検討した結果、現在の法律では撤去命令を出すことができないことがわかった。」

　そこで、地元自治会長を会長として、「青少年に有害な俗悪雑誌自動販売機追放連絡協議会」が結成された。

「以後、協議会を中心として育成センターとの連絡を保ちながら、地権者、不動産業者との面接、または電話により、再三撤去方の協力要請をおこなった。」

　しかし、業者からは「撤去の意志が見られないのでやむを得ず、引き続き積極的に撤去運動をおこなうとともに、青少年に対する不買運動を実施することを確認した」。

「そこで、育成センターの指導を受け、育成会、PTA、自治会等の役員により3ヵ月間昼夜を問わず連日パトロールを実施するとともに、市広報による

『自販機からポルノ誌を買わない、見せない、置かせない』の三ない運動を推進した結果、効果は着実に現れ、ほとんどが採算が合わない状態に追い込むことができた。」

「しかし、業者は（略）依然として撤去の気配を見せないので、現在は、業者と住民との綱引き状態である。非常に残念であるが、明年３月の期限切れを目標に、地権者に協力と理解を求め、再契約をさせないよう、補導委員会も関係団体との横の連携を保ちながら、撤去運動を続けたい。」

　近頃は雑誌の自動販売機そのものが見当たらなくなってしまったが、昭和50年代は雑誌の自販機は街中に頻繁にあり、そのなかにはポルノ雑誌が入っているものもかなりあった。

　そこで、少年補導センターや青少年補導委員の方々がポルノ雑誌自販機撤去運動に動き出した。上記の記事はその典型例と思っていただきたい。

　他県で撤去せざるを得なくなると、業者は近県でさほどうるさくない県や市に自販機を移動させるのである。

　一度設置の契約を結ぶと、途中で解約は難しい。青少年の健全育成のために撤去しましょうなどという理解ある業者などいない。結局、契約期間が切れるまで待たなければならない。

　そこで、できることといえば、ポルノ自販機に昼間は中が見えないような特殊なカバーを付けてもらうことや、ポルノ自販機を見回り、青少年が買わないようにする、ということくらいしかできない。しかし、それでも効果があったのだろう、平成に入ってからは、ポルノ自販機をほとんど見かけなくなった。

　なお、蛇足ながら付け加えると、自販機の中に入っているポルノ雑誌は、書店で売っているものに比べると、値段が高くしかも粗雑であった。もひとつ蛇足を加えると、なかには安物の性具が入っているものもあった。

その87　少年指導委員

　青少年問題活動に携わっている人たちにとって、知っておく必要のある法律はいくつかあるが、そのなかの一つに風営法がある。今回はそれに関連して、「風俗営業等取締法の一部改正と少年の健全な育成」（米田壮、『青少年問題』第31巻第10号（昭和59年10月）14－23頁）を採り上げ、特に「少年指導委員制度」について述べる。

　「現行法は、①最近出現した新手のセックス産業やゲームセンター等を対象としていないこと、②現行法が対象としている営業についても、例えば、個室付浴場において少女の従業や年少者を客として立ち入らせることがまったく規制されていない等現状に対応するには不十分な点が生じていること、等、少年をめぐる最近の情勢等に十分に対応できなくなっている。」
　そこで、「風俗営業等取締りの一部を改正する法律（昭和59年法律第76号）」が「本年8月14日交付され、同日から起算して6月以内で政令の定める日から試行されることとなった」。なお、改正法は「風俗営業等の規制及び業務の適正化等に関する法律」という名称である。
　改正風営法では新たに「少年指導委員制度」が設けられた。「少年指導委員は、風俗環境が及ぼす影響から少年をまもるため、少年の補導その他少年の健全な育成に資するための活動を行う法律上のボランティアである。（略）公安委員会がこのような資格を有すると認められる民間有志者を少年指導委員として委嘱し、風俗環境が及ぼす影響から少年をまもるための活動を行わしめることとしたものである。」
　「［委嘱］少年指導委員は、社会的信望、職務の遂行に必要な熱意を有する者のうちから都道府県公安委員会が委嘱する。」
　「［身分］少年指導委員は、地方公務員法第3条第3項第3号に規定する非常勤の特別職地方公務員である」、また「無給の職」であり、「刑法上の公務員」である。

「［業務内容］風俗営業及び風俗関連営業等に関し、少年を補導し、少年の健全な育成に障害を及ぼす行為を防止し、その他少年の健全な育成に資するための活動で、国家公安委員会規則で定めるものを行う。（略）例えば、深夜盛り場をはいかいする少年に対し、帰宅を促す等注意、助言をする等の活動が行われることを予定している。」

こうして、「少年指導委員」が全国に出現した。しかし、私に言わせれば、問題のある制度であった。

この当時、すでに、総務庁系列で設置主体が地方自治体である少年補導センター（名称は地域により若干異なる）を拠点とした青少年補導委員（これも名称は地域により若干異なる）制度ができていた。また、警察では少年補導員が存在していた。少年指導委員は、これらにさらに付け加えようとするものである（その後さらに「少年警察協助員」なるものもできる）。

したがって、地方自治体委嘱の青少年補導委員と警察県警本部長委嘱の少年補導員と都道府県公安委員会委嘱の少年指導委員の三種の人たちが、補導活動をすることになった次第である。

もちろん、それぞれ特徴はあるのだが、補導する末端の人たちにとってはよくわからないことであり、さらに補導される子どもたちはさらにわからないことである。

しかも、少年指導委員の身分のほうがきちんとしているので、以前からあった少年補導員にとっては、問題である。自分たちの身分・権限保障のほうを先にはっきりさせてくれ、と言いたくなるような制度であり、すでに補導活動をしている現場の人たちの心を理解しないでつくった制度だったと言わざるを得ない。

なにか問題が起こると状況対応型制度作成思考を発揮させる役人頭脳はどうもいただけない。

なお、現在、警察関係の少年補導員、少年指導委員、少年警察協助員の三つを合わせて「少年警察ボランティア」と称している。

その88 臨時教育審議会

　随分と批判された「ゆとりある教育」の原点が、今回紹介する中曽根総理大臣のときに設置された「臨時教育審議会」である。

　本誌『青少年問題』でのこれに関する記事としては、「青少年問題と臨教審」（千石保、第32巻第12号（昭和60年12月）4－10頁）、「臨教審のあゆみと青少年問題」（渡辺淳平、第34巻第11号（昭和62年11月）4－12頁）、「生涯学習体系への移行―臨教審・改革提言のポイント―」（沖吉和祐、第34巻第12号（昭和62年12月）4－12頁）等がある。

　ここでは渡辺論文を中心に論じていきたい。

「わが国の教育は、（略）大きく分けて二つの問題を抱えていると指摘される。一つは、受験競争の過熱、いじめ、登校拒否、校内暴力、青少年非行などの、いわゆる教育荒廃現象が目立ち始めたこと、もう一つは、国民生活水準の向上、高齢化の進展などに伴い、国民の教育的・文化的要求が増大し、これまでのような学校における教育だけでなく、生涯にわたって様々な学習機会の整備が要請されているものの、それへの対応が十分になされていないことである。」
「このため（略）、昭和59年8月、総理府に臨時教育審議会が設置された。（略）文部大臣の諮問機関である中央教育審議会ではなく、内閣総理大臣の諮問機関である臨時教育審議会をとくに設けたというものである。」
「3年間の審議を通じて、四次にわたる答申を提出した。」
「第一次答申では、教育改革を推進するための基本的考えとして、①個性重視の原則、②基礎・基本の重視、③創造性・考える力・表現力の育成、④選択の機会の拡大、⑤教育環境の人間化、⑥生涯学習体系への移行、⑦国際化への対応、⑧情報化への対応、という八つの項目を掲げた。このうち『個性重視の原則』は、今次教育改革で最も重視されなければならない、他のすべてを通ずる基本的な原則とした。」

第3部　豊かさのなかの青少年問題

　この臨教審は、二つの異質な目的を持って、スタートした。ひとつは、教育の荒廃という現状の改革であり、今ひとつは21世紀を見据えた教育の再構築である。

　臨教審の専門委員だった千石氏はこのことに関して、「教育荒廃という『現状』を問題に据えるのと、創造性を養う『未来』を睨んだ視点からの問題とは、ときに正面衝突をする」（千石論文）と述べている。

　しかも「画一的な教育・指導により、子どもの自主性・個性・自立性を伸ばす点がきわめて不十分になり、子どもの人格形成の妨げになっている」（渡辺論文）と、画一的な教育こそが諸悪の根源と言わんばかりに槍玉に上げ、個性重視の教育の自由化を掲げてスタートしたのが、この臨教審であった。

　結果、週5日制の導入や単位制高校の新設、特色ある教育の導入、「生きる力」の教育、等々、その後の教育改革が始まっていくのである。当時、「個性」と「ゆとり」は神聖にして侵すべからざる理念として、光り輝いていた。そして管理教育が攻撃され、画一教育が攻撃された。

　しかし、学校教育が集団で体系的になされる限り「管理」は絶対に必要である。もし管理が問題であるならば、少年院の矯正教育は成り立たない。また、基礎・基本を重視し、平等に教育しようとするならば、画一教育にならざるを得ない。

　このへんのところが軽視されてしまった結果、ゆとりと個性の教育は、子どもの自主性・個性・自立性を伸ばしたとは言えず、ただ、教育の内容を薄めたという印象を人々に与えた。

　しかも時代は大学の全入化に突入していったので、学力の低下すら招き、早々と挫折していったのである。

　ただし、能力別指導と単位制高校の新設は、それなりに効果をもたらしているといえる。

　さらに、「生涯学習体系への移行」「国際化への対応」「情報化への対応」ということでの大学への締め付けに関しては大いに成功している。

その 89 | ファミコン

　とうとうファミコンの登場である。これでケータイとネットが登場すれば、まさに現在である。
　今回採り上げるのは「ファミコン現象に子どもの遊びの変化をみる」（後藤和彦、『青少年問題』第33巻第5号（昭和61年5月）4－12頁）である。

「子どもの遊びについての目下のホットなトピックは、ファミコンである。ゲーム用品メーカーの任天堂が、58年7月に『ファミリーコンピュータ』の名で売り出した（したがってファミリーコンピュータは任天堂の商標）通称ファミコンは売れに売れてざっと650万台の普及、主たるお客さんである全国の小・中学生の3人に1人が持っている勘定になる。」
「学校にはテクノ大将が出現し、ゲーム機を持たない"ナイコン族"が排除され、テクノいじめまで起こっている、お金がかかって仕方ない、いや、新しい仲間遊びができるようになって結構だ、コンピュータ社会に生きる子どもたちにとっていい遊びだ……ファミコンをめぐっての賛否の議論はさまざまである。」
「このファミコンは、今年の年末で4世帯に1世帯が持つところまできて、だいたいファミコン本体の需要はそのへんで終わる、というのが当の任天堂社長の見通しである（日経ビジネス、3月17日号）。後はソフトの工夫次第ということである。あるいは、子どものゲームとしてのファミコン現象は、いまがピークということなのかもしれない。」
「遠い昔のことはおくとして、ちかいところで、子どもの遊べる時間に関わりをもってきた道具の変化を振り返ってみよう。こんにちまでつながっているこうした道具の最初の大きなものはテレビである。（略）この放送テレビの後に、同じようにエレクトロニクスの情報技術に支えられた遊びの道具として、さまざまのテレビゲームが出てきた。この種の機器を備えたゲームセンターが、あちこちに登場した。そしてゲームウォッチ、その他の半導体技術利用の電子

ゲームの普及拡大である。ファミコンは、そうした流れに沿って現れたものである。」
「いまのファミコンブームそれ自体は、やがて消えることだろう。そして、その後にまた、次の遊びのブームが起きて、大人たちの心配を深め、社会的な議論が展開することだろう。それぞれの時期の議論が無意味ということではない。議論しても、事態は進行するのである。」

　少年マンガが子どもたちの間で爆発的に人気を博したときも、またテレビが普及したときも、マンガそれ自体、テレビそれ自体の賛否両論が出現した。その後、マンガもテレビも一つの文化として定着し出すと、今度は、問題あるマンガ・問題あるテレビと、内容に基づいての評価に変わっていった。またマンガとのかかわり・テレビとのかかわりといった、マンガやテレビをコントロールすることに論が移行していった。
　ゲームセンターもそうである。野放し状態とゲームセンターそのものを悪とする見方との交錯の期間を経て、子どもとゲームセンターとのかかわりを問題にするに至った。
　そして、ファミコン。ここでも上記のとおり賛否両論が出現し、その後、問題あるファミコンソフト、問題あるかかわりへと焦点が移っていった。問題あるかかわりでは、ファミコンをする時間が重要視された。毎日5－6時間もしているというのでは、これは大きな問題である。
　問題あるファミコンソフトでは、性的なものと暴力・残虐的なものに分かれる。特に我々の調査では、子どもたちの暴力・残虐なテレビゲームを好むことと暴力志向の強いことに相関性のあることが実証されている（総務庁青少年対策本部『青少年とテレビ・ゲーム等に係る暴力性に関する調査研究報告書』平成11年）。
　なお、未だにパソコンやケータイのゲームのブームは消えていない。それどころか、子どものゲームから大人も子どもものゲームとなっている。今では当時では考えられないくらいのリアリティをもって、ますます人々をバーチャルの世界にいざなっている。

その90　いじめ

　校内暴力、家庭内暴力と続き、昭和60年代になると、『青少年問題』では論考にいじめが登場してくる。

　第33巻・第34巻だけでも5本の論文が掲載されている。「いじめられっ子の病理」（福島章、第33巻第6号（昭和62年6月）4－10頁）、「『いじめっ子』をつくらないために―小児科医として考える―」（小林登、第34巻第1号（昭和62年1月）4－12頁）、「『いじめ』問題の実態と対策―医師の視点から―」（大田耕平、新ヶ江正、武井明、第34巻第3号（昭和62年3月）26－31頁）、「『いじめ』と人権問題―人権擁護機関の取り組みの概要―」（法務省人権擁護局人権擁護管理官室、第34巻第6号（昭和62年6月）12－19頁）、「『いじめ』問題再考」（鉤治雄、第34巻第11号（昭和62年11月）14－22頁）である。

　このなかで今回は福島論文を採り上げる。福島氏は上智大学教授（執筆時）で著名な精神医学者である。

　「近年のマスコミ論調というものは、大体において被害者とみられる側に立っている。そこでは被害者の側に『正義』があり、したがって悪者はいじめっ子・加害者側である。あるいはそれを放置した、教師や学校や制度などの環境であるという、初めから方向づけられた単純かつ偏見に満ちた論理で動いている。」

　「たとえば、東京のある公立中学校の生徒がクラスでいじめられたと書き遺し、父親の実家に近いM市の駅ビルで自殺したという事件があったとする。このようなケースがマスコミの取り上げるところとなると、いじめっ子やその家族、あるいはいじめを傍観していた級友らの意識や行動が大いに批判され、最後には学校の先生方の過去の対応までが調べあげられ、批判されて、公的にもきびしい処分が決定される。」

　「しかし、この一中学生の自殺の責任は、本当にいじめっ子と、それを放任した先生にだけあるのだろうか。『被害者』となった本人や、その家族などに何

の問題もなかったのだろうか。」

「しかし、この疑問に答えることはタブーの領域に属する。それは、本人とその両親のプライバシーに属するというだけの理由ではない。この国においては、加害者よりも被害者（特に死者）が同情され、正当化・合理化されるという心情的な正義感が、マスコミにおいても大衆の意識においても支配的であるからである。したがって、いじめられっ子の側の問題や病理は—本人の病理も夫婦の病理も—すべて捨象され、無視される。」

「ともかく、表面的にはいじめがきっかけになっているとか、いじめが原因となっていると考えられる自殺などのケースの多くは、じつは本人の存在の基盤となるべき家庭—とくに両親の夫婦関係に、病理と呼ぶべきほどの問題が発見されるはずである。逆に言えば、両親の間に意識的であれ無意識的であれ、不和・葛藤・抗争・対立などがなく、仲が良い場合には、どんないじめを受けても、自殺にまではいたらないといって良い。」

　読者のなかには、この文を読んで、不快に感じた方もおられるのではないだろうか。とにかく、すごい内容である。マスコミが、弱者の側に立ち権力（と思われている）側を批判するという姿勢を貫いているのは確かだし、それが正義だと思い込んでいることも確かであろう。また、加害者への責任の追及が難しいとなると（加害者も子どもで、弱者であるので）、学校にその矛先を向けることに、批判的であることもわかるし、「『被害者』となった本人や、その家族などに何の問題もなかったのだろうか」と問われれば、まったくなかったとは言えないであろう。

　しかし、これほどまでに書くと、完全に加害者擁護論文である。しかも、両親の仲が良ければ、「どんないじめを受けても、自殺にまではいたらない」と言い切ってしまっては、ここまで書いてよいものかと、多少のことでは驚かない私ですら驚いてしまった。しかし、こうした見解もある、ということは確認しておかなくてはなるまい。

その 91 | **続・いじめ**

　前回は福島章氏の「いじめられっ子の病理」について言及した。今回はそれとは正反対の論文「『いじめ』と人権問題―人権擁護機関の取り組みの概要―」（法務省人権擁護局人権擁護管理官室、『青少年問題』第34巻第6号（昭和62年6月）12-19頁）を採り上げる。

　同じいじめのことが書かれているにもかかわらず、これほどまでに内容が違うものかと、感心させられる。前回、不快に感じた方は、今回は実に心地良いことと思う。逆に、前回「その通りだ」と同感された方は、過剰な反応・対応と思われるのではないだろうか。

「自らの人権を守る手はずを知らない子どもたちの人権を守ることは、私ども人権擁護機関に課せられた重要な任務の一つであり、そのため、法務省では『いじめ』、体罰の根絶のための啓発に取り組んでいます。特に『いじめ』問題については昭和60年3月、人権擁護局長通達を発出して、全国の法務局および人権擁護委員が組織をあげて、この問題の解決に向けて取り組んできました。」
「擁護の観点から考えると、『いじめ』は相手の気持ちを思いやるという人権尊重の精神にも欠ける行為であり、その根底には人権意識の立ち後れがあります。これを放置することは、あらゆる差別の芽ともなりかねないので、人権擁護機関としても、この芽を早急に摘みとる必要があるとの認識に立ったわけです。」
「現代の『いじめ』を人権問題としてとらえた法務省は、傘下の法務局および地方法務局と全国に配置されている1万1,500人の人権擁護委員とともに、組織をあげて取り組むこととし、昭和60年3月12日付けで、全国の法務局長および地方法務局長あてに、人権擁護局長通達が発せられました。また、この通達を受けて、同日付けで全国人権擁護委員連合会長からも、全国の人権擁護委員あてに、同趣旨の通知が発せられました。」
「『いじめ』問題は、児童・生徒間の人権意識の立ち後れがその背景にあるの

で、すべての児童・生徒、家庭等に対して人権思想の啓発活動をいっそう強化していく必要があると考えています。深刻化、陰湿化している『いじめ』の問題は、自らの権利を守り、主張することの手はずを知らない子どもたちの間に生起する人権上の問題ですので、大人たちが常日頃から、この問題に関心を持って、つねに子どもたちの行動を温かい目で監視し、子どもの人権を守る地域ぐるみの運動に発展させていく必要があると考えます。」
「法務省の人権擁護機関は、今後とも『いじめ』の根絶に向けて、全国的な啓発運動を、いっそう強化することとしています。」

　ここでは、いじめる側の子どもとその親の問題も、いじめられる側の子どもとその親の問題も、学校・教師の問題も、そして、いじめを見て見ぬふりをしている大半の子どもたちの問題も、直接的には現れてこない。
　ただし「自らの人権を守る手はずを知らない」いじめられている子を助けるのだ、という決意はひしひしとうかがえる。
　また、親や教師はもちろんのこと、大人たちは「自らの人権を守る手はずを知らない」子どもをみんなして守ってやらなくてはいけないのだ、という強いメッセージがうかがえる。福島論文とは正反対で、完全にいじめられる側擁護の記述である。
　福島氏に言わせれば、「加害者よりも被害者が同情され、正当化・合理化されるという心情的な正義感」の「単純かつ偏見に満ちた論理」(〈その90〉)そのものであろう。
　しかし、いじめ問題は、このあと、さらに被害者側からの視線を強化させていく。そして、それはセクシュアル・ハラスメント、ドメスティック・バイオレンスへと引き継がれ、犯罪被害者擁護、少年法批判（非行少年という加害者擁護批判）へとつながっていくのである。
　被害者が擁護される時代到来の、その大きなターニングポイントをつくったのが、このいじめだったのではないかと思える。

その92　しつけ

　今回はしつけについて言及する。親子関係が続く限り、おそらく永遠に続く、古くて新しいテーマである。

　採り上げるのは「子どものしつけ」（柴野昌山、『青少年問題』第34巻第4号（昭和62年4月）4－12頁）である。柴野氏は京都大学教授（執筆時）で、論述内容は論理性の高いものである。よって、氏の論理展開を追っていくことにする。

「現代は、しつけ喪失の時代であるとか、しつけ無き時代であると言われている。（略）（しかし）けっしてしつけそのものがなくなってしまったのではなくて、しつけを行う際の基準や準拠枠があいまいになって、何に依存してしつけをすればよいのか、わからないという状況が生まれている、その結果であると考えられる。しつけ手である親、おとなの側に、とまどいやジレンマが生じているわけである。」

「このような現代のあいまいなしつけ状況を、『目に見えるしつけ』から『見えないしつけ』への変化として、とらえることができる。」

「『目に見えるしつけ』というのは、（略）しつけの目標や方法の基準にある価値観や原理が共有され、（しつけ手としつけられる側）お互いにしつけに関する合意が、あらかじめ存在しているような状況のなかでのしつけである。」

「これに対して、『目に見えないしつけ』というのは、しつけの原則が明確でなく、何を、どのようにしてしつけるべきか、という目標、方法があいまいであり、しつけ手としつけられる側に、合意が存在していない」、そんなしつけである。よって、自信のないしつけや一貫性のないしつけが行われることになる。

「このように今日では、しつけの基準が多様化して、その原則があいまいになり、しつけ目標としつけ方法が明示的でなくなってきたという傾向があり、これは、わが国だけでなく、産業化社会に共通の悩みになってきていると思われる。」

柴野氏はこのように述べている。まさにそのとおりである。しかし、しつけ喪失の時代とは、しつけの基準や準拠枠の喪失の時代のことであって、柴野氏の指摘と異なるものではない。それは「しつけの伝統の喪失」もしくは「しつけの型の喪失」と言ってもよい。
　このあとで柴野氏も指摘しているように、わが国のいままでのしつけは、体験をとおしての「型」のしつけであった。そこでは、理屈や理解は必ずしも必要ではなく、「覚える」「会得する」ということが何よりも大事なことであった。それが喪失してしまったのである。
　日本のしつけは、西洋のしつけのように「善」によってのみ成立しているのではない。「善」や「義」や「仁」とともに「美」で成り立っている。だから「身が美しい」と書く「躾」なのである。
　「良い・悪い」というだけではだめで、「立ち居振る舞い」の美しさにこそ躾がある。美しくない立ち居振る舞い・見苦しい立ち居振る舞いは非難されるのが、日本の躾なのである。

　「しつけは、子どもをその社会の一員としてふさわしい人間に仕立て上げるということと、そのことをとおして既存社会の維持存続を図るということである。これは、しつけの対社会的機能であると言ってもよい。本来、しつけは社会のために行われるのであり、社会の再生産機能を担わされていると言ってよい。」
　「だが、一般に人は、しつけは個人のため、子どものためにあると思っている。」

　これもそのとおりである。だからこそ、躾がおかしくなってしまったのである。躾は子どものためではなく、社会のためにあるのである。この点がわかっていない親が多すぎる。
　子どものためというのは、社会の躾を子どもが身につけていないと子どもが後々不幸になるので、子どものためでもある、ということなのである。

その93 　単身赴任

　今回は「単身赴任家庭の問題」(労働省婦人局婦人福祉課、『青少年問題』第35巻第3号（昭和63年3月）13－17頁）を採り上げる。

「昭和50年代に入り、量的に急増し、かつここ数年来、社会問題化していることの一つに、単身赴任が挙げられる。」
「終身雇用慣行化において転勤は、企業内の労働市場を弾力化するための有効な方法となっているが、近年における経済環境の著しい変化は、企業内における転勤の頻度とその必要性を高める一方、労働者の側においては、その家庭事情や家庭環境に移動しにくい要因が増大しており、企業の雇用管理と労働者の生活との関係において、摩擦が生じるようになっているのもまた事実であり、その結果が単身赴任の増加となって現れている。」
「子どもの教育や持ち家の管理、年老いた親の扶養や妻の就労継続のため、単身赴任する者が増えている。（略）また、夫ばかりか、就業している妻が単身赴任するケースもでてきているし、国内のみならず海外への単身赴任もある。」
「そして、労働者とその家族が家族全体のために選択した単身赴任の生活が、夫婦の問題、親子の問題に微妙な影響をもたらし、家庭機能の低下を招来し、単身赴任者および留守家族の双方に、心身の健康不安を生じさせている。」

　財団法人婦人少年協会が昭和59年に行った単身赴任家庭の調査では、以下のような結果が析出されている。
「夫が40歳代が6割、50歳代が3割と40歳以上が大半を占め、妻は40歳代6割、30歳代2割と40歳代以下が多数を占めている。」
「単身赴任者の家族構成をみると、高校生のいる家族が4割強と最も多く、次いで中学生のいる家族と大学生以上の子どものいる家族がそれぞれ4割弱となっており、中学生以上の子どものいる家族が全体の八割までを占める。」
「持ち家の所有率が8割強でかなり高いが、このうち住宅ローンを返済中のも

のが7割と多い。」

「単身赴任者は、企業規模1,000人以上の企業に所属する者が全体の9割ちかくにのぼり、職種は管理職（7割弱）、技術・研究職（2割弱）が多い。」

「夫婦があげる単身赴任理由の第1位は『子どもの教育』（7割）、第2位が『持ち家』（5割）で、子どもの教育と持ち家が単身赴任の二大理由となっている。」

「単身赴任者（夫）は、単身赴任で困ることに『子どもの教育・しつけに関すること』（6割強）をあげており、妻は『父親不在の子どもの教育・しつけに困る』（4割）をあげている。すなわち『子どもの教育』のために選んだ単身赴任が、実際には『子どものこと』で頭を痛めているという皮肉な結果を招いているのである。」

　今でも単身赴任は頻繁に行われているのだが、社会問題としては遠い過去のことになってしまったようだ。昭和50年代の後半から60年代にかけて、子どもの教育問題として、この単身赴任が語られた。

　しかし、実際はどうであったのか、必ずしもはっきりしない。というのも、父親が単身赴任したおかげで、子どもがかえってしっかりして、自立性が培われたという話をよく聞くし、父と子の関係が悪かったが、父親の単身赴任でそれがなくなり、子どもの問題行動がなくなった、という話も聞く。また、夫婦の関係がよくなったという話も聞く。離れてみて、初めて知る相手の大切さ、ということである。

　ただし、こういう話は単身赴任の問題化がだいぶ静まった後に出てきたことである。「単身赴任でさらに子育ては母親任せ」、「単身赴任で子どもは非行に」、「単身赴任で夫は浮気」、「単身赴任で家庭崩壊」等々、当時は家族の一大事のように語られていたのである。

その94　朝シャン

　「朝シャン」という言葉は今でも通じる。もちろん、今でも行われている。そんな「朝シャン」という言葉が登場したのが、この頃のことである。
　今回は「気になる"朝シャン"の流行」（多谷千香子、『青少年問題』第35巻第8号（昭和63年8月）26－27頁）という論考を採り上げる。

　「中・高校生や大学生、オフィス勤めの若い人たちの間で、朝のシャンプーが流行している。毎朝シャンプーしたてのサラサラした髪で、時にはシャンプーの香りをふりまいてさっそうと……というのが魅力とか。すでに"朝シャン""朝シャン族"などといった流行語にもなっているようだ。」
　「はじめは女性の間に多かったようだが、いまは男性にも"朝シャン族"がふえている。高校生の娘と大学生の息子が洗面所やふろ場を占拠して"朝シャン"に熱中しているため、出勤前の父親が顔も洗えなくて困ることもある。親子ゲンカの種になっているというのである。」
　「"朝シャン"が家族紛争のもとになっているのは困りものだが、水を流しっ放しにして使うのも困ったものである。」
　「"朝シャン"は、水の浪費というだけでなく、髪の毛や体にまで大きな障害を与えるというショッキングな警告が、三重大医学部の坂下栄助手から出ている。」
　「白百合、青山学院、東洋英和など首都圏の私立女子高校生200人を対象に、61年に東京ガスが行ったアンケート調査がのっている。それによると『毎日洗髪組』が9割以上の187人、このうち33人が『1日2回洗う』と答えている。朝、時間がないとき『朝食をやめてもシャワーでシャンプーだけはする』という答が半数以上もあった。」
　「関係者の話のなかで、北海道の高校教師が『学校の準備より洗髪第一。かぜをひいて熱があっても、平気で髪を洗ってきて体の調子が悪いと訴える。どうしたら"朝シャン"をやめさせられるのか』と語っているのが印象に残った。」

以上である。失礼だが、多谷氏の問題意識は多分にずれている。朝シャンの問題は、水の浪費や髪の毛が傷むといった類のことではない。また、朝の洗面所や風呂場の占拠でもない。父親が出勤前に顔を洗う必然性などない。前の晩に洗っておけば十分であるし、どうしても洗いたかったらキッチンの洗い場で洗えばよい。

　問題は北海道の高校教師の発言のなかにある。朝食を食べないで朝シャン、体調が悪くても熱があっても朝シャン、そして最大の問題は、学校に遅刻しても朝シャンである。

　こうなると、朝シャンは完全に問題行動ということになる。教育問題であるし、躾の問題でもある。さらに、清潔という強迫観念に取り付かれた心の異常とも言える。

　朝シャンをするために毎日のように遅刻する娘（女子高校生）に、親が朝シャン禁止を出したら、娘がストレスを溜め、ノイローゼぎみになってしまったという話を聞いたことがある。

　まさに文化の病理である。ストレスやノイローゼは心の問題（言い換えれば、精神医学や心理学の問題）でもあるが、文化の問題（言い換えれば、社会学の問題）でもある。

　朝シャンなど考えられなかった時代（そもそも朝シャンはいつでもお湯が出てくるという快適な装置があるからこそ可能なのである。）では、朝シャンしなくてもストレスが溜まることも、ノイローゼになることもない。ところが、現代社会は朝シャンしないと、心の病気まで発生させるような、そんな文化になってしまっているのである。

　「毎日洗髪組」187人、もしくは「朝食をやめてもシャワーでシャンプーだけはする」という半数以上の女子高校生はすでに、朝シャンしないではいられない朝シャン依存症という心の病にかかってしまっているのである。

　なお、中央大学の女子大学生の様子をうかがっていると、ここ10年ほど、朝シャンしない大学生が増えてきており、そちらのほうが多数派となっているようだ。良いことである。

その95　子どもたちの遊びと仲間関係の変化

　今回採り上げるのは明石要一「子どもの遊びはどう変わったか」(『青少年問題』第36巻第2号(平成元年2月)4-11頁)である。

　地域共同体の解体化に伴ってのガキ大将集団・文化の崩壊によって、子どもの遊びが大きく変わり出したのが昭和40年頃ではなかったろうか。その頃は、都会に子どもたちの遊びの空間がなくなったことのみ指摘されていたのだが、その後「さんま(三間)」(空間・時間・仲間)の喪失ということになり、昭和も60年頃になると、遊びの変化よりもむしろ子どもたちの人間関係の変化に注目が集まってきた。

　この論文はその頃に書かれたものである。

「昭和40年ころから、街の中でいわゆる『ギャング集団』が消えていき、子ども独自の遊び集団が見当たらなくなった。こうした中から『遊ばない・遊べない』子どもが出現するのも当然である。」

「増える傍観遊び」……「近くで友だちの遊びをながめる行動を『傍観遊び』と言う。この原型は3、4歳ぐらいに見られる。そして、今や傍観遊びの子どもは、もっと上の年齢の子どもにも見られるようになった。」

「ルールのある集団遊びができない」……「子どもたちは、チームを2組に分けて遊ばない。かつてのガキ大将にあたる者がいないから、うまく遊べる組み分けができないでいる。そして、ゲームの中に反則のトラブルが生じたときも、公平に裁定する者がいない。チームに分かれて遊ぶことは、おもしろい反面、そこにいくまで準備(苦労)がいる。今の子どもは、自分たちだけではこの準備ができない。」

「すたれつつある裏文化」……「今の子どもは、友達と遊んでいてもけんかをしない。正確には、けんかができない。(略)また、道路や塀での落書きを見かけなくなった。(略)さらに、子どもの裏文化の一つに『買い食い行動』がある。(略)今でもすたれたとはいえ、駄菓子屋は残っている。(略)ところが、

子どもたちは駄菓子屋へは、友達と行かなくなっている。意外にも一人で行くケースが増えている。」

　このように、明石氏は、子どもたちの遊びの変容を前半で展開する。そして、後半では、子どもたちの人間関係の変化を指摘する。
「クラスの人気者が変わる」……「小学校のクラスの人気者に、新しいタイプが出現している。明るくて『軽い』話のうまい、ひょうきん人間と呼ばれる子どもである。(略) かつて子どもの社会には、二つのリーダーがいた。一つは『ガキ大将』である。(略) もう一つは『学級委員』である。(略) ガキ大将がいなくなったのである。と同時に、学級委員も魅力ある地位でなくなり、立候補者が少なくなっている。(略) こうしたリーダーなき子ども社会に出現したのが、軽くて明るいひょうきん人間と呼ばれる子どもたちである。(略) 要するに、言葉をうまく使って、相手を楽しませる話術にたけている子どもたちが、教室の中の新しいリーダーなのである。」

　子どもたちの遊びが変わったと言っているうちに、子どもたちの人間関係も変わってしまったのである。
　それは、広場や空き地がなくなったという次元のことではなく、またさらに、マンガやテレビやファミコンという遊びメディアに原因を押し付けていれば事足りることでもない、大きな時代変動だったのだ。
　そして、この子どもたちの人間関係の延長として、今の青少年の「まなざし地獄」という指摘があり、「KY（空気が読めない）人間」という指摘があるのである。
　上司や同僚の顔色を伺い、組織のなかで調子よく世渡りをする昭和時代のサラリーマンのパーソナリティが平成では子どもたちにまで浸透していった、ということなのであろうか。

その96　体罰

『青少年問題』のこの頃の巻号には体罰に関しての記述をよく見かける。「先生の体罰容認する社会」（多谷千香子、第36巻第1号（平成元年1月）36-37頁）、「人権侵犯事件からみた体罰―体罰事例集作成に当たって―」（堀千紘、第36巻第9号（平成元年9月）5-12頁）、「現代の子どものしつけ・教育と体罰問題についての一観点―『社会の歴史と体罰史』の角度から―」（江森一郎、第37巻第5号（平成2年5月）14-21頁）、「体罰を分析する」（若林繁太、第40巻第6号（平成5年6月）4-10頁）、「司法の体罰のとらえ方」（柴垣明彦、第40巻第6号（平成5年6月）23-25頁）である。

そこで今回は、体罰を採り上げることにする。

まずは「先生の体罰容認する社会」から。なお、多谷氏は総務庁青少年対策本部の参事官（執筆時）である。

「人権週間を機に、法務省の依頼で5年ぶりに総理府が実施した『人権擁護に関する世論調査』の結果が、先ほど発表された。」

「それによると、教師による学校での体罰について『人権侵害になる』と答えた人が39％いるものの、『ならない』という人も32％あり、『体罰禁止を徹底させるべきだ』という答えも15％にすぎない。」

「体罰を肯定する人は、意外にたくさんいる。なにより当の先生である。（略）素手で殴る、けるだけでなく、手近の棒や竹刀を使ったりするケースが増えていると、法務省や文部省の資料は指摘している。人権侵害と認定された体罰が、年を追って増加している。」

「小・中学校の父母の間でも、体罰を肯定する意見が多い。（略）実際、『うちの子が悪いことをしたら殴ってください』と、頼む親は少なくない。こうした社会的土壌がある限り、体罰は減らないだろう。」

「人権侵犯事件からみた体罰」「体罰を分析する」「司法の体罰のとらえ方」の

3論考は、ほぼ同一の姿勢から書かれている。それをひとことで言えば、「体罰は、子どもの基本的人権を侵害し、また教育の本質を損なう弊害があるので禁止されるのである」(柴垣論文)となる。

ところが、江森氏の「現代の子どものしつけ・教育と体罰問題についての一観点」は歴史学からの考察であり、趣を異にしている。
「私の調べた範囲では、前近代社会にあっては、大体において体罰を悪いこととするようなことはなかった。少なくともヨーロッパ社会ではそうだったし、中国の場合でもそうだった」、「しかしながら、わが国の江戸時代には逆に、絶対的体罰否定論にちかい論調が一般化していたのであるから、なんと不思議なことではなかろうか」と、氏は言う。
さらに、「以上のように、世界史上稀にみる体罰否定的雰囲気が定着していたわが国では、明治維新後も世界に先駆けて、教育法令上体罰を禁止することとなった」のだが、それが「欧米列強に仲間入りして、軍事力によって近隣諸国の植民地化に邁進したその後の歴史のなかで、周知のとおり」体罰肯定的思潮が台頭していくのである、と述べる。

体罰を巡っての論調はおもしろい。一方で教育理念と法律から、体罰絶対的悪の論調がなされている。次に、体罰観という保護者や教師の意識が分析される。そしてそこでは往々にして、体罰肯定という現実が析出される。当時ほどではないにしろ、未だにそのような意識は残存している。
こうしたことを、日本史・世界史の観点から再考することは意義のあることである。時代が暴力の方向性を持っているか否かによって、体罰観は変容するのである。
江戸時代という、世界的にも稀にみる平和の時代には体罰は否定されていたのである。そう言えば、八つぁんや熊さんが子どもを殴ったなんて話は聞いたことない。

その97　昭和末期の暴走族

　暴走族に関しては〈その61〉にて採り上げた。ここで再度採り上げることにする。

　田村雅幸「今日の暴走族の姿（1）」「同（2）」（『青少年問題』第36巻第9号、第10号（平成元年9月、10月）26-31頁、20-23頁）である。なお、他に出海光子「女子暴走族の実態について」（第38巻第8号（平成3年8月）22-28頁）がある。

　まずは「今日の暴走族の姿（1）」から。
「今日の暴走族は10年ほど昔のそれとは大きく変化し、社会問題のあり方としても、変容している」と田村氏は指摘する。
「昭和48年頃から、関東地方を中心に暴走族の集団化がおこり、グループ名のついたステッカーを張り、大集団で幹線道路を走りまわるという現象が生じ、道路交通に多大の危険や迷惑を及ぼすようになった。この集団がやがて非行化し始める。」
　ところがこの十数年間で、警察の監視体制が整い、大グループのみならず小グループまで把握されるようになった。よって、暴走族は数字的には増えているが、実は衰退の一途をたどっている、という。
「暴走族の勢力が最も拡大していったのはいつ頃であったかといえば、55年当時であったろう。（略）今日では、かつてのように土曜日の夜に幹線道路を大集団で走行するということがなくなり、警察の取締りを逃れて、小集団で裏道を走りまわることになった。彼らの迷惑行為は、住宅地の騒音問題が中心になり、（略）暴走族がゲリラ化ないしはゴキブリ化しているのが今日の姿である。」
「暴走族の非行化は、対立抗争から始まったと思える。やがて、一般人への攻撃から、一般非行へと、非行がエスカレートしていった。（略）50年代の前半から中頃までが、対立抗争の最盛期であったといえよう。」

「以上から、暴走族が最も凶悪化しており非行化も最も激しかったのは、55年であったといえよう。今日では（62年のデータによれば）、暴走族の凶悪性、粗暴性は当時の5分の1程度ということができる。」

「今日の暴走族の姿（2）」では、暴走族に参加する青少年の変容が論じられている。

年齢構成に関してはほとんど変化はない。ところが学職別にみると大きな変化がみられる、という。高校生が激減し、職人や無職の青少年が激増している、というのだ。また、家族関係に問題があるとみられる者が増加し、学校不適応を示す者もさらに増加している、と言う。

そしてさらに、このように指摘する。

「教育の場からのドロップアウト層が、暴走族の主体であるのは今日でも変わらないし、その傾向はむしろ強まっているといえるが、暴走族に何を求めているかについては、大きく変容していると思われる。基本は同好の士を求めることにあるが、集団の拘束や非行を嫌い、自分の趣味に合った多様な車での遊びを求めるようになっている。」

「集団に参加する者が少なくなり、集団の拘束力が弱まったのが、現在の暴走族の状態である。」

平成に入り、今日に至るまで、暴走族はほぼ過去の現象と化している。未だに車の暴走は絶えないが、いま（2013年）最も社会問題化されている暴走は飲酒運転である。

この暴走族の栄枯盛衰は、青少年の社会的性格変容の一つの表れとして位置づけることができる。

その後の青少年は、群れていたいが行動は共にしたくない、仲間は欲しいが深く係ることを避ける、統率する気もないしされる気もない、そして、こじんまりとした気の合った仲間とだけでいることを好む、という平成気質をもつようになる。こうした青少年では、大集団を組んでの暴走行為は流行るものではないであろう。

その98　平成元年のひきこもり指摘

　仕事で文章を書くのは、正直言って苦痛である。何事も金稼ぎとなると、途端に苦しくなるものであろうが、もの書きも同じである。ところが、このシリーズの執筆では、その苦しみがほとんどない。その理由はいくつかあるが、そのなかのひとつは、古い『青少年問題』を紐解いていると、ときに「ヘーッ」「ホーッ」と思うことがあり、そうなると、その「ヘーッ」「ホーッ」を書きたくなってしまうからだ。

　今回採り上げるのは総務庁青少年対策本部の「青少年問題審議会意見具申『総合的な青少年対策の現実を目指して』の概要」(『青少年問題』第36巻第9号(平成元年9月)32-35頁)である。

　この表題からして、政府の役人のなんのおもしろみもないお堅い内容・文章の記事であると、皆さんは思うのではないだろうか。事実、そのとおりであって、正直おもしろくない。にもかかわらず、内容の一部に「ヘーッ」「ホーッ」があるのだ。

「現在の青少年問題への対応について審議してきた青少年問題審議会は、当面の青少年対策の重点として、平成元年6月19日に、内閣総理大臣に対して『総合的な青少年対策の現実を目指して』と題する意見具申を行った。意見具申の概要は、以下のとおりである。」

　当然のことだが、ここまでは何のおもしろみもない。
「青少年をめぐる問題状況をみると、無職少年などのグループによる凶悪な事件など、極めて憂慮すべき少年事件が後を絶たず、加えて、万引き、自転車盗などのいわゆる初発型非行の蔓延などにより、昨年は刑法犯少年が過去3番目に多い数を記録するなど、非行は予断を許さない状況にある。」

　ここも、どってことない内容の文章である。しかし、ここからである。この文に引き続いて、「さらに最近では、思春期を中心として、ひきこもりや登校拒否などの増加という新たな問題が生じてきている」という記述が登場する。

「登校拒否（不登校）」は新たな青少年問題として、当時既にマスメディアにて取り上げられていたので、登場するのは当然であるが、「ひきこもり」までもが登場しているのである。つまり、「ひきこもり」が既に政府公認の青少年問題となっているのである。

　また、別の箇所でも、「最近、ひきこもりや登校拒否などの中にみられる、不安を中心とした情緒的な混乱や神経症的な症状、逃避的な行動などの精神面での不適応の問題が憂慮されている」とあり、「今日、これらの問題の発生後の対応の一つとして、いわゆる治療的な対応だけでなく、相談指導的な対応などの機能を併せ持った総合的な形態の相談施設の必要性が指摘されている」と続く。

「ひきこもり」が青少年問題（もしくは社会問題）となったのは、1995年頃のことだったと記憶している。ところが、日本経済のバブルがはじける以前の平成元年、つまり1989年には既に青少年問題審議会という国家のお墨付きの会にて青少年問題として公認されていたのである。さらに、精神医学や臨床心理学の「治療的対応」から総合的対応へと移行しており、「相談施設」の設置すら提言されていたのである。この延長としてスクールカウンセリング制度の導入があることは言うまでもない。

　ここで書かれている「ひきこもり」が、現在われわれが呼ぶところの「ひきこもり」と完全に一致しているか否かはわからない。「登校拒否」の延長としての卒業後のひきこもりなのかもしれない。しかし、それにしても「ひきこもり」という概念でもって「意見具申」が行われ、その総合的な対策が求められていたということは、私にとっては（もしくは無知な私にとっては）「ヘーッ」「ホーッ」なのである。

　なお、4年後の平成4年にも、「青少年問題審議会の答申について」（第39巻第4号（平成4年4月）43-45頁）にて「ひきこもり」が問題として再度提示されている。

その99　結婚できない若者たち

「婚活」という言葉がある。中央大学文学部教授の山田昌弘氏とジャーナリストの白河桃子氏が書いた『「婚活」時代』(2008) が話題となり、テレビドラマにまでなった。

　今回採り上げるのは、姫野忠「結婚できない若者たち」(『青少年問題』第36巻第11号（平成元年11月）20－24頁）である。筆者の姫野氏は東京新聞婦人家庭局の記者（執筆時）である。

「イキイキ女房に、高度成長期に張りつけた元気印のシールがめくれかかった亭主族。この夫婦に育てあげられた子どもたちはどうだろう。今、若い男たちは結婚難時代という。結婚したくって、したくって、でもできないという『嫁ひでり』なのだ。」

「昭和50年と昭和60年の30－34歳の未婚率をみると、男性はこの10年間に14.3％から28.1％にはねあがっている。女性は7.7％から10.4％である。」

「結婚相談所のカウンセラーたちは『男性は結婚したくてもできない。女性はできるだけえり好みをして婚期を延ばしている』とズバリ"診断"をくだす。」

「『大卒、一流会社勤務、年収が30歳で450万円以上』……。これが、結婚相談所などで女性が求める『男の条件』というのが通り相場だという。」

「女性たちは変わっているのに『男は仕事、女は家庭で、お味噌汁。仕事ができれば嫁はひとりでについてくる』と古色蒼然の女性観のままでいるのが、結婚できない男性像の一つとして浮かび上がっているという。」

「もう一つのタイプに『昔からあるんですが、マザコンの傾向が強い人。最近とみに増えてきましたね』とカウンセラーが言う。」

「結婚できない若い男たちの現象は、新しい男と女の関係を築きあげるまでの過渡期現象とみたい。男たちは『新しい男らしさ』を、今、探っているのではないだろうか。」

第3部　豊かさのなかの青少年問題

　平成元年といえば、フェミニズム運動の最盛期の頃のことだ。さまざまな領域で女性の解放が・自己主張が取り上げられ、肯定化され、それに反対の古い考えを持った男たちに対しては、時代からも社会からも取り残される男、女性から見向きもされなくなる男、という哀れな末路が〈自業自得〉として描かれた頃であった。

　その後、少子高齢化社会が加速され、晩婚化と非婚化が大きな社会問題になっていく。しかし、それでもやはり、〈自己変革しえた輝かしい女〉と〈未だ自己変革し得ない哀れな男〉という図式で、対比されて語られていた。

　ところが、山田昌弘氏の書いた『パラサイト・シングルの時代』（1999）が出た頃から、風向きが変わってきた。そこでは、「マザコン」という母親から独立しえないダメ男像ではなく、親に寄生しているちゃっかり女像が描かれた。社会人で、それ相応の収入があるにもかかわらず、また30歳を過ぎているにもかかわらず、親の家から出て行くことなく、独身生活を満喫しているという女性の姿が描かれていたのである。居心地の良い家から出て行ってまで、何で結婚する必要があるのか、ということである。このことにより、以前の〈結婚できない男〉の言説は大いに変化した。

　さらにその頃から、結婚できないのは男性だけでなく、女性もできないでいる、ということが言われだした。時あたかもバブル崩壊の大不況時代。「一流会社勤務、年収が30歳で450万円以上」なんていうのは〈シンデレラの夢〉と化していった。

　こうして、とうとう、男も女も「就職活動」に精を出すと同様に「結婚活動」にも精を出さなくてはとうてい結婚できるものではない、という前記の「婚活時代」が到来したのである。もっとも、私が今現在青年であったら、婚活などしない。独りで酒を食らって気楽に生きていくほうがいい。

　さて、姫野氏が述べるように、今は「新しい男と女の関係を築きあげるまでの過渡期」であり、「男たちは『新しい男らしさ』を探っている」のだろうか。もしそうだとしたら、未だに過渡期であり、探り続けているのであろう。

その100 　平成元年の青少年問題

『青少年問題』では、毎年、12号にてその年の青少年問題を総括している（月刊誌当時）。今回は「平成元年」であり、かつ大きな事件が続出した年なので、採り上げることにした。

　田村雅幸氏の「今年の青少年問題をふりかえって」（第36巻第12号（平成元年12月）4-11頁）である。

　平成元年は「消費税元年でもある。リクルート事件の政治不信の責任をとって竹下首相が辞任し、代わった宇野首相が女性スキャンダルで参院選に大敗して与野党が逆転し、海部首相となった」。さらに、「男女機会均等法」「土井たか子の社会党委員長就任」「都議選、参院選のマドンナ・ブーム」「森山官房長官の誕生」と、女性の社会進出がめざましかった。
「一方、海外では、（略）アフガニスタンからのソ連軍の撤退が完了し、ベトナム軍はカンボジアから撤退した。6月、天安門事件で中国の民主化を求める運動が弾圧されたが、東欧では政治的民主化の動きが高まり、共産党の一党独裁体制が崩れ始めた。」
「天皇家の次男、礼宮殿下（23歳）が学習院大学の後輩で、同大学院心理学専攻の川島紀子さん（22歳）と結婚されることが内定した。」
「2月、ストーリー漫画とテレビ・アニメを創始し、昭和20年代以降の青少年に多大の影響を与え続け、今日の漫画ブームを作った手塚治虫氏（60歳）が死去した。」
「9月、大相撲秋場所で貴花田（17歳2ヵ月）が、幕下全勝優勝で十両力士となることを決めた。」

　さて、青少年問題に目を向けてみると、まずは、連続幼女誘拐殺人事件・宮崎勤の逮捕。
「昨年8月に今野真里ちゃん、10月に吉沢正美ちゃん、12月に難波絵里香ちゃ

んの誘拐、殺人事件が埼玉県南西部で連続して発生した。本年2月には真里ちゃん宅に遺骨が届けられ、さらに『犯行声明』文が届けられた。3月には『告白文』が届けられ、(略) 6月、今度は東京都江東区で野本綾子ちゃんが誘拐され、埼玉県で遺体の一部が発見された。7月、幼女をいたずらしようとしていた宮崎が子どもの父親に捕まり、警察に突きだされて、事件の全容が解明されていった。」

次に、女子高校生コンクリート詰め殺人事件。
「事件の発端は3月末、婦女暴行で逮捕されていた18歳の無職少年が、女子高校生を殺害して遺体をドラム缶にコンクリート詰めし、東京都江東区の埋立地に遺棄していたことを自供した。前年11月末に交通事故をよそおい、助けるふりをして少女を連れ去り、仲間の家に監禁し、暴力をくりかえした上、食事も満足に与えず、1月の初めに体力の消耗により死亡させたものであった。」

さらに、アベック殺人の少年に死刑の判決。
「コンクリート詰め殺人事件が発生して、すぐに思い出されたのが、昨年2月に名古屋で起こった少年少女ら6人（1名成人）によるアベック殺人事件であった。(略) 男をたたきのめした上に、その面前で女性を輪姦し、(略) 丸一日後に男性の首にロープを巻いて、綱引きするようにして絞殺、翌日に女性も絞殺し、山中に埋めたものであった。」
「本年6月の第一審で、主犯のトビ職（犯行時19歳）に死刑、ほか少年に無期懲役と懲役13年、犯行時20歳であった暴力団員に懲役17年、少女2人に懲役5〜10年の不定期刑の判決であった。」

わずか1年間ほどの間に、実に多くの出来事が起こった。
ここでは三つの犯罪事件のみ掲載したが、この三つとも戦後の犯罪史に残る大事件であり、さまざまな形でその後の青少年問題政策に影響を及ぼしている。また、政治も経済も、ソ連の崩壊とバブルの崩壊へと続くように、平成は多難のうちに幕を開けたわけである。

その101　児童虐待

　平成に入ると『青少年問題』には児童虐待の論考が掲載され始める。昭和から平成への変わり目は、児童虐待の社会問題化の時期でもあった。

　今回は「児童虐待の現状」(柏女霊峰、第36巻第10号(平成元年10月) 24–27頁)を採り上げる。

「今回、全国児童相談所長会が公表した『被虐待児童調査』は、同会が昭和63年度に実施した『子どもの人権侵害例の調査及び子どもの人権擁護のための児童相談所の役割についての意見調査』の一環として行われたものである。」
「全国の児童相談所(167ヵ所)において、昭和63年4月から9月までの半年間に新規に受理したケースで、(略)半年間で1,039人、年間で推計すると2,078人、児童人口比でみると10万人対6.6人となっている。」
「虐待種別では、保護の怠慢が最も多く全体の38％、次いで身体的暴行26％、棄児・置き去り22％、心理的虐待7％、性的暴行5％、登校禁止3％(略)。年齢別では乳児10％、1～5歳の幼児が25％、6～11歳の小学生37％、12～14歳の中学生23％、15歳以上が5％となっている。」
「両親のそろっている家庭は半数弱(42％)、(略)主たる虐待者で最も多いのは、実母で約半数であり、次いで実父31％となっている。(略)虐待者がその親から虐待を過去に受けたと思料される例は約4割で、虐待の再現率はきわめて高くなっている。」
「虐待児には、未熟児出生の割合が高い。(略)発達の遅れや児童の行動そのものが先にあって、それが虐待を誘発した可能性も否定できず、慎重な検討が必要である。」
「処遇については、児童福祉施設入所・里親委託が62％で最も多く、面接指導(助言指導、継続指導)15％、児童福祉司指導7％等となっている。(略)入所後、児童・家庭とも安定した例は約3割あるが、入所後も保護者の無関心、行方不明も4割にのぼっている。」

その後、『青少年問題』には、「性的児童虐待の類型とその特徴について」（内山絢子、第38巻第1号（平成3年1月）38-41頁）、「児童虐待の問題性」（内藤和美、第38巻第5号（平成3年5月）4-12頁）、「非行少女における親からの暴力体験」（出海光子、第43巻第7号（平成8年7月）30-35頁）、「親族による子どもへの性的虐待の本態と現状」（石川義之、第43巻第9号（平成8年9月）16-21頁）と、いくつかの論文が掲載されている。

「児童虐待の問題性」では、児童福祉法をはじめとして、児童虐待問題に関連しえる諸法の整備が不十分であることが指摘されている。また、それゆえに、児童虐待の対策が十分になされていないことが述べられている。
「非行少女における親からの暴力体験」では、非行少女の多くが親からの虐待を受けた体験を持っている、ということが記されている。そして、「少年院に収容された非行少女を見た場合、家庭内で繰り返し暴力を受け、負傷させられ、その親の暴力の動機について少女が不当、不合理と受け止め、暴力でやり返すという行動に出た群には、粗暴非行が有意に多い」と述べている。

　平成に入り、児童福祉法の改正等、児童虐待に関しての施策が整備され、対策が整うにつれて、今まで隠れていた児童虐待が顕在化してきた。そして、わが国においても、おびただしいほどの数の児童虐待の存在が明らかとなってきた。
　今では、児童相談所と一次保護所と養護施設は、児童虐待の子どもたちによって溢れかえっているという事態である。また、虐待する親の研究や虐待を受けた子どもの問題（心の傷や非行）も随分と研究され出してきている。それゆえに、近年の児童虐待数の増大は、虐待の深刻化と考えるのではなく、虐待の顕在化であり、対処化・保護化・治療化の進展と考えたい。

その102　一人前―昔と今―

　おもしろい論文が目にとまった。『青少年問題』にはしばしばおもしろい論文が掲載されている。これは当時の理事長でありまた編集長でもあった麦島文夫氏の好みである。
　今回はこうしたおもしろい論文を採り上げる。「一人前―昔と今―」（西村浩一、第38巻第1号（平成3年1月）20－27頁）である。

「一人前という言葉は、今日では次第に廃れてきているが、伝統的社会では、人々の社会生活を左右する絶対的な評価の基準であった。」
「従来、一人前になるということは主観的なものではなく、多くの人が認める客観的なものであり、古い時代から、それぞれの地域社会や職業諸分野の集団などの成員として、ふさわしい資質や技量を備えた者として認知されてきたのである。」
「今日では次第に廃れてきているが」と西村氏の言うとおり、現在では、何が一人前なのか、どうなったら一人前なのか、まったく判らない時代となっている。単に主観で、個人的に「私はもう一人前」と言ったところで、なにもならない。「絶対的な評価の基準」が喪失した（ある点では、喪失させた）が故に、いつまでたっても大人なのか子どもなのかわからない、中途半端な状態が何年も、人によっては何十年も続くのである。そしてそれは、社会にとって無駄なことであると同時に、個々人にとってもいたたまれない残酷な状態である。

　西村氏によると、「一人前」の基準は三つに類型化できるという。「年齢による一人前」「労働による一人前」「修業による一人前」である。
「年齢による一人前」では、「この類型には、成年式・成女式を済ませたことによる承認も含まれる。（略）また、若者組や娘組などの年齢集団への加入による一人前の承認、それには若者宿・寝宿・娘宿などへの参加も含まれる。男子は数え年15歳・17歳・18歳・21歳などという事例もあるが、これらのうち、

15歳が多いように思われる。(略) 女子は初潮が始まる (数え年) 13－15歳が中心である。」

　こうした年齢による「一人前」は、現在では成人式であろうが、形骸化もはなはだしく、社会的にも個人的にも何の意義も権威もない。私は「〈その39〉成人の日」にて、結婚式同様に親類一同集まっての成人式を提唱したが、このくらいにしない限り、〈一人前承認儀式〉とはならない。

「労働による一人前」では、「長野県北安曇郡では、男1日について、田起こし3～4俵取り、田植えは3～4俵取り、田の草取りは300坪、稲刈りは3～4俵取り、稲こきは6俵取り、臼引きは5俵、米搗きは8斗（略）という具合に、それぞれの作業ごとに、一人前の基準が定められていたのである。」
「修業による一人前」では、「この類型の特徴は『他人の飯』を食べることであり、修養という要素が含まれている。(略) 職人は徒弟奉公、商人は丁稚奉公、芸人は門弟奉公などをし、定められた年限が終わると、一人前と認められたのである。」

　現在、この「労働による一人前」ないし「修業による一人前」に相当するものは、いわゆるキャリア形成であろう。しかし、そうであるならば、「一人前」になるのは30歳過ぎであり、その目安は「主任」とか「係長」という肩書きとなろう。そして、非正規社員の多くは、生涯「一人前」になれずに一生を終えることになるであろう。

「村落社会では一人前になると、結婚資格を生じ、共同労働、祭祀、神事への参加、政治・経済・社会生活への参加が承認されるので、一人前と評価されることは、一生のうちでもっとも重要な位置を占めていた。」
　今では、一人前にならないうちから多くのことに参加している。そうであるからこそ、なおさら「一人前」がわからなくなっているのである。

その103　ウンコ座り

　今回は「若者たちはなぜしゃがむのか」(清水忠男、第38巻第7号(平成3年7月)、26–31頁)という論文を採り上げる。

「10年余りのアメリカ滞在の後に帰国したとき、私にとって目新しく写ったものの一つは、公共空間でグループをなして、しゃがんでいる若者たちの姿だった。しゃがんでいるのは、高齢者や『フーテンの寅さん』みたいな様相のおじさんたちだったはずだ。何が、この変化をもたらしたのだろうか」と、始まる。

　清水氏は、前近代日本では、しゃがみ姿が多く見られたという。「農業に多くの人口が従事していたことや、和便器の使用もあって、しゃがみ姿は、依然として見慣れた光景の一部であったようだ」と述べ、近代化がしゃがみ姿を駆逐するという仮説はどうも間違っていたようだと述べる。

　そして、清水氏は、「蹲踞(そんきょ)」と「ウンコ座り」の二つを提示して、親子に対してミニ調査をする。

　その結果、「公共空間でこれらの姿勢をとるか」という質問に、子どもの14.2%が「とることがある」と答えたのに対して、父母のほとんどは否定的であった。

「全体に『蹲踞』よりも『ウンコ座り』の方が否定的にとらえられているようだ。その度合いは、父母の世代において最も多かった。(略)おもしろいのは、学生において『ウンコ座り』を『怖いと感じる』という回答が35.7%もあったことだ。(略)父母の世代では、いずれの姿勢についても『怖いと感じる』という回答が皆無であった。」

　そこで清水氏は街に出て、観察調査を行う。

「『若者たち』の中でも彼らの多くは、ちょっとばかり『突っ張っている』という点だった。学生服を着ていても、丈の極端に短い、いわゆる『短らん』であったり、逆にひどく丈の長い『長らん』であったりするし、髪のスタイルも尋常ではない場合が多い。たばこを吸う者もいる。」

「笑えるのは、しゃがんでいる彼らが、じつはさほどの時間もその姿勢をとっていることができずに、数分も経つと、そのままの姿勢で後ずさりして、柱やベンチの縁に背を寄り掛からせ、やっとのことでしゃがみ姿勢を保っている姿である。(略) しゃがみ姿勢は、けっして快適なものではない。にもかかわらず、公衆の前でしゃがみ姿勢をとるというのは、いささかの無理を伴っても、とらざるを得ない彼らの『スタイル』なのであろう。」

「そこで思い出したのは、若者向けコミック誌に掲載された漫画・劇画の中に、同じようなスタイルがしばしば登場することである。(略) そうした漫画・劇画には、案の定、しばしば、『突っ張り』や『軟派』の連中が数人で輪を作り、しゃがんでいる。その姿勢は『蹲踞』ではなく、きまって『ウンコ座り』なのである。」

「中学生や高校生の間では『ウンコ座り』はいま、『ヤンキー座り』と呼ばれている。」

　一説には、この「ウンコ座り」は、暴走族から出た、と言われている。彼らの集会において、指令を全員にきちんと伝達させるために、暴走族のリーダーが、全員を集めて座らせたのが「ウンコ座り」の始まりだという。
　本当か否かはわからないが、とにかく、ひと頃この「ウンコ座り」は突っ張りの若者たちの間に流行した。
　暴走族の集会ではもちろんのこと、原宿の「ホコテン」でも見かけたものである。それどころか、地方の小さな都市でも、駅前などで、中学生と思える数名の男の子たちが、この「ウンコ座り」をしていて、ここまで浸透しているのかと、マスコミの影響力に感心した記憶がある。
　「ウンコ座り」をしていた中高生がいい大人になった頃、今度は「地べた座り」という新しいスタイルの座りが流行した。そして「ウンコ座り」をしていた大人たちが「みっともない」「だらしない」「汚い」と評価するのである。「俺たちは地べたに尻はつけなかった」と。

その104　不登校

　昭和から平成にかけて、前回紹介した児童虐待とともに、今ひとつ大きな社会問題（教育問題、青少年問題）として浮かび上がってきたのが不登校（登校拒否）の問題であった。
　『青少年問題』では、当時多くの論者が論じている。
　主だったものでも、西田幸示「不登校児人権実態調査について」（第36巻第12号（平成元年12月）16－23頁）、森田洋司「不登校をどう理解するか」（第38巻第3号（平成3年3月）4－13頁）、明石要一「いま、相談機関に求められているもの」（第38巻第11号（平成3年11月）4－10頁）、町谷雄次「不登校児に関する人権擁護機関の取組みについて」（第38巻第11号（平成3年11月）30－34頁）、坂内宏一「登校拒否（不登校）問題について」（第39巻第7号（平成4年7月）48－53頁）がある。

　まずは「不登校児人権実態調査について」。
　「学校についての不登校児の意識は『何とかして学校へ行きたい』と思っている者よりも『わからない』や『やめたい』者が多く、（略）学校に行けなくなった原因（複数回答）としては、友達関係をあげた者が最も多く（522人）、先生・学校関係（363人）と勉強・学業関係（353人）がほぼ同数、家庭関係（301人）がこれに次ぎ、給食関係（108人）は少なかった。（略）『いじめ』関係を原因としてあげた者の数を合計すると157人（30.9％）となり、約3分の1であった。」
　こうした調査結果を述べた後、「校内暴力、家庭内暴力、非行、自殺、『いじめ』、体罰、不登校と続いてきた一連の問題については、家庭、学校、社会の間で、とかく犯人さがしと、責任のなすりあいになりがちとなっている。（略）不登校児の問題についても、家庭、学校、社会が『子どもの「人間としての尊厳」をゆるがせにできない』という点で意をひとつにして、同じテーブルに着いて話し合い、協力する必要がある」と論を閉じている。

今ひとつ、「不登校をどう理解するか」。筆者の森田氏は不登校問題研究の第一人者である。
「1990年12月に公表された文部省の『学校不適応対策調査研究協力者会議』の中間報告は、これまでの文部省の『登校拒否』に対する認識を大きく転換させた点で、注目すべき報告であった。」
「今回の中間報告では『登校拒否はどの子どもにも起こりうるものであるという視点に立つことが必要である。現在元気に通学している子どもも、さまざまな要因が作用して登校拒否に陥る可能性を持っている』とし、登校拒否児は『情緒などに問題がある例外的な存在』とみてきた従来の教育行政の立場に、根本的な発想の転換を求めている。さらに、原因は、学校や家庭、社会全体にあると分析し、これまでの学校の努力は認めながらも、学校生活に起因する登校拒否が含まれていることを認め、学校への対応として対症療法だけでなく、予防策を講じるよう求めている。」

　昭和から平成に移行する時期、不登校問題は大きな転換点を迎える。
　不登校問題の初期では、不登校児は精神的な問題を抱えていて学校に行けない子であり、その原因はしつけ等、養育期の親の子どもへの関わりの問題として理解されてきた。問題は子ども本人と親というわけだ。
　ところがその後、フリースクール運動が台頭し、当事者性が主張され出し、原因言説の変容が起こる。こうして、学校制度、教師や他の生徒との関係に不登校の原因が移行したのが、この時期だったのである。また、無理に学校に行かせるという方向性が批判され、学校に行かないで生きる、という方向性が提示されたのもこの頃である。
　その後、不登校問題は、ひきこもり問題と重なりつつ、さらなる方向を模索しつつ、今日に至っている。

その105　続・不登校

　前回の「不登校」に引き続き、今回も趣向を異にして不登校問題を扱う。「続・不登校」である。ここでは、不登校児に対しての療法を採り上げる。

　具体的には、羽田雄一郎「登校拒否児に対するキャンプ療法の効果」(『青少年問題』第39巻第8号(平成4年8月)11-19頁)と吉成博雄「自立への一歩—不登校児童生徒の『フレッシュ体験交流活動』—」(第42巻第8号(平成7年8月)44-49頁)である。

　まずは「登校拒否児に対するキャンプ療法の効果」から。
「今回のキャンプは、平成元年及び平成2年の2年間にわたって2回行われました。2回のキャンプはいずれも8泊9日の日程で、(略)登校拒否を起こしている中学生38人と、一般の中学生64人の計102人が参加しました。」
「キャンプの内容は、下草刈、枝打ち、ツル切りなど『山を育てる作業』や、水質検査など『水を考える』環境プログラムのほか、テント張り、自炊をする本格的なキャンプ設営、山の中で一人で泊まり一人で食事をつくるソロ活動を含む登山、キャンプファイヤーなどの楽しいプログラムなど多彩なもので、仲間とともに協力して自然に挑戦し、困難や障害を体験するという要素が強いのが特徴です。」
「キャンプに参加した登校拒否中の中学生38名を精神医学、心理学、行動的側面からみた結果、彼らの精神的な成長がみられました。①高い不安常態が解消され、一般の水準までさがった、②キャンプ前半では一般の中学生に比べ集団内で低かった地位が向上した、③社会性・自己表現・他者受容・協調性などが顕著に向上した、などの効果が確認されています。」
「このように、調査が行われてくればくるほどキャンプ経験は、登校拒否中学生の精神医学、心理学、そして行動の側面で効果があり、キャンプ療法は登校拒否の一つの解決法として、今後、広く導入・展開されていくことが期待されます。」

次に、「自立への一歩」から。
「『フレッシュ体験交流活動』は、文部省の『青少年自然体験活動推進事業』の一環として、不登校問題の解決の一つの方法として何とか実践してみたいという願い、意欲のもとに一昨年から本県（秋田県）で実施しているものであります。」
「『フレッシュ体験交流活動』の趣旨は、雄大な自然のもとで、野外活動やスポーツ・レクリエーション活動を通して、個々に生きる力を養い、自立的な生活を営むことができるよう、心身ともに健康な人間づくりへ援助を図ることにあります。（略）昨年は、5泊6日の活動を6月と10月の2回実施しました。」
「この5月に『フレッシュ体験交流活動』に実質参加した子ども達42名の動向を追跡調査したところによりますと、保健室登校も含む学校復帰者数が19名、隔日及び行事等登校の復帰傾向者が9名となっています。」
「今年度もこの事業が既にスタートしております。（略）何よりも、日に日に明るく変わっていく子ども達の表情を大切に、子ども達に暖かく接し、元気一杯過ごしたいと思います。」

不登校の児童生徒に対しては、相談・訪問対応だけでなく、いわゆる「保健室登校・校長室登校」など、学校側としても真摯に対応してはいたものの、やはり知名度が高かったのは民間の対応であった。
例の「戸塚ヨットスクール」は例外として除いても、東京シューレ等さまざまなフリースクールの設立が話題としては際立っていた。
そんななかで、文部省と地方自治体は、こうした自然体験学習を通しての治療を試みていたのである。
その成果は、その後の自然体験学習の本格的導入をみるかぎり、それなりに成功だったのであろう。

その106　高校中退

　不登校は義務教育である小学校と中学校の問題である。高校生以上であるならば、学校に来なくなっても「不登校児」ではない。ただ学校に来なくなったというに過ぎない。こうした生徒の行き着くところは中退である。したがって、小・中学校で不登校が問題となり出した頃、高校では中退が問題となっていたのである。

　今回は、その高校中退を採り上げる。「『高校を中退した子を持つ親の会』からの報告」（『青少年問題』佐藤尚爾、第36巻第12号（平成元年12月）24－29頁）と「公・私立高等学校における中途退学者数の状況」（下田重敬、第37巻第7号（平成2年7月）24－30頁）である。

　「公・私立高等学校における中途退学者数の状況」から。
　「昭和63年における公・私立高等学校における中途退学者の合計は11万6,617人で、62年度に比して3,260人（前年度比2.9％）増加した。中退者数が在籍者数に占める割合（中退率）は、62年度と同じ2.1である。」
　「各中退事由（略）をみると『針路変更』によるものが32.6％で最も多く、次いで『学校生活・学業不適応』によるものが26.9％、以下、『学業不振』12.2％、『家庭の事情』8.3％、『問題行動等』7.0％の順となっており、62年度と同様の順となっている。」
　「中退者の現在の状況は、就職している者が約6割、学校へ行っている者が約1割5分、無職の者、アルバイト中の者がそれぞれ1割となっている。」
　「現在の生活への満足感では『満足している』者が32.5％、『やや満足している』者が35.1％であり、合わせると67.6％である。」

　要するに、高校生は100人に2人が卒業することなく、高校を去っていく。20人に19人が高校へ進学する時代では、2％の退学者がでること自体はさほど異常なことではない。よって、これらの数値からではさほどの深刻さは読み取れない。また、中退事由も「針路変更」は問題ないように見受けられる。しか

し、必ずしも数値は事実を描かない。

「『高校を中退した子を持つ親の会』からの報告」では、「働かず、勉強を続けるわけでもない中退生は、どういう行動パターンを取るかというと、まず、自閉的に外界との関係を絶ち、家に閉じこもるケースと、似たような状況にある仲間と遊び回るというケースに大別される。一見、後者、つまり集団で行動するケースにいわゆる非行、反社会的な行動を取る危険性が高いように思われるが、家庭においてはむしろ、前者の閉じこもり型に悲惨な例が多い」と述べられている。

　退学後、多くの青少年が、非行化するか「ひきこもり」化する、というのである。小・中学生の不登校現象の台頭は、高校生以降ではひきこもり現象の台頭と重なっていたいうことだ。
　高校退学後は安定した職に就く、もしくは就くための修行をするということではない、そんな退学者を多出させたのである。彼らは、有職（パートタイマー）と無職の間を行き来するような、そんな状態の青少年たちであった。
　昭和63年はバブル崩壊前である。社会全体が軽薄化し、浮かれていた時代だ。「どうにかなる」という時代であった。しかし、どうにもならない時代が間近にせまっていた。その後の彼らの人生は一体どうなったのであろうか。

　なお、今回紹介したほかには、「高校中途退学者について」（高校教育問題研究プロジェクト・チーム、第39巻第9号（平成4年9月）36－42頁）、「高校中退者をめぐる諸問題」（板井角也、第40巻第10号（平成5年10月）32－37頁）、「高校退学者の職業選択―その現況と課題―」（堀田千秋、第43巻第6号（平成8年6月）10－15頁）がある。
　紹介できず、残念である。

その107　対人恐怖とふれ合い恐怖

　今回は二つの論文を紹介する。そこから青少年の対人関係の恐怖の変容をみていきたい。

　紹介するのは、「対人恐怖のはなし」（高橋徹、『青少年問題』第38巻第2号（平成3年2月）4－11頁）と「『父なき社会』から『母もなき社会』へ―現代青少年の病理と家族機能の減退―」（山田和夫、第40巻第1号（平成5年1月）4－12頁）である。

　まずは、高橋論文から。
「先輩の読者のなかには、『対人恐怖』という言葉に、一種の懐かしさを覚える人もおられるに違いない。この言葉は、昭和時代のはじまりとともに流行りはじめ、対人関係の屈折した心理の一面をもいいあてている言葉としてひろく使われてきた、いわば昭和時代の流行語である。」
「昭和初期から昭和30年代にかけては、赤面を主題とした赤面恐怖がトップを占め、対人恐怖全体の約半数が赤面恐怖で、前述のように、対人恐怖の代表とみなされていた。しかし、その後、赤面を主題とする例は減少し、相対的に、自分の視線や体臭や容姿に対するこだわりを持つ例や、単に人まえでの緊張感や被圧迫感のみを訴える例や、特に雑談の場面や会食の場面を問題にする例が増加している。」
「対人恐怖患者は、人まえ、特に同年代の人々との接触の場面に恐怖を覚えて回避する特徴を持つだけに、同年代の人々との接触の機会は失われがちである。」「ごく軽症の例を含めれば、対人恐怖症に悩む青年の数は、かなり多いとおもわれる。」
「対人恐怖の問題は、青少年の精神衛生や社会性の発達を考える上で、無視できない重要な問題だと思われる。」

　次に、山田論文。

「親友というのは中学生ごろからできてくるのだが、対人障害もそのころからみえてくる。但し現在は、かつての対人恐怖とは違う筆者の提唱した"ふれ合い恐怖"がこのころからみえてくる。」

「『プライベートな話は避ける』、一番気を使うのは『相手を傷つけたくないし自分も傷つきたくない』『対立しそうな話題は避ける』といった対人姿勢が80％前後を占めている。いわゆる回避型パターン、つまり敏感で八方に気を使う型ともみえる。子どもたちは敏感状態にあると考えてもいいのではないか。したがってささいなことから登校拒否が始まり、あるいはすぐにいじめられたと感じる状態でストレスにさらされているように思われる。みかけの明るさに反し、『学校は疲れる』という子もいる。」

「従来の赤面恐怖その他の対人恐怖が人との『出会いの場』で起きるのに対して、更に時間をかけて友情を深める『ふれ合いの場』で起きるのが特徴である。彼らの言葉を借りると、『付き合いが長くなればなるほど心が疎遠になる』と言う。」

　昭和初期から昭和30年代にかけての赤面恐怖（出会いの羞恥）、昭和30年代頃からの視線や体臭や容姿に対するこだわりや人まえでの緊張感や被圧迫感の出現（対面の緊張）。そして平成に至っての触れ合うことの恐怖の出現。しかもそれは、「出会いの場」という関係の初期に起こるのではなく、付き合いのなかでおきてくるという（交わりの恐怖）。

　このように、従来とは異なった、青少年の関係性の混乱がこの頃に出てくる。そしてそれと同時に、不登校、ひきこもりといった対人関係に疲れ、関係性から離脱していく子どもたちが増えてきた。

　こうした現象は未だに続いている。そして、「KY（空気読めない）」とか「友達地獄」といった言葉も登場している。

　伝統的な上下関係に基づいての人間関係の型を破壊していった戦後日本のツケが、大人たちの間ではなく、子どもたちの間に出てきたのが、この頃だったのではないだろうか。

その108　ポルノコミック規制問題

　平成に至り、突如嵐のように吹き荒れ、そして去って行った有害環境問題がある。ポルノコミック問題である。今回はそれを採り上げる。
　『青少年問題』では、次のような記事が見受けられる。「雑誌メディアにみられる性の商品化」（福富護、第38巻第2号（平成3年2月）12-22頁）、「最近の少年少女向け漫画問題について」（山下史雄、第38巻第7号（平成3年7月）38-42頁）、「有害メディアによる性情報の氾濫と青少年非行」（藤本哲也、第39巻第2号（平成4年2月）16-25頁）、「少年少女向け漫画にかかわる最近の動向について」（山下史雄、第39巻第3号（平成4年3月）50-51頁）である。
　ここでは山下氏の2論文から引用する。

　「最近の少年少女向け漫画問題について」から。
　「昨年夏、和歌山県に住む一人の主婦が、知り合いの主婦から最近の子どもたちが読んでいる漫画を見せてもらい、思わず仰天したことから、この問題は始まった。一見、普通の子ども向けの漫画となんら変わらない体裁であるが、内容は露骨な性描写ばかりであった。このまま放置して子どもたちに読ませるわけにはいかないとの思いから、地元新聞社に投書した。その記事が引金となって、同じ意見を持つ母親が自然発生的に集まり『コミック本から子どもを守る会』が結成され、地元市長、県議会議員、国会議員等への諸対策の強化を求める陳情や、これらを追放するための著名運動が行われた。そして同じ頃から、全国各地で同様の住民運動が広がり、都道府県レベルから、さらに国レベル（関係省庁等）に対する陳情、要請へと運動が盛り上がっていった。」
　「先の国会の会期末にその審議が行われ、衆議院においては19件すべてが採択、参議院においても出版禁止を含めるものを除く4件が採択された。（略）また、こうした動きを受けて、自治体でも有害図書排除のための決議等が続き、都道府県議会では、4月末までに18の道府県議会において決議が行われたところである。」

さらに、9ヵ月後に書かれた「少年少女向け漫画にかかわる最近の動向について」。

「昨年1月から6月までの上半期では、有害指定制度のない4府県（長野、京都、大阪、広島）を除くすべての都道府県で指定が行われ、（略）書店業界では各店舗に『成人コーナー』を設置して、（略）少年への販売を行わないという自主規制を実施している。」

また、「こうした動向の中で、これまで有害指定等のなかった都道府県においては、条例を改正、整備しようという動きが出てきている」と述べ、大阪や京都、広島の有害図書指定制度の導入が紹介されている。

そして、「有害図書が少年からきちんと排除されるために、関係機関と密接な連絡を取りながら、さらに必要な対策を推進していく必要がある」という言葉で閉じられている。

とまあ、このような次第である。

住民による草の根運動が全国的にほぼいっせいに沸き起こり、それがマスコミを動かし、市長や知事を動かし、県・市議会を動かし、そして自民党や国会までをも動かし、有害図書排除のための決議が各都道府県にてなされていった、ということである。

さらに、今まで有害指定制度のなかった京都府、大阪府、広島県では指定制度が導入され、青少年条例そのもののない長野県を除いて、全国ほぼ一斉に指定制度の導入がなされていったという次第である。

その結果、従来の個別指定制度とは別に包括指定制度が導入され、表紙には18歳未満禁止のロゴや表記を入れることとなり、書店やコンビニ等の小売店では、立ち読みできないように紐でくくったりビニールに入れたりし、行政から規格が提示されたとおりの「成人コーナー」をつくることとなったのである。

こうして、現在の出版・販売形態が確立していき、ポルノコミック問題は一件落着に至った次第である。

その109　続・ポルノコミック規制問題

　和歌山県に住む一人の主婦から端を発したポルノコミック規制問題は、草の根運動により全国に広がり、マスコミを動かし、市長や知事を動かし、県・市議会を動かし、全国に広がり、自民党や国会までをも動かし、有害図書排除のための決議が各都道府県にてなされ、こうして有害なポルノコミックから少年を守るに至った、ということを前回書いた。

　今回はその続きではあるが、別の面からみたポルノコミック規制問題である。採り上げるのは、なんとなく気恥ずかしいが、私の書いた「ポルノコミック問題を考える」(矢島正見、『青少年問題』第39巻第12号(平成4年12月)35－41頁)である。

　「一昨年から今年にかけてポルノコミックの問題がずいぶんと話題になった。」
　「この(問題の)出現に関しては、和歌山県田辺市の住民運動(1990年8月)がきっかけとされている。しかしその推移をみてみると、一市民によるポルノコミック規制運動というよりは、むしろ一市民の運動を待ってましたという人たちのパワーの大きさが、この問題のきっかけであったように見受けられる。その人たち(組織)とは、田辺市長、そして田辺市の行政諸機関、そして田辺市の各種市民団体である。したがって、ことの起こりの初めから、草の根運動というよりも、官民一体となっての運動であったと言ったほうが当たっていよう。」
　「田辺市の運動が全国各地に広がったというよりは、田辺市と同じ動きが田辺市とほとんど同時期に全国各地から発生した、とみるほうが正しいであろう。」
　前回とはかなり異なる。一住民が行政を動かしたというのではなく、行政が既存の住民団体(自治会、商店会、婦人会、PTA、等々)を動かした、官民一体の規制運動だったというのである。

　しかも、田辺市の運動が全国に広がったのではなく、各自治体同時進行で、官民一体の運動が進められた、というのである。なお、これは私たちの行った

調査に基づいている。

「この問題の状況を大ざっぱに捉えてみると、運動としては、主に、政府・行政と健全育成団体等が規制推進派で、まんが家・出版関係者、弁護士そして一部社会運動家たちが規制反対派を形成していたように思われる。また研究者間では、ポルノコミックが非行（特に性非行）に影響を及ぼしているか否か、青少年の健全育成に悪影響を及ぼしているか否か、というところで論争になっている。」

規制賛成者ばかりではなかったことがわかる。世論は二分していたのである。私たちの調査では、読売新聞は一貫して規制賛成側、朝日新聞は当初規制賛成側に立っていたのだが、途中から突然規制反対側に回っている。

ところで、エロ漫画は、以前から問題とされ、悪書追放運動等の市民運動が行われ、規制されていたにもかかわらず、この当時問題化されたのは、第一に、大手出版社のコミックで性描写が掲載され出したということ、第二に、それが青年雑誌であり、読者層が青少年であったということ、第三に、登場人物（つまり裸となりエッチする人）が高校生等の青少年であったということである。以前からあった、大人のための大人のエロ漫画ではなかったわけである。

なお、有害環境問題に関しては、この時期、次のような総務庁青少年対策本部が行った一連の調査研究の紹介がある。
「〈調査報告〉ポルノコミックの青少年への影響―総務庁青少年対策本部報告書から―」（麦島文夫、第40巻第11号（平成5年11月）42-51頁）、「〈調査報告〉青少年とアダルトビデオ等との関係―総務庁青少年対策本部報告書から―」（麦島文夫、第41巻第11号（平成6年11月）50-55頁）、「青少年のテレクラ等に関する意識と行動―総務庁青少年対策本部報告書から―」（月村祥子、第43巻第9号（平成8年9月）34-41頁）。

第 3 部の解説

(1)

　日本が本格的に豊かな国となり、その後金余り大国と化し、そしてバブルがはじけて衰退するまでが、この第 3 部である。

　第 2 部と第 3 部を時代的に区切るのは難しい。ただ、第 2 部が高度経済成長期であり、第 3 部は低成長期であったこと、言い換えれば、第 2 部は経済と生活の上昇期、第 3 部は経済と生活の絶頂期と言える。

　第 2 部では、日本の産業界には活力がみなぎっていた。戦後日本を復興させた人々がまだ現役で日本経済を支えていた。日本は豊かな国になっていったが、まだまだ頑張ろうという気概がみなぎっていたし、産業界の年功序列・終身雇用制度は生産力と矛盾なく機能していた。つまり、生産関係は未だ生産力の足枷にはなっていなかった。

　しかし、豊かさに歪みが生じており、先行して豊かになっていった層と、未だ豊かさを享受し得ていない層とに二分化されていた。学歴格差・地域格差・男女格差が顕在化し始めていた。第 2 部はそうした格差解消の時期でもあった。一億総貧困から一億総中流への過程が第 2 部であった。

　第 3 部では、日本の経済は世界のトップレベルに達し、成長のゆるやかな上昇線を描き始めた。一部の人々を除いて、一億総中流が実現した。農山漁村でも豊かさを享受し得、男だけでなく女も享受し得、中卒・高卒でも享受し得、パートタイマーでも十分生活し得ていけた。「ほどほどの人生」は、努力して獲得する生活目標ではなくなり、なんとなく生きていれば獲得できる生活となり、「going my way」は、俺の人生は俺自身で切り開くという意味ではなくなり、頑張らないで生きる人生志向という意と化した。

　人生は、あくせく生きるのではなく、のんびり生きていくこととなり、頑張り志向の価値が低下し、真面目がバカにされ出し、「軽薄短小」という言葉で時代が語られ、「フリーター」という若者の生き方が現れ、仕事よりも余暇、

金よりも時間が大切とされだした、そんな時期が第3部である。
「物の豊かさよりも心の豊かさ」というキャッチフレーズがあったが、実際は、物だけでなく、自然も・健康も・気持ちも・関係も豊かになることを欲したのだ。そんな時期が第3部である。

(2)

時代の変容は青少年の変容をもたらす。この第3期の「軽薄短小」の最後を飾ったのが「ジュリアナ東京」旋風であったと言えよう。ディスコブームの絶頂期であり、と同時に最後の線香花火でもあった。お立ち台なるものが出来、その上でボディコンギャルがくねくねと踊り、私にとってはやかましいだけの大音響の音（音楽？）が響き渡る。あっという間に関東一円に広がり、そして数年にして、これまたあっという間に消えてなくなった。昭和55（1980）年のディスコ調査はその先駆けである。

鉛筆の削れない子の出現、朝シャンする女子高校生の出現も、時代を反映している。今までの子どもは誰でも鉛筆が削れた、それが削れない子が大量に出てきた、大変だ、という思考である。今では50歳前後の大人でも鉛筆を削れない人が多くいることであろう。また、朝シャンのおばさま族もさぞかし多いことと思う。小原庄助のような生活が出来るようになったのがこの第3期なのである。

単身赴任は、単身で赴任することのなかった労働者に起こったという、これもやはり、今までになかったことが起こった際に大変だと騒ぎ立てる、〈異変出現問題化症候群〉とでも名付けることの出来る事象であった。「問題だ、問題だ」と騒ぎながら、実証されることなく、単身赴任はさらに増加していったものの、単身赴任問題は消えてなくなってしまった。

性行動も随分と解放され出してきた。現在（2013年）ほどではないが、10代の性行動が大胆になり、婚前交渉が当たり前になったのも、この頃であった。豊かな社会の到来は、今までの禁欲からの解放でもあったのだ。日本性教育協会は今も存続しており、そして今も性行動調査は行われている。

結婚できない若者の出現も、現在にまで引き継がれている問題であり、しかも、深刻度を増して、男も女も結婚できないという状況に見舞われている。最

低・最悪の人と結婚しなければそれでいいと思うのだが、それなら独身でいたほうがいいのであろう。

　ウンコ座り、その後の地べた座り。これは一時期の流行、一時期の青少年の特殊な行動であった、と言える。その後の子どもたちはこうした座り方をしていない。また、ウンコ座りをしていた世代が大人になっても未だ公衆の面前でウンコすわりをしている、という光景も見ない。

　子どものあそびに一大変化をもたらしたファミコンの出現もこの時期である。ブロック崩し、インベーダーゲームというごく単純なものから、パックマン、スーパーマリオ、そして「ストリートファイター」シリーズ等の格闘技もの、さらに頭脳と根気の必要な「三国志」「信長の野望」等の戦略ものと、またたく間に多様性・複雑性を帯びるようになっていった。それに対応した子どもたちがのちに、パソコン時代・ネット時代の大人となっていったのである。

　子どもたちの変化も指摘されている。子どもの遊びの変化だけでなく、仲間集団自体に変化が生じ出してきたこと、さらに対人関係においても変化が生じている、との指摘である。赤面恐怖を典型とする「対人恐怖症」から関係性の構築・維持の出来ない「ふれ合い恐怖症」への変化である。この変化の氷山の一角として出てきたのが、不登校であり、ひきこもりであったと思われる。

（3）

　青少年の問題行動は、第2部の延長・発展・変容という様相を帯びて、出現した。その典型は、非社会的非行の延長としての「遊び型非行」の出現である。これは「あそび」が非行化し始めた、ということだけではなく、子どもたちのあそびが歪みだしたということをも意味していた。伝統的な集団でのあそびの衰退である。大人の指導の下でのスポーツというあそびでない限り、子どもたちは集団でルールをもってあそぶということが出来なくなってきていたのである。

　家庭内暴力は、子どもを叱ることの出来ない親、もしくは叱り方を知らない親、そして家庭のしつけに規準を喪失させた日本社会が生んだ母と子の歪んだ濃密化関係の帰結である。さらに、親になれない親の問題化がとんでもない現象をもたらせて登場する。児童虐待である。

根底は暴力の問題である。司法諸機関、特に警察の努力により、市民社会での暴力はほぼ押さえ込むことに日本社会は成功した。しかし、見えにくい暴力として、学校と家庭が残った。その学校で「教育」という名の下に行われるとき「体罰」となり、家庭では「しつけ」という名の下に行われるとき「虐待」ということになる。

この後、学校での体罰は激減するが、家庭での児童虐待は、児童相談所の機能を麻痺させるほどの勢いで顕在化していく。子どもを育てるだけの忍耐のない親が、育て方を知らずに出産し、地域付き合いはもちろんのこと、そして親戚付き合いももちろんのこと、親とも交流することなく今まで生きてきたツケが、ここに至って大きな障害となる。夫婦二人だけでの子育ての大変さに、ようやく気づくのである。

（4）

学校関係の問題が、この時期噴出する。

まず校内暴力である。これは「体罰」同様に、見えにくい学校での、しかも教師が見せようとしなかった暴力である。対生徒暴力・対教師暴力・対器物破損と分けることが出来るが、ほぼこの三つは重なる。教師にとって第一にすべきことは、暴力を振るう子どもに対しての教育ではなく、暴力を振るわれた子どもの保護であるにもかかわらず、暴力生徒にばかり心を奪われた結果現象であった。

この後におこった「いじめ」で、教師はようやくいじめられる側の児童生徒の立場に立つことになる。それでも初期は、いじめられる子も問題という視点を有していた。確かに、これは事実であろう。友達とうまく遊べない子、性格の歪んだ子、きつい発言や変わった発言をする子、等々と問題のある子がいじめられやすいことは確かだった。しかし、いじめをなくすためには、そうした事実認識は役立たない。こうして、ようやく「被害者の側に立つ」という教育スタンスが確立されていったのである。戦後の学校教育にあって、被害者側に立つというのは、これが初めてだったのではないだろうか。

さらに、このいじめ問題では、いじめる者・いじめられる者だけでなく、いじめを楽しんで見る観衆者、見てみぬ振りする傍観者、いじめの仲裁者・通報

者という児童生徒の関係構造を明らかにした。学校における子どもたちの仲間集団の時代性を浮き彫りにしたのである。

「不登校」も問題化した。未だに続く、息の長い児童生徒問題である。これも、子どもは学校に行くもの、という教育神話の崩壊がもたらしたものではあるが、〈異変出現問題化症候群〉ではない。「学校にいけない子どもたち」という戦後の外的条件では成立しない新タイプの長期欠席児童生徒の出現だったのである。まさに、時代の変容が以前とはまったく異なる長期欠席児童生徒を出現させたのである。

勉強しないで済むのであれば、子ども時代は実に楽しい。「ゲゲゲの鬼太郎」の主題歌では、お化けには学校も試験もないので楽しい、と歌われている。終戦直後の児童生徒にとっては、家にいるより学校に行ったほうが楽しかった。それは終戦直後の学校が、その後の豊かになった時代の学校よりも楽しかったのではなく、家にいることが苦しかったからである。家にいたら、３Ｋ（きつい、苦しい、汚い）仕事をしなくてはならなかったからだ。

その仕事から解放された子どもたちにとって、家は実に居心地の良い場と化した。もうそれだけでも学校に行く価値は大きく低下する。さらに、勉学に励んで立身出世しようという、〈学校教育＝立身出世手段〉という神話が崩壊したなら、あと学校に残る機能は、友達と楽しく過ごすという機能しかない。そしてこの機能すらなくなったとき、子どもたちは当然学校に行かなくなる。そんな時代となったのである。

不登校の次に社会問題化したのが「ひきこもり」である。立身出世は期待しないし、期待しても可能性はないという立場にいる若者、働かなくてもとりあえず親に衣食住を頼っていられるという立場にいる若者にとって、職場の居心地が悪く、家庭は職場から比べれば居心地が良いという状況では、ニートになってもおかしくない。さらに、対人関係がわずらわしい、対人関係に恐怖を抱いている若者では、遊びに出かけるということもなく、部屋のなかにひきこもるというのは、当然のこととなる。時代状況と個人の身近な環境状況と個人の性格特性の三条件がそろえば、ひきこもりが出現するのである。

三浦雄一郎氏の「冒険のすすめ」。彼自身不登校少年と化していた。それを

救ったのは、自然との関係であった。ただし、今の自然体験教育ではない。晴れた日は海岸の砂浜で寝、雨風の日は洞窟で寝、海で海草や魚を捕らえ食べ、原始的生活を営んだなかでの復帰であった。こうした人間の〈生きる〉という原点に立っての自らが自らに課した試みによる復帰だったのである。これは現代教育への一つの大きな教訓である。

(5)
　この第3部でも、さまざまな運動が紹介されている。
　民間の運動では「他人の子どもを叱る運動」「雷おやじの会」である。危ないことや悪いこと、迷惑なことをしている子どもに対しては、知らない子であっても、大人は叱らなくてはいけない、黙っている今の状況を打破しなくてはいけない、という提言であり活動である。しかし、調査では、知っている子どもは叱りやすいが、知らない子どもはしかりずらい、叱るのが怖いという結果が出ている。地域の人たちがみんな知り合い、という状況をまず作り出さなくてはいけない、ということである。
　行政の政策・対策に関しては、「ポルノ雑誌自販機」「ポルノコミック規制問題」「少年指導委員」「臨時教育審議会」と紹介している。自動販売機が道路に設置してあるということは、日本の安全を示す一つのメルクマールである。自動販売機が外に設置できない社会はきわめて危険な社会である。しかし、自販機でエロ物を販売することはない。エロ専門ショップが何の違和感もなくある社会がいい。
　臨時教育審議会、これこそがのちの日本の教育の方向性を示した時代の出発点であった。第4部では、その後の日本の教育に関しての論述が続々と登場する。

(6)
　とにかく、このほぼ10年間は、企業（特に金融業と不動産業）も、政治家も、公務員も、マスコミも、そして国民も、〈一億総はしゃぎすぎ〉の時代であった。美空ひばりの歌の「お祭りマンボ」の「何をいってもワッショイショイ」「何をきいてもテンツクツ」そして「あとの祭りよ」である。その「あとの祭り」が、バブルの崩壊という戦後最大の危機として、このあと襲いかかってくるのである。

第4部　バブル崩壊後の青少年問題

―平成4（1992）年～平成25（2013）年―
　〈その110〉～〈その180〉

第4部

その110　性教育

　性教育に関しての論考がこの頃実に多くある。
『青少年問題』第39巻第2号では特集が組まれ、「学校における性教育の必要性と考え方」（石川哲也、第39巻第2号（平成4年2月）26－34頁）、「性教育―いま、小学校では―」（内野宏史、同巻同号、35－39頁）、「問われる性教育―中学校の現場から―」（後藤利恵子、同巻同号、40－44頁）が掲載されている。
　また、「小学校の性教育を考える」（田能村祐麒、第39巻第12号（平成4年12月）14－22頁）、「先生！生きているってなあに？―養護学校の「性の授業」のようすから―」（嶋大蔵、第40巻第4号（平成5年4月）12－21頁）があり、さらに第41巻第9号でも特集が組まれ、「〈巻頭言〉性にかかわる今日的問題―青少年を中心として―」（間宮武、第41巻第9号（平成6年9月）2－3頁）、「青少年の性をどうとらえたらよいか」（田能村祐麒、同巻同号、10－15頁）、「東京都の学校における性教育」（東京都教育庁体育部健康指導課、同巻同号、23－31頁）、「東京都立江戸川高校の性教育の取り組み」（野口敏郎・田原正之、同巻同号、38－43頁）、「ティーム・ティーチングで実施している性教育」（木下洋子、同巻同号、44－49頁）が掲載されている。

　何故、このように多くあるかと言えば、当然、当時性教育が話題とされていたからである。
「平成4年度からの小学校学習指導要領完全実施を目前にして、小学校における性教育について、新聞やテレビなどでしばしば取り上げられている。（略）性教育に対する関心が従来にも増して、高まっていることは確かなことである。」（内野論文）
「学習指導要領の改訂に伴って、性教育の話題がマスコミ等で取り上げられている昨今（略）。」（後藤論文）
「また最近では、エイズの爆発的なまん延が懸念され、その予防やHIV感染者、エイズ患者に対する差別が大きな社会問題となっており、そこでは性教育の重

要性が強調されている。」（田能村論文、39巻第12号）

「特にエイズ指導に関しては、昭和62年度より体育科教員個々に行っていた指導を、平成３年度より、全員が統一課題を必ず行うことを確認した。」（野口・田原論文）

「激しい社会の変化を背景として、児童・生徒の発育の促進化傾向、男女の役割の多様性、性情報の氾濫等がみられ、それらに対して学校における性教育の必要性が一層高まっていることをふまえ、東京都教育委員会では、性教育に関する研修会・講習会の開催や教員用指導資料の作成など、様々な性教育推進事業を実施してきた。」（東京都教育庁体育部健康指導課論文）

　以上のように、性教育の話題がマスコミによってしばしば取り上げられていることがわかる。

　そしてその理由として第一に、小中学校の学習指導要領の改訂と平成４年度からの完全実施があることがわかる。また理由の第二に、世界的なエイズの大流行がある。エイズ防止とエイズに対しての正しい理解のために性教育が必要ということである。そして第三の理由としては、児童・生徒の発育の促進化傾向、男女の役割の多様性、性情報の氾濫等という現在の社会文化状況の変容が挙げられている。

　しかし、実は第四の理由があった。それは第三の「男女の役割の多様性」に結びつくものであるが、フェミニズムやジェンダー論の盛況とその政治化状況、そしてそれと連動してのセクシュアリティの問題化状況である。この第四の理由が第三の理由とセットとなり、さらに第一と第二の理由の到来によって、性教育の大流行をうながした、と読み取ることができるのである。

　ところがその後、行き過ぎた性教育として、反動の動きが起きた。第四の理由であったフェミニズムやジェンダー論に陰りが出てきたことによる。

その111 続・性教育

　昭和の終わりから平成一桁年前半まではフェミニズムの最盛期であり、ジェンダー論が一世を風靡した時代であった。多くのフェミニストが世に現われ、多くのジェンダーに関する本が出版された。そうした時代背景から、性教育も盛況になっていった。

　しかし、平成一桁年も後半になると、その反動が出てくる。「ジェンダーフリー」や「ジェンダーフリー教育」という用語が批判されだした。そしてそれに伴って、性教育も「過激な性教育」「行き過ぎの性教育」「異常な性教育」として批判されることになった。

　そんな性教育の芽がすでに、前回掲載した論文のなかにも見受けられる。

「最近、学校の性教育に対してや性教育の副読本と称する図書について、保護者や学識経験者の批判が高まっているが（略）。」（田能村論文、第39巻第12号）

　この頃すでに、性教育の内容・方法や性教育の用いる副読本に対して批判があったのだ。ただし当時、その批判は性教育必要論に押さえ込まれていて、顕在化していない。

「人形としてはこの他に、性器のついた『男の子人形』『女の子人形』『お父さん人形』『お母さん人形』などが必要に応じて使われている。」（内野論文、第39巻第2号）

　性器つきの人形（かなりリアリティあるものと評されている）による性教育がのちに批判を浴びる。その性器つきの人形を用いての性教育がすでになされていたのだ。ただし、「人形は教師の自作であり、人形作りの講習会も行われている」と記されているように、この頃の人形は、シロウトの手作りの単純なものだったようだ。

「実際のところ、学校ぐるみで性教育に取り組んでいるところは少ないのが現

状である。『寝た子を起こすな』といった考え方が、学校の内外を問わず聞かれることも少なくない。性教育を否定したり、敬遠したりする風潮が残っているということは、たいへん残念なことであるが、反面、性教育の研究や実践に熱心に取り組んでいる教師や保護者がいることもたしかである。」(内野論文、第39巻第2号)

　学校の内外の批判を受けながらも、性教育の研究や実践に熱心に取り組んでいたことがわかる。

「東京都教育委員会では、昭和60年度から4ヵ年にわたり『性教育の手引書』を毎年発行し、平成元年度から『性教育推進協力校』を幼・小・中・高校に設置し、性教育の実践に力を入れてきている。(略)幸い、本校では性教育の重要性を再確認し合い、本年度も引き続き、全員が全クラスでの取り組みを進めている。(略)しかし、男女差別撤廃、性役割の変化、マンガや雑誌の性表現、10代の人工妊娠中絶の増加、出産率の低下などが大きな社会問題となっている現在、学習指導要項に示されている性に関する内容は、生徒のニーズや社会的ニーズからみて、十分とはいえないと思う。(略)学習指導要項に示されている性に関する内容をさらに充実・発展させて体系化し、それが全教師によって指導されるように、組織化していく必要があると考えている。」(後藤論文、第39巻第2号)

　当時は、まさに行政と学校とが一体となって、そして全教員が一体となって、情熱的に性教育を実践していたことがうかがえる。「学習指導要項に示されている性に関する内容は、生徒のニーズや社会的ニーズからみて、十分とはいえない」のであって、「さらに充実・発展させて体系化し」、「組織化していく必要がある」というのである。

　こうした実践は今いったいどうなっているのだろうか。そして、行き過ぎの性教育批判後に復活した「性教育＝心の教育」は、いったいどうなっているのだろうか。2013年現在、性教育はほとんど問題視されることはない。「臭いものには蓋」ということなのか、「触らぬ神に祟りなし」ということなのか。

その112　エイズ

　前回、前々回と性教育を採り上げた。今回はそれと密接に関係しているエイズを採り上げる。
「エイズの理解と予防―青少年教育のために―」（塩川優一、『青少年問題』第40巻第3号（平成5年3月）4－11頁）である。

「エイズは、1981年（昭和56年）、アメリカ合衆国で発見された。すなわち20世紀の終わりになって突然出現した新しい病気である。」
「日本の場合、主な感染者は血友病の患者であった。」
「ところが、1991年（平成3年）に入ると、わが国ではエイズ患者、感染者の急激な増加が起こってきた。今回の流行では、エイズの感染経路は今までと異なり、主として男女間の性的な接触によるものであった。」
「そこで、今やエイズの流行は、日本の将来にかかわる大きな問題となった。そこで、国を挙げてエイズ対策に取り組むことになったのである。」
「エイズは新しい、恐るべき病気である。しかし、HIVは非常に弱いウィルスであり、また非常にうつりにくい。そこで、正しい知識を持ち、感染を防止することに努めれば、少しも恐れることはない病気であるといえる。」
「今般、文部省が、小中高等学校において性教育を推進するとともに、エイズに関する学習指導を開始されたことは、わが国のエイズ対策上まことに喜ばしいことである。」
「わが国では、性は伝統的にタブーとされてきた。そのような環境から、今早急に学校において性教育、エイズ教育の徹底が要望されることについては、各方面に戸惑いがあると思われる。」
「しかし、今や日本の青少年はエイズの危険にさらされている。彼らを知識がないままに放置し、エイズにかからせるのは忍び難いことである。青少年のエイズが日本のエイズ対策にとっても大きな問題である現在、思い切って積極的にエイズ教育の基礎として、性教育に取り組んでいただきたい。」

第４部　バブル崩壊後の青少年問題

「古い教育を受けた人々から見ると過激と思われるようなことでも、現在の若い人々にとっては日常茶飯事なことが多いのである。したがって、たとえばコンドーム教育一つとっても、それが過激かどうかは若い人の現状を把握理解してから、議論を進めなければならないのである。」

「わが国のエイズは今や爆発寸前の状態にある。欧米諸国のような悲惨な状況になることを避けるために、そして21世紀に、明るい健康な日本社会を残すためにも、社会も教育者も、今やエイズ教育に向かって力強く立ち上がっていただきたい。」

筆者の塩川優一氏は順天堂大学名誉教授で厚生省エイズサーベイランス委員会委員長（執筆時）である。

文章は切実なる訴えで満ち溢れている。当時、エイズは人類が滅びるのではないかとすら恐れられた大問題であった。アメリカ発ということと、性交によって感染するということが、さらに危機意識を煽った。

「エイズは新しい、恐るべき病気」「エイズの流行は、日本の将来にかかわる大きな問題」「わが国のエイズは今や爆発寸前の状態」との表現は決して大げさなことではなく、当時としては当たり前の表現であった。

それだからこそ、「性は伝統的にタブー」であっても、「過激と思われるようなこと」や「戸惑い」があっても、「思い切って積極的にエイズ教育の基礎として、性教育に取り組んでいただきたい」というわけである。

こうした性教育積極論の一大根拠であったエイズの恐怖が薄らいでいくにつれ、性教育の積極性は批判されだし、後退していったという次第である。

なお、他にエイズに関しては、「学校でエイズをどう教えればよいか」（石川哲也、第41巻第９号（平成６年９月）16－22頁）と「〈各省だより〉社会教育指導者の手引き『エイズに関する学習のすすめ方』について」（渡部徹、第41巻第９号（平成６年９月）54－55頁）がある。

その113　飲酒問題

　今回は飲酒問題を採り上げる。二つの別の内容の論文である。
　一つは「放置できないところまできた未成年者の飲酒問題」（鈴木健二、『青少年問題』第38巻第12号（平成3年12月）12－20頁）、今一つは「急性アルコール中毒」（山田一朗、第40巻第12号（平成5年12月）12－18頁）である。

　まずは鈴木論文から。
　「かつて、飲酒をすすめることは、子どもから大人になるための通過儀礼としての意味をもっていた。しかし現在の日本は、そのような通過儀礼を無価値化してしまっており、飲酒について大人と子どもの間の境界は消失してしまっている。」
　「日本には『未成年者飲酒禁止法』という立派な法律があるが、アルコール消費における大人と子どもの境界線の消失は、その法律をまったく空文化してしまっている。」
　「いまの日本は、未成年者の飲酒に対する抑止力を欠いた社会といえる。」
　「筆者らは昨年、高校生の飲酒実態についての調査を行った。（略）その回答から、未成年者を五つのグループに分割する。『禁酒者』とは、全然飲酒していない青年である。『正常の青年』とは、親類やコンパなどの席ですすめられて少量飲酒する青年で、このグループは未成年者飲酒禁止法の許容する範囲といえる。『飲酒しているが問題はない青年』とは、年に数回以上自発的意志で飲酒しているが、酔っぱらったり、飲酒による失敗のない青年である。『問題飲酒青年』とは、週に1回以上飲酒しており、酔いによってストレスを発散していると考えており、飲酒による失敗も体験している青年である。『重篤問題飲酒青年』とは、週に数回以上飲酒し、心理的にアルコールを求めており、アルコール依存症にちかい青年である。」
　鈴木氏の論文では、タイトルならびに前半の厳しい論調とは裏腹に、高校生調査ではかなり寛容となっている。時と場によって自制しながら酒を飲む高校

生を「正常の青年」「飲酒しているが問題ない青年」としている。我々の調査からもほぼ同様の結果が出ている。いわんや大学生ではほとんど問題ない。

　ところが、「未成年者」という概念が20歳未満ということで、近年、大学生の飲酒にまで法律はやかましく介入しだしている。これはいただけない。

　18歳以上の大学生や社会人が酒を飲むことには、迷惑をかけない限り、法律は許容性を持つべきである。要するに、「迷惑飲酒」を禁止し、取り締まればよい。ちなみに、私の高校生時代は「飲酒しているが問題はない青年」であった。

　次に山田論文から。
「イッキ飲みは、いわば物質的に豊かになり過ぎた現代を象徴する危険な遊びと言ってよい。」
「アルコール問題全国市民協会（ASK）では、酒にまつわる被害の実態を調べることを目的として、1992年の4月に『イッキ飲み被害110番』を実施した。」
「ASKではこれら一連の結果から、昨今のイッキ飲みブームの特徴を、①先輩・後輩という上下関係の中での「いじめ」的要素が強いこと、②イッキ飲みで危険な状態になった人への対処が適切でないこと、と総括している。」

　当時、大学で大きな問題となったのは、この「イッキ飲み」である。「みんなで飲む」という伝統が崩壊したサークルや、酒の席での場の盛り上げができない大学生グループがこうした馬鹿な飲み方を始めた。

　私の勤めている中央大学では、このイッキ飲みによって大学生が死亡しているし、白門祭（学園祭）や花見シーズンでは救急車の要請が多発し、八王子市から今後中央大学には救急車は出動させないとまで、強いクレームが出て、禁酒措置を取らざるを得なくなった。

　こうしたことは、まさに日本の飲酒文化の崩壊以外のなにものでもない。大人集団から酒の飲み方を教わらずに同年齢の者だけで飲みだした結果である。飲酒教育が必要である。

その114 　保健室登校

　〈その104〉と〈その105〉で不登校を採り上げたが、その不登校と密接に関係するのが、今回採り上げる保健室登校である。

　『青少年問題』では、第39巻第5号で、この保健室登校を特集している。具体的な論考は「保健室来室者調査について」（出井美智子、第39巻第5号（平成4年5月）12-20頁）、「保健室へ寄る子ども達」（荻原静子、同巻同号、22-25頁）、「不安定な中学生への支援」（山口京子、同巻同号、26-30頁）、「保健室登校から見えること」（児玉智子、同巻同号、31-35頁）である。

　ここでは「保健室来室者調査について」を紹介していきたい。

　「学校には保健室があって、そこには養護教諭がおり、身長計や体重計、書籍戸棚、机、ベッドなどが置いてあるのが普通である。最近は、保健室の一角を戸棚やカーテンで囲ってソファを置き、プライバシーを保ちながら相談できるように工夫をしたところも増えてきた。」

　「かつての保健室は、体育や遊び時間にけがをしたり、かぜをひいて気分が悪くなったりした時に行けば養護教諭が手当てをしたり、それぞれの子どもに健康を回復し、健康で生活するにはどうすればよいか等の保健指導をして、ことが足りた。ところが十数年位前から、子どもたちはさまざまな訴えを持って来室するようになった。たとえ腹痛や頭痛などのような身体の症状を訴えても、じっくり話を聴くと、不安や悩みなど、心の問題が原因であることが増えたという報告がなされるようになってきた。（略）そして、不登校の一ステージとも考えられる"保健室登校"という言葉も定着してきた。これは、保健室へは行けても、教室で他の級友といっしょに授業が受けられず、あるいは特定の教科だけ教室に出られるが、通常は保健室にいて、養護教諭のケアを受けている状態をさしている。」

　「支援事例のある学校は、小学校46.2％、中学校72.4％、高等学校70.6％で、（略）保健室登校をしている児童生徒については、小学校が7.1％、中学校が

23.2％、高等学校が8.1％であり、中学校ではおよそ４分の１の学校に、保健室登校している生徒がいることになっている。」

「ある学校で教育相談室を設け、教員も相談室に配置したのに、生徒があまり相談に来なかったという事例を聞いたことがある。子どもにとっては仰々しく『悩みがあって相談に来ました』というより、いろいろな人が自由に出入りできる保健室の方が心理的に抵抗なく、入りやすいためと考えられる。」

「このような状況で、養護教諭には、心の問題を抱えている子どもに対して適切な対応が求められており、そのために文部省では昭和60年度からヘルスカウンセリング講習会を実施するとともに、先に述べたように、この保健室来室者調査をもとに、手引書を作成する予定でいる。」

　不登校はどの児童生徒にも起こりうることとされている。しかしそれだけでなく、不登校の子どもと登校している子どもという二つのカテゴリーがあるのではなく、連続体として存在している。

　まったく不登校とは関係ない児童生徒、限りなく不登校に近い児童生徒、不登校ではあるがごく軽度の児童生徒、不登校に極度のひきこもりを伴う児童生徒、等々である。

　この登校と不登校との境界附近にいる児童生徒にとって保健室は「居場所」である。

　ぶらりと気軽に出入りでき、何もしないでいてもよく、しかもそこにいるのは「先生」ではない、多くは「おねえさん」であり「おばさん」である。教育相談室を設けたが生徒は来なかったという事例は、仰々しいだけでなく、そこにいるのが「先生」だったからだ。

　このあと、スクールカウンセリング制度が導入されたが、保健室の居場所としての重要性はなくなっていない。また、養護教諭はたとえカウンセリングの技能を会得したとしても、いつまでも児童生徒にとって「おねえさん」「おばさん」であってほしい。

その115　職業選択―バブル崩壊以前

　2回にわたり、バブル崩壊以前と以降の青少年の職業選択について採り上げる。

　今回は前編ということで、採り上げる論文は、「若者の進路選択とキャリア形成―青年の職業適応に関する国際比較調査から―」（松本純平、『青少年問題』第37巻第3号（平成2年3月）4－12頁）、「中・高校における進路指導―昭和63年度の総合的実態調査結果について―」（鹿嶋研之助、同巻同号、24－32頁）、そして「新規学卒者の労働観・余暇観」（労働省、同巻同号、34－37頁）である。

　まずは、松本論文から。
「最近では、職業欄に『フリーター』と記入する若者が増えている。アルバイトは従来、一時しのぎや定職に就くまでのつなぎとみられていた。しかし、アルバイトという働き方を積極的に選ぶ若者たちが出現しているのである。『フリーター』＝フリー・アルバイターという言葉は、定職をもとうとはしない現在の若者たちの仕事と人生への姿勢を鮮やかに表現している。そして、それは同時に現在の日本社会が、一部ではあれ、若者がこのような生き方を選べる社会であるということを示しているといえよう。」
「国際比較の結果から浮き彫りにされた、わが国の若者の学校から職業への移行期は、学校の厚い庇護の下に整然と進路『選択』していく姿といえよう。」

　次に鹿嶋論文。
「進路指導に関する公務を担当するなんらかの組織を設けている高等学校は99.9％であり、また、進路指導部・課で一括担当している高等学校は92.5％である。以上の点から、進路指導の組織の設置、及びその担当の形態は、多くの高等学校で整備されている。」

　最後に労働省の調査結果から。

ここではまず、小見出しのみ提示する。「『やりがいのある仕事』を希望」、「『会社人間』を否定」、「条件次第で転職」、「仕事と余暇の両立」、「自由時間志向」、「労働時間は短く」、「時間の短縮よりも『休日増を』」等。
「最近では、景気拡大を背景に、企業の人手不足感が強まりつつあり、また、将来的にみると若年労働力は減少していくものと見込まれている。こうした中で、中小企業が良質な若年労働力を確保していくためには、週休２日制の導入・拡充など、若者の意識を十分に踏まえた労働条件の改善が必要であるといえる。」

20年以上前の古き良き時代のことであり、バブル最盛期の時代である。
「職業欄に『フリーター』と記入する若者」は、不本意に記入しているのではない。そこには敗者の面影も、後ろめたさもない。「定職に就かない」「正社員にはならない」というのが、一つの生き方であった。そして、いつでも変更可能であった。「定職に就きたくなったら、そのときは就く」という人生の選択が可能であった。まさに「若者がこのような生き方を選べる社会」だったのである。
だからこそ、労働観も余暇観も、良く言えばおおらかであり、悪く言えば図々しい。
やりがいのある仕事を希望し、会社人間にはなりたくなく、条件次第では転職し、仕事と余暇は両立させ、自由時間を大切にし、労働時間は短いことを希望、とは誰でもが望むことである。それを若者が堂々と主張できた時代だったのだ。
それゆえに、中小企業では、「若者の意識を十分に踏まえた労働条件の改善が必要」なのである。
また、高校で就職する若者に対しては、各学校で、しっかりとした進路選択システムが整っていたのである。
こうした状況が、数年後には大きく崩れだしていくことになる。経済界の貪欲と傲慢さのツケを国民全体で払わなくてはならない時代に突入する。

その116　職業選択―バブル崩壊以降

　前回に引き続き、今回はその後編、バブル崩壊以降の青少年の職業選択についてである。

　採り上げる論文は、「新規学卒者の就職状況と就職援助」（労働省職業安定局、『青少年問題』第41巻第6号（平成6年6月）26－33頁）、「新卒者の就職状況と離職状況」（労働省職業安定局業務調整課、第42巻第6号（平成7年6月）24－31頁）、「女子学生の就職難を考える」（福沢恵子、第42巻第12号（平成7年12月）44－49頁）、「変革する時代への対応―'95年度就職活動を振り返って―」（薄井昭七、第43巻第6号（平成8年6月）16－21頁）である。

　平成3（1991）年に日本経済のバブルが崩壊した。しかし、『青少年問題』でその深刻さを採り上げたのは3年後の平成6（1994）年のことである。
　まずは「新規学卒者の就職状況と就職援助」から。
「景気低迷の影響等を受け、各企業が新規学卒者の採用数を減少させたことから、平成6年3月新規学卒者の就職環境は例年に比べ一段と厳しい状況となった。」
「高等学校卒業予定者に対する求人数は、1月末現在で92万7千人。前年同期に比べ32.1％減であり、2年連続の減少となっている。（略）求人倍率は1月末現在で2.39倍となり、前年同期（3.03倍）を0.64ポイント下回り、これについても2年連続の減少となったが、依然求人倍率2倍を超える水準を保っている。」
　記述のとおり、景気低迷の影響を受け、2年連続の求人数・求人倍率の減少ではあったが、それでも高等学校卒業予定者に対する求人倍率は2.4倍を保っている。この頃は、未だ売り手市場だったのだ。

　次にその1年後の「新卒者の就職状況と離職状況」をみてみる。
「景気低迷の影響により、各企業の新卒者の採用意欲は昨年度以上に抑制され、求人数も大幅に減少したことから、平成7年3月新卒者の就職環境は前年度に

引き続き厳しい状況となった。」

「全国の高校新卒者に対する求人数は、２月末現在で63万9千人。前年同期に比べ31.5％減少している。（略）求人倍率は２月末現在で1.88倍となり、前年同期（2.43倍）を0.55ポイント下回っている。」

　厳しさがさらに増していることがわかる。

　一方、女子大学生では、「女子学生の就職難を考える」によると、次のようになっている。

「㈱リクルートリサーチの調査によれば、1993年３月の女子の求人倍率は1.04倍だったが、94年３月卒は0.87倍、95年３月卒は0.61倍、そして96年卒業予定者の求人倍率は0.45倍である。」

「ある大企業では、今後数年間は退職者の補充はせず、派遣労働者か合理化で乗り切るという方針だ。」

　女子大生では完全に買い手市場と化している。２人に１人しか就職できないという状況に突入しているのである。

　しかし、これはバブル崩壊による不景気ということだけではない。企業を救うための政府の雇用方針の変更が派遣労働者を使いやすくした結果でもあるのだ。

　最後に、「変革する時代への対応」。

「（大学生）男子は、６年前の91年３月の3.14倍から96年の1.33倍へと91年３月に比べて半分以下まで落ち込んでいる。（略）女子にいたっては、６年前の91年３月の1.98倍から96年３月は0.45倍となり、何んと22.7％まで落ち込み」と、やはり厳しさが描かれている。

　バブル崩壊以前の若者の労働観も余暇観もどこかに吹き飛んで行ってしまっている。

その117 ｜ 若者のカード破産

　今回は若者のカード破産について採り上げる。

　採り上げる論文名も「若者のカード破産」（釜井英法、『青少年問題』第40巻第2号（平成5年2月）18－25頁）である。

「ここ数年で個人破産は急増している。また、個人破産の大部分は、近年急速に普及してきたカードの使いすぎが主たる原因となっており、その意味でこの個人破産の増加をカード破産の増加とよみかえてもよい。」

「30歳未満の若者の破産申立は約4年間で約2倍になっており、この意味では若者の破産申立は他の世代に比べて『激増』している。」

「最大の原因としては、消費者信用（クレジット・ローン）業界の急激な膨張とそれに伴う消費者信用業者の過当競争を挙げることができる。」

「カードの無差別・過剰発行・過剰与信を続けていれば、支払能力を超えて、カードを利用し、経済的に破綻してしまう消費者が出てくるのは当然のことである。また、最近、クレジットカード会社は、若年層をターゲットとする営業戦略を展開している。中には大学生を対象にして学生証と一体化したクレジットカードを発行するカード会社まで出てきている。このようなカード会社の姿勢が、先述の若者の個人破産を増加させた一因となっていることは明らかである。」

「多くのマスコミは、（略）近年の個人破産の増加は、破産者個人のモラル・道徳の低下にあるとして破産者の自己責任を強調する。しかし、カード文化にみられる消費者のモラル・道徳を低下させたのは誰か。ほかならぬカード会社であり、カード会社のコマーシャルを無制限に流すマスコミである。（略）つまり、破産者の自己責任強調論は、カード業界の責任を隠蔽し、消費者のみに破産急増の責任を負わせようとする議論であり、問題の本質を見失わせるものであって妥当でない。」

「若者のカード破産の典型的ケースは次のようなものである。（略）破綻への

第一歩は、返済資金ないし生活費を捻出するために、カードのキャッシング機能を利用することである。この機能を利用するようになると、そのカードだけでは足りなくなる。（略）そこで、若者は、別のカードを作ろうとするのであるが、このカードが先述したようにいとも簡単に出来てしまう。そうして複数のカードで返済資金を捻出するようになると、負債額は雪だるま式に増えていく。信販系、銀行系のカードを利用しつくすと、最後に頼るのはサラ金である。」

　平成に入ると消費者被害問題が登場してくる。ねずみ講まがいの金儲け話に引っかかったり、高額の学習教材を買わされたり、「自己啓発」などという講習会を受講させられたり、等々と、お年寄りだけでなく若者にも被害が出始める。私のところの中央大学でも、新入生のガイダンスのなかに、この消費者被害を取り上げている。
　そしてこのクレジットカード問題の出現である。銀行もカード、電車・バスに乗るのもカード、買物もカード、何から何までカードの時代が到来した。
　私のような古い人間は、このカードというものに違和感があり、基本的に信用していないし、できる限り使用しないで、支払は現金という「現金万能主義者」であるが、若い人たちは器用というか、実に要領よくカードを使いこなす。しかし、そこに大きな罠が潜んでいる。宮部みゆきが、小説『火車』にてカード破産者の凄まじさを書いたのは1992年のことであった。
　その後、カード業界も金融業界も自粛し、「ご利用はご計画的に」などと、しおらしいコマーシャルを流すようになり、そして、この不況の最中、若者もそれほどには馬鹿ではなくなり、ようやく沈静化していった。
　しかし、それにしても「学生証と一体化したクレジットカード」とは、一体全体、どこの大学だったのであろう。

その118 　学校週5日制

　学校教育制度が大きく揺れ動いたのがこの時期（平成4～6年）であった。
　今回は学校週5日制について採り上げる。採り上げる論文は「『学校週5日制』をむかえる子どもたち」（望月厚志、『青少年問題』第39巻第8号（平成4年8月）36－45頁）と「〈巻頭言〉学校週5日制と青少年の健全育成」（遠山耕平、第40巻第1号（平成5年1月）2－3頁）である。

　まずは、望月論文から。
　「わが国の近代公教育が始まって以来の大きな改革の一つが、まもなく行われようとしている。いうまでもなく学校週5日制の開始である。」
　たかだか、土曜日が半ドンから休みになる、というだけのことだったのだが、当時としては、まさに大改革だったのである。
　「この学校5日制に対応するために、全国各地の学校や青少年教育施設などでは、さまざまな試みや企画、準備がすすめられている」。ところが「（子どもたちは）図書館以外の身近な青少年教育・社会教育施設との接触が少ない」。したがって、「今後、学校を離れた家庭や地域社会の中で、『遊びたい』と考えている子どもたちを引きつける魅力ある直接体験の機会や活動の提供、指導者の発掘や活用、各種施設のいっそうの充実、学校の開放、学校教師の協力などが、きめ細やかな配慮のもとに望まれるところである」と論述は続く。
　このように問題提起しているのだが、子どもたちが地域の諸施設を喜んで使用しているという状況にこのあとなっていったのか、となると、はなはだ疑問である。児童館といった子どもを預かるという機能を持った施設は必要だが、「あそぶ」施設を整備し細やかな配慮をすれば子どもは集まるというものではない。

　次に遠山「巻頭言」。
　「現在の我が国の初等中等教育の水準は高く、世界的に見ても高い評価がなさ

れている。例えば小中学校の就学率、高校進学率、高校卒業率は世界のトップクラスであり、IEA（国際教育達成度評価学会）の行う数学や理科の成績も世界の上位にある。」

しかし、一方、「①学校教育の制度、運営、指導法等に過度の画一性、硬直性がみられる。（略）②過度の受験体制教育の弊害が学校教育の隅々にまで及び、教師、生徒、保護者のいずれも受験競争に駆りたてられ、『受験』ということに金縛り状態にある。（略）③児童生徒の問題行動が増加している」のである。

そこで、「学校への過度の依存をやめ、（略）家庭や地域社会における生活時間の比重を高めることが必要である。このようなことから学校週5日制を導入することが適当と考えられたのである」ということなのだ。

画一的・硬直的な教育の弊害をなくすこと、過度の受験体制教育から脱却すること、児童生徒の問題行動に対処すること、こうしたことのために、学校への過度の依存をやめ、家庭や地域社会の比重を高めることが必要とされ、その具体的な方策として、家庭や地域社会における生活時間の比重を高める学校週5日制が導入された、ということである。

土曜日半ドンから休みということでは、たいした改革ではないように思われるのであるが、その背後にある問題状況と改革理念というものは、かなり大きなものであることが理解される。

しかし、学校週5日制の導入で、学校の問題状況は改善されていったのであろうか。確かに受験競争は和らいだ。しかしそれは、学校週5日制を導入したからではなく、高校受験人口さらに大学受験人口が著しく減少したからである。校内暴力はほぼ解消したが、「いじめ」と「不登校」は依然として解消されていない。また、家庭の躾機能も地域の教育力も、学校週5日制導入後、向上したとは思えない。私の言うように、土曜日が半ドンから休みに変わった、ということのように思える。

この点、次回で、さらに考えていきたい。

その119　続・学校週5日制

今回は前回に引き続いて、学校週5日制を採り上げる。

採り上げる論文は「学校週5日制」（船橋明男、『青少年問題』第39巻第12号（平成4年12月）24－33頁）である。

「学校週5日制が実施される背景の一つには、学ぶ所は学校だけでなくて、いろいろな場所で学べるようにしようという考えがある。」

このことは、教育は家庭と地域と学校の三位一体によって成されなければならない、にもかかわらず学校教育だけが突出してしまった、そこで三位一体のバランスを戻すために改革する、ということであり、以前からある教育理念に基づいての、ごくごく当たり前の改革である。

また、「脱学校化」という新しい考えに基づいての改革でもある。いずれにせよ、十分納得し得るものである。

「二つ目は、学校週5日制を実施する背景には、学力観を変えていこうという考えがある。大人も学校も親も社会も、学力というものの考え方を大きく変えようではないかという提案が含まれている。」

明治維新以降の教育は、近代国家建設人材確保のための教育、つまり、日本国の子どもは誰でも読み書きそろばんができる教育、西洋の新しい知識を身につける教育であった。

この教育から、一人一人の個性に応じた教育、多様性のある教育、自ら判断しえる力を身につける教育への大転換である。それは、従来の良く言えば平等な教育・悪く言えば画一的な教育から、良く言えば個性重視の教育・悪く言えば不公平な教育への変換である。

学校週5日制は、こうした平成の教育大改革の一環として、そのなかのごくごく一部として制度化されたものであった。

この大改革を、筆者はこのように熱く語る。

「このことは高等学校や大学の入試試験にも変更を加えることになろう。高校、大学とも推薦入学制がとられ、それは次第に拡大され、面接等で何に関心があり、自分のどのような面を伸ばしたいかで入学者を決めるということが実施されてきている。新学力観が定着してくると、小論文がまず変わり、ペーパー・テストも10年間で大きく変化すると予想している。」

「教育の方針を『自ら課題を求め、自ら判断、行動する』という方式をとっているかぎり、今後の傾向や方向はもう明らかである。20年ほど経過することによって日本の教育は、大きく変わり、そして多様な状態や考えや行動をお互いに認めあうことになっていくから、国際的な交流もずいぶんしやすくなっていくのではないかと思われる。」

推薦入学制が高校や大学で採られていることは確かである。しかしそれは、入学定員を確保し、一般入試の倍率を上げ、学校のレベル（入試の難易度）をあげるためもしくは下げないため、という理由からである。新学力観によるものではない。しかも、推薦入試等の非ペーパー入試による入学者率を50％未満に抑えるようにと、文科省は躍起になっているのが現状である。

確かに、20年ほど経った現在、大学の入試状況は大きく変わった。しかしそれは、18歳人口の減少によるものであり、新学力観による変化ではない。大学の生き残りのための変化である。

「今後の傾向や方向はもう明らかである」という予測は、完全に外れてしまった。その後、反動の猛威がこの新学力観に襲いかかる。そして、文科省は数年で大きく方向転換してしまうのである。

学校週5日制だけはかろうじて生き残っている。しかし、これも時間の問題なのかもしれない。国レベルでも地方自治体レベルでも、既に学校週6日制は復活し出してきている。

なお、逆戻りに関して、親は賛成のようであるが、当事者である子どもはおそらく反対であろう。私が子どもなら当然反対する。

その120　生きる力とゆとりの教育

　前回、前々回と学校週5日制について論じた。その際、新学力観なるものが学校5日制以上に大きな改革としてクローズアップされた。そこで今回は、この学校教育大改革の中身に迫っていこうと思う。

　採り上げる論文は「〈巻頭言〉生きる力をはぐくむ地域」（河野重男、『青少年問題』第43巻第11号（平成8年11月）2-3頁）と「21世紀を展望した我が国の教育の在り方について—中央教育審議会第一次答申の骨子—」（中央教育審議会、同巻同号、4-13頁）である。

　まずは「巻頭言」から。
　「去る7月19日に、第15期中央教育審議会の答申が出された。この答申は、『21世紀を展望した教育の在り方について』検討したもので、これからの教育のあり方として、子どもに『生きる力』と『ゆとり』をはぐくむことを求めている。そして『生きる力』ということにふれて、次の3点を強調している。」
　「①いかに社会が変化しようと、自分で課題を見つけ、自ら学び、自ら考え、主体的に判断し、行動し、よりよく問題を解決する資質や能力」、「②自らを律しつつ、他人とともに協調し、他人を思いやる心や感動する心など、豊な人間性」、「③たくましく生きるための健康や体力」。

　次に「第一次答申」。
　「今後における教育のあり方〔今後の教育の基本的方向〕」……「これから求められる資質や能力は、変化の激しい社会を〔生きる力〕」、「今後の教育では学校・家庭・地域社会全体を通して、〔生きる力〕をはぐくむことを重視」、「子供と社会全体の〔ゆとり〕の確保（子供が〔生きる力〕をはぐくむためには、子供たちをはじめ、社会全体に〔ゆとり〕をもたせることが必要）」。
　「これからの学校教育のあり方」……「〔生きる力〕の育成を基本とし、知識を教え込むことになりがちであった教育から、自ら学び、自ら考える教育への

転換を目指す。学校はその実現のため、〔ゆとり〕のある教育環境で、一人一人の子供を大切にした〔ゆとり〕のある教育活動を展開」。

　教育の基本方針は〔生きる力〕をはぐくむことである、ということがわかる。また、その生きる力とは、自分で課題を見つけ、自ら学び、自ら考え、主体的に判断し、行動し、問題を解決する資質や能力であることがわかる。
　変化の激しい社会では、いくら知識を詰め込んだとて、すぐに古くなり使いものにならなくなってしまう。しかも、これからますます国際競争は激しくなる。それゆえに、自ら知識を生み出し、自ら使いこなす能力が必要である、ということだ。
　理念としては、できすぎなほどに良くできている。明治の「読み書きそろばん」の比ではない。
　しかし、子どもたち全てにこのような能力がはぐくまれることを期待すべきではない。「読み書きそろばん」教育に比べハードルが高すぎる。ごく少数のエリート養成教育指向である。
　さらに、生きる力をどのようにはぐくむのか、学校教育や家庭教育、地域教育でどれほど可能なのか、という具体性が弱い。苦肉の策として出てきたのが学校教育次元の「総合的な学習の時間」ということであり、具体性になったら途端にお粗末となってしまった。
　生きる力をはぐくむためには、学校はゆとりある教育環境でなくてはならない、という。また、社会全体にゆとりを確保しなくてはならない、という。これはわかかりやすいしやりやすい。
　社会も親も「受験、受験」と騒ぎ立てず、教える内容を少なくし、宿題を出さず、偏差値教育を廃止する、ということだ。
　結果は、この〔ゆとり〕だけ成功した。しかも、学校教育のゆとりだけでなく、子どもたちの学習意欲や学習態度までゆとり化してしまった。予期せぬ結果であった。

その121　子どもの権利条約

　今回は子どもの権利条約を採り上げる。
　採り上げる論文は「『児童の権利条約』と児童福祉の課題」（山本保、『青少年問題』第42巻第1号（平成7年1月）26－31頁）と「子どもの権利条約と日本における児童福祉施設施策」（松原康雄、第43巻第5号（平成8年5月）10－15頁）である。なお、第43巻第5号には「子どもの翻訳による『子どもの権利条約』」（編集部、16－19頁）も掲載されている。

　まずは、山本論文から。
　「平成6年4月22日、我が国も、権利条約を批准し、158番目の締約国となった。」
　「権利条約の意義は次の3点に求められるのではないか。第一に、（略）大人と同じように権利や自由が守られるべきであることを明確にし、子どもの主体性・発達状況や能力等に十分配慮して、各種のサービスを受ける権利を有することを宣言したこと。第二は、子どもの育成の目標は、その人格や能力を可能な最大限に発達させることであると明示したこと。第三は、子どもの発達を保障する第一義的責任者は父母（法定保護者を含む）であって、国は父母の養育を支援すべき責任があることを定めたことである。」

　次に松原論文。
　「日本は、権利条約を批准する際には、国内法や制度をこと改めて改革する必要はないとの理解をとった」のだが、実際は、直接的間接的に法や制度の改革を行っている、という。
　例えば、厚生省に限定してみても次のとおりである。
　平成6年、「『次代を担う子どもが健やかに生まれ育つための環境づくり』を推進するために児童家庭局の組織を再編」。また、「文部省、労働省、建設省とともに、『今後の子育て支援のための施策の基本的方向について』、一般にはエ

ンゼルプランを策定している」。さらに、「大蔵、自治、厚生の3大臣合意として、『当面の緊急保育対策等を推進するための考え方』、いわゆる緊急保育対策5か年事業が出され、翌年度から実施に移されている」。「緊急保育対策5か年事業には、低年齢児保育、延長保育、一時的保育、乳幼児健康支援デイサービス事業、放課後児童クラブの充実、保育所の多機能化のための整備、地域子育て支援センターの整備が盛り込まれている」。そして、本年（平成7年）、「厚生省は児童福祉法の改正を児童福祉審議会の場で検討することになっている」、等々である。

　権利条約批准に際しては、「児童」にするか「子ども」にするか、という論争が起こったことを記憶している。さほど興味関心のなかった私にとってはどちらでもよいではないかと思われたのだが、推進派の研究者は、断じて「子ども」であった。
　さて、政府は批准を嫌がり長引かせていたにもかかわらず、批准した途端、さまざまな対応策を打ち出していった。
　この策に対して、推進派研究者からの批判はあまり聞かれなかったように記憶している。しかし、今思うに、政府は都合のよいことばかり積極的であった、と言わざるを得ない。
　その最大が子育て支援である。「エンゼルプラン」を策定し、子どもを生み育てることへの支援を充実させた。しかし、この施策は子どもの権利条約とはほとんど関係ないものであった。
　我が国の少子化対策そのものである。平成2年の合計特殊出生率「1.57ショック」に対しての緊急の対応策である。その後、平成11年には、エンゼルプランと緊急保育対策等5か年事業の延長として、大蔵、文部、厚生、労働、建設、自治の6大臣合意による「重点的に推進すべき少子化対策の具体的実施計画について」（いわゆる「新エンゼルプラン」）が策定されたのである。
　しかし、未だ少子化に歯止めはかかっていない。そして未だ、共働き夫婦にとって、子を生み育てる十分な環境は整っていない。

その122　阪神淡路大震災

　平成7（1995）年早々、二つの大惨事が勃発した。今回はその一つ目を採り上げる。阪神淡路大震災である。

　採り上げる論文は「野外教育者が見た阪神大震災」（広瀬敏通、『青少年問題』第42巻第5号（平成7年5月）25－29頁）である。

　なお、この他に、JON（日本アウトドアネットワーク）を中心にボランティア活動を描いた「JON阪神大震災救援活動における後方支援活動」（三好利和、同巻同号、30－31頁）、さらに同じく青年のボランティア活動を述べた「阪神大震災と青少年ボランティア」（世戸俊男、第42巻第12号（平成7年12月）、32－38頁）がある。また、子どもの心のケアについて論じた「阪神大震災と子どもの心のケア」（三宅芳宏、同巻同号、25－31頁）がある。

　平成7年1月17日午前5時46分、神戸・明石・淡路を中心に巨大地震が発生した。都市直下型のこの地震は、死者6千人以上、負傷者4万人以上という関東大震災以来の大災害をもたらした。このときの救援の状況とボランティアの関係を「野外教育者が見た阪神大震災」からみていくこととする。

　「ボランティアを『無償の行為』と訳す日本では、組織的かつ機動性のあるボランティア団体は育ちにくいと私は考えてきた。個人の自発的自由意志による活動では、いわば『善意』が要（かなめ）となるので、長期的な計画性や統率力ある指揮体制に馴染まない。責任というカテゴリーの外に従来の日本のボランティア活動があったと理解している。」

　「今回の阪神大震災では、被災直後から、『不慣れな（当たり前なのだが）』ボランティアと被災住民の間で、さまざまな摩擦が生じた。それらはなんと、『善意』が摩擦発生源となったケースが多い。」

　「日常、福祉の現場などでは、無理せず、自分のペースに合わせた活動が行われる。だが、一転、災害地での緊急活動となると、個々バラバラではなく、出来るだけ一元化した指揮系統のなかで、最も効果的な活動を限られた時間内に

こなすことが求められる。『私はこうしたい』ということよりも『私はこうしなければならない』というほうを優先させる行動が必要となる。」

「現場では、この部分の行き違いが多く目についた。たびたび『僕はこうしたい、私はこれはいやだ』式の思考法にぶちあたった。」

　この大震災では「ボランティア元年」という言葉が生み出された。
　他人に無関心といわれていた日本の若者が、我も我もとこぞってボランティア活動に馳せ参じたからだ。確かにその行動は、一見、今までの日本の若者にみられなかった愛他的な光景であった。しかし、その実態は多くの問題をはらんでいた。
　筆者の広瀬氏の言われるとおり、日常の地域に密着した教育・福祉分野でのボランティアと、こうした災害時のボランティアとは、基本的に活動構造が異なる。自衛隊や地元の消防団・青年団が、従来はその主体となっていた。全て連携と機動力が期待できる組織である。
　ところがこの大震災に集まったボランティアは、全国から個人単位でもしくは少数の仲間単位で集まってきた若者であり、そのような若者は、地元での災害救援活動の経験がないばかりか、地域密着型のボランティア活動の経験もほとんどない若者たちであった。
　さらに、こうした災害馳せ参じ型ボランティア青年は、いくつかの特徴を有していた。
　第一に、1回限りのイベントボランティアであったこと。継続性がなかったのだ。第二に、マスコミ等で話題になった災害にのみ集中するという性格を有していたことだ。多分に、お祭り型人間であったのだ。第三に、自主的ではあったが、ボランティアは手段であって、目的は自分探し的色彩が強かったことだ。
　なお、この稿の記述後、東日本に巨大な地震と津波が襲いかかった。その惨劇は未だに続いている。

その123 | **オウム**

　とうとう出てきた。我が国犯罪史上最大最悪の事件である。
　採り上げる論文は「1995年の青少年問題」（松本良夫、『青少年問題』第42巻第12号（平成7年12月）4－11頁）、「オウムの子ども達の一時保護」（北村定義、同巻同号、18－24頁）である。なお、同号には「学校の中の破壊的カルト」（西田公昭、同巻同号、12－17頁）も掲載されている。

　まずは、松本論文から。
　「地震ショックも醒めやらぬ3月20日、東京の地下鉄車内でサリンが散布され多数の死傷者が出るという怪奇な事件が発生。（略）社会は異常感を募らせた。」
　「オウム事件については、（略）青少年問題との関連では、二つの点が論議の的となった。その一つは、『オウムの子ども』を社会的にどう処遇するかという問題である。もう一つは、『オウムの若者』という主題である。この点については、なぜ若者がオウムのようなカルトにひかれるのか、なぜ『まじめで優秀なエリート候補？』青年がオウムに転身したのかが論議になった。」
　「『オウムの子ども』に関しては、教団施設から保護された信者の子どもを親元に返すか児童福祉施設等に保護するか、また就学をどうするか…が問題となった。」

　ここで紹介を「オウムの子ども」問題に絞り、次に北村論文から引用する。
　「（平成7年）4月14日に山梨県上一色村の教団施設で53人の児童が山梨県中央児童相談所に付設された一時保護所に保護されてから今日まで、その保護の方法あるいは一時保護所での処遇等について、様々な意見が寄せられ、また議論がなされてきました。」
　「山梨県で53人の児童が一時保護された後、5月16日までに東京都で11人、群馬県で33人など一時保護された児童の数は101人に達しました。一つの事由で

このように多数の児童を一時保護したのは、児童相談所の歴史の中で、終戦直後のいわゆる浮浪児の保護を除けば初めてのことでありました。」
「一時保護された101人の年齢は、1歳から14歳までの各年齢に及び、性別は男児54人、女児47人でした。」
「長期にわたって教団施設で生活を送っていた子どもは、身体的疾患だけではなく食事、排泄、入浴といった基本的生活習慣が身についておらず、児童相談所職員を驚かせたようです。」
「教団施設にいた子ども達は、教団施設の子ども以外の同世代の子ども達との交わりの経験もなく、学齢期に達しても学校に就学していなかったため、学力の遅れがあるといったような問題もあり、児童相談所は、今後もこれらの児童の状況を不断に把握し、フォローアップを行い、必要に応じて、学校・教育委員会との連携のもとに、円滑に社会適応ができるように、きめ細やかな配慮を行っていく必要があると思います。」
「就学については、親族に引き取られた児童及び児童福祉施設に入所した児童の大部分が2学期から通学を始めており、その学校への適応状況については、概ね良好であると聞いています。」

　いかがでしょうか。今回は引用が長くなるが、保護の状況をより詳しく知らせたく、いつもより故意に長く引用した。
　オウムの子どもたちが保護されてから十数年。この間、麻原彰晃の娘さんの問題がたびたびマスコミに登場しただけで、ひっそりと歳月は流れた。今、保護された子ども達は、2013年現在で、下は十代の後半、上は三十代になっている。おそらく、平穏無事に生活しているものと思える。
　ということは、当時の保護対策はおおむね成功したということであろう。この事件では多くの犠牲者を出したが、この子どもたちも犠牲者であった。

その124 | **小児成人病**

　今回採り上げる論文は「小児期から予防したい成人病」（加藤忠明、『青少年問題』第42巻第5号（平成7年5月）18-24頁）と「成長期における食生活と成人病の予防」（吉池信男、第42巻第9号（平成7年9月）28-33頁）である。

　まずは、加藤論文から。
「小児成人病とは、小児期のライフスタイルの改善等により予防しうる成人病をさし、以下の三つに分けられる。」
「①成人病がすでに小児期に顕在化しているもの。すなわち小児がすでに糖尿病、虚血性心疾患、消化性潰瘍などに罹っている場合。②（略）。③成人病の危険因子がすでに小児期にみられるもの。すなわち肥満児、高脂血症児、高血圧児等の成人病予備群である。」
「日本で小児の動脈硬化が問題となったのは1980年代である。（略）現在の日本の子ども達に、動脈硬化がかなり潜行していて、将来の成人病にかかりやすくなっている危険性が明らかになった。（略）1990年度より厚生省心身障害研究として『小児期からの成人病予防に関する研究班』が組織され、長期的視野にたった研究が開始された。」

　次に吉池論文から。
「わが国の国民栄養調査によれば、高度経済成長時代に、総エネルギーに対する脂肪摂取の割合（％）が急激に増加した。すなわち、1960年は10.6％に過ぎなかったものが、1975年には22.3％まで倍増し、その後の低経済成長時代には、緩やかな増加から横ばいの傾向が続き、現在は約25％となっている。この脂肪摂取の増加を反映して、成人の血清総コレステロール値は上昇する傾向が続き、また青少年においては、すでに米国のレベルを超えていると言われている。」
「現在の子ども達や青年達は、『飽食の時代』に生まれ、比較的欧米化の進んだ、すなわち動物性食品が多く、脂肪エネルギー比の高い食事を糧として成長

してきており、その蓄積効果として、将来心臓病、特に虚血性心疾患が急増するのではないかと懸念されている。」

　本著の第1部では、貧困で、飢餓状況のなかで、子どもを身売りしたり、長期欠席の子どもが出たりと、そのようなことを書いた。それが、わずか二十数年の間に、豊な社会となり、食べすぎが問題となった。
　「白い飯を腹いっぱい食べたい」というのが、国民のほぼ一致した願いだったはずなのに、そしてそうなれば幸せがやってくると思っていたのに。
　1975年には、総エネルギーに対する脂肪摂取の割合（％）は22.3％にまで達している。すでに飽食の時代がやってきていたのだ。
　その後、肥満児が問題となり、子どもの成人病が問題となり、1990年代後半には「成人病」は「生活習慣病」という概念となり、ダイエットが大流行となり、「食べ残し」が問題となり、「食事」と言わずになぜか「グルメ」と言うようになり、若い女性の「やせ願望」が文化として定着化し、「摂食障害」が引き起こされ、デブは醜い・不健康・意志薄弱・もてないという言説がはびこり、「メタボ」という判定まで登場した。
　私の学生時代、大学の食堂には、メニューにカロリーが表示されていた。そして今でも表示されている。
　しかし、その意味するところはまったくの逆である。前者は「きちんとカロリーを取るように」というメッセージであり、後者は「カロリーの取り過ぎに注意」というメッセージなのだ。そんなメニューを見るたびに、日本を含めて、全世界、どこかおかしい、と思わざるを得ない。
　毎日、おびただしい量の食料が、家庭から、外食産業から、コンビニやスーパーから「残飯」「残り物」として廃棄処分されている。これはもう「もったいない」を既に通り越した社会問題である。

その125　やせ願望

　〈その49〉にて「40年前の肥満とヤセスギ」を掲載した。
　今回は「青少年期の若者達のやせ願望」（古川裕、『青少年問題』第43巻第1号（平成8年1月）28－33頁）を採り上げる。

「最近の青少年期の若者達に特徴的な風潮として、やせ願望の増加がある。この背景にはやせているほうが魅力的で美しいとの考えがある。（略）今回このやせ願望の頻度や程度などの現状を把握するために、実際の体型と理想の体型、太りすぎとやせすぎなど体型に関する調査をおこなったので報告する。」
「女子の『低体重志向者』は、中学生で49.0％と半数以下であるが、高校生では70.6％、大学生では73.5％と増加していた。（略）『実測体重』45kg以下での『低体重志向者』は中学生では16.1％、高校生では22.7％、大学生では7.1％と高校生で20％以上であった。」
「肥満度0％未満となる体重を太りすぎと判断していた人は中学生では35.4％だが、高校生では61.8％、大学生では46.1％と約半数であった。さらに肥満度マイナス10％以下となる体重を太りすぎと判断していた中学生は3.6％、高校生では15.8％、大学生では3.4％あった。」
「本調査では、女子高校生でやせ願望が顕著であった。（略）高校生時期には思春期前の体型から成人女性の体型への変化が完了する。本来ならこの変化を冷静に受け止めるべきなのに、自我の発達が未成熟であったり精神的に不安定なこともあり、仲間や社会からのやせ風潮の影響を強く受け、女子高校生で『理想肥満度』がきわめて小さくなるのだろう。」
「若い女性では太りすぎと判断する肥満度がやせ側に偏位しているため、標準体型でも太りすぎと判断する人が多い。本調査でも、女子学生の大部分は『太りすぎ肥満度』を正しく認識できず、大きくやせ側に偏位しており、女子のやせ志向の原因の一つと考えられた。」

女子のやせ願望は、イギリスのファッションモデル、ツイギーの影響と言われているのだが、定かではない。思うに、ツイギーだけでなく、ファッションモデル自体が、体型としてはやせすぎである。あんな体型を理想であるかのように仕掛けたファッション界に原因を求めたほうが当たっているように思える。もっとも、そのファッション界でも、その異常さに気づいたようで、体重の下方制限をしたようであるが、「遅すぎた」と言わざるを得ないし、まだまだ不十分である。

　マリリンモンロー全盛時代では、女性はグラマーがもてはやされた。ブリジットバルドーやソフィアローレンなど、やせとは程遠い立派な軀であった。そうした銀幕のスターとやせ願望がミックスしたのか、やせていて乳房は大きいという、いわゆる巨乳スリムが今は理想なのらしい。

　世の男性は、必ずしもそうした女性が好みではないのだが、つまり、太めの体型というかぽっちゃり系というか、そんな女性がいいという男性の比率はかなり高いと思うのだが、女子は男性からの眼差しよりも、同年齢の女性からの眼差しのほうを気にするらしく、互いにけん制し合い、互いに品評し合い、「デブ」という評価を下される恐怖におののき、やせ願望はエスカレートしていったと思われる。そしてその延長には、死ぬことすらある摂食障害という心の病への道が続いているのである。

　餓死の恐怖におののいてきた人類の数百万年に及ぶ長い歴史のなかで、このような女性のやせ願望はあり得なかったはずである。そんな餓死恐怖から開放された途端、やせ願望、言い換えれば栄養失調願望が出現したのだから、実に矛盾している。

　食べ物に感謝する気持ちを現代の日本人は忘れてしまったのではないかとすら思えてくる。グルメブームは一見食事重視と思われるが、食べ物に感謝する文化では決してない。

　飽食の時代のやせ願望、食べては吐く摂食障害。その一方では未だに餓死におののく人たち。やはり、人類の文化は歪んだ方向に進んでいると言わざるを得ない。

その126　学習障害（LD）

　今回採り上げる論文は「学習障害（LD）とその教育的対応」（山口薫、『青少年問題』第43巻第4号（平成8年4月）4－9頁）である。

「今、わが国の学校で大きな問題になっていることの一つに『学習障害 Learning Disabilities―略してLD』」がある。」
「文部省では平成2年6月に設置された『通級学級に関する調査研究協力者会議』で、言語障害、難聴、弱視等の通級による指導のあり方と共にLD等への教育的対応についても検討を行ったのに続いて、平成4年6月にあらたに設置された『学習障害及びこれに類似する学習上の困難を有する児童生徒の指導方法に関する調査研究協力者会議』において現在検討を続けているが、平成7年3月にそれまでの約3年間の審議経過をまとめ『学習障害児等に対する指導について（中間報告）』として公表した。」
「前述の文部省協力者会議の中間報告で示されたLDの定義は次のとおりである。『学習障害とは、基本的には、全般的な知的発達に遅れはないが、聞く、読む、書く、計算する、推論するなどの特定の能力の習得と使用に著しい困難を示す、様々な障害をさすものである。』」
「LDの教育上大きな問題としてしばしば取り上げられるのが『注意欠陥・多動障害』である。定義では『行動の自己調整、対人関係などにおける問題』という表現の中に含めて示されている。LDのすべてが注意欠陥・多動障害であるということではなく、またLD以外の自閉症、精神遅滞の一部にもみられる行動問題であるが、教育上は早急な対応を必要とする問題である。」
「欧米先進国の中で、LDを特殊教育の対象にしているのはアメリカとカナダであるが、ヨーロッパではLDを直接の対象としないで、LDを含んではいるが、その周辺の子どもを含めて特殊学級の対象にしている国が多い。」
「協力者会議は現在、LDの判別、教育形態の問題に取り組んでおり、今後、教育課程、指導法、専門職員の養成等の問題を審議して、2年位先には最終報

告をまとめることになると思われる。」

「LD等の子どもを特殊教育の対象に加えることは、現在の学校教育で問題になっている登校拒否、いじめ等の問題解決にもつながる重要な意義があると考えられ、特殊教育のみならず、わが国の学校教育全体の質的向上のためにも是非早急に実現させたいものである。」

　精神医学は、言い方は悪いが、新しい病を発見・創設するのが得意である。往々にして欧米で発見・創設され、それがしばらくして日本に導入される。このLDもその一つである。

　こうして、今までは「バカ」「へんな子」「落ち着きのない子」と言われていた子どもは、新たなカテゴリーで把握されることになる。このカテゴリーの付与により、子どもは特定の位置を得ることになり、それにふさわしい治療や教育、援助がなされることになる。

　学習障害は「発達障害」という概念の一部を構成する。ちなみに発達障害とは、自閉症、アスペルガー症候群その他の広汎性発達障害、学習障害、注意欠陥多動性障害、その他これに類する脳機能の障害であって、その症状が通常低年齢において発現するものとして政令で定めるものをいう。

　また、学習障害は注意欠陥・多動障害（ADHD）と多分に重なる。注意欠陥・多動性障害とは、年齢あるいは発達に不釣り合いな注意力、および／または衝動性、多動性を特徴とする行動の障害で、社会的な活動や学業の機能に支障をきたすものである。

　この平成の時期、教育（学校教育、家庭教育、矯正教育）現場では、今までにないさまざまな子どもたちの心の病が登場してきた。しかし、それに対しての対応は始まったばかりである。

その127　茶髪とピアス

　今回はおもしろい論文を採り上げてみたい。
　「個性とは、自由とは―若者の茶髪、ピアスを考える―」(津武欣也、『青少年問題』第43巻第11号（平成8年11月）20-25頁）である。筆者は毎日新聞の編集委員（執筆時）であり、自己体験に基づいて論述がなされている。

　「きっかけは今春、四国の市立中学入学式で起きた女生徒の茶髪・ピアス登校。娘の髪を毛染めスプレーで黒く染め直された父親が怒り、教師殴打の刑事事件に発展した。教師の行為を『人権侵害』と批判するのは簡単だ。だが『茶髪もピアスも娘に似合う。いいではないか』の父親の言い分と行動は、どう考えても理解できない。」
　「この事件で、私は『親業とは何か』を考え、英国や米国での特派員生活の長い高畑記者は『茶髪だろうがピアスだろうがいいじゃないか。（子供に）自由を与えて育てようという親や先生はいないのか』と、校則で縛る学校教育のおかしさ、に目を向けた。これが"論争"の発端だった。」
　「賛成派　教育の本分は原則自由」…高畑記者の説…「現代教育の本分は、生徒たちに民主主義と自由、それに伴う責任を正しく教えることにあるはず。」
　「反対派　親たちは甘えを許すな」…私（津武欣也）の説…「茶髪流行の底に、理解したフリをして甘やかす親と、それに甘える子の"節度のない関係"を感じてならないのだ。」「世の中の父親たちは、本当に中学・高校生の息子や娘の『茶髪、ピアス』を納得して、許しているのだろうか。『ダメだと頭から否定した場合、学校に行かなくなるのでは。グレるのでは』と、次に来る子供たちのリアクションを恐れているだけではないのか。」
　「何から何まで親は子供の要求に応え、子供はそれが当然と受け取る豊な時代。友達のような親子関係が"進んでる"とされるなかで、親は『NO』の言葉を忘れたのでは、とそう思う。」
　「高畑記者との論争にもピリオドを打ったつもりだった9月下旬、英文毎日の

第4部　バブル崩壊後の青少年問題

デーナ・リデル記者から思わぬパンチを食らうことになった。『外見の乱れは心の乱れ、というのは時代錯誤も甚だしい。無意味なことを厳しい校則で禁止すれば、子供はそれを破ろうとする。(カナダの高校は)服装や髪型に関して何の規則もなかったが、教育のレベルが落ちたり、教室がアナーキー状態になることもなかった。物事は暴力で解決を図るべきではないということを教えてくれる父親の義務さえ吹っ飛ばした』(略)」

「翌日、今度は梁瀬誠一記者（仙台支局）が、平均的な中学、高校で普通に見られる現象（平気で遅刻し、始業ベルが鳴っても教室に入らない、など）を下敷きに『これで、学校が不自由とはとても思えない』と、生徒の自己主張に引きずられる学校現場の変容ぶりを報告。『〈欲求に素直に〉というライフスタイルは自分さえ楽しければ、という風潮を生む。これが学校に持ち込まれれば、授業も学級活動も成り立たない。今、求められるのは〈私〉の欲求を交通整理し、規制する新しい〈公〉のルールを探ることだ』と新たな視点から問題提起してきた。」

　容認派2名（高畑記者、リデル記者）と規制派2名（私＝津武編集委員、梁瀬記者）、計4名の見解が展開されている。4名共に、それなりに納得のいく見解である。と同時に、このような見解が未だに続いていることがわかる。中学と高校は落ち着いてきてはいるが、公的な場でのマナー違反等、自由派と規制派の見解の対立素材はごろごろと転がっている。

　ただし、それでも何となくルールらしきものが出来つつあるように思われる。まずは、「他人に迷惑をかけない」という昔からあるルールは今でも健在だ。しかも「相手の嫌がることをする自由はない」という被害者意識中心主義として強固になってきている。さらに、「迷惑行為」への批判と取締りが強化されてきている。

　したがって、学校では、茶髪・ピアスは自由だが、「授業中おしゃべりをしている」は規制、ということになる。

その128　子育てパパ

　今回は武内清氏の論文「現代の子どもと家庭環境」(『青少年問題』第44巻第2号（平成9年2月）4-9頁）を採り上げたい。この論文は『大都市における児童・生徒の生活・価値観に関する調査（第7回）』(東京都生活文化局、1996年）に基づいての論考である。
　それでは紹介していく。

「（調査の結果）父親のライフスタイルとして、『愛妻』パパ、『父親』パパ、『会社型』パパ、『市民派』パパの四つが抽出された。」
「『愛妻』パパは家庭志向の父親であり、妻との関係を中心に子どもとの関係も重視する父親である。若い父親に多い。子どもからの父親評価も高く、父親を役割モデルとして、自己評価の高い子が育っている。」
「『父親』パパは大卒に多く、妻より子どもとの関係を重視し、子どもと過ごす時間が多い。子どもの父親評価は『愛妻』パパに次いで高い。」
「『会社型』パパは、家庭のことは妻に任せ仕事に専念する伝統的父親。自分はよき父親と思っているが子どもとの接触は少なく、子どもからの評価は低く役割モデルになっていない。」
「『市民派』パパは、読書家で政治意識が高い。年齢が高く大卒に多い。子どもとの接触は少なく、父親が子どものことを思っている割りには子どもからよき父親と思われていない。」
「以上のように、父親は超然としていて子どもに影響を及ぼすという時代は終わって、子どもと接する時間を意識的につくり、子どもと直の接触をもつことが大事になっていることがわかる。」
「学校から親へ教育の責任が返された現在の状況の中で、親は何をなすべきか。親は学校や地域社会の協力を得ながら、自らの価値で子どもを教育していく覚悟が必要であろう。親自身の会社人間からの脱出＝家庭回帰、高学歴化も相俟って、親が子どもの教育にかかわる条件は整いつつある。」

「〈その40〉マイホーム主義」では、当時の家庭状況を採り上げた。そこでは、「核家族化の進行で、そしてサラリーマン家庭の出現で、さらに地域共同体の解体化で、子育ての責任と役割が母親に集約されていったのが、この時代であった。(略) その結果、子どもに自分を捧げる母親が出現し、夫に対しても子どもに捧げることを要求し、子ども中心に家庭が動くという家族が出現した」と述べた。

その後、時代は「母原病」「親離れしていない子ども・子離れしていない親」「冬彦さん現象」「家庭内暴力」と、母−子関係の病理を次から次へと論じ続けた。

また、父親に対しては「父親不在」「会社人間」「濡れ落ち葉」という批判がなされ、ある種の調査にて、いかに父親が子どもと接する時間が少ないか、等のデータが提示され、子育てに参加する父親が良い父という評価、そして「家事・育児は夫婦共に」という言説が台頭するのである。

この頃青年期を過ごした男性の多くは、心優しくものわかりが良く気配りのきく夫そして父親になっていった。

こうして帰結したのが、今回採り上げた論文の「愛妻パパ」や「父親パパ」である。

「愛妻パパ」も「父親パパ」も基本的には同じであるし、両者はかなり意識・行動が重複していることと思える。

子育ては夫婦共同であり、朝出勤前に保育園に子どもを連れて行き、休みの日には妻サービス・子どもサービスをして、子どもが熱を出したといえば会社を欠勤する……実に立派なパパの出現である。

実を言うと、私の２人の息子はともにこの「愛妻パパ・父親パパ」である。おかげで私も「孫に愛される良きジージ」を演じている。

その129　社団法人青少年育成国民会議

とんでもないことを採り上げなければならないことになった。

今回採り上げるのは、末次一朗「〈巻頭言〉青少年のこころに灯を」(『青少年問題』第44巻第3号（平成9年3月）2－3頁）である。

末次一朗という方をご存知であろうか。「〈その83〉有名人執筆」で、この雑誌では実に多くの著名人が登場している、ということを書いたが、この末次一朗氏はそのなかでも最たる大物である。ひと言で言えば、「戦後政治の影の立役者」「戦後政治ご意見番の政治活動家」というところであろうか。

その人が書いたということでも大きな意味があるが、それだけではない。しかし、まずは、慣例の紹介から始める。

「青少年の健全な育成を目指す国民運動を広く推進するために、全国の各界有志が協力して『国民会議』を発足させたのは、昭和40年5月であった。」
「以来、都道府県に『県民会議』が、3分の2以上の地域に『市町村民会議』が組織され、全国各地で青少年の非行防止と健全育成とを目指す多彩な活動をすすめてきた。」
「昨年10月には、皇太子・同妃殿下をお迎えして全国の関係者が集い、30周年記念式典を開催した。これまでの運動を総括、評価した上で、21世紀に向かうこれからの国民運動のすすめ方について活発に議論を深め、互いに決意を新たにしたところである。」
「昭和30年代のはじめから中央青少年問題協議会（現在、審議会）の委員をつとめていたことから、国民運動の発足にあたっては企画、準備のすべてに係わった私は、その後も一貫して運動の一翼を担ってきた。（略）昭和50年代になると新しい問題行動が吹き出してきた。家庭内暴力、校内暴力、登校拒否、シンナーなど薬物の乱用、そして最近の"いじめ"などである。」
「われわれは、その都度そうした問題行動が生まれ出る背景や要因にメスを入れながら、正面からとり組んできたしこれからもまたしっかりととり組んでい

かねばならぬ。しかし同時に力を入れていかねばならぬのは、積極的な青少年育成への努力である。」
「問題行動の渦の中でもがいている子どもたちも、目を輝かしてボランティア活動に汗を流している子どもたちも、別世界にいるように見えるがそうではなく紙一重である。そんな気持ちで、これからの運動をさらに力強くすすめて行きたいものである。」

　平成21（2009）年3月、社団法人青少年育成国民会議は1億3千万円の負債を抱えて解散した。設立から44年後のことである。この巻頭言が書かれてから12年後のこと、末次氏は平成13年に亡くなられているので、死去8年後のことである。
「青少年の健全な育成を目指す国民運動を広く推進するため」に華々しく登場した国民会議が、青少年育成国民会議を中央に置き、各都道府県に県民会議を置き、全国各地に市町村民会議を置いて、全国津々浦々、末端にまで活動を浸透させていった、内閣府管轄の青少年健全育成の領域では最大の勢力をもっていたその財団が解散したのである。
　解散の原因は、「一口で言えば、数年前からの小泉内閣によって推進された『構造改革』にもとづく『国家予算構造の急激な変化』にあった。（略）国民会議の収入の大部分は国からの補助金であり、国から委託を受けて行う事業が大部分であった。（略）平成19年度、従来ならば少なくとも国の予算で3億5千万円の事業ができると考えての予算を組んだにもかかわらず、国によって認定され実施できた事業は1億5千万円にとどまった。（略）職員への人件費を含め1億3千万円の負債を背負うことになった」（西原春夫「痛恨の解散」、「日本青少年育成学会収録―その解散に際して―」刊行委員会『日本青少年育成学会収録―その解散に際して―』2009年7月、63-65）という次第である。
　なお、国民会議解散以前に中央青少年問題審議会は消失した。ただし、各都道府県の県民会議と全国各地の市町村民会議は存続しているようである。

その130　児童福祉法改正と主任児童委員

　平成に入ると、さまざまな青少年に関係する法律が改正・成立しだす。少年法もそうであるが、児童福祉法も大きく改正された。今回はその改正に関して、「主任児童委員」に焦点を絞り紹介していく。

　今回採り上げる論文は、「主任児童活動の展開に向けて」(田口伸、『青少年問題』第44巻第3号（平成9年3月）48-51頁）ならびに「児童福祉法等の一部改正について」(厚生省児童家庭局、第44巻第9号（平成9年9月）52-56頁）である。

　まずは「主任児童活動の展開に向けて」の紹介。
「主任児童委員制度が平成6年1月に発足してから3年が経過した。」
「平成6年1月には全国で約1万4千人の主任児童委員が誕生したのである。」
「主任児童委員は身分上は民生委員・児童委員であるが、その職務の内容が、児童問題を専門に行うとされ、従来からの担当地区を持つ民生委員・児童委員をつなぐ者とし設置されている。」
「主任児童委員が連携を図った関係機関としては学校の比重が大きく、このことは教育と福祉との連携を図る上で新しい発展と考えられる。」
「一方、（略）市町村単位でまとまりが強い児童委員と都道府県の広域的機関である児童相談所とは日頃の活動の中で結びつきが弱く、そのために要保護児童をめぐる在宅での援助・指導体制は非常に弱い。児童相談所や福祉事務所等との連携を図る目的で設置された主任児童委員ではあるが、現在の相談体制の中では必ずしも連携ができているとは言い難いのが現状である。」

　主任児童委員制度設立は、平成元年の合計特殊出生率1.57ショック以来の政治動向のなかで、子育て支援策が高らかに提示されて以来の一連の政策流れに乗った児童福祉政策の一部である。
　児童福祉法には「児童委員」という制度がある。本来ならこれでよいのだが、昭和22年に制定された児童福祉法も時の流れのなかで、実際の運用は形骸化し

ていった。そもそも民生委員が児童委員を兼ねており、その初めから民生委員が主で児童委員が副という感じで運用されていたのであるが、さらに民生委員の高齢化と名誉化、児童委員の役職の曖昧さ等により活動の停滞化が進んでいた。このことは少子化とはあまり関係ないのであるが、少子化問題を契機として改正されたと言えよう。

　しかし、残念ながら、その後、地域密着型の民生・児童委員と広域担当型の児童相談所との連携が円滑化したとは聞いていない。

　次に「児童福祉法等の一部改正について」。これは「改正の趣旨」のみ記す。「少子化の進行、夫婦共働き家庭の一般化、家庭と地域の子育て機能の低下等児童及び家庭を取り巻く環境の変化を踏まえ、児童の福祉の増進を図るため、市町村の措置による保育所入所の仕組みを情報の提供に基づき保護者が保育所を選択する仕組みに改め、保護を要する児童を対象とする児童福祉施設の名称及び機能の見直し、並びに児童家庭支援センターの創設による地域の相談援助体制の整備等の措置を講ずるほか、所要の規定の整備を行うものとすること。」

　この一部改正は平成9年に公布されたものである。昭和22年に制定された児童福祉法の時代の大きな変化に対応するための大改正がここから本格化していく。以来、児童福祉法は今日に至るまで、ほぼ毎年のように改正が行われている。これほど大きな法律のこれほど頻繁な改正は他に類を見ないのではないだろうか。

　政府・地方自治体が少子化をなぜこれほど恐れているのか不思議になるほどの慌てふためいた対応と思われて仕方ない。日本の人口が半分になるのであれば、それを受け入れ、それを前提としての体制の構築を目指してもよいと思うのだが。

　ただし、夫婦共働き体制の確立、児童相談所の充実、児童虐待への対応等は、もちろん大賛成である。

その131 | **援助交際**

　平成に入ると、電話を用いての売春行為が問題となる。「テレクラ」「伝言ダイヤル」「ダイヤルＱ２」等である。具体的な対人関係のなかで売春の交渉が行なわれていた以前とは異なり、ここでは、電話というメディアを用いて、相手の顔・姿がわからぬまま交渉をするという形式が出現した。

　さらにこれが「出会い系サイト」といったインターネットでの売春へと変容し、ここでは相手の声すらも不明のまま、ケータイを用いて接触することができるようになる。

　また、ここにいたって、選ぶ主体が買い手側（男性）から売り手側（女性）へと逆転していく。売り手が金額を定め、売り手が相手を品定めして決めるという方式が採られた。しかも、「売春」という用語では語られずに「援助交際」という用語で語られだした。

　これは、売春まで行かない金銭を介しての性的関係が含まれていたこともあるが、それだけでなく、その前に流行した「ブルセラ」（使用済みのブルマーやセーラー服、さらにパンティを売る）の延長としての軽い感覚で語られる流行用語でありマスコミ用語であった。

　こうしたなかで、援助交際する少女は非行性のないごく普通の少女という言説が登場してくる。ごく普通の少女がごく普通に援助交際をしているのであって、どこも問題ないという論調であった。

　そうした時期に掲載されたのがこの「『援助交際』のもう一つの側面」（内山絢子、『青少年問題』第44巻第7号（平成9年7月）24-29頁）である。上記の言説とは異なるということで、タイトルが「もう一つの側面」となっている。

　「福祉犯の被害者として警察に保護された女子433名（保護群）及び一般の女子中学・高校生584名（一般群）を対象に、以下のような調査を実施した。」
　「家庭に関しては、保護群の7割以上が家庭内に何らかの問題を抱えている。特に両親から理解されない（39.5％）、両親とうまくいかない（父親：21.9％、母

親：14.1％)、親に離婚経験がある（23.6％）など家庭が安らぎの場となっていないことが指摘できよう。一般群では、家庭内に問題を抱えている者は半数以下（45.9％）であり、両群間に差異が見出せる。」
「また、将来に対する展望を尋ねた結果、（略）保護群の半数近くの者が、『自分の将来はたかが知れている』と思っており、2割弱の者は、『何をやってもダメだ』とかなり悲観的な見通しを有している。このあたりが一般群と大きく異なるところである。」

　このように、マスコミで流されている「ごく普通の少女」とは異なった少女たちが析出されているわけである。しかし、内山氏の調査では、サンプルが「福祉犯の被害者として警察に保護された女子」ということで、援助交際少女全体からは偏った層が抽出されているという問題が指摘できる。
　一方、宮台氏やマスコミで流布されている援助交際少女像は実態を的確に捉えているかというと、これもまた問題である。表面的なインタビューに終始しており、少女たちの家庭状況やこころに深く踏み込んでいない。こころに問題を抱えている少女たちは一見明るく素直ではあるが、その奥底にドロドロとした暗い内実を抱えていることが多い。
　さて、内山氏はまとめとして、「全く私的な感想を述べるならば、概ね、『男の目』から見た、半ば肯定的に援助交際を捉えた世界ばかりがメディアで描かれているように思われる」と、意見を述べている。
　まさにそのとおりであるが、このあと国家は反撃に出る。警察サイドでは、「援助交際は売春です」というキャッチコピーを打ち出し、少女売春・買春の取り締まりを強化させ、社会では「売る少女」の被害者視・「買う男」の加害者視が台頭し、児童買春法が成立していくのである。これが一部の研究者とマスコミのはしゃぎすぎの結末であった。
　2013年現在では、統制が功を奏したのか、援助交際（少女売春）は社会問題から消えていった。しかし、いつまた顕在化してくるかわからない。
　今度はもしかすると「中学生売春」「母娘売春」「少年売春」として。

その132 | **青少年の性的自己決定能力**

　今回は前回の続きである。採り上げるのは「青少年の性的自己決定能力をめぐって」（麦島文夫、『青少年問題』第44巻第12号（平成9年12月）38－43頁）と「〈第22期東京都青少年問題協議会中間答申の概要〉『性の商品化が進む中での青少年健全育成』―東京都青少年の健全な育成に関する条例に関して―」（同巻同号、52－56頁）である。

　まずは、中間答申から。
「一律に青少年の性行為、性的行為を禁じることは、青少年にとって重要な成長の機会を損なうおそれもあり、適切でないといえる。その意味で、青少年の性の問題を『性的自己決定能力』を基本に考えるべきである。」
「情報化と性の商品化とがともに進行する社会にあっては、すべての青少年の中に性に対する健康な態度を育て『性的自己決定能力』を育むために、学校、地域社会などの情報発信力を高め、青少年に力強いメッセージを発信し続けることが必要である。」
「青少年の性的自己決定能力を高めるための諸施策を積極的に展開することと併せて、もともと売春防止法により大人の社会でも『違法』である売買春等に関して、謙抑的立場に立って、青少年保護のために大人を処罰する規定を設けることはやむをえないとの結論に達した。」
「性的自己決定」という概念は、少女（18歳未満）の性を統制しようとする側だけでなく、解放しようとする側でも盛んに用いられていた。その代表が宮台真司ほか『〈性的自己決定〉原論―援助交際・売買春・子どもの性―』（1998、紀伊国屋書店）であろう。こちらのほうは積極的に少女の性的決定を肯定する論調で貫かれている。

　ところが、東京都の答申では、「青少年の性の問題を『性的自己決定能力』を基本に考えるべきである」と述べつつも、「すべての青少年の中に性に対する健康な態度を育て『性的自己決定能力』を育むために、学校、地域社会など

の情報発信力を高め、青少年に力強いメッセージを発信し続けることが必要である」と、青少年の性の逸脱は認めないという意味合いが強く出ており、また、周りの大人たちが支援せよという方向である。

こうして「性的自己決定権」ではなく「性的自己決定能力」となり、「能力」を育む育成活動の推進となっていったのである。また、これらのことは努力義務であるものの、買春に関しては、「青少年健全育成条例」に買春等処罰規定を設けるということで、売春防止法では処罰できなかった買う側を罰することができるようになったのであり、実質的には援助交際撲滅化が推進されたわけである。

しかも、〈買手＝悪人＝取締対象〉という図式となっている。前回私が述べたマスコミのはしゃぎすぎの結末のひとつである。

次に、麦島論文から。
「問題は、一方では、すべての少年が自分の自由の意志に基づく性的体験によって性的自己決定の力を育てていることを認めながら、その一方では、どの年齢の少年においてはどのような性的体験は認めるべきではない、という課題になります。」
「やはり問題は中学生です。（略）中学生では、性的自己決定に必要な要件としての自分への価値づけと、相手の性の尊重、さらには両者の関係が周囲との愛の関係を破壊しない調整力が持てるとは思えませんので、対異性との間で性的な関係を結ぶことには否定的にならざるを得ません。」
まずは多くの青少年がたとえ性の商品化社会であっても、成長の過程で自ら「性的自己決定の力を育てている」と肯定する。ただし、その肯定は高校生以上であり、中学生の性は制限すべき（具体的にはキスまで）、という見解である。お堅いはずの麦島氏のほうが性的自己決定解放論者に近い。

しかも、中学生はキスまで可（もちろん「しなさい」ということではない）、高校生ではそれ以上も可（もちろん「売春」は不可）、と現実的である。これくらいの中間が良かったのだが。

その133　平成時代の覚せい剤乱用

　今回は「薬物非行─覚せい剤乱用を中心に─」（村松励、『青少年問題』第44巻第12号（平成9年12月）32-37頁）を採り上げる。

　覚せい剤を青少年問題として採り上げるのは今回で3度目である。戦後日本の犯罪・非行史に覚せい剤が長く横たわっていることがよくわかる。

　「20年前、否10年前、高校生が覚せい剤にかくも容易に手を出すと誰が予測し得たでしょうか」という出だして論文は始まる。

　「従来、薬物非行の深化パターンは、たばこ（中学生）→シンナー（高校生）→覚せい剤（高校中退）でしたが、ここ数年はシンナーの使用経験を経ないで、いきなり覚せい剤使用に至る少年が増えてきています。その背景には、覚せい剤の使用方法が大きく変わってきた事実を挙げることができます。従来は犯罪性の進んだ成人との共犯関係が多く、静脈注射による使用がほとんどでした。平成2年には40パーセント近くが成人との共犯でなされていましたが、平成8年には20パーセントと減少してきています。」

　「ここ数年、事例にあるような『あぶり』（吸引使用）が流行しております。吸引使用ですと、注射器を使用しませんのでエイズ感染の心配もなく、注射の跡も残りませんので、発覚する危険性も少ないのです。数人で少量を同時に使用できる利点も流行の原因になっているようです。」

　「覚せい剤をめぐっての環境要因も大きく変化しました。事例でも分かるとおり、外国人の売人からの入手が多く、売人との連絡には携帯電話が使用されています。しかも覚せい剤を『エス』とか『スピード』と称して、あたかも別の薬物であるかのような印象を与え、気軽に買えるような雰囲気をつくりだしてきています。エスと言われたので覚せい剤とは別だと思っていたと言う少年も実際にいます。エスと称し、カムフラージュしたぶん売る方も買う方も罪悪感が希薄になるようです。」

　「覚せい剤取締法違反を犯した少年の場合、非行前歴を有する少年が多かった

のですが、ここ数年前歴のない少年の増加傾向が見られます。平成元年には、70パーセント近い少年に前歴があったのですが、平成8年には約50パーセントに減ってきています。このことは、覚せい剤使用の一般化現象を意味します。非行にあまり馴染みのなかった者までが覚せい剤に手を出すようになってきたと理解することが可能です。」

「薬物乱用が進んでくると、普通の対人関係を持つことができなくなり、最終的には乱用仲間との交際すらなく、売人との関係だけが細々と続くことになります。これは未成年者であっても例外ではありません。」

　覚せい剤乱用の第3期到来かと思われるほどに、新たな覚せい剤乱用時代が始まりだした。そして、それは今までとは全く異なった様相を示していた。
　第一に吸引使用であるということ。注射に比べ効き目は弱まるが、用具も技術も不要であり、手軽にできるという利点がある。
　第二に暴力団経由ではないこと。〈その63〉で描いた覚せい剤乱用者は、たとえ家庭の主婦や少女であったとしても、暴力団文化圏に出入りし、暴力団との接触のある人たちであった。それが流入外国人からの購入という新たなルートができたのである。
　第三に、購入にケータイが使われたことにより、いかがわしい場所や指定された待ち合わせ場所に出向いていくという面倒なことをする必要がなくなったということ。
　第四に、それゆえ、実に簡単に便利に購入することができるようになったということ。
　第五に、さらにそれゆえ、非行性の薄い高校生までもが気軽に乱用できるようになったということである。
　警察はいち早く対応した。売人の外国人の徹底した排除である。こうして、売人の姿が消えた。もともと深く覚せい剤にはまり込んでいたわけではない乱用者は立ち直りが早く、第3期に至らず、収束させることができたのである。日本の犯罪率の少なさを物語るものである。

その134　子どもたちの理科嫌い・理科離れ

　今回は「若者の理科嫌い・理科離れ」（三宅征夫、『青少年問題』第44巻第12号（平成9年12月）26-31頁）を採り上げる。

「国際教育到達評価学会（IEA）は、これまでに1970年、1983年、1995年の3回、理科に関する国際比較調査を実施した。」
「我が国は、高い得点の水準を保っているもののやや下降している。」
「理科が大好き、あるいは好きと答えた生徒の割合は我が国が最も低い。（略）男女別に理科の好きの程度をみると、我が国の男子は国際平均値よりは低い値であるものの、幾分好きの方にシフトしているが、女子は好きの程度の値が最下位である。また、好きの程度の男女の差が最も大きい。」
「理科が楽しいと思う我が国の生徒の割合は、53％で韓国に次いで低い。（略）理科がやさしいと思う我が国の生徒は、わずか15％で最も低い。（略）理科は生活に重要と思っている我が国の生徒の割合は、48％で最も低く、国際平均値を30％下回っている。（略）科学的な職業へ将来就きたいと思う我が国の生徒の割合は、20％で我が国が最も低い。」
「若者の理科の学力は国際的にみて徐々に低下しているようである。また、理科嫌いが世界で最も多く、理科は生活に役立たないと思っている者が最も多く、将来科学的な職業に就きたいと思う者も最も少ないなどの理科嫌い・理科離れは深刻である。」
「我が国の今日の繁栄は、科学・技術を基盤にした産業に負うところが大であり、その科学・技術は、我が国の理科教育によって支えられてきたといっても過言ではない。（略）資源の乏しい我が国は、これからも科学・技術立国としてやって行く以外に道はない、と言ってもよい。」
「理科の内容が物理・化学・生物・地学の基本的な概念や原則や法則に偏りすぎていて、生活に関連したものが少ないのも理科離れを起こしている一つの原因であろう。生徒に興味を持たせるためにもう少し身近な題材が必要であろ

う。」

　ゆとりある教育でもっとも問題となるところは、「ゆとり」ではなく、勉強に対しての意義の喪失、勉強に対しての努力の低下である。
　理科教育も同じである。教育到達国際比較調査にて、理科の成績がわずかに低下傾向を示しているということについては、それほど大騒ぎすることはない。ただし、「理科嫌い・理科離れ」は、大きな問題として考えていかなくてはならない。
　今までの理科教育が「概念や原則や法則に偏りすぎていて、生活に関連したものが少ない」という指摘は当たっているし、「生徒に興味を持たせるためにもう少し身近な題材が必要であろう」という指摘も当然のことと思える。
　しかし、私はそれだけではないと思う。かつて、私の若い頃、松下幸之助（パナソニックの創業者）、井深大（ソニーの創業者）、本田宗一郎（本田技研工業の創業者）等は社会の英雄であった。その頃は、技術者を社会は優遇し尊敬していた。
　それが、豊かな社会になるにつれて、技術者を敬う心を世の大人たちは喪失させていった。こうして、技能オリンピック（国際技能競技大会）で日本の若者が金銀銅メダルを獲得しても、何の報道もされない社会になってしまったのである。
　浮かれた軽薄社会がバブルの崩壊によって解体し始めて、ようやく人々は社会の土台が傾きかけていることに気づいた。
　「プロジェクトＸ―挑戦者たち―」（NHK総合テレビ、2000年3月28日～2005年12月28日）といった技術者賛歌の番組が高視聴率を稼ぎ、「でんじろう先生」を世に送り出したのである。
　しかし、私に言わせればまだまだである。科学や技術が脚光を浴びない社会、科学や技術の価値が低い社会、そして職人や技術者を大事にしない社会、尊敬しない社会は滅び去る社会である、とあえて言わせていただきたい。

その135　キレる暴力非行

　少年非行や青少年問題の流行は時代を映す鏡である。戦後のアプレゲール、覚せい剤乱用、自殺、太陽族、ロカビリーブーム、睡眠薬遊び、深夜喫茶徘徊、フーテン、シンナー乱用、番長・スケバン、暴走族、校内暴力、家庭内暴力、ツッパリ、いじめ、不登校、ひきこもり、等々。
　神戸連続児童殺傷事件（いわゆる「酒鬼薔薇聖斗事件」）以来、少年非行は物騒という流行に入り込んでいった。今回はそうした流行の一つを採り上げる。「最近の少年たちの変化をどうみるか―いわゆる『キレる』中学生の心理とその対応について―」（小林万洋、『青少年問題』第45巻第7号（平成10年7月）23-27頁）と「『キレる』かたちの暴力」（山入端津由、同巻同号、41-45頁）である。

　まずは、小林論文から。
「これら（事例1～事例4）『キレた』行動を取った少年の場合も、周囲から見ればさほど悪意はない冗談や皮肉、注意や無視が、彼らにとっては侵襲的・脅威的・脅迫的なものとして受けとめられ、激しい怒りを喚起するきっかけとなっている。」
「いわゆる『キレる』非行は決して了解不能な行動ではなく、以前からこの種の機制（思春期の危機的状況）から生じる非行は少なくなかったように思われる。」
「周囲に対してこころを閉ざし、感情表現や自己表現をしない少年が、被害的な認知をして、内面に敵意や攻撃性を密かに増殖させているような場合には、実際に行動化した時点で冷酷な暴力が現れ、また、それまで周囲からその少年の内面の動きをうかがい知ることが困難だっただけに、その激しい攻撃性の発現は、余りに突発的な印象を与えるのではないだろうか。」

　次に、山入端論文から。
「①キレるのには必ず引金がある。②キレる前にイライラした状態がある。③

キレて行われる暴力は、相手の危害の程度に関係なく、気がすむまでやる。」
「このように理解すると、やはり、『キレる』ことによって起こる暴力は、特殊ではない。（略）『ムカツク』『イラツク』と表現される不快な感情をなにかに発散したいというだけである。」

「ムカついて、プッツンとキレて」暴力犯罪を犯す。その典型は、平成10(1998)年1月28日に起こった栃木女性教師刺殺事件である。中学1年の男子生徒が女性の教師に叱られて、その教師をナイフで刺して殺したという事件である。

この事件では、加害者の生徒がバタフライナイフを使用したことから、バタフライナイフが青少年育成条例の有害玩具として所持・携帯が規制され、また、生徒の供述から木村拓也主演のテレビドラマ『ギフト』が話題となった。しかし、なによりも「キレる」という少年の動機が問題となったのである。

マスコミはこぞって新しい動機として報道した。しかし、こうした動機は、紹介した二つの論文でも指摘しているとおり、新しいわけでもなく、また珍しいことでもない。殺人にいたることは稀であり、しかも中学1年生が加害者であり教師が被害者であるという構図で起こったということが稀だったに過ぎない。

昭和30年代の青少年が荒れていた時代では、愚連隊や愚連隊モドキの青少年間では、目が合ったというだけのことで、ムカついて、カーッとなり、プッツンして、相手を見境なく殴り続ける、なんてことはよくあった。

むしろ問題にすべきは、中学生の生徒にとって教師はもはや尊敬すべき存在ではない、ということである。ムカついても手を出してはいけないのが教師であったはずだったのが、いつの頃からか、ムカついたら攻撃してもよい存在に化していたのだ。

ただし、それでもその生徒がナイフを携帯していなかったら、素手で襲い掛かっただけだったであろう。

その136 少年による特異な凶悪犯罪

　前回は「キレる暴力非行」を採り上げた。神戸連続児童殺傷事件（いわゆる「酒鬼薔薇聖斗事件」）以来の物騒な少年非行という流行は、「キレる暴力非行」を生み出し、さらに「いきなり型」というマスコミ用語を創り出した。ごく普通の子がいきなり凶悪な犯罪を犯すというのである。そしてそれは新たな形の少年犯罪として、これもマスコミによって騒がれた。

　その後、非行少年の凶悪化は頂点に達し、「特異な少年犯罪」と呼ばれるようになる。

　今回は、そのような論文を採り上げる。「少年による凶悪事件の背景や前兆等について」（桐原弘毅、『青少年問題』第48巻第4号（平成13年4月）26－29頁）である。

　なお、この他に、「今どきの『いきなり型非行』について」（斉藤文夫、第45巻第12号（平成10年12月）18－23頁）、「人はなぜ殺しをするのか」（長谷川孫一郎、第47巻第7号（平成12年7月）21－25頁）、「最近の非行少年の人格的な特徴」（萩原恵三、第47巻第7号（平成12年7月）27－31頁）、「現代日本の犯罪と現代社会─『自己確認型』犯罪─」（影山任佐、第48巻第7号（平成13年7月）12－17頁）、「少年の凶悪事件多発の背景」（内山絢子、第48巻第7号（平成13年7月）24－29頁）などがある。

　それでは「少年による凶悪事件の背景や前兆等について」からの引用。
　「警察庁生活安全局少年課と科学警察研究所防犯少年部では協力して、平成10年1月から平成12年5月までに発生した少年による事件の中から、社会に大きな衝撃を与えた特異・凶悪事件22件を選定して、加害少年25人の家庭環境や学校での状況等の緊急調査を実施した。」
　「22件の主な罪種ごとの内訳は、殺人16件、人質強要行為事件3件、傷害2件、強盗致死1件である。また、年齢別では、18歳1人、17歳7人、16歳5人、15歳6人、14歳4人、13歳2人であり、性別では男18人、女7人である。」

「加害少年25人のうち、警察に検挙または補導された経験のある者8人を『非行エスカレート型』、経験のない17名を『いきなり型』として分類した。」
「調査の結果、『いきなり型』などといわれる事件でも、ほとんどのケースで前兆的行動があったことが明らかになる。(略)最も多く見られたのが、『刃物の携帯、収集、使用』である。(略)次いで多くみられたのは『犯罪類似行動』である。これは、人に暴力をふるったり、脅したりする非行行動であり、『非行エスカレート型』の8人全員にみられた。」
「調査対象の25人全員に犯行に影響を与えたとみられる背景事象が確認された。最も多かったのは『対人不適応』であり、その内容は、学校などで孤立した経験(10人)、不登校(10人)、怠学(7人)、引きこもり(4人)などであり、対人関係を築く能力を付けるようにすることは、非行防止の観点からも重要であると思われる。(略)犯罪やいじめ、家族からの暴力などの被害にあった経験のある少年が25人中15人いた。」
「この調査によって、一見、普通の少年が突然犯罪を犯したとみられるケースでも、その少年の心に傷を残す体験があったり、ほとんどの場合、犯行の前には、いつもと違う兆候がみられることが確認された。」

　戦後の少年非行史をみるに、この頃が最も非行原因の心理主義化が著しかったと思われる。
　非行原因が社会構造から説明された時代が過ぎ去り、また有害環境や悪友接触からの説明も過ぎ去り、対人関係のまずさと欠如、そして人格と心の病から説明され出し、それが神戸連続児童殺傷事件以降顕著となり、この頃にピークを迎えるに至ったのである。
　確かに現在でもこの傾向は続いている。しかし、なぜ、今の子どもたちはこれほどまでに対人関係の渦の中に巻き込まれていってしまったのか、という時代と社会の解明がどうしても必要となる。

その137 | 子ども会

　今回は子ども会活動について採り上げる。「子ども会活動の再生を求めて」（野垣義行、『青少年問題』第44巻第5号（平成9年5月）16－21頁）である。

「多くの少年団体に共通に見られる現象であるが、子ども会もその例外ではなく参加率は年々低下している。（略）子どもが参加しなくなって単位子ども会（町内会や自治会を基盤として組織された子ども会）自体がなくなったところも出はじめている。」

「参加率が低下したばかりでない。子ども会活動そのものも多くの問題を抱えている。（略）子ども会活動の形骸化は著しい。」

「教育の目的は、自分で判断し実行する自己決定能力、他者の痛みを感じとれる人間関係能力、知っている・わかったのレベルでなく、生活の中で生かせる情報活用能力を形成することにあると思うが、学校化した家庭や、成績中心の学校ではこうした能力は育たない。このことに気づいた中教審は、『子どもに〈生きる力〉と〈ゆとり〉を』キャッチフレーズに学校の改革を主張しているが、このことはまさに子ども会が追求してきたことである。」

「子どもの豊な人間関係能力の育成のためには多様な異年齢の仲間集団の、近隣のおじさんおばさんとの関係が必要である。これらは子ども会において普通に見られるものである。」

「親とは違う、子どもを暖かく見守る複数の目が、子どものたくましい成長には必要である。こうした機能を果たすのが子ども会の育成母体である育成会で、育成会は子どもの親を中心に地域の大人すべてから構成されるのを理想とする。地域の子どもは地域全体で育てるのである。」

「学校週5日制の完全実施が数年先に実現されることが明らかになった今、子どもの生活を変える、ゆとりの中で自然や社会の実現に取り組む体験をどう保障していくかということは緊急の課題である。」

「地震の救援や重油流出の支援活動ばかりがボランティア活動ではない。子ど

も会の育成活動は、地域の人間関係を豊かにし、子どもを見守る温かい目を保障するボランティア活動である。（略）子ども会活動は地域づくり、大人の生きがいづくりでもあるのだ。」

「多くの少年団体に共通に見られる現象」、それが組織の衰退、活動の衰退である。既存の、いわゆる伝統ある少年団体のほとんどが現在衰退の危機に直面している。もちろん子ども会もである。

　子ども会が昭和30年代大盛況であったのは、理念や目的が素晴らしかったからではない。時代の要請にかなっていたからである。

　戦後、家族で旅行に行く家庭など少なかった。日帰りの海水浴や潮干狩りでさえ、家族単位でいくにはかなりの負担がかかった。休日でも働かなくてはならない親が多くいた。

　そんな頃、子どもを連れて行ってくれる地域の活動は親たちに重宝がられた。したがって、子どもたちはこぞって出かけていった。

　そうした地域の結束が緩みだしたからこそ、昭和30年代に全国各地で子ども会（単位子ども会）が組織化されていったのである。要するに、子ども会が設立されだした頃には、すでに、地域の「向こう三軒両隣」的関係は崩壊の兆候をみせていたのだ。逆に言えば、それゆえに「子ども会」という組織が地域に必要とされたのである。

　その後の豊かな社会の到来は家族だけの旅行を可能とさせた。車社会はそれに拍車をかけたし、企業・団体の週2日の休日はさらに拍車をかけた。もはや、地域ぐるみで出かける必然性は何もない。このような時世では少年団体の理念も目的も何の役にも立たない。せいぜいが行政から援助を受ける理由として役立つというに過ぎない。

　学校5日制は、地域少年団体の最後のチャンスであった。しかし、残念ながら時代の流れのなかで、ほとんどの地域少年団体は効力を発揮することができずに、時代はNPOという新たな団体を生み出していったのである。

その138 ｜ NPO

　戦後大活躍した地域少年団体が衰退していく状況のなかで登場してきたのがNPOという法人の団体である。このNPOは青少年の健全育成団体だけにあるものではないが、地域における青少年の健全育成活動に大きな影響をもたらしている。そこで今回はこのNPOについて述べていく。

　採り上げる論文は、「〈巻頭言〉NPOが問いかけるボランティアグループのビジョン」（早瀬昇、『青少年問題』第45巻第9号（平成10年9月）2－3頁）と「ボランティア活動の健全な発展を促す―特定非営利活動促進法（NPO法）の要旨―」（第45巻第9号（平成10年9月）54－55頁）である。なおこのほかに、「ボランティア活動とNPO」（治田友香、第48巻第1号（平成13年1月）11－15頁）がある。

　まずは「巻頭言」から。
「NPO法（特定非営利活動促進法）の施行日が今年12月1日に決まった。（略）来春には晴れて『特定非営利活動法人』の肩書を掲げた団体が誕生しそうだ。」
「この『特定非営利活動法人』の認証審査にあたっては、活動内容などの事前審査はなされず、規約などが法律が求める体裁となっているかどうかという書類審査だけで法人格の認証が行われる。（略）NPO法が法人格取得の規制緩和といわれるゆえんだ。」
「ただし法律が規定しているのは法人格に関する点だけであり、税の優遇などの得点が得られるわけではない。（略）結局、NPO法が道を開いたのは、法人格を得ることだけ。つまり『団体として』契約ができ、『団体として』資産を持つことができるだけなのだ。」

　次に「ボランティア活動の健全な発展を促す」から。
「NPO法人の目的……災害救援、福祉、国際協力など、様々な分野で特定非

営利活動を行う団体に法人格を付与することで、ボランティア活動をはじめとする、市民が行う自由な社会貢献活動の健全な発展を促進、公益の増進に寄与することを目的としている。」

　この時期、国家も自治体もボランティアを必要としていた。国際協力の面にあっても、災害の面にあっても、そして教育・福祉の面にあっても、ボランティアの必要性は高まっていた。にもかかわらず、今迄のボランティア活動といえば、各種法人と行政が委託・委嘱したボランティア、そして純然たる民間ボランティアの３種類で成り立っており、さまざまな問題を有していた。

　法人格の団体は政府や地方自治体から資金援助を受け、その金で運営しており、なかには数十億・数百億の資金を国から受けているという巨大なそして贅沢な団体も出てきた。そうした法人が当時（今でもそうだが）おびただしい数に達し、政府や自治体にとっては金食い虫と化していたし、しかも、組織も活動も形骸化しつつあった。

　行政が委託・委嘱したボランティアは、そのようなことはほとんどないのだが、行政が支援し面倒を見なくてはならないという、めんどくさい側面を有していた。民間ボランティはその点、行政にとっては実に気楽なのだが、日本国家のボランティア活動を任せられるという存在ではない。

　こうした問題を一挙に解決しようというのがこのNPO法であった、というのが私の見解だ。それゆえに、法人格を与えて団体組織の安定化を図ると同時に、行政からは何の保証も与えないという、行政にとっては実に都合のよいように出来ている。また、国家にとってボランティア活動を必要とするあらゆる領域が網羅されている。

　この法は大成功をおさめた。以降、民間ボランティアは雨後のタケノコのようにNPO法人となっていった。

　こうなれば既存の各種法人はいらない。こうして、ボランティア制度改革の第二弾は、既存法人・巨大法人・金食い法人の整理となった次第である。こうした制度を考えた官僚の頭の良さには敬服する。以上、もちろん私見。

その139　男女共同参画社会

　今回は男女共同参画社会について述べる。採り上げる論文は、「男女共同参画と日本社会の展望」（利谷信義、『青少年問題』第46巻第2号（平成11年2月）9－15頁）である。

　なおこの他に、「『男女共同参画社会基本法―男女共同参画社会を形成するための基礎的条件づくり―』（答申）について（概要）」（内閣総理大臣官房男女共同参画室、同巻同号、4－8頁）、「男女共同参画社会に向けて、学校が今からできること―ジェンダー・バイアス・フリーな教育―」（森本エリ子、同巻同号、37－43頁）、「〈時評〉男女共同参画社会の形成と女性の幸せ」（麦島文夫、同巻同号、54－55頁）がある。

　本論文は、まず最初に「男女平等への世界の歩み」が書かれており、次いで「日本における男女平等への歩み」が書かれ、最後に「『男女平等参画社会』の展望」で締められている。その点、歴史の推移から男女共同参画社会基本法の成立を読み取るのに格好の論文となっている。以下、引用する。

　「国際婦人年以降、世界行動計画に励まされて、世界の女性運動と女性政策は著しく発展した。これを背景として、1979年、国連は女子差別撤廃条約を採択した。（略）この条約はあらゆる形態における女子差別を撤廃するために、法律、規則はもとより、慣習及び慣行のレベルに至るまで改めるべきことを、締約国に義務付けた。」

　「日本は、もともと女性政策に関する世界の動きに敏感であった。まず1975年9月、三木内閣は、世界行動計画の要請に応じて、『婦人問題企画推進本部』を国内本部機構として設置した。その下で、まず『国内行動計画』（1977年1月）が、また女子差別撤廃条約の批准を受けて『西暦2000年に向けての新国内行動計画』（1987年5月）が策定された。」

　「1990年代に入ると、女性政策は新たな段階を迎えた。合計特殊出生率の低下による、いわゆる1.57ショックが、具体的な政策処方箋を求めたからである。

『新国内行動計画の第一次決定』(1991年5月)は、そこに女性差別の問題が潜んでいることを認識し、『男女共同参画型社会』を目指すことでこれに応えようとした。さらに、1994年6月から7月にかけて、『男女共同参画本部』や『男女共同参画審議会』の設置など、国内本部機構の強化が行われる中で、『男女共同参画社会』の構想づくりが始められた。」

「まず1994年8月、内閣総理大臣は、この審議会に対し、男女共同参画社会の形成に向け、21世紀を展望する総合的ビジョンを諮問した。(略)政府は、『ビジョン』に基づいて、同年12月、『男女共同参画2000年プラン』(以下『プラン』という)を策定した。」

「かくして、『プラン』を実施し、『男女共同参画社会』の実現に向かって前進することが、現代日本社会の重要な課題となった。」

　この論文から、私たちは男女共同参画社会づくりでは、①日本だけでなく、国際的な共通の目標として位置づけられていることが理解し得る。②また、日本国内にあっては、かなり長い期間を費やして、徐々に男女参画社会実現への計画が進められたということが理解し得る。ただし、そのことは実にのんびりと行われていたと言い換えることが可能である。③ところが、にもかかわらず、「1.57ショック」からにわかに計画が急がれ、次々と具体化されていったということが理解し得る。

　このことから、ある一定の方向性が見えてくるし、その方向性からの理解が成り立つ。それは、政府をこれほどまでにあわてさせたのは、男女の共同参画のためではなく、このままでは日本の経済活動に支障をきたし、経済の活力が衰退するという、国家存亡の危機意識を抱いたからである、という理解である。折からの国際世論の流れと、フェミニズムの流行にうまく便乗し、女性の労働力を有効に活用し、また出生率を向上させ人口の減少に歯止めをかけ、産業の衰退を食い止めるということだったのだ、という理解である。

　そして、もしこうした理解が正しいとすれば、フェミニストたちは政府と経済界にうまく利用された、という理解に至る。

その140 　子どもの変容

「子どもが変わった」という発言や論は、いつの時代にもみられる。『青少年問題』においても頻繁に登場している。では、そうした論が妄想であり、実態のない言説にすぎないかというと、そうとは言い切れない。ヒトという動物としての「コドモ」と、人間の長い歴史のなかで培われた「こども」と、短期の時代時代に変化する「子供」の総体が「今の子ども」である。

今回は二つの論文を採り上げる。「子どもの遊び集団が変わった」（明石要、『青少年問題』第46巻第9号（平成11年9月）4－9頁）と「〈巻頭言〉大人を怖がらなくなったこども達」（高峯一世、第47巻第5号（平成12年5月）2－3頁）である。

なおこのほかに、「〈巻頭言〉ヨソ様の喪失」（矢島正見、第47巻第12号（平成12年12月）2－3頁）がある。

まずは、明石論文から。

「早計な結論は控えなければならないが、女子の遊び集団はこれまでとはあまり変わっていない。ところが、男子は大きく変わりつつある。それは、子どもの遊び集団のサイズが小さくなり、人間関係も希薄になり、孤立化が進んでいる、ということである。」

ではなぜ男子の孤立化が進むのか。これについて明石氏は次の三つのことを指摘する。

「①ひとり遊びはうまいが集団行動が苦手……彼らは平成4年に小学校に入学している。生活科はその年に始まっている。生活科は子ども一人一人の興味・関心を大切にした活動案をつくる。（略）興味・関心は一人一人異なるので行動は集団より単独が多くなる。集団行動の体験が増えない。（略）今の中学生はこれまでに個性尊重の保育を受け、興味・関心にしたがって学習してきた。（略）これでは順序制を身につけるチャンスはなく、集団行動が苦手となる。」

「②子どもは『秘密』を体験しなくなった……子どもはそれぞれの年齢で『秘

密』を体験していない。常に親と子どもだけの関係を保ちそこには隠し事はない。(略) これでは親との関係づくりはうまいが、自分の『我』が通らない友達とのかかわりはできなくなる。」
「③学級が『赤の他人』化しつつある……子どもにとって学級は、これまで『身内』か『世間』であった。決して『赤の他人』の世界ではなかった。それが学級が『赤の他人』化しつつあるのである。」

　次に「巻頭言」。
「近頃のこども達は、大人をあまり怖がらなくなっているのではないか。のびのびと活動し、個性を伸ばしながら育っていく条件が整ってきたのは大変好ましいことには違いないが、昨今のこども達をめぐる社会的事件のことを考えると多少気にかかることもある。」
「思い起こしてみると、昭和一桁、10年代生まれの世代がこどもだった頃は、こども達にとって大人は怖い人が多かったのではなかったか。(略) 父親など怖いと言うか、煙たい存在であった。」
「学校でも怖い先生が多かった。(略) お巡りさんもこどもにとって煙たい存在だった。当時のお巡りさんは、良きにつけ、悪しきにつけ地域ににらみを効かせていた。街の中にも怖いおじさんがいた。」
「適度に怖い、またうるさい大人の存在によって、こども達は社会や集団のルールを身に付け、自分の意に反した要求に柔軟に対応する術を無意識のうちに体得していったものだが、現代ではこうした機会が極端に少なくなった。以前は、怖い大人は多かったが恐ろしい大人はそんなにいなかった。今は怖い大人は少なくなり、数は少ないのであろうが、恐ろしい大人が目立つようになった。」

　個人主義社会が自分主義社会と化し、個性の尊重が一人一人の好き勝手尊重となり、大人も子どもも心地良い少数の集団のなかで他者との面倒なかかわりは避けて生きているという、そんな時代に日本はなっているのだろうか。

その141　朝の読書

〈その31〉にて、椋鳩十の「母と子の20分間読書」を採り上げた。椋鳩十が書いたということと、その発想のユニークさで採り上げたのだが、さほど普及しないでほぼ終わってしまったようだ（今でもほそぼそと継続されているようであるが）。こうした活動は普及し定着するか否かということが生命である。

今回紹介するのは、この点において大いに可能性のある読書活動である。採り上げるのは「『朝の読書』で子どもたちが蘇る」（大塚笑子、『青少年問題』第46巻第11号（平成11年11月）10－15頁）である。

「『朝の読書』と申しますのは、毎朝学校で授業の始まる前の10分間、生徒と教師が全員そろって自分の選んだ好きな本を読むというものです。」

この「朝の読書」には、四つほど他の教育実践にはない特徴があると、大塚氏は述べている。

「第一に、生徒も教師もみんなでやる、全校一斉で行うという点です。（略）一人だったら絶対に読まない子までも、確実に読むようになります。」

「第二に、たとえ10分間でも毎日続けるという点です。（略）毎日10分間という方法は、読めない子に本を読む力をつけさせる最良の方法です。」

「第三に、読む本は何でもいい、自分の読みたい好きな本でいいという点です。（略）好きな本でいいことにすれば、生徒は必ず自分の力で楽々読めるものから始めます。そして少しずつ自分自身の力が伸びていくに従ってより難しいものへと自然に進んでいきます。」

「第四に、この実践で私たちが生徒に要求することは、ただ本を読むことだけ、例えば感想文とか記録のような、本を読むこと以外何も一切求めないことです。（略）10分間とはいえ、子どもは子どもなりに、自由な解放感を味わっていることは確かなようです。」

こうして行った朝の読書で、生徒達はどう変わったのか。大塚氏は次の八つを指摘している。

「一、生徒は全員、毎朝10分間、『朝の読書』の時間に静かに本を読むようになりました。物音一つせず、クラス全員の生徒が集中して読書をしているのです。」

「二、遅刻する生徒がとても少なくなりました。」

「三、ほとんどの生徒が読書を好きになり、これまで、本なんか読む気はしないと思っていた生徒まで、いつの間にかこの朝の読書を楽しみにするようになったのです。」

「四、毎日の生活の中で本を読む時間が増えたという生徒がたくさんいます。」

「五、『朝の読書』の後のSHR（スクールホームルーム）が、生徒の私語もなく実に静かになり、担任の先生の話をきちんと聞くようになったことです。」

「六、人間関係に様々な変化を及ぼしています。まず学校生活の中での友人関係の交流の輪が広がり、且つ深まったことです。（略）本がきっかけで新しい友人が出来た生徒もいます。（略）クラス全体が本をきっかけに和やかな雰囲気になりました。」

「七、生徒の言動に好ましい変化が生まれたことです。落ち着きが見られ、衝動的な行動をとる生徒がなくなり、友達に対しても、教師に対しても、優しい思いやりのある行為を示すようになりました。」

「八、『中学校でのいじめがひどく暴力も受け、娘と二人で死のうかと思いました。今はクラスが楽しく娘の笑顔とおしゃべりが多くなり、私たち家族は救われました』と涙を浮かべ、深々と頭を下げられる保護者の方も毎年数名はいるのです。」

　私の個人的な体験だが、確か小学校3年生の時のこと、週に一度国語の時間に図書室に行って、なんでも好きな本を読むという授業があった。これが大好きで、これを契機にマンガ以外の本も読むようになった。また、読書感想文というものが大嫌いだったので、その点でも楽しい時間だった。好きな本をただ読むだけ、というところが実によかった。こうした教育こそが「ゆとりある教育」であり、「特色ある教育活動」であり、「総合的な学習の時間」であると思うのだが。

その142　学級崩壊論争

「教壇で為すすべもない教師、聞き入れてもらえないと知りながら子どもたちを大声で怒鳴り続ける教師、そんな教師の傍らで、机の上を走り回る子どもや教室から出ていく子ども、けんかを始める子ども……。NHKスペシャル『学級崩壊』（1998年6月19日放送）が伝えた映像は、日本中で驚きをもって迎えられた。もはや学校はダメなのか、そんな思いが人々の頭をよぎったのである」という書き出しで論は始まる。

今回採り上げるのは学級崩壊。これを冷静に分析したのが樋田大二郎「学級崩壊論争が問いかけるもの」（『青少年問題』第46巻第12号（平成11年12月）12-17頁）である。

樋田氏は、「残念ながら、今日、盛んに行われている学級崩壊論争は、ほとんどが論旨の明確さとリアリティとを欠いている。根拠希薄な主観的状況認識が過度に強調され、論議が恣意的に歪曲されている」という。

そして、「学級崩壊という言葉には、今日の学校で進行しているものが『単なる崩壊なのか再構築が不可能な終焉なのか』『教師の力量不足なのか家庭のしつけ不足なのか』『子どもや教師の個人病理の問題なのかシステムの問題なのか』『問題が生じているのは人間関係の側面か学習の側面か』『子どもの反抗なのか離脱なのか』『自由化・個性重視の結果なのか管理の結果なのか』など、教育の本質を考え直さざるを得ない問いかけを含んでいるのである」と述べる。

さらに、「結論から述べると、東京都子ども基本調査が明らかにしたところでは、学級崩壊と呼ばれるような状態が進行しているという証拠はない。むしろその逆で、学級は落ち着く方向に向かっている。（略）教育の現場では、学級崩壊が突然叫ばれ出されなければならないような急激な状況の悪化はない。しかし、（略）かつての教室と比べて、受動的な離脱が増加し能動的な離脱が減少しており、授業離脱の受動化が進行している」と、データを紹介しつつ、分析する。

そして最後にまとめとして、「前述した、学級崩壊論争が問いかける問題については、(略)『自由化・個性重視の結果なのか管理の結果なのか』は、学校では後者から前者への移行が起きていることが明らかにされた。『問題が生じているのは人間関係の側面か学習の側面か』は、本稿のデータの示すところでは両方が原因となっている。『子どもの反抗なのか離脱なのか』は、離脱の受動化の進展を考えると、後者ではないだろうか。『崩壊なのか再構築が不可能な終焉なのか』については、本稿のデータは終焉を示唆してはいない」と結論づけるのである。

　テレビ画面のリアリティさは社会問題を巻き起こすには最適である。それゆえに、マスコミ関係者は慎重に慎重を重ねなくてはならないのであるが、マスコミ業界では相も変わらず、センセーショナルな効果ねらいがはびこっている。「トクダネ」などという旧時代のお題目がまだ生き続けているのである。それゆえに、根拠の確かさは二の次になる。しかも、根拠希薄が明らかにされても、「訂正」を全面的に提示するマスコミ機関・組織はほとんどない。こうして社会問題化のみが進んでいく。
　今回採り上げた「学級崩壊」はその典型例の一つと言えよう。今、どこのマスコミがこの学級崩壊を報じているであろうか、また、誰が学級崩壊を深刻な問題として語っているだろうか。「そんなことがあった」「ずいぶんと騒がれた」というだけのことである。
　その後、学習障害といった概念が登場してきたが、そうした学問に裏打ちされた概念ではないマスコミの造語は、ウケも早いが廃れるのも早い。ただし、「学級崩壊」は全く根拠のないものであったか、と言えば必ずしもそうではない。
　生徒の学校に対する態度が「反抗」から「離脱」へと変化していることは見受けられる。そして「管理教育」の弊害から「自由教育」の弊害という新たな教育問題が現われてきたこともうかがえるのである。

その143 児童買春・児童ポルノ法

　今回は「児童買春・児童ポルノ禁止法」（参議院法制局第五部第一課（法務委員会担当）、『青少年問題』第47巻第3号（平成12年3月）24－29頁）を採り上げる。

　「児童買春・児童ポルノを禁止、処罰する『児童買春・児童ポルノ禁止法』（正式名称『児童買春、児童ポルノに係る行為等の処罰及び児童の保護等に関する法律』）が、昨年11月1日から施行されました。」

　「アジアにおいて、（略）1980年代に入り日本、欧米諸国やオーストラリアからの児童買春を目的とするツアーが急増し、児童買春が深刻な社会問題として世論の関心を集めるようになりました。」

　「児童ポルノについても同様に、1980年代になって、欧米諸国が児童ポルノの規制を強める法改正を進めていく中で、立ち遅れた日本が世界の児童ポルノ製造流通基地になり、一時、ヨーロッパ諸国において流通している児童ポルノの約8割は日本製だといわれて、国際社会の非難の的になっていました。」

　こうしたなかで、1990年、「アジア観光における児童買春を終わらせるキャンペーン（ECPAT）」が始まり、1996年、「児童の商業的性的搾取に反対する世界会議」が開催され、そして「この会議で、各国から、国レベル、国際レベルでの積極的な取り組みが報告され、特に欧米諸国では法改正を行い児童ポルノと成人ポルノと明確に区別して規制をし、また、児童買春についても積極的に取り組んでいることが次々と報告されました。そして無策の日本に対する批判と早急な対応を求める声が強く出されました」というわけである。

　このような国際的な情勢を受けて、NGOや各党がプロジェクトチームを作り活動を開始したものの、政局の混乱により、ようやく1999年3月参議院に法案が提出され、5月26日に公布、11月1日から施行された、という次第である。

　この法の特徴の一つは、本来二つの法であろうと思われる事柄のものが一つ

の法としてまとめられているということである。そこで、二つに分けて論じていくことにする。

　児童買春法では、従来の売春防止法と大きな違いをみせている。第一に、18歳という年齢で区切られていることである。売春防止法は年齢に関係なく、売春を禁止している。これに対して、児童買春法は18歳未満に対しての年齢限定の法である。つまり、18歳以上の人の売春や買春は関知しない、という法である。

　第二に、児童買春法は〈買う側〉が罰せられる。それに対して売春防止法では〈売る側〉（売春業者等）が罰せられる。現在の売春は、売る側も〈売られる側〉も共に同一人物の児童（18歳未満）である。こうなると売られる側を守るために売る側を罰するというわけにはいかない。そこで、買う側（主に大人の男性）を悪人として罰するというスタイルを取らざるを得なくなる。買うスケベ男から売るいたいけない少女を守れ、という次第である。

　第三に、売春防止法は性交を処罰したものであるが、この児童買春法では性交のみならず性交類似行為として性的な行為のほぼ全般を処罰の対象としている。

　第四に、売春防止法は女性の性を守るという趣旨だが、児童買春法は子どもの性を守るという趣旨であるので、女の子だけでなく男の子の性も守るということである。よって、少年を買った場合でも処罰されることになる。

　さて、児童ポルノ法では、20年前の猥褻とまったく逆の現象が起きている。当時はヘアーが見えることは禁止されていたが、小さな女の子のヘアーのない性器が見えることには寛大であり、禁止されていなかった。ところが、ヘアー解禁の時代に突入し、今度は逆に、ヘアーのないような子どものポルノが禁止されたのである。

　〈あどけない子どもの裸〉という観念は、もはや世界的規模で通用しない時代となったようである。そういえば、30年ほど前の夏のプールでは、すっぽんぽんの３、４歳ほどの女の子をよく見かけたものであるが、今はどうなっているのだろうか。

その144　少子化対策推進基本方針

〈その139〉にて「男女共同参画社会」について述べた。その際、「1.57ショック」が政府に与えた影響の大きさについて語った。今回はその続編といった内容を紹介する。

「少子化対策推進基本方針と新エンゼルプラン」（編集部、『青少年問題』第47巻第5号（平成12年5月）42-47頁）である。

「我が国の平成10年の出生数は120万3,147人と史上最低を更新しました。急速に進む少子化は、将来の社会経済に大きな影響を及ぼすとの懸念から、平成6年『エンゼルプラン』及び緊急保育対策等五か年事業など、少子化対策の推進が図られましたが、それをはるかに上回る勢いで状況は変化しており、政府一体となっての少子化問題への強い取り組みが必要となりました。」

とまあ、こういう次第である。要するに人口が減少すると「将来の社会経済に大きな影響を及ぼす」ので、政府は慌てふためいている、といった感じなわけである。

ここでは生まれてくる子どものことよりも、国の社会経済の心配が前面に出てきている。「産めよ増やせよ」という戦前の政策とよく似ている。

「出生率低下の主な要因は、晩婚化の進行等による未婚率の上昇があり、その背景には、仕事と子育ての両立の負担感の増大が考えられる。」
「少子化対策は、仕事と子育ての両立の負担感や子育ての負担感を緩和・除去し、安心して子育てができるような様々な環境整備を進め、家庭や子育てに夢や希望を持つことができる社会にしようとするものである。」

ここに至ってようやく子育ての当事者への配慮が出てくる。良いことである。しかし、ここでの配慮は生まれてくる子どもへの配慮ではなく、生む親・育てる親に対しての配慮である。未婚の男と女よ、政府が支援するから子どもをつくりなさい、というわけだ。

また、今ひとこと苦言を述べるならば、核家族という家族形態は理想の形態ではない、ということを申し述べておきたい。核家族である限り、政府や自治体の支援なくしては、父親と母親がともに働きに出て行くことはできない。「新エンゼルプラン」などと気取った名称ではあるが、女性の社会進出と出産・子育てとを両立させるためには、核家族である限り公的支援が必然的に必要となるのである。

　言い換えれば、祖父母・親族との日常的な関係を近代化・産業化の時代要請により解体化させてしまったがゆえの公的援助なのである。

「少子化対策の推進に当たっては、次の基本的視点に立つことが適当。」
「①結婚や出産は、当事者の自由な選択に委ねられるべきものであること。」
「②男女共同参画社会の形成や、時代を担う子どもが心身ともに健やかに育つことができる社会づくりを旨とすること。」
「③社会全体の取り組みとして、国民的な理解と広がりをもって子育て家庭を支援すること。」

　①は当然のことである。国家が強制しえるものではない。児童虐待を考えるならば、むしろ、こんな親では出産を禁止する、ということのほうがあり得る。

　②に至って、ようやく子どもが登場する。やっと出てきたか、とほっとする。しかし、それでも、「男女共同参画社会の形成」という女性の社会進出のほうが先に記されており、子どもの健やかな成長のために支援するという意味合いが薄れて、社会に進出する女性のために子育てを支援するという意味合いが強くなっている。

　③はおおむね理解を得られていると思われる。高齢者に対しての福祉よりも、また若者に対しての施策よりも理解が得られやすいのではないだろうか。

その145　被害者支援センター

　今回は犯罪の被害に遭った方々に対して支援活動を行うセンターについて紹介していきたい。

　採り上げる論文は「被害者支援センターの役割」（山上皓、『青少年問題』第47巻第7号（平成12年7月）32－37頁）ならびに「犯罪被害に巻き込まれた子どもを守るために」（阿久津照美、第51巻第3号（平成16年3月）22－27頁）である。

　なお、執筆当時、山上氏は全国被害者支援ネットワーク会長、東京医科歯科大学難治疾患研究所犯罪精神医学分野教授、そして阿久津氏は社団法人被害者支援都民センター相談員である。

　まずは、山上論文から。
「凶悪な事件が次々と生じておりますが、その度に、心身に癒し難い傷を負う被害者・遺族の方々が生まれています。私は、犯罪および犯罪者の精神医学的研究を本務とする精神科医ですが、8年前に教室に犯罪被害者相談室を開いたことから、多くの犯罪被害者・遺族の方々に直接お会いし、辛いお気持ちを伺う機会を多く持つようになりました。」
「犯罪の被害者に、せめて精神的なサポートができればと思って8年前ささやかに始めた支援活動ですが、この数年、とくに平成8年より警察が被害者対策への全国的な取り組みを見せる中で、全国各地に民間被害者支援組織が次々と立ち上がり、現在、15都道府県の17援助組織が全国被害者支援ネットワークのもとに結集し、協力して活動を進めております。東京にはこの4月に二つ目の組織として、規模としては全国最大の社団法人『被害者支援都民センター』が設立されたところです。」

　次に、阿久津論文から。
「犯罪の被害にあうことによって、人は大きな衝撃を受けます。精神的には、恐怖感や悲しみ、喪失感、自責感など様々な激しい感情が起こってきます。眠

れない、食べられないという身体症状が出てくることも多いです。身体に傷を負えば、まずはその治療をしなければなりませんが、加害者から治療費が払われるとは限りません。経済的な支えを失ってしまう場合もあります。」
「被害者支援都民センターは、平成12年4月に開設され、電話相談、面接相談、直接的支援（自宅訪問、警察や裁判所など関係機関への付き添いなど）、自助グループへの支援などで被害者や遺族へのサポートを行っています。平成14年5月には、東京都公安委員会から犯罪被害者等早期援助団体の指定を受けましたので、被害者や遺族の同意を得たうえで、事件に関する情報や連絡先が警察から都民センターに入ってくるようになりました。そのため事件直後からの支援が可能になってきました。」

　犯罪の被害者に対しての援助は長い間人々の関心の外に置かれていた。それが、昭和49年8月に起こった三菱重工ビル爆破事件等を契機として、犯罪被害者の遺族や被害者学の研究者等の活躍、そしてマスコミの問題提起等により、ようやく犯罪被害者問題が社会問題として取り上げられるようになり、昭和55年5月に「犯罪被害者等給付金の支給等による犯罪被害者等の支援に関する法律」が成立する。
　しかし、人々の犯罪被害者に対する関心はこれ以上は高まることなく、これ以降犯罪被害者問題は長い年月くすぶり続けることになる。ところが、平成12年、光市母子殺害事件の被害者遺族等により、全国犯罪被害者の会「あすの会」が設立されるにおよんで、にわかに脚光を浴びることになる。そして、平成16年には犯罪被害者等基本法が成立し、平成17年4月1日に施行されるのである。
　この間、犯罪被害者学の研究者ならびに民間の被害者支援組織は着々と支援の活動を行い、その組織を拡充していった。この活動のなかで、山上氏と東京医科歯科大学難治疾患研究所の功績は大きい。また、被害者支援センターの果たした役割は大きい。マスコミに騒がれるような派手やかさはないものの、着実に実績を積んでいったのである。

その146　携帯からケータイへ

　今回から3回にかけてケータイについて述べていく。ここ十数年の間、ケータイほど目覚しい発展を遂げた機器はないであろう。様々な機能を身に付け、さまざまな魅力を提供し、またたく間に人々の間に普及し、そしてさまざまな社会問題を巻き起こしている、このケータイに視点を当てることにする。

　今回、採り上げる論文は「青少年のおしゃべりと携帯電話」（矢島正見、『青少年問題』第44巻第11号（平成9年11月）18－23頁）、「ベル友」（磯部成志、第46巻第1号（平成11年1月）22－23頁）、「『メル友』という快楽」（山本功、第48巻第12号（平成13年12月）12－17頁）である。

　それでは、矢島論文から。

　本論が書かれた平成9年とは、携帯電話・PHSが3千万台を突破し、国民人口の24％が所持しているという時代である。この頃はまだケータイは携帯電話の時代であった。

　かつて電話は家のなかで備え付けの固定電話として存在していた。しかも、固定されている場所は玄関・廊下・居間等の家族全員が共有する場所であった。それゆえ、全ての会話は家族に筒抜けの状態であった。

　公衆電話の発達は家族に聞かれないで会話する機会を提供した。そしてテレフォンカードの登場により、おしゃべりの長電話が可能となった。

　コードレス電話（子機）の出現は、受話機を自分の部屋に持ち込むことを可能とした。もはや外出することもなく、親に聞かれないで会話することが可能となった。

　そしてとうとう携帯電話の登場である。これによって、各自が自室に閉じこもり、各自が所有している携帯電話で、各自が勝手におしゃべりを楽しむ、という時代状況が、ごく当たり前のこととして出現した。

　以上が論旨である。ケータイがごく親しい人との関係構築・維持の機器として使用されているのは現在でも同じであるが、実にのどかな論述である。今で

はすでに電話からメールとなり、そしてネット社会へとつながるとほうもない機器と化している。

　次に磯部論文。平成7年、ポケベルは1千万台を越える数にまで至る。その4年後に書かれたものである。
　ポケベルだけでつながっている友達、それを「ベル友」という。彼ら（彼女ら）は、電話機を使用していながら、決して電話で会話することはない、なぜなら、直接声を聞くよりもメッセージを送るほうが気が楽、会話が途切れる・気まずくなる、ということがないからだ、という。
　そして、筆者は「自分も相手も傷つかない距離をとって交際するのが今どきの若者の交際術ではある。これらのバランス感覚の上に『ベル友』は誕生したに違いない」と論を結ぶ。
　ポケベルはすでに衰退の方向に向かっていた。時代は「ベル友」から「メル友」に変わっていく。しかし、「直接声を聞くよりもメッセージを送るほうが気が楽」という指摘は、その後のケータイ関係でもぴたりと当てはまる。

　最後に山本論文。本論は総務庁青少年対策本部が行った調査に基づいての論述である。
　調査では4人に1人が「会ったことのない人」とメールのやりとりをしているという。こうした青少年に対しては、「現実の人間関係に何らかの問題があるため、メールというバーチャルなコミュニケーションにはまり込んでいく」のではないか、という仮説が当時流布していた。ところが、調査の結果では、人間関係を青春を謳歌している子どもたちが、ケータイという機器をもつことによってさらに青春謳歌をエスカレートさせていたのである。

　以上、三つの論文はケータイの初期に書かれたものであり、お門違いのところも多々あるものの、基本的には、その後のケータイ使用状況を物語るものであった。

その147　ケータイ問題

　今回は青少年のケータイの問題使用・問題状況について述べる。
　採り上げる論文は「急増するインターネット犯罪について」（磯部爽、『青少年問題』第49巻第12号（平成14年12月）30－33頁）、「インターネット異性紹介事業を利用して児童を誘引する行為の規制等に関する法律について」（鈴木達也、第51巻第3号（平成16年3月）28－33頁）、そして「青少年育成における『有害環境対策』とメディア・リテラシー」（猪股富美子、第51巻第11号（平成16年11月）34－39頁）である。

　それでは磯部論文から。
「警察庁のまとめによると、『出会い系サイト』がきっかけとなった事件は今年上半期に全国で793件摘発された。昨年同期の2.6倍である。」
「サイトの利用はほとんどが携帯電話を通じたものだった。」
「いわゆる『出会い系サイト』に接触したことがあると答えた生徒が高校生で32％、更に『出会い系サイト』で知り合った人に実際に会ったことがあると答えたものは、そのうち43％にも上っている。」
「被害者の大半は未成年の女性が占めている。このうち約半数が高校生、4分の1が中学生だ。」
「被害の一方で、未成年者が加害者になる事件の多さにも目を向けなければならない。」
　以上、出会い系サイトの問題の深刻さが提示されている。

　次に鈴木論文。
「インターネット異性紹介事業を利用して児童を誘引する行為の規制等に関する法律は、平成15年6月13日に公布され、同年9月13日から施行されている。」
「本法の制定の背景には、いわゆる『出会い系サイト』を利用した犯罪の発生の急増があった。」

「警察では、それまでも『出会い系サイト』に係る児童買春事件等の取締りの強化、被害防止のための広報啓発、事業者等に対する自主規制の働きかけ等の取組みを行ってきたところであるが、これらの対策にもかかわらず、児童の犯罪被害が急増していたことから、新たな法規制を行うこととしたものである。」

以上、このような状況のなかで法が制定された次第である。この法律の施行後も、「㊥三、四円・諭吉③」(中学3年生、支援、3万円)などという記号化での書き込みが横行したものの、さすがに取締りが功を奏し、出会い系サイトは下火になっていった。

最後に猪股論文。
「インターネットや携帯電話に代表される新しいメディアの出現は、テレビやラジオ、新聞、雑誌といったこれまでのメディアにはない新しいタイプの『有害情報』『有害環境』をもたらしました。」
「子どもを有害なメディア情報から守るためには、『法規制』や『自主規制』などルールに基づく環境づくりが重要です。しかし、いかなるルールも100％子どもを守ることはできません。子ども自らも情報の質を見極め判断する能力(メディア・リテラシー)を身につける必要があります。」

まさにそのとおりである。法により、確かに出会い系サイトは規制され、被害は減少した。しかし、こうした業者のサイトではなく、ごく一般のサイトにて、性的売買の交渉がなされている。

そうなるとやはりメディア・リテラシーということになるのであろうが、子どもたちのサイトでの書き込み状況をみると、メディア・リテラシー以前の人間教育に行き着く。

しかも、これからの時代、中学生のみならず小学生までも参入してくるとなると、メディア・リテラシー教育も万能ではない。結局のところ、いくつかの組み合わせでなんとか秩序立てるしかないであろう。

その148　ケータイ文化

　今回は青少年のケータイ文化について述べる。
　採り上げる論文は「情報社会を生きる力―学ぶ『状況』をデザインする―」（中村雅子、『青少年問題』第51巻第11号（平成16年11月）10－15頁）、「インターネットと子どもたち―ネット社会を上手に渡り歩くために―」（永野和男、同巻同号、16－21頁）、そして「ケータイをもった若者」（松田美佐、同巻同号、22－27頁）である。

　それでは、中村論文から。
「いずれにせよ、すでに社会にある程度普及しているメディアをむやみに子どもから遠ざけるのは、交通事故が怖くて子どもに道を歩くのを禁止するようなものである。」
「子どもの情報接触の内容について考えるとき、情報機器を与えるかどうかでなく、与えた後に、機器の使い方やそのメディアによる他者とのコミュニケーションのとり方、そこで得られる情報についての考え方などについて踏み込んで学ぶ環境を形作ることが、今、最も必要なことなのではないだろうか。」

　次に永野論文。
「もともと、人のコミュニケーションの基本は対面でした。特に顔の表情は大きな情報量をもっています。しかし、現在のネットワークでのコミュニケーションは文字中心になります。（略）このような、文字だけのコミュニケーションの特性は、良く研究され利点や欠点が明らかになっていますが、その特性を十分理解したうえで利用していなければ、問題が起こって当然です。コミュニケーションに未熟な子どもなら、なおさらです。」
「大人の社会に子どもが無防備に参加することはありません。おとな社会にはそれなりのルールがあり、子どもは成長に合わせて経験を重ね、徐々に学習しながら適応して行く教育のメカニズムが働いています。しかし、いまのところ

ネット社会では、無防備に、直接大人の世界と出会い、参加することができてしまいます。」

　最後に松田論文。
「ケータイがもっともよく利用されるのは、日常的に顔を合わせる友だちとの間である。」
「一見、若者の人間関係はケータイによって広くなっているようだが、日常的な利用状況を見る限り、ごく限られた相手と密な連絡を取り合っているにすぎない。(略)ケータイでの通話同様、メールの相手として一番多いのは、恋人やふだん顔を合わせる友だちだ。しかし、通話と比べると、メールは『ふだん顔を合わせない友だち』との連絡に使われる頻度が高い。」
「ケータイは仲間内での『自分の評価』を表示してくれるメディアである。『ケータイがかかってくる』ことは、友達の誰かが、『私』──他の誰かではなく『私』──を選んでくれたことを示す。」

　人間は火というものを使うことによって、文明を飛躍的に発展させた。しかし、未だに火事を防ぐことには成功していない。といって、子どもに火というものを教えないわけにはいかない。ただし、いきなり子どもにガソリンを与えては危険すぎる。
　ケータイはまさに青少年にとってなくてはならない大切な機器である。「持たせない」「使わせない」などという規制はナンセンスである。もし、そうしたいのであれば、大人も使うべきではない。
　ただし、使用に際しては学習が必要であり、段階的な使用は必要である。これからは小学生でも使用する時代が来る。さすれば、なおさらである。
　しかし、そうした問題とは別の状況も現れてきている。ケータイがつながらないということは、見捨てられたことを意味するような、そんな状況が出現しているのである。したがって、こうした関係性それ自体もメディアリテラシー教育のなかに盛り込む必要がある。

その149　続・児童虐待

　児童虐待は〈その101〉にて採り上げた。しかしその後、児童虐待は年々増加し続け、『青少年問題』の常連となってしまった。要するに、一度採り上げればそれで終わり、というわけにはいかなくなってしまったのである。
　よって、今回も児童虐待を採り上げることにする。具体的には、「子どもの虐待防止センターから見る親子関係」（関戸克子、『青少年問題』第44巻第2号（平成9年2月）24－29頁）、「子どもの虐待と人格発達」（西澤哲、第45巻第5号（平成10年5月）16－21頁）、「児童虐待と親権」（大久保隆、第47巻第5号（平成12年5月）24－29頁）、「児童虐待のソーシャルワーク」（川崎二三彦、第47巻第7号（平成12年7月）38－43頁）である。
　なお、この他にも、今回は採り上げなかったが「児童虐待に対する取組みについて」（前橋信和、第47巻第3号（平成12年3月）13－17頁）、「子どもを虐待してしまう親―急増する虐待と対応策―」（秋山正弘、第48巻第5号（平成13年5月）22－27頁）、「虐待を受けた子どものケアと非行」（菱田理、第48巻第7号（平成13年7月）30－35頁）、「虐待をめぐる問題について」（岡本憲章、第48巻第12号（平成13年12月）18－23頁）がある。

　「子どもの虐待防止センターから見る親子関係」では、設立5年目を迎える民間団体が扱った虐待相談からみた親子関係が描かれている。
　父親からの相談はほとんどなく、ほぼ全てが母親からの相談。手のかかる子ども、ミルクを飲まない子ども、どうしても可愛いと思えない子ども、という子育ての悩み。こんな子に育てたのはお前の子育てが悪いからだという夫、自分自身も虐待されて育ったという母親。そんな人たちのそんな相談が掲載されている。

　「子どもの虐待と人格発達」では、虐待による子どものトラウマ、トラウマ体験による境界型人格障害等の人格発達の歪みが記述されている。

第4部　バブル崩壊後の青少年問題

　そして、「境界型人格障害の患者の75％に、身体的虐待、心理的虐待、性的虐待、ネグレクト、主たる養育者からの分離といった子どもの頃のトラウマ体験を見いだした。また、患者の58％は、重度の身体的虐待、性的虐待、もしくは両方の被害を受けていたということであった」という報告が紹介されている。

「児童虐待と親権」は、児童虐待と親権の関係についての事例をとおしての考察である。
　論述内容は、虐待の定義を明確化することの意義。親権は未成年の子どもの利益を実現する親の「義務」「責務」として理解されるべきであること。「親権の一部（身上監護権）の期間を限った喪失の制度」新設の提言。さらに、親権者に対しての「ケア受講命令」の提言。こうしたことをした上で、それでも親権者が従わない場合は、最終的方法として親権喪失宣告をする、という提案。そして、「このような制度であったら、児相所長も制度を積極的に活用できると思う」と締めている。

「児童虐待のソーシャルワーク」は、児童虐待の現場で活躍している人の苦悩の手記である。
　児童虐待を通告されてから、立ち入り検査、一時保護まで、半年間もかかってしまったこと、立ち入った部屋は、ゴミの山でとうてい人が住むような場ではなかったこと、そこで食事も与えられずに小学生の子どもがネグレクトされていたこと、こうした手段に賛否両論が沸き起こったこと、それでも、児童虐待を早期に発見し、適切な保護をするために、日夜活躍していること、等々が記述されている。

　児童虐待が社会問題になることによって、今まで明るみに出てこなかった子どもの虐待が、これでもかというほどに噴出しだした。こうしたことを、法律・制度、国や地方自治体次元の対応、現場の対応、民間団体の活躍、臨床心理士や精神科医の考察、等々、多方面からみていくと、多角的な見方が可能となってくる。さまざまな論述がまとまると、全体像が見えてくる。

その150　動物の子育て、人の子育て

　今回採り上げる論文「動物の子育て、人の子育て」(長谷川寿一、『青少年問題』第48巻第5号（平成13年5月16-21頁）、私はこういう論文が好きである。
　社会学者のなかには、こうした論文を社会学の敵のように酷評する人もいるが、そんな了見の狭いことでは困る。

「子と遺伝子を共有する確率は、父母ともに50％である。しかし、大半の動物では、母親の方が、父親よりもずっとよく子の世話をする。（略）哺乳類全体でみれば、約9割の種で雄は養育に直接関らない。」
「人間に非常に近いチンパンジーやオランウータンでは、雄は子育てにはまったく無関心である。ゴリラの父親は、しばしば子どもを守ったり、子どもと遊んだりするものの、一夫多妻社会なので、彼らの父子関係は人間ほど緊密ではない。核家族を作り、女性と男性が共同で子育てを営む人間は、霊長類の中でもかなり特別な存在である。」
「生物としてのヒトの特徴は、赤ちゃんが非常に未熟な状態で生まれてくることにある。もしヒトが、他の霊長類と同じように母体内で胎児を成長させてしまうと、出産時に脳が大きすぎて産道を通れなくなってしまう。そこで、まだ未熟児の段階で出産するしかない。自立できない未熟児を抱えることは、母親にしてみれば非常に大きな負担であり、母親だけで育て上げるのは至難の技である。（略）父親は相手に子育てを任しきれるならば、養育を押し付ける方が得策なのだが、ヒトやマーモセットでは、父親が母親のもとに留まって、一緒に育児した方が、結果的には子どもの生存率が大きく上昇する。父親が育児に参加する理由は、母親ひとりでは手間のかかりすぎる子を持ったからである。」
「人の場合はさておき動物界全般では、子離れのタイミングは親離れの時期よりも早いので、突き放そうとする親と引き続き親からの保護を要求する子どもとの間で激しいせめぎ合いが生じる。」
「人間でも、一般論としては、子を早く独立させようとする親と、いつまでも

甘えていたい子の間に駆け引きがあることは周知の通りだ。しかし、現代社会ではこのような葛藤が同じように現れない場合がしばしばある。すなわち少子化に伴って、親子間の緊張関係のレベルが一気に弱まってしまったように思われる。」

「動物行動学の視点から言えば、子が自発的に独立しようとすることはめったになく、子の自立は基本的には親に促されるものなのだ。親が甘やかし続ける限り、たいていの子どもはそれを歓迎する。現代社会では、かなり意識的に子離れしないと、子どもの成熟はどんどん遅れていくことだろう。」

「霊長類の子育てを観察していると、育児には経験や学習が必要であることがよくわかる。初産のサルは、子育てが非常にぎこちなく、実際、初めての子の死亡率は非常に高い。（略）ニホンザルでもチンパンジーでもベテランの母親になるほど養育が安定していく。また、若い母親ザルの間でも、彼女自身の母親の子育てを身近に見て育った雌ザルの育児は、子ども時代に母親を亡くしたみなしごの雌ザルよりもしっかりしている。家庭環境がどれほど安定しているかが、子育ての上手さと関連しているのはサルも人も共通であるようだ。」

「なんらかの理由で、片方の親だけになってしまった場合、しばしば育児放棄が生じる。鳥類では、つれあいを事故や病気で失った場合、育雛中の巣を捨ててしまうことが報告されている。一夫一妻型の齧歯類では、妊娠中の雌が夫を失い、新しい雄と出会うと自然流産することも知られている。」

「人間は万物の霊長であり、理性を持つ点で他の動物とはまったく別の存在である、と長い間、当然視されてきた。しかし、少なくとも親子関係に関しては、人も他の動物もほとんど違いはないといっても過言ではない。子の保護や世話、父親と母親の協力と駆け引き、親子の対立、実子の虐待など、その基礎に横たわる動機は、動物も人も変わりがない。生物としての人という視点は、今後ますます重要になることだろう。」

　いやー実におもしろかった。今回のコメントは、これだけ。

その151　就職協定廃止

〈その115〉ではバブル崩壊以前の職業選択について、〈その116〉ではバブル崩壊以降の職業選択について採り上げた。そして、バブル崩壊以降の職業選択の厳しさを指摘した。

ところが、この厳しさは20年以上経った今（2013年）に至るまで続いている超氷河期だったのである。終戦直後の就職難と生活苦はすさまじいものであった。しかし、それでも戦後20年経った頃は豊かになってきている。しかし、この超氷河期は、今のところいつ果てるのか全くわからない状況にある。

よって、『青少年問題』では、このことに関して多くの論文が掲載されている。そこで3回にわたり、その一部を紹介することにする。

今回採り上げる論文は、「『就職協定』廃止、罪深く功なし」（杉浦一義、『青少年問題』第45巻第6号（平成10年6月）16－21頁）である。なお、杉浦氏は執筆当時、早稲田大学学生部事務副部長兼務就職課長である。

「昨年（1997年）1月中旬、長年にわたった条文見直し改善を加えつつ継続してきた就職協定は、大学団体の強い存続希望を排除し、その1ヵ月前の日経連会長の記者発表（協定継続する意思なし・事実上の廃止宣言　96／12／初旬）を押し通す一方的経緯をたどり廃止するのやむなきに至った。」

「本日3月25日、時あたかも本学の卒業式である。春休みなのに就職課資料室では多数の学生（次年度4年生）が就職研究・活動に余念がない。課員スタッフは、ひっきりなしに訪れる学生の相談に応じている。」

「就職協定の廃止2年目を向かえ、本誌刊行の頃（6月）は、学生の就職活動も活況、授業・ゼミ出席も儘ならず、会社説明会、面接会場へと連日奔走していることであろう。個々教員によって対応も違うが、『授業より就職は一生のことだからね？』と苦笑、おそらくはなす術もない。協定廃止の初年度の採用・就職活動状況は、その否定的影響が決して小さくなかったことが明らかであるが、個別の一大学一企業には如何ともし難い。」

協定廃止によって、一部の就職上位校は優位になったという意見があり、杉浦氏はそうしたことを認めつつも、一大学の問題ではない、と切り捨てる。大学全体・学生全体の問題として、就職協定廃止を手厳しく批判する。
　就職協定の歴史を垣間見ると、1953年に就職協定が成立し、その後廃止され、復活され、さまざまに改正されるという紆余曲折を経て、1997年をもって廃止となる、という随分と長い、そしてすったもんだの歴史が見て取れる。
　そして、就職協定の歴史は、結局のところ企業の論理優先の決着で幕を閉じたのである。
「守れない協定は無意味」というのが企業側の主要な言い分であるが、そうであるならば罰則規定を設ければよいだけのことである。守らなかった企業は次年度採用禁止とすればよい。しかし、絶対にそのような規定をつくらないところが政府である。
　さて、就職廃止後どのようになっていったのか。
　杉浦氏が述べているように就職活動は早期化し、4年生の春から本格化していった。そしてその後、早期化はさらに拍車がかかり、2012年ともなると、3年の秋から就職活動の開始となっている。また、4年の連休前までが勝負となっている。つまり、学生は卒業の1年も前に就職が決まるのである。
　しかし、早く始まるだけ早く終わるというのであればまだよいのであるが、決まらない学生が増加し、それらの学生たちは、4年生の夏も、秋も、冬も就職活動に駆けずり回ることになる。こうして、大学4年間の後半の半分は就職活動の人生と化す。
　さらに、大学はこの就職氷河期を乗り越えるために、就職に関しての組織を強化させ、「就職課」から「キャリアセンター」等と名称を変更し、大学1年の、まさに春から就職に向けてのガイダンス、適性検査、講習、指導を行い出してきている。
　また、大学の授業そのものが就職用にアレンジされ、専門学校化・職業訓練所化してきているのである。

その152 | **高卒無業者**

　進路指導・職業選択・就職活動に関して、耳塚寛明氏の論述が光っている。その氏の二つの論文を採り上げることにする。
「漸増する高卒無業者層―青年期から成人期への移行における新たな問題の台頭―」(『青少年問題』第45巻第11号（平成10年11月）4－9頁）と「高卒無業者層の漸増　その背景と課題」(第48巻第6号（平成13年6月）4－11頁）である。

　まずは「漸増する高卒無業者層」から。
「80年代までの高卒者の進路は、進学、就職、そして専門学校への入学という三つの選択肢に支配されていた。これを、青年期から成人期への移行という観点からみるならば、80年代までの青年たちは、高卒後直接実社会へ入るか、あるいは高卒後大学・短大・専門学校を経由して実社会へ入るかの、いずれかの移行パタンを経るものとして理解可能だった。」
　耳塚氏によると、事態に変化の兆しが現れたのは90年代に入ってからである、という。その変化とは、進学するでもない就職するでもない者、つまり「高卒無業者」の漸増である。
「無業者は、全国的にみるといまだ1割弱に過ぎないが、東京23区の公立高校男子卒業生に限っていえば、5人に1人以上に及ぶ、もはや立派な多数派の進路となっている。」
「進学、就職に専門学校を加えた、高校生の伝統的三大進路は、こうして大都市圏では明らかに崩れつつある。」
「青年期から成人期へと、いかに円滑に青年たちを移行させ、『大人役割』を取得させるのか。伝統的にわが国では、新卒者一括雇用システムという特殊日本的な雇用制度の存在や、職業的選抜の多くが学校に委任されているなどの特質により、この移行システムはきわめて効率的に機能してきたとされる。(略）しかし、高卒無業者層の漸増を示す統計や大都市公立高校の現場の風景は、もはや世界的に名声を博したこの巧妙なる日本システムが崩壊しつつある

ことを指し示している。」

　次に、「高卒無業者層の漸増　その背景と課題」。
「90年代以降、高卒者の進路の中で、もっとも注目すべき変化をみたのは、いわゆる『高卒無業者層』の動向だったといってよい。」
「威信の高い四大へ進学できるのは教育費の支弁が可能でかつ学力の高い高校生であり、就職の狭き門を通り抜けることのできるのは進学希望を持たないまじめな（欠席や遅刻が少なく学業にも真面目に取り組んだ相対的に成績のよい）生徒たちである。威信の高い四大へ進学できずかつ就職も困難だった生徒たちの中で、教育費の負担が可能な層は、極端にいって成績の如何や高校生活へのまじめな取り組みの有無に関わらず、進学することができる。教育費の負担が不可能な層にとっては、『進路未定』『無業者』という進路しか残されてはいない。」
「高卒無業者の漸増は、日本社会全体の『階層再生産』という構造的現象のひとつの局面であり、同時に階層分化が鋭さを増していく、まさに中心的なできごととして理解されねばならない。」
「私たちは、高卒無業者の漸増という現象を、教育政策や労働政策にとどまらず、日本の階層構造を含めたより広い文脈の中で理解し、対処していく必要がある。」

　いかがでしたか。
「フリーター」や「ニート」の増大というものを、マスコミではとかく、彼らの生活（貧しい生活、不遇な境遇）や性格（偏った性格、対人関係スキルの欠如）に焦点を当てて、個々人の意識と生活の再生という視点で問題とするが、そしてそうしたミクロ的な描写のほうがあんがいウケるが、社会構造と時代変容というマクロの視点で問題を捉えない限り、その本質に迫ることはできない。

その153　新規学卒就職システム

進路指導・職業選択・就職活動の論述に関して、今一人光っている論者がいる。小杉礼子氏である。小杉氏にはこの頃だけでも随分と執筆していただいている。

「高卒就職の現状と学校進路指導の問題点」（『青少年問題』第45巻第6号（平成10年6月）10－15頁）、「高卒就職・なぜこんなに厳しい？」（第46巻第12号（平成11年12月）18－24頁）、「学校から職業への移行―今進みつつある変化―」（第47巻第12号（平成12年12月）22－26頁）、「近年の若者の就業問題をどう見るか」（第48巻第12号（平成13年12月）24－30頁）、「〈巻頭言〉就労問題の最前線」（第50巻第12号（平成15年12月）2－3頁）である。

「高卒就職の現状と学校進路指導の問題点」では、企業と学校の「一人一社制」が崩れだしてきていることを指摘する。学校が一人の生徒を推薦する、企業はその生徒を採用する、こうした企業と学校が長年培ってきた信頼関係によって成立していた制度の崩壊化である。その傾向が「学卒無業者」の増加として現れだしてきている、というのである。

「高卒就職・なぜこんなに厳しい？」では、高卒者採用の厳しさの背景として、景気要因のほかに、構造的要因を指摘する。それは「高卒者への評価の低下と企業の基本的な戦略の変更が絡んだ」結果であり、その戦略とは、一般化して言えば「雇用の多様化」である。つまり、「正社員数を押さえる一方、契約社員のほか、パート・アルバイト、派遣社員」を多用する戦略である。こうした企業の雇用構造の変容により、学校－企業間の「一人一社制」は形骸化していき、早々に就職から降りる高校生が続出しているという。正社員就職の激減と無業者の増加である。

「学校から職業への移行」では、企業の就労構造の変容が大量のフリーターを

生み出していることを指摘する。こうした就労状況へのある種の適応形態が「就職をおりる」という選択であり、そうした選択をする高校生の特徴が析出されている。それは、「実質的な求人倍率の低い学校に多く」、「成績が低位で欠席がちな生徒に多い」。こうした生徒は、「早くからあきらめて異なる方向（＝フリーター）に転換」するのである。さらに、「行動の特徴としては、欠席や成績の問題の他、部活に参加しない者が多く、週平均18時間アルバイトをしていたことが挙げられる。むしろパートタイムで仕事をしつつパートタイムで高校生もしているという感がある」というのである。

「近年の若者の就業問題をどう見るか」では、多様なデータに基づいて、フリーターの分析がなされている。その一端を紹介すると、離学（卒業もしくは退学）後、正社員として同一企業に定着している者は35％、男性の正社員定着は大卒で約6割、高卒では約2割。現在フリーターである者の3分の2は離学以来正社員になったことがない者であった。小杉氏は、こうしたフリーター状態はキャリア化や自己実現という有効性の薄い移行であることを指摘する。

「就労問題の最前線」では、「学校と企業の組織的関与のもとに」行われてきた「フルタイムの雇用」と、「長期にわたる雇用を前提」とした「企業主導で積極的な職業能力開発」の崩壊化を指摘し、「新規学卒就職の枠外での移行を円滑化する仕組みがないことである。それを構築していかなければならない」と論じるのである。

　以上、小杉氏の一連の論述も、前回の耳塚氏の論述と一致する。90年代以降、学業から職業への移行システムが機能しなくなってしまった、という危機意識である。バブル崩壊後の企業の生き残り戦略が労働者の雇用構造を変え（このことでは国家も大きく加担している）、その結果、非正規労働者を多量に生み出した。新規学卒就職システムは機能疲労を起こしているのに、それに代わりうるシステムは構築されていない。このままでは、青年期から成人期への円滑な移行はますます難しくなる、ということである。

その154　目黒のさんま的自然体験活動

　笑ってしまうほどにおもしろい論文を見つけた。そこで今回、それを紹介したいと思う。
「現実に即した安全対策」（樽谷進、『青少年問題』第48巻第8号（平成13年8月）24－28頁）である。

「子どもの心を育むための自然体験活動の中での事故発生は悲しいことです。（略）地域に根ざしたボランティア団体による活動中の事故の場合は、ボランティア団体内での人間関係、地域社会における人間関係を崩壊させることがあります。そして、ボランティア活動そのものが崩壊することもあります。」
「自然体験活動の安全対策に過敏になると、危険が予測されるような活動は行わないという傾向になる場合があります。（略）そうでなくても、冒険的なプログラムや、子どもらに挑戦させようというプログラムを避けてしまいます。自然体験活動のプログラムは平易な内容で実施することとなってしまいます。」
「事故に対する過度のおそれから自然体験活動が、自然体験活動でなくなってしまうという例があります。」
「例えば『磯遊び』のプログラムを例にとりますと、磯遊びは夏の日中に行われることが多いでしょう。それで、熱中症にならないよう、子どもに帽子をかぶせるよう指導します。磯は岩があってすべり易かったりするので足には古い運動靴かマリンシューズをはくようにします。そして滑ってころんでしまうことを予測して長袖シャツに長ズボンを着用するようにします。磯の生物にさわったりするので、またゴツゴツした岩もあるので、手には軍手かマリン手袋を着用させます。足を滑らせて海に落ちることもありうるので、万一のため、ライフジャケットを着用させます。」
「こういう具合に起こりそうな事故を予測して、万全と思われる安全対策を実施しますと、磯遊びでの子どもの服装は、頭に帽子、体には長袖シャツに長ズボン、そしてライフジャケット、手に手袋、足にマリンシューズと完全装備と

なります。ところで、この服装で磯遊びという自然体験活動が楽しく行えるのでしょうか。過度の安全対策は自然体験活動の意味をそこないます。」

　この一文を読んで、大笑い。まさにこれは落語の「目黒のさんま」ではないか。家臣の殿への配慮がとんでもないさんまにしてしまう。それを食べた殿はうまいはずない。「さんまは目黒にかぎる」というオチの悲しいまでの滑稽さ。それがこの「磯遊び」でも再現されている。
　落語ではなく、本当のボランティア活動においてだ。殿と同様のみじめさを味わうのは子どもたちである。
　そもそも「自然体験活動」なるものに私はきわめて懐疑的である。よく夏になると行われる「鮎つかみ」などは断じて自然体験ではない。川をせき止めて鮎を放流してつかむ、それでは祭りの夜店の金魚すくいと同じだ。泥をトラックで運んできて放水車で水をまく「泥んこ遊び」は決して自然体験ではない。おまけに、水着で泥んこ遊びをさせた親は、終わるとすぐにタオルで包み、車で家に帰り、風呂でシャワーを浴びせ、きれいさっぱりに子どもをさせてしまう。
　一般の人々もボランティアの人々も自然体験ということを勘違いしているのではないかと、思えてならない。「自然」というと美しいことばかり思い浮かぶのではないだろうか。
　しかし、本当の自然はもっと汚いし、気持ち悪いものである。蛇やトカゲがいて、ヒルが落ちてきて、アブや蛾が飛び交い、蚊が群がり、毛虫や蜘蛛、ゲジゲジにムカデ、蚤やダニ、そして便所には無数の蛆虫、それが自然である。
　また、自然は不便で、厳しく、恐ろしいものである。電気もガスも水道もないのが自然であり、テレビもケータイも車もない。冬の寒さ・夏の暑さは人に妥協しない。
　こうした自然であるからこそ、人々はそこから、耐えること、克服すること、制御することを学び、鍛えられるのである。
　それゆえに、自然体験活動とは、自然の汚さ・気持ち悪さ・不便さ・厳しさ・残酷さを体験する活動でなくてはならない。これが私の持論である。

その155 | マークス寿子毒舌快刀乱麻

　マークス寿子という実に素晴らしい女性がいる。お会いしたことはないが、『ふにゃふにゃになった日本人』などという本を書いて、かなりの売れっ子だったようだ。私も多分に口が悪いが、この方はとんでもなく、私以上だ。快刀乱麻の一刀両断。小気味よい毒舌である。
　今回はそのマークス寿子氏に登場していただく。「子どもの自立」（『青少年問題』第48巻第9号（平成13年9月）16－21頁）である。

　「子どもの自立、そして親の子離れなど、親子の結びつきにかかわる言葉がマスコミにとり上げられるようになったのはつい最近のこと、日本が世界第二といわれるほど豊かな国になってからである。戦前、戦後の日本が貧しかった頃、そんな言葉が人々の口の端に上がることはなかった。」
　確かにそうだったかも知れない。「自立」などと言わなくても、子どもは自立せざるを得なかったからだ。義務教育を終えたら、家の仕事をするか、奉公に出るかしなくてはならなかったのだから。貧困は自立を強制させるのである。

　「戦後も1960年代までは、間違いなく子どもは育てて貰った恩を親に返すのが当たり前だった。中学卒であれ、高校卒であれ、大学卒であれ。日本が豊かになるにつれて、親は老後を子の恩返しに頼らずに済むようになり、親が子を育てることを子は恩に着る必要もなくなり、それどころか、子を大学へやるのは親の義務といわんばかりの若い人さえ出てくる始末である。」
　「1960年代まで」というのはいささか疑問だが、貧しい時代、親の子育てにはその見返りとしての老後の世話が付随していたことは確かだ。土地という財産のないサラリーマンの親は、教育という財産を子に与えたのだが、親子ともにその自覚がなかった。「進学は私がお前に生前に与える財産分与である」と宣言すべきであった。

「今の日本同様、親が子どもを十分に養っていける欧米の国々と日本を比較してみて、一番先に気付くのは日本では大人が尊敬されていないということである。(略)大人の行為とかつてみなされていた礼儀や挨拶や規則に従うことも今では重要とは考えられなくなり、さらに『忍耐』『努力』『抑制』『質素』『自重』などの大人としての資源も評価されないどころか、『重い』『うっとおしい』と否定的に考えられるようになっている。つまり、日本の社会全体が大人を否定するようになったのである。大切なのは『お金を持っている子ども』—抑制なく欲しいものを欲しいだけ買い、飽きたら捨て、自分で作るよりは出来合いを買い、他人のものを羨やみ、みなと同じものを欲しがる—そんな大人が歓迎されたのである。」

　うーん、そのとおりかも知れない。ということは、今の日本には「大人」はいない、ということだ。「大人」というのは「成人」という意であるが、同時に「一族の長」であり、「分別をわきまえた徳のある人」でもある。今はみな「成人した子ども」だとしたら、当然「尊敬」に値しない。子どもだけでなく、成人も成人を尊敬していない。

「『自立』は親が子どもに押しつけるだけではない。子どもが望むものである。一人前の大人になることを誇りに思わない若者がいるとしたら、そのほうが異常である。子どもが自立しない社会とは、大人が尊敬されない社会であり、大人が誇りを持てない社会ではないだろうか。」

　確かにそうだ。年功序列の社会では、歳をとっているということだけで人は尊敬される。しかし、今はそんな時代ではなくなった。歳をとるということに何の値打ちもない。年寄りということだけでは尊敬されない。だいいち、〈その102〉で紹介したように「一人前」ということ事態、はっきりしなくなってしまった。

　大人が子どもをダメにしたその前に、大人自身が大人をダメにしたのである。日本の大人の自業自得である。

その156　さらば青少年対策本部

〈その43〉にて「青少年局そして青少年対策本部」を書いた。

そこでは、昭和41年4月1日から総理府に内局として青少年局が設けられ、また総理大臣の諮問機関として青少年問題審議会が発足したことを紹介し、青少年局の狙いとするところは、各省庁にまたがる青少年行政に対する内閣総理大臣の総合調整をさらに強力に遂行することにある、と紹介した。また、その青少年局は2年という短命で終わり、総務庁の青少年対策本部に代わった、ということを書いた。

さらに〈その43〉では、論考を「戦後20年間は、青少年問題対策の拡張期であり、統合期であったと言える。しかし、この頃（昭和43年）から拡張と統合は終了し、よく言えば安定期に、悪く言えば停滞期、さらに縮小期に入っていったのではないだろうか。少なくとも、青少年対策の統合化は終焉し、再び、分化・個別化の方向に舵が傾いたと言えるであろう。青少年局はわずか2年で幕を閉じたのである」と締めくくった。

今回採り上げるのは、「〈巻頭言〉中央省庁等改革と青少年行政」（菱川雄治、『青少年問題』第48巻第11号（平成13年11月）2－3頁）である。

「本年（2001年）1月に施行された中央省庁等の改革により、旧総務庁に置かれていた青少年問題審議会及び青少年対策本部が廃止されました。（略）『特別の機関』として存置するのではなく、その事務は内閣府の内部部局等において担当することとされたものです。」

「今回の青少年問題審議会及び青少年対策本部廃止をめぐっては、一部において、青少年行政に取り組む政府の姿勢が後退したのではないかとの懸念の声も聞かれるところです。（略）一見すると青少年行政に対する政府の取り組みが弱くなったとの印象を与えるかもしれません。」

「しかし、今回の中央省庁等の改革を通じて、青少年行政は、国政上の重要課題の一つとして明確に位置付けられることとなり、むしろ政府としての取り組

みはより強化されたと考えることができます。」
「内閣府の任務の一つとして『青少年健全育成行政に関する総合調整』が明記されました。」
「内閣府では、このように青少年行政が国政における重要な課題の一つとされたことを踏まえ、関係各省と緊密な連携を図りつつ、青少年行政をより一層総合的に推進するための基本となる計画（『青少年プラン（仮称）』）の策定をはじめ、青少年行政に関する企画立案・総合調整に積極的に取り組み、青少年行政の一層の充実を図っていきたいと考えています。」

　菱川氏の論述は実に素晴らしい内容となっているが、果たしてそうだろうか。
　平成13（2001）年は省庁再編スタートの年であった。橋本内閣時の平成10（1998）年6月、縦割り行政弊害解消ということで中央省庁等改革推進本部が設置され、省庁の再編が立案され、そして平成13年の1月から新省庁がスタートした次第である。
　この再編の評価には言及しない。問題は青少年問題審議会と青少年対策本部の廃止である。
　審議会は不要、必要ならばその都度開けばよい、という発想であろう。その後のニート対策等では、確かにこうした方式が採用されている。しかし、そうなると、問題個別対応協議となってしまう。じっくりと腰をすえた将来を展望しての総合的な青少年対策というのは提言しづらい。事実、こうした総合的見地からの青少年対策提言が現在何処でなされているのか、外部からはよくわからない状況にある。
　青少年対策本部も解体された。33年続いた組織がなくなり、そこでの役割は分散された。そして、正直言って、やはり外部からはわけがわからなくなった。この巻頭言の筆者である菱川氏の執筆時の肩書きは「内閣府政策統括官（総合企画調整担当）付参事官（青少年健全育成担当）」というものである。「総務庁青少年対策本部参事官」というすっきりしたものではない。

その157 　個性化教育批判

　20世紀末から21世紀初頭にかけて、「個性化教育」「ゆとりある教育」「学校週5日制」「新学力観」「生きる力」等の学校教育改革が大きな話題となった。今回を含めて3回にわたり、この問題を採り上げることにする。

　今回は「学校教育と社会化—教育改革は学校をどこへ連れて行くのか—」（耳塚寛明、『青少年問題』第48巻第4号（平成13年4月）4-9頁）ならびに「個性重視理念、新学力観と逸脱統制機能」（樋田大二郎、第48巻第7号（平成13年7月）18-23頁）である。

　まずは耳塚論文から。

「教育改革の過程で進行し、また直視されてこなかった主要な問題は、次の2点にある。（略）第一に、青少年の基礎学力の低下と、ばらつき（分散）の拡大、そして学力の『偏り』の問題。言い換えれば、青少年の学力の①水準が低下し、②格差が大きくなり、さらに③バランスを欠いた学力が形成されてしまう危険である。（略）学力水準の低下と並んで危惧される第二の問題は、これと密接に関わる学校教育の社会化機能の低下である。」

「現在の教育改革は個性重視の原則に主導され、青少年の社会化という基礎的な学校の任務を、『個性重視』の背後に追いやってきた。だが同一の社会に生きるものとして不可欠なパーソナリティの訓練を欠いた、この意味での『個性的人間』たちが大量生産されることを想像してみればよい。社会化は、パーソナリティの『基礎基本』、個性化の基礎であって、個性化が社会化に置き換わる形で強調されてはならない。社会化なき個性化は無意味である。ましてや、学校教育の基本的組織原理を、ラディカルに社会化から個性化へシフトさせることは、無意味というより危険である。」

　きわめて手厳しい文科省路線に対しての批判である。しかし実にごもっともである。個性とは社会性の一部である。つまり、社会性に基づいて個性は成立する。ということは、社会性なき個性は「個性」とは言わず、私に言わせれば

「野生」である。よって、まさに耳塚氏のお説のとおり「無意味というより危険」なのである。耳塚論文のすごいところは、学力の低下ということだけでなく、「ヒトが人」となる根本の「社会化」に視点を当てて、学校教育の機能不全の危機を問うているところにある。

　次に樋田論文。
「今日の高校は、生徒を学校生活に適応させるための強い調子の校則指導を行わない。(略)今の高校生は一生懸命に勉強しなくても進学できる。集団生活に関しては、最初から適応できないしする意思もない。さらに、学校外部に様々な青年文化の居場所があり、高校はかつてのような何が何でも適応すべき宿命的で絶対的な集団ではなくなっている。」
「高校生の関心と行動は学校から離脱した。高校も校則指導から撤退した。これらによって、高校生の学校への関与は低下し、高校が張り合いや誇りや楽しさの対象ではなくなった。(略)今日の高校生は、『毎日の生活の基盤であり、社会との接点であり、将来の自分との接点である高校』という所属の場を失いかけているのである。」
　1950年代の日本では、若者は地域の拘束からの脱却に成功した。因習や世間体、親族や地域の人々との関りから解放され、地域は相対的に若者の生活にとっての重要性を失っていった。それ以降の地域は、享楽性と利便性を提供するか否かという価値判断でのみ、その有効性を保持している。
　1970年代に入ると、若者は家族のしがらみからの脱却に成功した。家庭は食事をし風呂に入り眠るための場と化した。自分の部屋は親といえども入らせぬ治外法権の場と化した。さらに、親は金銭とサービスを提供する存在と化していった。
　そして1990年代に入ると、高校生にとっては学校もその存在性を低下させていったのである。もはや学校は居場所ではなくなったし、反逆するところでもなくなった。
　もしかすると、今の若者に残る自己存在に重く関わる世界は、仲間集団とケータイとネットで結ばれた関係の世界だけなのではないだろうか。

その158　新教育観、その賛美と批判

「学校週5日制」がいよいよ完全実施となった。今回は、その礎である「新教育観」に対しての賛美と批判を採り上げることにする。

賛美は「〈巻頭言〉完全学校週5日制の実施と新しい教育課程について」（布村幸彦、『青少年問題』第49巻第4号（平成14年4月）2－3頁）、そして批判は「『ゆとり教育』のもととなる教育観」（岡本浩一、同巻同号、10－15頁）である。

まずは「巻頭言」から。
「本年（2002年）4月から、いよいよ全国の小学校、中学校、高等学校等において毎週土曜日を休みとする完全学校週5日制が実施され、また、小・中学校において新学習指導要領が全面実施されます。」
「完全週5日制の趣旨は、子どもたちの家庭や地域社会での生活時間の比重を高めて、主体的に使える時間を増やし、『ゆとり』の中で、学校・家庭・地域社会が相互に連携しつつ、子どもたちに社会体験や自然体験などの様々な活動を経験させ、自ら学び自ら考える力や豊かな人間性、たくましく生きるための健康や体力などの『生きる力』を育むものです。」
「新しい学習指導要領では、基礎的・基本的な内容の確実な定着を図るとともに、単なる知識の暗記ではなく、自ら学ぶ意欲や思考力、判断力、表現力などを身に付けられるよう、観察・実験、調査・研究、発表・討論など体験的な学習や問題解決的な学習を重視しています。また、中・高等学校において、選択学習の幅を大幅に拡大し、生徒の興味・関心等に応じた学習に取り組むことができるようにしたところです。」
「新しい学習要領のねらいを実現するためには、一人ひとりの個に応じた指導が必要となります。すなわち、つまづきのある子どもには、補充的な学習を通して、基礎・基本の定着を図り、十分理解できた子どもには、発展的な学習を通して力を伸ばすことができます。個に応じた指導のできる『ゆとり』、考える『ゆとり』を生み出すため、共通に学ぶ内容を減らしています。」

実に立派な理念であり、目的であり、方針である。文句のつけようがない。しかし、それが数年も経たずにつまづいてしまったのである。どうやら「国民の幅広いご理解とご協力」が得られなかったようである。

次に岡本論文。
「この春から実施される運びになっている『ゆとり教育』について懐疑を持っている。」
「文部科学省自身にも、姿勢の揺れが若干見られる。私のように懐疑的な意見や、最近いくつかの調査で明らかになりつつある日本人生徒の学力離れに一方では懸念も持ちながらの『ゆとり教育』方針なのである。」
「以下に、『ゆとり教育』の根本をなすと考えられる教育観について、ひとつひとつあげてみて、私の考えを書いてみたい。」
そして筆者は、以下、七つの問題ある教育観を指摘している。「教育観1：反復記憶の軽視」、「教育観2：短期的にわからぬものは教えないという姿勢」、「教育観3：実用的でないものは教えないという姿勢」、「教育観4：学校教育が人格と無関係あるいは人格成長に有害だという感覚」、「教育観5：大人になったとき忘れるものは習っても無意味であるという信念」、「教育観6：文化文明の継承という視点の欠如」、「教育観7：教育は個人をまず幸せにするものである」。

知育偏重教育批判、詰め込み教育批判、受験教育批判、偏差値教育批判、管理教育批判、画一・斉一教育批判。1960年代から批判され続けてきたこうした学校教育批判から生み出されたのが個性化教育、ゆとり教育、生きる力教育、等の新教育観であった。それゆえに、新教育観は従来の学校教育に対しての反動と否定であった。

しかし、従来の学校教育の否定は、明治以降培ってきた日本の学校教育がもっていた良いところも解体させてしまった、ということである。

その159　総合的な学習の時間

『青少年問題』第50巻第4号（平成15年4月）では、特集として「総合的な学習の時間」が組まれている。今回は、そのいくつかを採り上げたい。

　まず採り上げるのは「〈巻頭言〉21世紀に生きる日本人と総合的な学習の時間」（天笠茂、2－3頁）。
「自ら課題を見つけ、問題に取り組む能力を獲得し、創造性を自らの力で培っていく。そんな日本人が次々と育っていかない限り、21世紀の日本の展望は容易に開けない。」
「時あたかも、自ら課題を見つける力を育てることをねらいに掲げて、総合的な学習の時間がスタートした。まさに、日本人および日本の社会が背負っている課題に挑戦するために総合的な学習の時間は構想され誕生したとみることができる。」
「しかし、いざ実施してみると、産みの苦しみというべきか、新たな課題を前に多くの学校・教師の当惑する姿が認められる。」
「このような中で、総合的な学習の時間を取り巻く環境も変化しつつあり、当初吹いていた追い風も、学力低下を指摘する声の高まりとともに逆風に変わった。」
「その意味で、学校・教師には、総合的な学習の時間が子どもたちにとって学ぶ面白さを実感でき学力のつく学習活動となるよう、持てる力を集中させ真正面から課題に取り組むことを期待したい。」
　天笠氏は千葉大学の教授であり文部科学省の官僚ではないのだが、「総合的な学習の時間」への期待は大きい。「自ら課題を見つけ、問題に取り組む能力を獲得し、創造性を自らの力で培っていく」という、そんな日本人を求める。なぜなら、そうでない限り、「21世紀の日本の展望は容易に開けない」からである。「総合的な学習の時間」は、まさにそのために「構想され誕生した」のだ。しかし、「逆風」が吹き出してきた。であるからこそ、教師は頑張ってい

第4部　バブル崩壊後の青少年問題

ただきたい、というのである。

　次は、「実りある『総合的な学習の時間』の実現―子どもの学力育成と教師の指導力向上―」（嶋野道弘、10‐15頁）。島野氏は執筆時、文部科学省初中局視察官である。
「『総合的な学習の時間』は、総合的であって、既存の教科のような固有の目標や内容を持っていない。それらの実際的・具体的なことは、各学校に委ねられているのがこの時間の特徴である。しかし、『学習の時間』として教育課程に位置付けられている以上、そこには、この時間の学習を成立させる教育原理が必要である。」
「実際、創設された『総合的な学習の時間』には、この時間を構成し、この時間を成立させる、三つの教育原理があると考えられる。それが学習指導に具現して、この時間の学習が成立する。」
　そして、嶋野氏は次の三つの原理を掲げる。「第一は、子ども主体の原理」、「第二は、課題中心の原理」、「第三は、体験・問題解決重視の原理」である。

　以上、理屈はよくわかる。また十分納得しえる。しかし、うがった見方をすれば、「三つの教育原理」の理屈は次のようになろう。第一に文科省の考えた原理であり、また、肯定的な教師観に立つ。教師は努力せよ、というものだ。第二に頭のなかで考えられた体験・問題解決重視の原理である。よって、どうしても現場に過大な要求をすることになる。
　なお、この要求に応えて、各小・中・高校は、様々に試行錯誤を繰り返している。その具体的な紹介が特集では掲載されている。
　小学校では「子どもの自分づくりをすすめる　総合的学習とその評価の工夫」（瀬戸貴子、16‐21頁）、中学校では「総合的な学習の時間における『成長』を望む評価の実践―学習のプロセス（過程）を見つめながら―」（高瀬聡、22‐27頁）、高等学校では「『しごと』と『まなび』をつなぐ―オンス体験―総合的な学習の時間『みらい』の取組―」（坂田広峰、28‐33頁）である。

その160　安全・安心まちづくり

　21世紀に入り、突然、日本の社会は犯罪の不安に怯える社会へと変容し始めた。そして、子どもを犯罪から守るまちづくり、安全・安心まちづくりの運動が活性化し始めた。

　『青少年問題』で、このことが最初に採り上げられたのは平成14（2002）年の中村論文である。そこで今回は、その論文「子どもを犯罪から守るまちづくり」（中村攻、『青少年問題』第49巻第1号（平成14年1月）18－23頁）を採り上げる。

「昨年（2001年）の6月、夏休みを間近にして、大阪・池田小学校で多数の小学生が殺害された。学校の更には教室内での犯罪ということもあって、子育てに係わる人々を震撼させた。」

「マスコミを賑わすような大きい犯罪が毎年のように発生する状況にある。こうした突出した犯罪の裾野には膨大な犯罪の犠牲となっている子ども達が存在する。（略）日本社会は確実に犯罪多発化の傾向にあり、子ども達は、犯罪の大きなターゲット（対象）になりつつある。」

「犯罪現場も、学校や公園・緑地といった、地域の子どもの生活拠点が多く登場する。」

「続発する子ども達への犯罪を前にして、関係者の様々な努力がなされている。」

「PTAをはじめ地域の大人達は、大きい犯罪が発生する度に登下校時のパトロールを強化し、盛り場のパトロールを始める。（略）しかし、パトロールをいつまでも続けられる地域は限られており、多くの地域ではいつの間にか消滅する。（略）パトロールには明らかに限界がある。」

「教育関係者は、学校に監視カメラを設置したり、警備員を配置しようとする。しかし、人間相互の信頼関係を基礎にした楽しくて自由な環境こそ学校の生命であり、必要以上に管理や監視を強めることは避けなくてはならない。」

第4部　バブル崩壊後の青少年問題

「警察関係者も新たな対応が求められている。(略) 地域全体の防犯活動の中心には、地域住民自身がならなくてはなるまい。地域住民と警察の新しい信頼関係なしに地域の防犯活動は成功しないし、今後の警察活動の成功もあり得ないだろう。」

「学校や公園、住宅や道路等の都市設計に係わる人々にも新しい視点での仕事が求められている。(略) 犯罪からの安全確保という視点も十分にもった栽培計画や樹木管理が求められる時代なのである。」

「子ども達を犯罪から守るために、関係者達による様々な努力が始められている。しかし、それらはまだまだ緒についたばかりであり、多くの矛盾に直面しながら苦悩している状況にある。」

「しかし、これらの打開の方向に共通しているのは、地域住民の積極的な活動への参加である。地域で子ども達を守り育てていく中心は地域住民であり、地域住民の自主的で自覚的な活動の展開なくして、子どもに安全で楽しい地域をつくることはできないのである。」

　子どもは親族、特に親によって殺害されることのほうが、見ず知らずの人によって殺害される場合よりもよほど多い。しかし、そのような場合、子を持った親たちの犯罪被害不安はさほど高まることはない。なぜならば、「ひどい親」「自分とは関係ない」と認識しえるからである。

　ところが、ある日突然、何の落ち度もないにもかかわらず、いたいけない子どもが見ず知らずの人に殺された場合は、「わが子にも起こるかもしれない」「明日はわが子か」という犯罪被害不安に搔き立てられる。

　こうした人々の不安を搔き立てるような子どもの殺害事件が21世紀に入り多発した。そして、連日連夜マスコミはそれを報道した。この報道が人々の不安を煽った。

　実際には子どもの殺人被害が増加しているということではなくても、いわゆる「体感不安」、実際には〈報道不安〉によって、人々の犯罪被害不安は高まっていったのである。

その161　続・安全・安心まちづくり

中村論文以降、平成15（2003）年には「『割れ窓』理論と非行防止」（小林寿一、『青少年問題』第50巻第7号（平成15年7月）16－21頁）が掲載され、さらに『青少年問題』第51巻第8号（平成16年8月）には「安全・安心のまちづくり」が特集として組まれ、巻頭言として「〈巻頭言〉社会全体で取り戻す安全」（竹花豊、2－3頁）、特集として「安全まちづくりのヒント―環境犯罪学から学ぶ―」（守山正、10－15頁）、「安全・安心まちづくりの課題（環境整備と防犯活動）」（小出治、16－21頁）、「犯罪に強い街をどうつくるか―割れ窓理論と地域安全マップ―」（小宮信夫、22－27頁）、「子どもの犯罪被害防止と学校の防犯」（家田重晴、28－32頁）、「東京都における緊急治安対策―少年問題への取組―」（児玉英一郎、34－39頁）、「この指止まれ　おやじ日本、ついに旗揚げ」（二村好彦、40－41頁）が掲載されている。

これらの全てを紹介する誌面はないので、ここでは一括して、「安全・安心まちづくり」について、考えていきたい。

官民一体となっての「安全・安心まちづくり」は、犯罪社会学者にとってはありがたいことであった。というのも、いわゆる「サカキバラ事件」以降、少年の殺人は「心の問題」として理解されるようになっていき、犯罪心理学と犯罪精神医学が脚光を浴び、反対に犯罪社会学は片隅に追いやられるという状況にあったからである。ところが、「まちづくり」ということになると、これは断然社会学の出番となる。おかげさまで、犯罪社会学は久しぶりに表舞台に返り咲いたのである。

さて、多くの論者のさまざまな論文で指摘されている（もちろん、前回の中村論文でも指摘されている）ことのいくつかに関して、コメントさせていただく。

一つは、監視カメラの導入についてだが、当初はプライバシーの侵害を問題にする人たちが多かったが、近年では大多数の人が導入に肯定的である。問題

は監視カメラの導入ではなく、監視カメラの使用方法・管理システムであるが、今のところ、大きな問題は発生してないようである。

　二つ目は、パトロールの持続の困難さについてである。これに関しては、犯罪の被害に遭う危険性の高い場所を重点的にパトロールする、子どもたち自身に危険性の高い場所をチェックさせる、等の方法が考えられている。また、日常的な行動そのものをパトロール化するという方法も取られている。犬の散歩そのものをパトロール化する、買物のパトロール化、地域を行き交う車（配達便、地域の商店・企業の車、等）のパトロール車化、といった発想である。

　三つ目は、安全・安心まちづくり自体の持続性の問題である。「喉もと過ぎれば熱さ忘れる」のたとえどおり、近年ではひと頃に比べるとだいぶ低調気味である。「地域安全マップつくり」も「おやじ日本」も、これからどうなるのか心配である。

　四つ目は、安全・安心まちづくりに特化した活動の問題性である。地域ではさまざまな問題を抱えており、それらのほぼ全てが地域の人たちのボランティアを期待している。障害者福祉活動、高齢者福祉活動、子育て支援活動、青少年健全育成活動、非行少年立ち直り支援活動、環境美化・整備活動、防災活動、まちおこし活動、等々である。

　こうした諸地域活動が未だに個々バラバラに運営され、相互の連携のないままになっている状況にある。しかし、意外とこれらの活動は機能的に見るならば同一視しえるのではないかと思われる。

　それゆえに、「犯罪に強いまち」づくりだけを目指すのではなく、それだけを目的とせずに、「犯罪に強いまち」＝「防災に強いまち」＝「福祉支援のまち」＝「子育て支援のまち」＝「青少年健全育成のまち」＝「環境美化のまち」＝「地域活性化のまち」という発想で、バランスあるまちづくりを目指して取り組むという思考性・志向性が行政にも地域住民にもほしい。

その162　少年警察活動

　今回は二つの巻頭言を採り上げることにする。ともに少年警察活動に関しての内容であり、そしてともに執筆当時の筆者の肩書きが警察庁生活安全局少年課長である。よって、警察庁少年課からのメッセージと思って読んでいただきたい。
「〈巻頭言〉少年問題と警察」（荒木二郎、『青少年問題』第49巻第7号（平成14年7月）2-3頁）、「〈巻頭言〉少年非行防止・保護総合対策推進要綱の制定について」（菱川雄治、第51巻第7号（平成16年7月）2-3頁）である。

　まずは、荒木巻頭言から。
「昨年（2001年）の警察白書（「少年問題特集」）によれば、強盗、恐喝、ひったくり事件を起こした少年の7割以上に検挙、補導歴があることが分かっている。（略）脆弱な体制の下ではあるが、捜査する警察官の努力が一層望まれると考えている。」
「次に、捜査だけが少年警察活動ではない。まず、何よりも、いわゆる不良行為の段階で積極的に声かけを行い、そもそも非行に陥らないようにすることこそ、重要である。（略）また、各県警察に設置されている少年サポートセンター等による少年相談活動が重要である。」
「警察の力だけで少年問題の解決はできない。大切なことは、警察と住民との対等なパートナーシップが構築され、住民自らに自分の身は自分で守り、自分の地域の少年は自らが守るとの意識が生じることであろう。（略）自主的な住民による活動という意味で、ボランティアの果たす役割は、今後ますます重要である。（略）また、言うまでもなく、少年の教育に当たる学校と警察との連携も重要であり、より一層具体的で実質的な連携となるよう努力する必要がある。自治体の役割も重大である。（略）住民にとってより安全な自治体となることが期待される。」
　要するに、警察は検挙・補導活動をより一層充実させ、また非行予防・健全

育成活動も積極的に行い、少年警察活動を一生懸命推進する、しかし、警察だけでは不十分である、そこで自治体も協力していただきたい、学校も協力していただきたい、しかしなによりも大切なのは、地域住民の自主的なそして積極的な非行防止・健全育成活動である、どうか皆々様のご理解・ご支援・ご協力をお願いしたい、ということである。

　前号・前々号で述べたとおり、21世紀に入り、警察は、警察＝自治体＝学校＝地域青少年関係諸団体＝地域住民という総合的連携システム構築の方向に動いてきている。

　次に、菱川巻頭言から。
「昨年（2003年）8月に警察庁が策定した『緊急治安対策プログラム』や、同年12月に、青少年育成推進本部が策定した『青少年育成施策大綱』及び犯罪対策閣僚会議が策定した『犯罪に強い社会の実現のための行動計画』のいずれにおいても、少年犯罪を抑止し、少年の健全な育成を図ることが重要かつ緊急の課題として取り上げられ、警察及び関係機関が推進すべき諸施策が幅広く盛り込まれたところです。」
「少年警察活動は、『少年の非行の防止及び保護を通じて少年の健全な育成を図るための警察活動』（少年警察活動規則第1条第1項）であり、関係法令及び『少年非行総合対策推進要綱』（平成9年8月7日制定）等によって運営が行われていましたが、先に紹介した警察庁及び政府の基本的な策定を踏まえて、旧要綱を全面的に見直し、本年2月22日に『少年非行防止・保護総合対策推進要綱』が新たに制定されました。」
　いわゆる少年犯罪の凶悪化、子どもの犯罪被害化という状況に直面して、早急に法の整備が行われたということである。官僚組織はなにごとも法に基づいて動いており、こうした法次元の対応あって初めて具体的な組織対応がなされるわけである。
　この点、さすが警察は迅速である。警察が他の官僚組織と同様に機動性のない組織であったなら、日本は犯罪大国になっていたかもしれない。

その163　子どもの居場所

　今回と次回、2回にかけて子どもの居場所について述べる。
　以前は、「子どもの溜まり場」とか「子どもの遊び場」という表現が使われていた。そこでは、子どもの健全な溜まり場をつくろう、そうした溜まり場がないから子どもたちは問題ある溜まり場をつくるのだ、とか、子どもの遊び場がなくなった、だから都会の子どもたちは家のなかで遊んでいるのだ、子どもたちの遊び場をつくろう、といった論調であった。
　ところが、この「居場所」はそのようなものではない。とにかく子どもの居場所がなくなってしまったというのだから、事態は深刻である。まず今回は「子どもの発達と子どもの居場所」（住田正樹、『青少年問題』第51巻第1号（平成16年1月）10-15頁）を採り上げる。

「近年、居場所ということがよく言われるようになった。（略）字義からすれば居場所は人が居るところ、居所といった物理的空間を意味するが、近年の使われ方は、それに加えて安らぎだとかくつろぎを感じるところ、ホッと安心できるところ、自分が必要とされているところ、あるいは自分という存在が認められるところというような意味に使われている。」
「こうした居場所の使われ方は、大きく二つに分けることができる。『安心感を感じるところ』と『自分が必要とされているところ』である。前者は、ホッと安心できるところ、安らぎを覚えるところ、満足感や充実感を感じられるところといった意味での居場所であり、後者は、自分が必要とされているところ、自分が果たすべき役割があるところ、自分の立場を認めてくれるところといった意味での居場所である。」
「しかしさらにこの両者の居場所に共通するところを考えてみると、結局のところ『自分を受け入れてくれるところ』といういわば受容性が基本であることが分かる。そこに居る他者が自分を受け入れてくれていると感じるからこそ個人は安心感を抱くことができるし、安らぎを覚え、満足感を感じることができ

る。またそこに居る他者が受け容れてくれると感じるからこそ自分の立場が認められ、自分が必要とされているという自己の有用性を感じることができるからである。子どもの場合も同じである。」

　住田氏は、居場所の意味を大きく二つに分けている。私もそのように思う。また、住田氏は、結局この二つは「受け入れてくれるところ」ということで一括しえると言う。私もそのように思う。
　しかし、それだけでは不十分であるように思える。幼児期とは異なり青少年期になると子どもたちの生活空間と対人関係は飛躍的に拡大していく。それゆえに、様々な場面での居場所に直面する。特に仲間関係のなかでの居場所は青少年期では最大の問題と化す。もし、そこで居場所がなくなれば、たとえ家庭のなかに居場所があったとしても、子どもたちにとっては「居場所がない」ということになる。
　つまり、各人の各地位（家族では子という地位、学校では児童・生徒や仲間・友達という地位、等々）に応じた関係と空間にあって、それぞれに応じた居場所が必要となる。
　さもないと、学校や仲間内での居場所をなくした子は家庭に閉じこもるということになるであろう。また、学校・仲間内にも家庭にも居場所をなくした子どもは街なかに居場所を求めてさまよう。住田氏もそのことに言及している。「自分の部屋しか居場所のない子」、「ゲームセンターなどに自分の身の置き場所を求める子」たちである。
　ところで、住田氏は「受容性が基本であることが分かる」と述べていが、この点も問題がある。今の大人たちは自らが主体的に他者を受容するということが少なくなっているように思えてならない。大人がそうなのだから子どもはなおさらである。「受容される存在」にどっぷりと浸かってしまい、「受容する」という主体性が希薄化している。
　それゆえに、〈自分を必要とする人たちの主体的発掘〉こそが、青少年自身にとっての居場所づくりの根幹ではないだろうか。

その164 　地域のなかの居場所づくり

　前号は住田論文を採り上げた。『青少年問題』第51巻第1号（平成16年1月）では、特集に「子どもたちの居場所づくり」を組んでおり、住田論文はそのなかの最初の論文であった。このほかにも、「居場所が生まれる場を構想する」（萩原健次郎、16－21頁）、「若者の居場所を探そう」（小川俊一、22－27頁）、「地域の中にある居場所」（土居義英、28－33頁）、「大阪市が誇る児童いきいき放課後事業」（北邑隆行、34－39頁）がある。

　今回は「地域の中にある居場所」を採り上げる。前号の住田論文が理論からの考察であったのに対して、今回の土居論文は現場からの考察である。

「私の住む街『広島』は、（略）平和都市としての響きと同様に、暴走族の街として響き渡っています。」
「私は、現在継続して実施している『青少年ケアサポート事業』の中で彼らとできる限り同じ場所に居ることを心がけています。」
「この事業の特徴は、元暴走族の青少年たちを雇用し、高齢者の健康づくりのために実施している健康運動教室や、児童生徒への運動指導などにアシスタントとして、専門インストラクターと同行させ、運動指導をアシストするという事業なのです。」
「われわれの実施する様々な運動教室で彼らは人気者になります。大勢の人たちに声をかけてもらい、お礼の言葉をもらい、時には、手作りの食事やお土産をもらって帰ります。そうしてだんだんと喜びを感じ、自分の存在感を感じるのです。」
「『子どもたちの居場所づくり』に関して言えることは、子どもたちというより、大人も含め現代人全てが必要としているのは、自分を必要とする場所です。自分が何かに関われる場所です。」
「私たちが今おこなっていることは、青少年たちを健全に育成しようということではありません。青少年たちのエネルギーやアイデア、それに行動力を社会

に役立てようということです。そのことが必然的に子どもたちの居場所となることが理想的と考えています。」
「子どもたちの居場所は、本来子どもたちが作るものです。昔から大人の入る余地がなかったはずです。」
「今私たちは、子どもたちに『スポーツソーラン』という踊りを指導しています。この踊りには躍動感と一体感があります。この踊りの演舞を見た多くの子どもたちは、自分でも踊りたいと感じるようです。今でも多くの地域や学校、それにサークルなどで指導しているのですが、そのことを私は感じます。『踊りたい』『体を思いっきり動かしたい』『暴れたい』などの思いが伝わってきます。」

　元暴走族の青少年を健康運動教室で運動指導などのアシスタントとして雇用する。役割と責任を持たせる。他者のためになることを求める。であるからこそ「喜びを感じ、自分の存在感を感じる」というのだ。「現代人全てが必要としているのは、自分を必要とする場所」であり、「自分が何かに関われる場所」だという。
　自分の存在性を証明させるのは自分ではなく他者である。他者に感謝される、他者に頼られる、他者に求められる、そこから自己存在感が湧き上がる。土居氏は、実践のなかでこのことを体感し、主張する。
　また、一生懸命に、無我夢中になることから、自己の存在感が湧き上がる。それが「スポーツソーラン」だと土肥氏は言う。「よさこい節」「ソーラン節」という古典の踊りを現代風にアレンジしたもので、1990年代に全国各地に広がったものである。
　数十人のチームが1年がかりで、自ら曲を作り、踊りを作り、衣装を作り、稽古に稽古を重ね、工夫を重ね、本番に各チームが踊りを競う、若者の踊りの祭典である。これは、自らが主体となり、各自が役割と責任を持ち、チーム一団とならなくてはならない。まさに、若者の自分たちによる自分たちの居場所づくりである。

その165　大学院問題

　今、教育制度がさまざまにいじられている（〈その157〉〈その158〉〈その159〉参照）。「個性重視の教育」「ゆとりある教育」「学校週5日制」と戦後の教育制度が大きく変化したと思いきや、「学力の低下」による学力重視化という反動に見舞われている。こうしたなかにあって、大学院の制度も大きく変化してきている。

　今回採り上げる「制度の『ゆらぎ』の時代に生きる」（宝月誠、『青少年問題』第52巻第3号（平成17年3月）10－15頁）は、こうした文部科学省による高等教育制度改革の危険性・問題性を指摘したものである。

「大学の制度上の大きな改革が近年いくつか試みられた。なかでも大学院重点化の政策によって、有力大学の多くが大学院を主体とする研究大学に衣替えした点である。教員の身分はそれまでの学部所属の教員から大学院所属教員に替わり、研究・教育予算も増加され、大学院の入学定員も大幅に増えることになった。」

「COEの企画もトップレベル研究を大学で促進するためのもので、大学院重点化と連動したものであり、研究のアイデアと実績の評価に基づいて研究資金が重点的に配分される競争システムである。」

「重点化とともに、文系の大学院の状況は大きく変わる。教員は拡大した定員一杯の院生を獲得しなければならず、院生の個別指導に時間をとられ、評価に値する自分の研究業績も上げねばならず、研究プロジェクトのためにさまざまな研究資金の募集にも応募しなければならなくなる。」

「定員一杯まで入れた院生のなかには学力の低い者もいる。『学部生より程度の低い院生』と、教員も自嘲的に述べているだけではすまなくなり、あらためて大学院の目的を問い直す必要がでてくる。（略）少子化によって大学教員の市場は減少傾向にあり、他方院生の数が増大している。」

「大学院重点化がもたらしたまぎれもないひとつの結果は、いわゆるオーバー

ドクターが研究室にあふれる事態である。(略)あるオーバードクターはいう。『このまま一生職なしの状態にいるかと思うと、夜も眠れない』と。」
「実質に乏しい肩書きだけの大学院教授が無数に誕生し、基礎学力不足の院生や職なしのオーバードクターがあふれたが、大学院の教育・研究が充実したとはいえない。目的をはっきり自覚しないまま、いろいろな思惑から推進され、拡散していく制度改革は、本来の目的を果たす制度にはなりえないということである。」

　筆者の宝月氏は京都大学の教授(執筆時)である。その京都大学の大学院であっても、こうした事態が発生しているのである。
　全国各地に大学院大学が設立され、教員は学部ではなく大学院に所属し、大量の大学院生を入学させている。日本人だけでは当然定員を確保できないので、中国や韓国等から大量の留学生を受け入れる。それが文部科学省の方針であり、そうした方針に忠実な大学が優良大学とされる。
　少数精鋭の大学院教育はかつてのこととなり、学部学生ほどの大学院生を相手とした教育を行わざるを得なくなる。院生一人ひとりをきめ細やかに面倒をみるということはできなくなる。こうして、卒業論文より劣る修士論文が氾濫する。
　また、大学院博士後期課程に進んだ院生は就職できずオーバードクターとなり、大学の非常勤講師にありつければ御の字となる。以前ならば塾や予備校の講師という進路もあったが、少子化のこのご時勢では、それもままならない。20歳代はあっという間に過ぎ去り、30歳代になっても職がない。40歳代では研究者人生をあきらめるよりほかない。そんな不遇の人生を送る超エリートが次から次へと産出されているのである。
　私自身が経験した道であり、私の場合運良く32歳で定職を得たが、それまではやはり「このまま一生職なしの状態にいるかと思うと」という状態であった。

その166 | **ニート**

　高卒無業者については〈その152〉〈その153〉にて紹介した。それが「ニート」として、さらに深刻化していく。
　『青少年問題』第52巻第6号（平成17年6月）は「ニートをめぐる諸問題」を特集している。今回はそのなかから、「〈巻頭言〉欧米諸国の経験に学べ―包括的・継続的支援が必要―」（宮本みち子、2-3頁）と、「『日本型ニート』の現状」（小杉礼子、10-15頁）を採り上げる。

　まずは、「巻頭言」から。
「内閣府の推計では、無業者（学生を除く）は213万人に及び、1992年からの10年間で約80万人増加している。また、若年無業者のうち求職活動も行っていない若者は約85万人に達している。」
「欧米先進諸国は、1970年代末から80年代にかけて、若者の深刻な雇用問題を経験してきた。20％に達する失業率、若者の貧困化、ホームレスの増加を前に、多くの調査・研究が行われ、若者政策の転換に影響を及ぼしてきた。」
「若者が親や国家に依存しないで生計をたてることの困難が目立ってきたこと、それに関して、何らかの『活動』をして社会に参加しているという状態からはずれてしまった若者が増加していくことが背景にあった。NEET（ニート）という用語は、イギリスで2001年に開始されたコネクションズという大規模な若者支援サービスで使われるようになったものであるが、学校にも雇用にも職業訓練にも就いていない若者（失業者を含む）は、まさしく、自立できず、社会に参加していないという意味で、若者政策の最重要課題となったのである。」
「今、日本が欧米諸国の経験から学べることは、包括的で継続的な自立支援こそ、ニートを増加させないために必要な方策だという点である。」

　次に、小杉論文から。
「ニートの場合には中学卒業の学歴の者が約3割近くと非常に多いことである。

(略)中学卒学歴には、現在の高校進学率の高さを考えると、おそらく高校を中途退学したケースが多く含まれていると思われる。」
「とくに、高校卒業予定者への求人の減少は著しい。その結果、学卒時点で就業できないまま無業で卒業する若者が増加し、フリーターとしてアルバイトやパートに就く者、仕事を探し続けて失業者になる者、仕事を探すことをやめてニート状態になる者のいずれもが増えているのである。」
「ニート問題にはもう一つの側面があった。学校中退者が陥りやすい状況であるということである。学校中退は90年代以前から少なからず存在した。しかし、それをこれまで就業との関係ではほとんど捉えてこなかった。ある意味で看過されていた問題が『ニート』という言葉で捉えなおすことで、見えてきたことでもある。」

　青少年問題は時代の鏡である。なかでも、青少年の進路と就労は時代を多分に反映させている。身売り、売春、靴磨き、集団就職、家出、不登校、高校中退、ひきこもり、フリーターに非正規職員、失業、ネットカフェ難民、そしてニートである。
　ニート、それはバブルの崩壊、労働力のグローバル化、就労構造の変化という時代の波のなかで、豊かな社会・経済成長の時代であったならば、かろうじて仕事にありついてきた層が切り捨てられてしまった結果の現象である。
　深刻化した時代では、高齢者、障害者、病弱者、犯罪者とともに、問題・非行少年、ひきこもり、中卒・高校中退者といった青少年たちが、就労から遠ざけられてしまう。
　資本経済は生き残るために・競争に勝つために、成長・繁栄のために、不要な存在は排除するということを、戦後の混乱期以来、あらためて確認させられた現象である。

その167　少年警察ボランティア

『青少年問題』にて地方自治体の青少年補導センターや青少年補導委員に関しては3度ほど採り上げたが（〈その27〉〈その41〉〈その57〉）、今回は少年警察ボランティアについて紹介していく。

前者と後者は同じような組織・制度であり、地域における少年の補導という同一の役割を担っているにもかかわらず、運営主体が異なるという、実に摩訶不思議な関係にある。

採り上げる論文は「補導実務の体験を通して思うこと」（富永一法、『青少年問題』第624号（平成18年10月）14-19頁）である。

まず始めに、全国少年警察ボランティア協会について。
「少年の非行防止対策が急務となった昭和30年代後半、全国に誕生した『少年補導員』によって、昭和55年に、全国の少年補導員組織の連合体として任意団体『全国少年補導員協会』が設立された。（略）その後、誕生した少年警察協助員、少年指導委員とともに相互の連携強化を図る全国組織として、同協会は平成5年5月、内閣総理大臣の許可を受け『社団法人全国少年補導員協会』と改組し、今日に至っている。」

ということであるが、この原稿が『青少年問題』に掲載された半年後の平成19年4月に「全国少年警察ボランティア協会」と改名している。現在（2013年）の正式名称は、「公益社団法人全国少年警察ボランティア協会」である。

次に、少年補導員について。
「この制度は、昭和42年、警察庁保安局長通達に基づき、『非行少年等の早期発見補導及び要保護少年に対する活動の徹底並びに有害環境の排除等非行防止に直結する諸活動を行うこと』を目的に設けられたものである。（略）少年補導員は、街頭補導活動、環境浄化活動をはじめとする幅広い非行防止活動に従事している。（略）また、少年補導員という名称は、全国一律ではない。」

次に、少年警察協助員について。

「この制度は、昭和57年、局長通達に基づき設けられた。(略) 活動内容も、非行集団に所属する少年を当該集団から離脱させるほか、非行を防止するための指導・相談に当たっている。(略) 現在、この制度を採用していない地域や、少年補導員と統合してその役割を担った運用を図っているところもある。」

次に、少年指導委員について。

「少年指導委員は、『風俗営業等の規制及び業務の適正化等に関する法律』に基づいて設けられた制度で、都道府県公安委員会から委嘱されている。その活動は、法律上で規定されている。(略) その任務は、少年を有害な風俗環境の影響からまもるための少年補導活動や、風俗営業者への協力要請が主となる。」

以上、同じようでいて一部異なるという三つの制度が並列化しているのであり、しかも、各都道府県で名称も組織形態もいくらか異なる。これを地域特性に合わせた結果とは言い難い。その当時の都道府県の行政の考え方の違いによるところが大である。

思うに、全国約6万人いる「少年補導員」を基盤として、その一部の人にさらに「少年警察協助員」や「少年指導委員」を委嘱するという方向性が最も望ましい。そして、これらを総称して「少年警察ボランティア」という名称で統括し、統合組織を各都道府県単位で設立する必要があろう。

そして、法的根拠のあいまいな「少年補導員」と「少年警察協助員」については、法的根拠を明確化し、「少年警察協助員」並みの地位と権限を明示する必要がある。

ただし、これらは全て警察関係の民間ボランティアなので統合できるのであって、これらと同一の役割を担いつつも地方自治体の主に教育委員会所管の青少年補導委員（これも地域により名称は様々）という別制度・組織との統合は、今のところ全く展望がない。

こうした委員を引き受けて、まじめに日々活動されている方々に対して申し訳ないと思うのだが、それが現状である。

その168 児童福祉法の改正と課題

　児童福祉法については〈その130〉にて採り上げたが、ここ十数年の間に、少年法と同じほどに大きく変容している。今回はこの児童福祉法の変容と課題について紹介したい。

　採り上げる論文は「〈巻頭論文〉子ども家庭福祉の現状と課題」（高橋重宏、第629号（平成20年1月）2－7頁）である。

　高橋氏は児童福祉法の改正に関して次のように述べている。
「2007年は児童福祉法が制定されて60周年になる。」
「平成9年の児童福祉法改正は、子どもの未来21プラン研究会報告の理念に沿って改訂された。」
「伝統的な『ウェルフェア』（救貧的・慈恵的・恩恵的歴史を有し最低生活保障としての事後処理的、補完的、代替的な児童福祉）から『ウェルビーイング』（人権の尊重・自己実現・子どもの権利擁護の視点から、予防・促進・啓発・教育、問題の重度化・深刻化を防ぐ支援的・協働的プログラムの重視）へと理念転換が行われている。そして、児童福祉においては伝統的な『児童の保護』から『自立支援』へとサービス理念も転換された。」
「子ども家庭福祉は、親を含めた社会の責任として実践される『子どものウェルビーインク』（人権の尊重・自己実現、子どもが子どもらしさを保ち、みずからの潜在的な可能性を開花させつつ生き生きと生活している状態）を促進する不断の努力を意味している。」

　平成9年の改正では、「保育所が措置された特定の要保護児童の保育から、地域での子育て支援センターへと転換した。専業で子育てをしている親子への多様なプログラムが提供されるようになった。家庭（親）と社会のパートナーシップのもとに子育てを行っていくという視点が制度化されたのである」。さらに、「子育ての相談に応じる努力義務が規定された」。また、「新たな児童福祉施設として『児童家庭支援センター』が創設された」。

平成16年の改訂では、「児童相談に関する体制の充実」、「児童福祉施設、里親等の在り方の見直し」、「要保護児童に関する司法関与の強化」がおこなわれた。
　「このように、平成16年の改正で子ども家庭相談を最も身近な市町村で行うことが義務付けられた。都道府県等が設置する児童相談所は、市町村の後方支援とともに法律に基づく子ども虐待等への対応をすることになった。」

　要保護家庭・要保護児童という一部の特別な家庭・子どもを対象とした「ウェルフェア」から全ての家庭・全ての子どもを対象とした「ウェルビーイング」という理念の転換と、それに基づいた法の改正は大きな改革であった。さらに、「子どもの人権」が前面に押し出され、子どもが保護される客体から権利を主張する主体へと位置づけられたわけである。
　また、児童保育に対しては、共働きの家庭に対しての支援という発想から、専業主婦家庭も含めての子育て支援という発想の拡充化も家庭児童福祉の大きな変化であった。
　こうした理念の制度化をさらに徹底させていこうというのが平成16年の改正である。
　しかし、これでどれほどに児童福祉が充実したかというと、拍手喝采とは残念ながら言えない。今、児童福祉の現場では、保育所の不足に悩まされているし、児童福祉士の資格を有した職員がまだまだ少ない。
　そんななかで、児童虐待は年々数を増加させ、「都道府県等が設置する児童相談所は、市町村の後方支援とともに法律に基づく子ども虐待等への対応をすることになった」という論述は、児童相談所の充実やゆとりではなく、まさに激増する「子ども虐待等への対応」にてんてこ舞いの状況を物語るものであり、それ以外の活動に力を注ぐ余裕のない状況であることを物語るものである。
　たとえ、国や地方自治体が児童福祉を充実させたとしても、それが追いつかないほど親の子育ての能力・社会資本が弱化していくのではどうしようもない。「公」だけでなく、「共」としての親族・地域・企業・仲間による支援システムの構築を必要とする時代となっている。

その169 　犯罪被害者等基本計画

　今回は「〈巻頭論文〉『犯罪被害者等基本計画』と少年」（荒木二郎、『青少年問題』第623号（平成18年7月）2－7頁）という論文を採り上げる。筆者の荒木氏は「内閣府大臣官房審議官（共生社会政策担当）」であり「犯罪被害者等施策推進室長」（執筆時）である。

　「犯罪被害者等基本法の施行（昨年4月）を受けて、昨年末、犯罪被害者等基本計画が閣議決定された。犯罪被害者等基本法、基本計画は、犯罪被害者の権利利益の保護を図るために制定されたものであり、加害者が少年である場合の被害者にも適用があるのはもちろん、被害少年に対するケア等について、国及び地方公共団体の責務等が定められている。」

　「基本計画においては、『損害回復・経済的支援等』、『精神的・肉体的被害の回復・防止』、『刑事手続きへの関与拡充』、『支援等のための体制整備』、『国民の理解の増進、協力確保』の五つの重点課題について、258の施策が盛り込まれた。」

　「被害者が少年である場合や加害者が少年である場合も、基本計画に定められた各種施策の対象となるが、少年特有の問題点も少なくないことから、被害者が少年の場合、加害者が少年である場合双方について、基本計画に特別の施策が記載されている。」

　「まず、被害者が少年である場合、（略）とりわけ児童虐待関係については、『一時保護所の環境改善』、『被害直後の保護および再被害の危険回避のための施設についての検討』、『夜間・休日対応の充実』、『児童虐待の防止、早期発見・早期対応のための体制整備』、『児童の死亡事例等の検証』、『早期発見のための医療施設における取り組みの促進』、『被虐待児童の保護にあたる者の研修の充実』、『子育て学習講座の中での学習支援の充実』等が特記された。」

第４部　バブル崩壊後の青少年問題

「一方、加害者が少年である場合については、法務省において『少年保護事件に対する意見の聴取等各種制度の周知徹底を行うこと』、『少年審判の傍聴の可否を含め、被害者の意見・要望を踏まえた少年法改正の検討を行うこと』、『保護処分決定確定後の加害少年情報の提供について検討を行い２年以内に結論を得ること』とされた。」

「少年審判の傍聴については、少年法に定める少年審判非公開との関連で、検討課題とされた。被害者からは、『審判廷で加害少年に質問したり、意見陳述したりする権利を認めるべきである』、『仮に認められないとすれば、それに代わる審判の進行状況についての情報取得のための代替手段が必要である』等の意見が寄せられている。」

「少年事件については、少年審判が非公開のこともあって、成人の事件にも増して、情報が欲しいとの被害者側の思いは強い。」

「少年関係を含む各種の被害者等施策が国民の理解と協力を得て大きく前進するよう、微力を尽くしてまいりたい。」

　このように述べられているが、その後の平成20年の「少年法等の一部を改正する法律」では「一定の重大事件の審判に被害者等の傍聴を許す制度」が導入された。
　この点を岩井宜子氏は次のように述べている。
「被害者傍聴を可能とする改正は、貫かれてきた少年保護のための審判非公開の原則を破棄するものとして、大きな議論を呼んだ。一方で、少年犯罪の被害者が情報を得られないことにより苦痛から立ち直れないという状況にも配慮が必要であり、両者の調整がこれからも、裁量を委ねられて家裁を悩ませることになると思われる。」（岩井宜子「〈巻頭論文〉少年法改正の動向」『青少年問題』第634号（平成21年４月）2-7頁）
　政治は本当に振り子時計である。犯罪被害者等基本法・犯罪被害者等基本計画は、今まで省みることもなかった被害者を大きくクローズアップさせた。その時勢の勢いはすさまじいものである。しかし、行き過ぎると反動が怖い。

その170 　少年法改正と被害者支援

　前回の最後に岩井宜子「〈巻頭論文〉少年法改正の動向」(第634号(平成21年4月) 2 – 7頁)を掲載した。今回はその続きである。『青少年問題』第634号は「少年法改正と被害者支援」を特集とした。巻頭論文として岩井氏が執筆し、特集として5本の論文を掲載した。そのなかには、漫画『家栽の人』の作者・毛利甚八氏も含まれており、実に多彩である。

　今回はそのなかから「少年法改正と被害者支援」(片山徒有、14 – 19頁)を採り上げる。筆者の片山氏は「被害者と司法を考える会代表」であり、自らが犯罪被害者である。

「もう息子がいなくなって10年以上経つのだが、今でもひょっこり家に帰ってくる気がする。家族はそれぞれに年齢を重ねているものの、彼は当時のままの小学校2年生で成長をしない。(略)もしも私に一つだけ望みが叶うとしたら何も要らないから今でも無事に息子が戻ってきて欲しいと心から思う。」

　このような出だしで論述は始まる。犯罪被害者としての側面の片山氏だ。ところが、それだけではない。意外な展開となる。

「平成12年以降、犯罪被害者を取り巻く環境は急変してきた。」
「これまでは、少年事件はほとんど捜査や少年司法の手続きが不透明で被害者のことを全く考えていないと批判を浴びていたが、この改正はかなりの変化を被害者に与えたと考えている。」
「しかし、これに納得しない被害者が強く意見を出したことや犯罪被害者等基本法の成立もあって、更に少年法が改正されることになる。」
「少年事件は非行事実とともに少年の要保護性が重視されることについて被害者の誤解を生んでいるのではないかと思う。もしこの保護性を奪うような社会であるならば、被害者のみならず一般社会全体の不安がより増すと思うのだが、充分にこの辺の大切さについて行き届いた説明が行きわたっていないように思

う。」

「特に平成18年に行われた法務省の『平成12年改正少年法に関する意見交換会』では、被害者側が少年に結果責任を厳しく求めたいとする意見が目立った。重大事件であれば大人と同じように責任を取って欲しいという意見が象徴的であった。（略）よく考えるまでもなく、成人が刑事裁判を受けるのと、少年が少年審判を受けるのとは全く性質も意味合いも違う。少年法の良いところは健全育成と保護主義の素晴らしさにあると理解しているが、被害者がそれを忘れて短絡的に成人と同じような処罰手続きを期待してはいけないのだろうと思う。」

「少年はやがて大人になり、私たちと同じような社会人としての責任や自覚を持つようになる。その時までに少年の可逆性に期待して成長を社会全体が手助けするのは被害者支援とまったく同じ考え方で、被害回復と同時に被害者を生まない社会を作るために被害者も社会も一緒になって取り組まなければならない課題があると思う。」

　テレビのインタビュー等に出てくる犯罪被害者の発言と全く異なる見解である。加害者がたとえ少年であっても、死刑以外はありえない・死刑を期待する、といった犯罪被害者像とは程遠い像である。「もしこの保護性を奪うような社会であるならば、被害者のみならず一般社会全体の不安がより増すと思う」といった見解や「被害回復と同時に被害者を生まない社会を作るために被害者も社会も一緒になって取り組まなければならない課題があると思う」という見解は、まさに少年法研究者の域に達している。

　こうした方が犯罪被害者のなかにいるということは、きわめて貴重なことである。それゆえ、犯罪加害者とその家族は、こうした方に報いる努力をしなくてはならないだろう。被害者が加害者に歩み寄るのならば、それ以上に加害者は被害者に歩み寄る必要がある。

その171 | 六次産業

『青少年問題』第637号（平成22年1月）の特集は「生徒の社会的課題と向き合う高等学校」である。今回はその号の巻頭論文「"スペシャリストへの道" bound for『六次産業』」（岩木秀夫、2－7頁）を採り上げる。

「現在までの産業政策と国土政策の下で教育が果たしてきた役割は以下のように素描できる。……短線型学校制度という名前の巨大なダンプカーは全国津々浦々から子どもをかき集めて都市・工業地帯に運搬し、そのかなりの部分をネットカフェや路上に投棄し、地元に残された高齢の親たちは日常の買い物や医療にも不自由な独居政策の中に遺棄され、彼らが死に絶えると集落自体が消滅する運命に直面している。……」

「このダンプカーの所業は非合理と認識されることなく、今日も車の性能を上げる政策が追求されている。義務教育就学費補助の充実や公立高等学校授業料無償化、大学奨学金充実などの教育機会均等実質化政策や、前述した（文科省『職業教育の活性化方策に関する調査研究会議』が1995年に出した『スペシャリストへの道』と題する報告書）高校職業改革などである。これら一つ一つそれ自体は、福祉国家として当然の政策である。しかし、単線型学校制度が生徒の移動の出発地と目的地の両地点に対して狼藉を働くことになる条件が変わらない限り、それらの政策はダンプカーの機械的な性能や作業効率を高めるだけに終わってしまう。」

「本稿にとって特に重要なのは、『第六次産業』という概念である。これは、農林水産物の生産（一次産業）のみでなくその加工（二次産業）と販売（三次産業）を手がける（一×二×三次産業）ことを指して、1994年に農業経済学者の今村奈良臣氏が造った概念であり、今や広く使われるようになったものだという。」

「これら（『第六次産業』）の実践には、高校と地域の農家、農業法人、NPO、大学などの関わりが、農業科、商業科、工業科の柔軟で総合的な連携を生み出

し、その連携がコミュニティー・ビジネスや農業交流を活性化させるという良循環がうかがわれる。単線型学校制度の中に置かれた専門高校、専門学科が、前述した凶暴なダンプカーのパーツになることなく、生徒を地域の六次産業の担い手に育成する機能を果たしている。」

その後、岩木氏は、「学校で飼育する山羊を活用しての休耕田や畦の草刈り、山羊乳を加工した山羊乳団子の開発・普及、それらを通した地域との交流などに成功した」例や、「バイオ工業科のキノコ栽培、米ヌカとオガクズを使った土壌改良剤開発などの活動」と、そこから発展した「施設園芸科、食料工業科、生活化学科が総力を挙げて、環境保全型農業や米粉パンの開発」の例などを紹介している。

特集では、こうした地方の高校での地域活性化を導く取り組みが記述されている。

青森県立金木高等学校校長・石戸谷繁氏の「『過疎化地域の高校生』 市浦分校の事例から」（20-25頁）では、市浦分校のさまざまな活動事例―独居老人宅の除排雪ボランティア・暑中見舞い・年賀状、文化祭への招待と保護・介護体験、海浜・道路清掃活動、脇元岩木山（靄山）お山参詣への参加協力、そして靄焼（陶器）製作・農業体験・地場産業学習等―を紹介する。

そしてその後、「過疎地域の現状は、非常に厳しいものである。この問題は、社会の発展が中央・都市中心に行われたことによるものである。これに教育が果たした役割は『教育は一方で地域の教育力の重要性を説きながら、一方では地域を崩壊に導いてきた。』といえるであろう。皮肉にも学校自体も自己の存在を脅かす状況に直面している。これまで求めてきた教育の理念が正しいものだとしても、現実にはどのように機能したのかを省みる必要がある」と述べている。

今までにない、新たな視点からの新たな教育の方向性が求められており、またその試みが始まっているのである。

その172 時空間計量犯罪学

　今回は「〈巻頭論文〉科学警察研究所の犯罪・非行――一人の研究者として見たその伝統と今後の方向性」（原田豊、『青少年問題』第638号（平成22年4月）2－7頁）を採り上げる。
　筆者の原田氏は科学警察研究所の犯罪行動科学部長（執筆時）であり、今回の論文では自己研究史と重ね合わせて、最新の犯罪学研究を論述している。

「犯罪・非行の原因や対策を『実証的』に研究する。科警研の研究職員として、私は長年この課題に取り組んできたはずである。しかし、これは、自分自身にとって大きな悩みの種でもあった。『それがほんとうにできるのか？』という疑問に、自信を持って答えられなかったからである。」
　原田氏は、コレラ菌や結核菌のような原因を想定する「病因学的研究方法」に疑問を投げかける。なぜなら、「犯罪や非行を引き起こす特定の『犯罪ウィルス』や『非行バクテリア』などがあるとは考えられない」からである。そんな原田氏は、もう一つ別の研究方法、つまり「疫学的研究方法」を知る。

「『疫学』的な研究方法は、糖尿病・脳血管障害・心筋梗塞などの『生活習慣病』に関する研究方法として発展してきたものである。」
「最近、テレビの健康番組などで『リスクファクタ』という言葉を、よく耳にする。これこそ、上にあげたような病気の原因に関する、現代の考え方をあらわす言葉である。」
「『生活習慣病』などの病気は、肥満・高血圧・高脂血症などの『リスクファクタ』の複合的な作用で起こると考えられている。また、これらの『リスクファクタ』をもつ人すべてが病気を『発症』するわけではないが、長期にわたってリスクファクタにさらされることで、発症の『確率』が高くなることが知られている。」
「近年、欧米の研究者を中心に、この考え方を、犯罪・非行研究に応用する動

きが広がっている。なぜなら、(1)犯罪や非行も、家庭環境や学校生活・友人との関係など、さまざまな『リスクファクタ』の複雑な作用で生まれると考えられ、(2)これらの『リスクファクタ』に長くさらされてた人が、行為としての犯罪や非行を、いわば『発症』すると見ることができ、(3)さまざまな『リスクファクタ』と犯罪・非行との関係も、生活習慣病などの場合と同じように、確率的なものと考えられるからである。」

　こうして原田氏は、研究の悩みを克服し、二つの犯罪予防にたどり着く。「発達的犯罪予防」と「状況的犯罪予防」である。
「発達的犯罪予防とは、子どもから大人へという人間の成長・発達の過程で、将来の犯罪や非行の危険を高める要因を明らかにし、それらに対して、適切な時期に適切な介入を行って問題の解決を図ろうとするものである。」
「一方、状況的犯罪予防は、文字どおり犯罪被害の起こりやすい『状況』を変えることによる被害防止の取り組みのことである。発達的犯罪予防が、犯罪者や非行少年、すなわち『加害者』を作らないための対策であるのに対し、状況的犯罪予防の考えでは、うまい機会があれば犯罪を行う人はどこにでも『いる』ことを事実上前提とした上で、結果としての犯罪の『被害』を発生させないための条件は何であるかを探ろうとする。」

　そして最後に、原田氏はこのように論を締めくくる。
「私が思い描いている、これからの研究のイメージは、人々が成長の過程で経験するできごとの経歴や、現在の日々の行動を、『いつ』『どこで』という『時と所』の文脈のなかで理解することをめざし、今日の新技術を活用してそれらを実証的に分析し、『今』『ここで』の被害防止や、『10年後』の『日本』の非行率の減少といった実践的課題に応えることのできる研究である。これを仮に、『時空間計量犯罪学』と呼んでみてはどうだろうかと考えているところである。」
　原田氏はその後「予防犯罪学」という用語を用いている。まさに〈時空間計量予防犯罪学〉の誕生である。

その173　反社会性の行動遺伝学

　犯罪は遺伝する、と19世紀の犯罪学では言われていた。それが20世紀に入り、犯罪は社会的生育的環境が原因である、という見解のほうが優位になる。そして、遺伝と犯罪という研究は長い間省みられることもなく、放置され続けた。ところが、20世紀も終わりに近づき、DNAの解明がすすみ、脳科学・遺伝子学などの人間に関する医学・生命科学の目覚ましい発展につれ、再度、遺伝と人間行動との関係性がクローズアップされだしてきた。

　今回採り上げる論文は、そうした分野での犯罪学の最新の論考を展開している。大渕憲一「〈巻頭論文〉反社会性の行動遺伝学」(『青少年問題』第640号（平成22年10月）2－7頁）である。なお、大渕氏は執筆時、日本犯罪心理学会会長を務めている。

　「反社会的行動の研究では、数多くの個人因子が検討されてきた。40年以上にわたる縦断的発達研究で知られるケンブリッジ非行発達研究では、多動、衝動性、注意障害、負の情動性、低知能などが上げられ、それらの背後には遺伝的素質が仮定されている。」

　「近年の遺伝子診断技術の発達と行動遺伝学の関係について新たな光が当てられつつある。」

　「反社会的行動の代表的な環境因子はストレスである。（略）注目すべきは、ストレスの影響が衝動性と負の情動性という性格特性を持つ子どもたちに特に強かったことである。このことは、ストレスに対して不適応反応をしやすい脆弱性の存在を示している。これらの特性は遺伝的影響が強いことから、ストレス脆弱性と遺伝の関係が注目されるようになった。」

　「犯罪者に関しても脳内物質の生成速度、受容、再取り込み、代謝と分散、変換など働きに関与すると見られる種々の遺伝子が注目されている。」

　「この研究結果は、(1)人々の間に発達ストレスに反応して反社会性を形成する生物学的脆弱性の個人差があること、(2)しかし、たとえ生物学的脆弱性を持っ

ていても、発達ストレスに晒されない場合には反社会性は生じないこと、こうした遺伝要因と生育環境条件の間の交互作用を示唆している。」
「近年、単に遺伝子率を算出するだけでなく、共分散構造分析によって遺伝効果と環境効果をより精緻に推定する試みが多数行われるようになった。こうした分析で用いられる最も一般的なモデル（モデル図は略）は双生児に関するもので、彼らが示すある特性に関して遺伝（A）、共有環境（C）、非共有環境（E）の三要因が影響を与えると仮定する。共有環境とは、同じ親に育てられたことや同じ家の中で暮らしてきたことなど、二人を類似させる働きを持つ環境要因である。非共有環境とは、個別の共有関係、家の中での扱われ方の違いなど、各人に独自の効果を及ぼす環境要因である。」
「その結果（モデルを用いての調査分析結果）、反社会的行動に対する遺伝の効果は41％、共有環境の効果は16％、非共有環境（誤差を含む）の効果は43％と推定された。共有環境の効果が小さいことから、親や家族の影響は従来言われてきたほど大きくはなかった。反対に、遺伝の影響力はかなり大きかった。」
「暫定的とはいえ、こうした行動遺伝学的研究は、一般に、従来の犯罪研究で信じられていたものよりも大きな遺伝効果を示す傾向がある。」

　犯罪社会学者としては、考えさせられる論文である。ここまで犯罪科学は進歩していたのか、と驚かずにはいられない。社会的因子ばかり考えていたのでは「リスクファクタ」の解明はおぼつかない、ということだ。
　「反社会的行動」の出現にあっては、「遺伝要因と生育環境条件の間の交互作用」があり、「親や家族の影響は従来言われてきたほど大きくはなかった。反対に、遺伝の影響力はかなり大きかった」のである。
　もし父親や母親が子どもの頃、粗暴性の強い問題少年・少女であったなら、子育ては慎重にしなくてはならない。なぜなら反社会的行動は多分に遺伝するからだ。また、遺伝を持っていても生育環境が良ければ反社会的行動に走ることはない、ということは逆に言えば、遺伝を持っている子どもは、ストレスが溜まるような生活をしてはいけない、ということになる。

その174　満都の悪少年

「百年前の日本、とくに東京は空前の『不良少年』時代であった。1910年8月10日付の『読売新聞』社説『不良少年』は書いている。」

「不良少年と云ふもの近時の産物にして、其の警察の手に検挙せらるゝを聞くこと頗る頻々たり。（中略）不良少年の多き、全国に於て東京を第一とし、良家の子弟が団体を作りて悪事を演ずるが如き殆ど東京の特産たり。」

このように書き出すのは、大日方純夫「『満都の悪少年』と警察―日露戦後の社会史」（『青少年問題』第642号（平成23年4月）12-17頁）である。今回はこれを採り上げる。

「1906年5月19日付の『東京朝日新聞』は、近ごろ東京市内の各所では『不良青年の横行』がはなはだしく、とくに神田・芝両区に多いので、当局は厳密な取締りをする筈だと報じている（06.5.19 朝日）。」
「1907年7月、警視庁の警察署長会議では警視総監が訓示の冒頭、『不良青年取締りの件』を取り上げている（07.7.12 読売）。（略）『不良青年』取締りは、日露戦後から大正初期にかけて、警察活動の重点領域となっていたのである。」
「このような『不良青年』状況は、『東京朝日新聞』のキャンペーンによっていっそう問題化していくこととなった。1910年2月23日から4月24日まで、同紙は『満都悪少年の横行』という記事を通算56回にわたって連載した。」

このあと、「満都悪少年の横行」という記事の記述、さらに、当時の諸新聞記事からの論述展開が実に詳しく記述されていく。一例をあげてみる。
「浅草公園には『不良少年』の団体があり、その所属者の7割が苦学する積りで出京したものか、父兄の金を拐帯して上京し、東京に着くと直ぐ浅草見物に来て誘惑されたものだ。これを救済しようとしたが、東京の感化院は満員で収容できない。そこで、まず10日から15日間の拘留処分とし、人物を見て改善の

見込みがあるものは床屋・鼻緒屋・飲食店などの丁稚にやった。ところが、金を持たせるとすぐに逃亡してしまう。そこで帰郷させる方針をとっており、すでに14歳未満83人、20歳未満124人の計207人を送り帰した。」

「1912年4月、第一高等学校生が麻布・正則・早稲田の各中学、大倉商業等の学生7名とともに窃盗・恐喝・詐欺などをはたらき、検挙された（12.4.24 朝日）。警視庁の捜査係坂口警部は、『上は帝国大学から下は私立の中学校や夜学校に至る迄此種の不良学生のゐない処はない』と語った。いったん堕落したら最後、父兄の心配も学校の取締りも何の効果もない。ただ彼等が恐ろしがるのは警察のみである。警察と学校・家庭が連携し、いざとなればいつでも検挙するようにすれば、少しは彼等を矯正することができるだろう、というのである。」

「こうして日露戦後から大正初期、『不良少年』は大きな社会問題となっていた。しかし、少年の問題化は、実は少年だけの問題ではない。山本から本（警視庁捜査係長山本清吉著『現代の不良青年附不良少女』）を贈られた江木衷（法学者・弁護士）は、『不良老年も少なくないのは遺憾千万なり』と返事を書き、山本は『僕も現代の不良老年には殆ど手の付け様がない』と頭を掻いたという（14.3.25 朝日）。冒頭にあげた『読売』の社説も、少年の上に立つ中年者、老年者が少年の模範たりえなくなっている。まず、『不良中年、不良老年の反省』から始めなければならないと主張していた。」

　あまりにもおもしろかったので、ついつい長い引用になってしまった。
　都市化と非行、繁華街・盛り場（当時は浅草・銀座）と享楽文化、上京と堕落・怠惰、恵まれた家庭の子の非行、不良学生、少年非行の社会問題化、警察と学校・家庭の連携の必要、子どもの問題は大人の問題、等々、これらは全て100年も前のことなのである。今とほとんど変わりない。呆れかえるほどに変わっていないのである。

その175　文化資本の格差

　今回採り上げるのは、片岡栄美「文化資本の格差と寛容・共存への教育―アメリカからみた日本の教育と文化―」(『青少年問題』第644号（平成23年10月）2－7頁)である。早速、引用していく。

「親の経済的格差が子どもの学力格差を左右する。この問題は、わが国でも大きく取り上げられ議論されてきた。格差の影響は一代にとどまらない。連鎖するところに問題の根深さがある。それは昔から指摘されてきた世代間での因果メカニズム、再生産問題である。」
　そして、片岡氏は「親の貧困→子どもの低い教育達成（学力、学歴）→子どもの低い職業達成→子世代の貧困」という図式を提示する。
　さらに論は進む。
「貧困は経済的なものだけではない。親の貧困は文化的な貧困と強い関連を持っている。子どもに適切なしつけと家庭教育を与えること、もっとも重要なことだが、豊かな愛情を子に与えることの重要性を理解していない親もいるからだ。」
「筆者は子育て期における家庭環境として、親や家庭の文化資本（Cultural Capital）が子どもの育ち方やその後の人生に大きな違いを生むということを長年、研究してきた。文化資本というのは、フランスの社会学者ピエール・ブルデューによる概念である。教養、学歴、文化活動、価値志向、言葉使い、態度等にあらわれる嗜好や習慣の違いは、親から影響を受けることが多く、家族の歴史に蓄積された無形、有形の文化財である。」
「親の文化資本（学歴もその指標の一つ）の多寡は、親の経済的地位と関連することが多い。では、どちらが子どもに大きな影響を与えるかというと、相対的に文化的な要因のほうが、経済的要因よりもより多くの子どもの成長を規定する可能性が高いということが、明らかになってきた。他の方の研究でも、家庭の文化は子の学力差に影響するという。さらに子の学歴や職業達成、文化

経験、価値態度の差異などにも、出身家庭で子どもが経験した文化的な要因が強く持続的に影響していた（片岡　1998、2001、2011）。」
「学校を通じた知識や文化の獲得は、恵まれない家庭の子どもにとっては非常に重要な機会である。それゆえ家庭の文化資本の格差や欠如がもたらす影響を、公教育を通じてどう解消していけるかは、教育のあり方を考える際に、経済格差の問題と同様、重視して検討していく必要があるだろう。心理の問題としてだけみていたのでは、解決できないからだ。」
　こう論じ、片岡氏は次の文章で論を締める。
「筆者の個人的な見解だが、これからは、われわれは他者から奪うことで経済成長するのではなく、人々とどれだけ多く分かち合えるのか（シェア）、そして異質な他者や弱者を尊重しながら共存し、助け合っていけるのか（寛容と共存）、個々人がどれだけ個性を発揮して創造的になれるのか（創造）、そういった価値に対応できる教育を行うこと、そうした創造的な社会となる方途を見出していくことが、今後ますます問われるようになるだろう。」

　戦後の我が国は、経済的格差を解消する歴史を歩んだ。分配するパイを大きくし（生産力を高め）、分配の差を縮める（納税と福祉による再配分システム）という政策を採ってきた。また、「ジャパン・アズ・ナンバーワン」と、日本の雇用・就労システムは賞賛された。
　ところが、バブルの崩壊以降、「終身雇用制」「年功序列」という賞賛されていた雇用・就労システムは突然に批判され出し、能力主義が台頭し出す。今から思えば、多分に日本産業の崩壊を防ぐイデオローグであったのだが、識者もマスコミも批判するよりも賛美するほうの声が強かった。また、学校教育でも個性化という能力主義に突入していく。このことは〈その152〉〈その153〉で描いたとおりである。
　こうして、格差社会が登場する。さらに、若者の就労が直撃され、若者の失業率が高まり、「ニート」「ネットカフェ難民」といった言葉が出現し、若者の社会的排除（social exclusion）が問題化した。戦後一貫して縮小化した格差がこの時代に再度、社会問題として浮上したのである。

その176 | 立ち直り支援

　今回と次回、各一つの論考を紹介する。ともに特集「青少年の立ち直り支援」のなかの論考である。今回は、井内清満「非行問題から見える社会が今すべきこと」(『青少年問題』第645号（平成24年1月）26－31頁）である。

　論考は次のような出だしで始まる。
「真正面から非行問題に取り掛かったのが平成元年4月からだった。知り合いの中学校の校長先生から『学校が荒れに荒れていて大変だ。一度見に来てくれ』と言われたのがきっかけで、少年とその保護者に真正面からぶつかってきた。教員に対する暴力、中学生同士の暴力、傍若無人にふるまう少年等は、学校はもちろん地域からも阻害されていた。当時はシンナーが蔓延し、ここ千葉市でも非行対策に悩んでいた時期であった。かかる彼らも校舎の踊り場やたまり場で、日々深夜シンナー遊びにふけっていた。そんな彼らと格闘しながら徐々に関係を築き、1年がかりで無事卒業式までこぎつけたことがきっかけで、私は非行問題に大きくかかわることになっていった。」
　このあと、「特定非営利活動法人ユース・サポート・センター　友懇塾」（井内氏はその理事長）の活動が紹介される。千葉家裁と協働したJR千葉駅前を中心とした清掃活動、千葉県市原市での県有林「友懇の森」での下草刈や除伐作業、大網白里町の民有地「友懇の森」での里山活動、非行経験のある少年等でつくるサッカーチーム「FC椿森」の運営の紹介があり、論は家庭に及ぶ。

「毎日のようにかかってくる相談の多くは母親からだ。他に相談センター等から紹介されて来る件数を含めると相当な数に上る。」
「その相談内容と私自身の経験からみると、非行問題の解決の糸口が見えてくる。」
「少年非行の原因は家庭にある、とよく聞くが、それだけで片付けてしまうとちょっと無責任だと思う。家庭に問題があるというのを私は否定しないが、両

親が子育てを誤っているという認識があれば、そうした言葉は通用するが、実は両親にその意識がない。よって、両親に間違いを気づかせることが一番大切なのだ。私に言わせれば、非行少年の立ち直りに少年は必要ない。まさしく〈親が変われば子どもは変わる〉のだ。」

「私は電話相談があると必ず相手の家に訪問することにしている。訪問すると家の中がすべて見える。母親の生い立ちや父親の過去などすべてを聞くことから始める。そうすることによって、生まれてから今までの少年の気持ちなどが分かるからだ。非行になった原因は、少年にはないその原因がどこにあるのかを探し当てることから始める必要性があるのだ。宝探しのようだが非行対策の一番の方法だと思っている。」

「〈少年の立ち直りは家庭の立ち直り(構築)から〉と思っている。」

　学校、地域と論を進めた後、最後に就労支援について、このように述べる。
「立ち直り支援の最後は就労支援だ。少年に『何でもよいから仕事をしなさい』だけではあまりにも乱暴だ。仕事とはどういうことなのか、雇用保険とは、社会保険とはなど、社会の一員としての仕組みから教える必要がある。私の知り合いの会社などを含めて現在県内に38社の協力企業を持つ。これらの会社を数社巡ると、必ず彼らに見合った仕事が見つかる。辞めたければその理由を聞いて話し合いながら次の仕事を紹介する。という仕組みだ。こうした就労支援活動で彼らとの絆は築けるのだ。私のサッカーチームに無職少年が一人もいないということでもわかるように、仕事があるということだけで気持ちが安定し、やがて精神的にも安定した生活ができるようになる。」

　書かれている内容は、一貫して体験から出てきたことである。そこには「理論」も「技術」もない。あるのは、非行少年に、非行少年の親に、学校の教師に、さらに司法諸機関の職員に体を張って向かい合っての、立ち直り支援実践談義である。毎日数回の電話相談を受け、少年の家を訪問し家族と対話し(ときには説教をし)、さまざまな立ち直り支援事業を手がけ、38社の協力企業を持ち、支援を手がけているのである。

その177　続・立ち直り支援

　今回は、前回の続きとして、特集「青少年の立ち直り支援」のなかの今一つの論考を紹介する。生島浩「リスク・マネジメントは立ち直り支援となり得るのか―更生保護学の創成を目指して―」(『青少年問題』第645号（平成24年1月）14－19頁）である。

　なお、この他に特集には、「社会に開かれ、信頼の輪に支えられる少年院・少年鑑別所へ―少年の立ち直りと社会復帰支援のために行うべきこと―」(名執雅子、同号、8－13頁)、「『非行を生まない社会づくり』―少年に手を差し伸べる立ち直り支援等の推進―」(新家勝昭、同号、20－25頁)、「東京都のひきこもりの現状と課題」(樋口峰子、同号、32－37頁)がある。

　「保護観察の基本法である〈更生保護〉法は、うまく意味づけられた言葉だと思う。これにならって保護観察の機能を検討するが、非行少年・犯罪者の更生を目的とした《リカバリー機能》と社会の保護を目的とした《リスク・マネジメント機能》に敢えて分けてみたい。」

　「《リカバリー機能》とは、〈少年院帰り〉といった社会的烙印を押されていたり、就労に必要なソーシャル・スキルが欠如しているなどの社会的障害を的確に受け止め、非行少年の立ち直りを援助するものである。その中身は、裁判により白黒を付けられた人を灰色にする《ぼかし機能》により、非行少年のラベルを曖昧にして、家庭に受け入れ、学校に復帰し、就労することであり、このような家庭・社会との絆を再生・維持することが、再非行抑止の王道であることに今も変わりはない。」

　「この機能については、民間の篤志家の中から法務大臣が委嘱した保護司が担っており、自宅に対象者を招き入れて面接し、家庭訪問して家庭環境の調整を行い、就職先を紹介するなどの活動を行っており、これが非行少年の受け入れを身をもって示す象徴的な存在として機能してきた。」

　「一方、《リスク・マネジメント機能》とは、ソーシャル・セキュリティーを

目的としたものであり、保護観察が刑事政策の一環であることから必然的に生じる機能である。金銭に窮したというような経済的事情や両親の離婚など複雑な家庭事情が原因の〈理解しやすい非行〉では社会の安全感は損なわれないので、厳格な監視や社会的排除が強く求められることはない。しかし、近年、非行臨床で注目されている〈理解しがたい非行〉、特に発達障害のある少年による非行などは、罪の意識に乏しく、内省や謝罪が表明されることも少ないために社会の不安がかきたてられるのであろう。」

「この種の非行少年には、再非行のリスク・アセスメントが難しいこともあり、まさに監視カメラのような《精度》こそが保護観察に求められることになる。前述の《ぼかし機能》とは相容れないものとなるが、彼らに日常の生活指導や就労支援を中核とする保護司の善意を拠り所とした社会支援は効果が限定される。この機能は、発達障害・人格障害に関する精神医学的・臨床心理学的知見を備え、彼らの〈悪意〉を扱うことの出来る高度な専門的技法を持った保護観察官が担わなければならない。」

その後生島氏は、「日本更生保護学会」の設立が決まったことを報告し、「繰り返しになるが、いわゆる医療観察法における精神保健観察を含む更生保護と近年急速に連携が深まった精神医療、社会福祉などの実務家、研究者を結集した学術団体の誕生である。我が国の更生保護の特質である〈官民協働〉をキィーワードに、専門性を高める着実な展開を目指したいと考えている」と論を結ぶ。（なお、日本更生保護学会は2012年12月8・9日と立教大学にて第1回大会を開催した。）

前回の井内氏と今回の生島氏は、ともに目的は同じであり、また現場の臨床からの考察であることも変わりない。しかし、井内氏は生島氏の言うところの《リカバリー機能》のスペシャリストであり、しかも論理的専門性ではない体験的専門性を持った実践家である。一方、生島氏は、全体性をシステマティックに見つめるオーガナイザーであり、論理性を志向した臨床研究者である。こうした両者が両輪のように機能してこその更生保護である。

その178　日本からの国際的発信をめざして

　今回採り上げるのは、宮澤節生「日本からの国際発信をめざして」(『青少年問題』第646号(平成24年4月)2-7頁)である。

　論考は、「昨年(平成23年)8月5日～9日に神戸で開催された国際犯罪学会第16回世界大会は、(略)最終的には1,467名が参加登録し、うち国外からの参加者が317名で42の国・地域が含まれるという、大盛会となりました」という出だしで始まる。
　この世界大会を日本で開催するということには、「学問的にも実務的にも大きな成果と業績をあげてきた日本の研究者・実務家に、日本国内で国際的発信の機会を提供するということです。(略)日本に多数の外国人研究者・実務家が来てくれる機会を作って、その人々の前で日本の研究者・実務家が報告を行う状況を作り出し、そこで国際的なネットワーキングが行われて、日本の研究者・実務家がより積極的に国際的発信を行うようになる跳躍台になることを期待したのです」という、宮澤氏ならびに組織運営の方々の深い意図があった次第である(なお、宮澤氏はこの世界大会の実行委員長である)。

　さらに論は進む。
「それでは、世界の犯罪学において、日本の犯罪学はどのような位置を占めるのでしょうか」という問を立て、「国際的な犯罪学雑誌に掲載されてた論文の中で、日本の研究者・実務家の論文がどの程度登場するかを調べる」のである。そしてその結果は、実にお粗末な結果となる。国際的な犯罪学雑誌に登場してくる日本の研究者のあまりの少なさに宮澤氏はたじろぐのである。
「さらに私は、複数のアジアの国々を含む多数の国々のデータによって何らかの一般理論の妥当性と修正の要否を検討するタイプの論文を検索してみました。その結果、アジア人による論文は、日本人のものも、中国人その他のアジア人によるものも、皆無であることを発見しました。(略)この状況は、まことに

残念と言わざるをえません」となる。

　最後に宮澤氏は、「日本の犯罪、刑事司法、刑事政策の状況と、日本の研究者・実務家による研究は、国際的な場面で参照され、議論の対象となり、新たな理論や政策の基盤となるに値するものが、多く含まれています。しかし、その私たち自身の国際的発信はまだまだ不十分であり、世界の研究者・実務家が私たちの価値を十分に認識しているとは言えない現状にあります。この現状を打破して、世界が私たちの真価を認識できるようにするためには、私たち自身が世界に発信していく以外に方法がありません。私としては、今回の世界大会がその努力を促すきっかけになることを、心から期待しています」と述べ、論を閉じるのである。

　日本で国際学会を開催するということは、実に勇気のいることである。おそらく1億円の金が必要となるであろう。しかし、バブルのはじけた日本では、企業等からの寄附・助成はさほど期待できない。それで、もし参加者が少なかったら、その赤字を誰が背負い込むのか。そうした不安を押しのけての日本開催であった。

　宮澤氏を中心とした開催誘致に進み出た研究者の方々の決断である。なお、私も一委員として微力ながら努力させていただいた。また、第646号の『青少年問題』の特集「日本の犯罪発生率の低さを考える」は、この世界大会での日本犯罪社会学会主催のシンポジウムに基づいて執筆していただいたものである。

　日本の犯罪学はアメリカと異なり法学部に設置されており、実証性が弱いという面を有している。さらに実証犯罪研究をすべき社会学が社会病理学の領域で発展してしまったという日本の事情と重なり、井の中の蛙的に今までなってきてしまった。

　しかし、これからは、宮澤氏の指摘するように、国際舞台にどしどし登場していかなくてはならない。学問を吸収する時代から発信する時代になっていかなくてはならない。日本犯罪社会学会会長（2013年4月現在）として、私も微力ながら、国際性ある若手研究者を育成していきたい。

その179 | 若者論の現在

　今回採り上げるのは、浅野智彦「若者論の現在」(『青少年問題』第648号（平成24年10月）8－13頁）である。これは特集「若者の現在を考える」という特集のなかの一論文である（なお、次の第649号（平成25年1月）では、特集として「続・若者の現在を考える」が組まれている）。

「若者について考えようとすると独特の困難に巻き込まれてしまう時代として今日の日本社会をみることができるかもしれない。というのも『若者』を一まとまりの集団として括り出すための枠組が弛緩し、その結果『若者』の輪郭が次第に曖昧になりつつあるからだ。」

「政治運動の主体としての若者、若者文化の担い手としての若者、消費文化の担い手としての若者、メディア技術を使いこなし独特の人間関係を構築する主体としての若者、若者を安定した像へと括り出すためのそういった枠組は、この半世紀ほどの間に次々と現れては消えていった。」

「そもそも特殊な関心を向けるべき対象としての若者（青年）は、いずれの社会にあっても資本主義の発達と国民国家の形成とが相伴って進展する時期に登場する枠組である。」

「木村直恵が明らかにしたように明治のある時期に登場した『青年』はそれ以前に『壮士』と呼ばれたような人々が象徴する政治的な活発さを制度のうちに回収し、沈静化するための枠組であった（『〈青年〉の誕生』、新曜社）。このような枠組の整備は、北村三子が論じたように心理学や教育学の確立をともなうものであり、若者たちはそういった諸学問の関心の対象として主題化されるようになる（『青年と近代』、世織書房）。」

「結局、明治期に流通し始めた『青年』という枠組は、政治的対立や性別、地域差などの諸差異を背景に押しやり、専ら生理的・心理的・社会的な発達段階という観点から主題化しようとするものだった。」

「『青年』という枠組がその後被った変化の中で最も大きなものは、『労働者・

国民』という準拠点が『消費者』というそれへと移行していった過程であろう。『青年』にかわって消費生活のあり方において均質的な集団を取り出す枠組として『若者』という言葉が浮上してくる。」

「『若者』という枠組は、彼らの作り出し享受する文化が上の世代に対して対抗的であり自立的であることに準拠して見いだされるものだ。だからその文化がやがて様々な形で商品化され消費の対象になっていくにつれ、若者文化は、対抗性も自立性も失っていくことになる。」

「高校を卒業した後の若者の人生経路は、今日、著しく多様化しており、それゆえに互いに問題を共有したり、助け合ったりすることも難しくなっている。若者の社会経済的な苦境は社会構造に由来するものでありながら、個々人が各々一人で直面せざるを得ないものとなっている。ライフコースの個人化といわれる事態がこれだ。ライフコースのこのような変化は、若者の間の多様性を前景化してしまうために、若者をひとつの集団として切り出すためのどのような枠組をも難しくしてしまうであろう。」

「では若者論という論の立て方は意味を失ってしまったのだろうか。おそらくそうではない。（略）従来の若者論の基盤を解体してきた社会的な変化こそが現在の若者論の可能性を用意しつつあるともいえるのである。」

　前近代的な「若者」という概念に替わり西欧社会から「青年」という概念が輸入された。その後、教育学、心理学という学問領域だけでなく行政にあっても重宝な言葉として定着した。「青年」と「少年」を合わせて「青少年」と呼べるのであるから、その年齢範囲は小学生から20歳代までと広く網羅できるという便利な言葉であった。

　ところが、子育て支援活動では０歳から対象となり、ニート対策では30歳代が対象となったことから、行政としては使いづらい言葉になりつつある。こうして『青少年白書』は『子ども・若者白書』となった。

　しかし、「若者」という概念も、さほど使いかってが良いものでもない。浅野氏の論文は、「若者論（さらに「若者」という概念）」の現在を見事なほど的確に論じている。

その180 「立ち直り」ということ

　今現在（2013年）、少年非行研究では「立ち直り」ということが盛んに論じられている。〈その176〉〈その177〉で採り上げたとおりである。
　『青少年問題』第650号（平成25年4月）の特集も「非行からの立ち直り」である。特集では、梅澤秀監「定時制は高校教育最後の砦」（8－13頁）、大月祥子「子どもたちの立ち直りを信じて〜少年サポートセンターの実践から〜」（14－19頁）、伊藤広史「立ち直りたい少年たち—少年院からの視点—」（20－25頁）、小柳恵子「考えて欲しい六つのこと」（26－31頁）、才門辰史「少年院出院者としてすべきこと」（32－37頁）と、5本の論考が掲載されているが、今回は本書の最後でもあることから、私の書いた「立ち直り」（矢島正見「『立ち直り』ということ—日本更生保護学会設立に寄せて—」日本更生保護学会『更生保護学』創刊号（2012年12月）12－14頁）を掲載させていただく。したがって、今回は私のコメントはない。

　「子どもは成長発達の過程で、常に立ち直りを行っています。子どもの立ち直りを支援する最初の人は親です。間違いを改め・方向を修正し、子どもは成長していくのです。日常生活の日々が認識や行動の修正です。成長発達が進むと、親・きょうだいに先生（保育園・幼稚園、学校）や仲間（同級生、課外活動の先輩や後輩）、そして恋人が加わり、さらに社会人になると、同僚・上司が加わり、結婚して妻・子、孫が加わります。」
　「こうした関係性の中で人は自己の人生行路を常に軌道修正しつつ、人生を生きていくわけです。人生行路のあらゆる途中で、その時その時の人間関係や生活環境の中で、人は『立ち直り』『やり直し』『再試行』『変更』ということを行い続けて、一生を生き続けるのです。それはまさに人生そのものです。」
　「ところが、成長発達のあらゆるところで、微調整の修正が何らかの人間関係・環境要因で叶わなかった場合、修正は徐々に難しくなっていきます。マイナスの人生行路へと子どもは突き進んで行き、微修正では間に合わなくなって

きます。こうなると周りから『問題児』というレッテルが貼られるようになり、親はどうしてよいか分からなくなり、子ども本人も自分の進むべき道を見失うことになります。」

「こうした時に、良い先輩がいたり、良い先生がいたりすれば、そこで人生の大きな修正となるのですが、客観的に良い先輩・先生であっても、子ども自身の主観や子どもの身近な環境が災いして、それに気づかない場合が往々にしてあります。そしてとうとう児童相談所や警察の介入ということになります。」

「家族や親族、友人や地域の人たちによるインフォーマルな次元での介入が未だ機能していた時代では、警察等のフォーマルな介入に至る前の段階で、子どもの生き方の修正が大いに可能でした。」

「しかし、そうした時代は既に半世紀以上も前に崩壊してしまいました。今では、警察の介入というフォーマルなコントロールがすぐに用意されることになります。」

「警察や児童福祉次元の介入でも立ち直れない場合、次に来るのが施設内処遇と呼ばれる少年院・児童福祉施設によるコントロールです。本来ならばここで立ち直るという筋書きですが、現実はそううまくいきません。立ち直りのための専門空間での管理された生活様式での立ち直りでは、一見立ち直ったようでいてそうではない場合があるだけでなく、本当に立ち直ったにもかかわらず、立ち直りを阻害するような冷たい世間に出た途端、たちどころに振り出しに戻ってしまうことが往々にしてあるからです。」

「であるからこそ、『冷たい世間』に出て来てもゆるぎのない立ち直りが必要となるし、また『冷たい世間（もちろん暖かいこともあります）』に出て来てからが、本格的な立ち直り・立ち直りの修羅場ということになるわけです。」

「人生の修正・やり直しはごく普通の人でも生涯の課題です。これを施設内処遇が良好だったからやり直し終了、といくわけがありません。世間に出てからも、生きている限り人生の修正は常に必要となるのです。それゆえに周りの人々との長期な関係性と生活の持続性が必要となるのであり、刑事政策のみならず、福祉政策・教育政策・労働政策のすべてが総動員される必要があるわけです。」

第4部の解説

(1)

　平成4（1991）年、日本経済のバブルがはじける。「バブル」とはよく名付けたものである。実体のない金が、しかも取引上の架空の金がめまぐるしく動き、それが世界の市場を支配するという金融資本主義の化け物に浮かれ騒いだ結末であった。日本人がグローバリゼーションの怖さを身に染みて実感した最初にして最悪の経験であった。日本の土地が高騰し、ヤクザまがいの商取引が行われ、挙句の果てには、日本企業がアメリカの土地を買いあさっているという、現実とはとても思えない事実が、こういうことだったのか、と思い知らされたのがバブル崩壊であった。「バブルとはよく名付けたものである」と書いたが、はじける前に名付けて欲しかったものである。

　最初の数年は、あまり騒がなかったのではなかったか。大手銀行、大手証券会社の倒産が相次ぎ、政府が多額の税金を出してまで金融業界の建て直しに躍起となり、企業は「リストラ」という人員整理に走り、売り手市場であった就職がたちどころに就職難となり、自殺が増大し、人々がようやく深刻に受け止めるようになったのは、1990年代も後半になってからのことであった。

　それまでは、石油ショック同様に、日本は乗り切れると高をくくっていたと思えてならない。心構えがなく、初期対策が不十分のまま、泥沼に突入して行ったのがバブル崩壊であった。政府も企業も国民もみな甘かったのである。そのために、その後20年以上の経済停滞、未曾有の国家・地方自治体の赤字、社会保障と福祉の後退、雇用制度のでたらめ化、弱者切捨て、という政治に陥っていくのである。

　若者が人生を謳歌した時代は終わった。青少年問題も軽薄短小の状況は消え失せ、子どもだとて甘えていられない、頑張らないといけない、そんな深刻な時代に突入していった。（蛇足ながら、こうしたことを考慮すると、現在40歳代後半の人たちが一番恵まれた青春を生きたし、一番軽薄に青年期を過ごすこと

が出来たと言えよう。)

　この時期、大きな事件が三つ起こった。そのうちの二つが大地震である。最初が平成7（1995）年の阪神淡路大震災、そして二つめが平成23（2011）年の東日本大震災である。今現在（2013年、春）であっても、災害の復興ははかどっていない。しかし、犯罪としては戦後日本最大の犯罪でありかつ最悪の無差別テロ行為であるオウム教団の諸犯罪も忘れてはなるまい。一人による犯罪よりも組織による犯罪のほうがより危険であり、悪いことと知りつつ行う犯罪よりも正義と信じて行う犯罪のほうがより残虐である、ということを実感させられた犯罪であった。

(2)

　この第4部は20年以上の長い期間である。随筆も71本と、他の部のおよそ2倍である。したがって、多様なテーマが登場してくる。そのなかでまず取り上げなければならないのが青少年の就職・就労問題である。バブルがはじける前の職業選択とはじけたあとでの職業選択では大きな違いが生じている（〈その115〉と〈その116〉）。「フリーター」という言葉の意味が異なっている。それでもまだ1994年では高校新卒者の求人倍率は2.39倍と、売り手市場である。まだまだ余裕が残っている。

　しかし、バブル崩壊だけでなく、その対策として政府が打ち出した雇用規制の緩和政策が契約社員、派遣社員、パート・アルバイトという経営者側にとっては望ましい「雇用の多様化」を進行させていき、正規社員採用をさらに狭き門とさせていったのである。

　こうして、日本の就業選択を安定化させていた新規学卒就職システムが崩壊し出し、「高卒無業者」という新しい青年層、さらに「ニート」とカテゴライズされる青年層を出現させていったのである。豊かな社会のなかで、青春を謳歌するという1980年代の若者像は終わり、暗く厳しい青年期を生きる若者像に代わっていったのである。

　なお、就職協定の廃止により、現在（2013年）、大学は「学問の府」というよりは「就職予備校」と言ったほうがよいような状態と化している。日本経済の失敗が高校も大学もおかしくさせているのである。

(3)
　学校教育の大改革が行われたのも、この第4部の期間である。学校週5日制が導入された。まるまる2日、休めるのだ。子どもにとってこれほど楽しいことはないと思うのだが（少なくとも私が小中学生ならば大喜びする）、子どもたちの喜びの声はあまり聞こえてこない。マスコミも子どもの声を取りあげない。不思議である。
「学級崩壊」は、一時期随分と話題になった。以前の学級崩壊は「校内暴力」や「荒れた学校」であり、中学校での現象であった。それが小学校で、しかも暴力とは異質な現象として現れてきたのだから、話題としての価値は確かにあった。しかも、テレビは映像による視覚としてのリアリティを描き出した。ただし、実証性という点では問題があった。
　しかし、全くのお門違いというわけでもない。精神医学・心理学の分野で新たなカテゴリーが現れてきた。「発達障害」「アスペルガー症候群」「学習障害」「注意欠陥多動性障害」等である。こうした子どもに以前から先生方は手を焼いていた。新たに出現したというのではなく、児童生徒の問題として顕在化したのである。それを「大変だ！」というメッセージを込めて一気に顕在化させたのが「学級崩壊」であった。
　教育が揺れ動いた平成の20年間、それは学校教育の理念と基本方針をめぐっての一大論争であったのだが、決着は実に味気ないものであった。
　一方は従来の教育。つまり、明治以降の教育理念である「読み・書き・そろばん」という人が生活していくうえでの基本となる知識習得の教育、動物としての「ヒト（人類）」から社会のなかで生きる「ひと（人間）」になるための意図的な社会化という教育、国家からみての人材育成、国民からみての立身出世の手段である教育、こうした教育を全国にあまねく、しかも平等に実行するための画一化・管理化の下での教育、である。
　この教育が機能障害を起こし始めたことから、今一方の教育が台頭してくる。子どもの視点に立った教育、子どもの個性を伸ばす教育、詰め込み主義の知育偏重ではない想像性と創造性を育む教育、グローバル化した時代に日本社会が生き抜いていくための人材育成教育、落ちこぼれを出さないゆとり

のある教育、である。

　本来は、理念対理念のぶつかり合いであった。ところが、教育は生き物である。実際の教育がどのような方向に動き出したか、ということのほうが現実的であるし大事である。知育は育まれず、想像性と創造性も育まれず、「ゆとり」は学習時間・学習内容の削減だけでなく、勉学するという意欲すら低下させてしまった。こうして、子どもに知識を、子どもに勉強を、子どもの学力向上を、ということで、すんなりと決着がついたのである。

　ただし、大学はそうではなかった。なぜならば、文科省は「ゆとりある教育」とは全く正反対の「締め付け教育」を基本方針としたからである。半期の授業12週が15週となった。通年では6週間の延長である。大学組織には自己点検せよ、改善せよ、報告書を提出せよ、と迫り、教員には研究成果を上げよ、教育成果を挙げよ、外部から研究費を取って来い、と迫り、大学生には出席せよ、学べ、就職せよ、と迫り、大学院では〈大学院卒無業者〉を大量に排出させているのである。

（4）

　具体的な青少年問題の現象に関しての記述では、まず第一に、相変わらず児童虐待が続いていることである。こんな状況が、いつまで続くのか残念ながら見当がつかない。最近ではマスコミも、珍しくなくなりニュース価値が低下したのか、児童虐待を大きく報道しなくなっている。それほどに長く続き、在り来たり化してしまっているということか。

　新しい形態の覚せい剤乱用が出てきた。静脈注射ではなく鼻から吸うというごく簡単な使用方法であったため、またケータイを用いての売買という発覚しにくい方法であったため、青少年に広がる危険性大であったが、沈静化に成功した。これは警察の隠れた功績である。

　「ムカツ」いて、「プッツン」と「キレ」て殺人ということで、この事件も話題となった。「キレる少年」というわけだ。こんな恐ろしい少年がとうとう登場してきた、大変な時代となった、という論調だ。ムカツいてプッツンとキレてツッパリ高校生同士が殴りあったというのならニュースにならなかった。中学生で、ナイフを常に持ち歩いていて、刺した相手が教師だった、という

ことのほうが特異であった。

この事件はその後に起こった諸事件の前座であったのかも知れない。20世紀末から21世紀初頭にかけて、高速バスジャック事件、豊川主婦殺人事件、佐世保女子小学生殺人事件、長崎男子誘拐殺人事件、等々、次々に少年による凶悪事件が勃発した。マスコミは連日のように報道し、生育環境からは説明がつかない「特異な犯罪」として、少年の心の奥に潜む魔物探しが心理学者・精神医学者等によって行われた。何故この期間に限って頻繁に発生したのか、説明の仕様がないが、今となっては、「そんなことがあったなー」というほどに少年非行現象は落ち着きを見せている。

(5)

ところが、子どもの犯罪被害は、それだけではなかった。さらに残酷な事件が勃発した。池田小学校での殺人事件、その後の登下校時の殺人事件である。

こうした事件は地域の青少年活動に大きな変化をもたした。青少年健全育成活動から子どもを犯罪から守る安全・安心まちづくり活動へのシフトである。雨後の竹の子のように安全・安心まちづくりNPOが設立されていき、それと反対に、既存の健全育成活動団体の著しい衰退が始まった。

子どもが被害をこうむる犯罪の加害者は親ないし同じ子どもであるにもかかわらず、人々の関心は不審なおじさんという方向に向いていったのである。政府による少子化対策推進では子育て支援のNPOが雨後の竹の子のように設立され、それがようやく一段落したあと、今度は政府による犯罪被害対策で安全・安心まちづくりNPOが次々に設立されていった、という次第である。国家・地方自治体が何に・どこに支援するかということで民間の自主的な活動の栄枯盛衰があるとすれば、これは問題である。

この頃唯一目だった健全育成活動は子どもの居場所づくりであった。これは健全育成活動ではあるが、非行少年だけでなく、不登校やひきこもり、リストカット、等の非社会的な問題行動の傾向をもつ子をも対象としたものであった。今の子どもには居場所がない、だから居場所をつくろうという発想であり、さほど新しい発想ではなかったが、とにかく、これだけがかろうじ

て子どもの育成活動としては注目されたのである。

(6)

　実におもしろく、考えさせられてしまったのが「茶髪とピアス」である。ここに記されている対立構図は、この時期の全ての子ども問題の根底に横たわっていた（そして、今でも横たわっている）子どもに対しての大人の基本姿勢の対立なのである。つまり、子どもの主体性を尊重し、子どもの権利を認め、子どもに対しての介入を出来る限り少なくすべきか、子どもが健全に成長するように、子どもに対しては指導・支援・保護等と手厚く介入すべきか、という対立である。

　子どもにケータイを持たすか、子どものケータイ使用に制限を課すべきか、ということでもこの対立が顕在化している。ケータイを子どもに持たすことの危険性を指摘し、子どもを悪い大人から守れという見解。規制しても問題は解決しない、子どものメディア・リテラシーを高めることが必要であり、そうして子どもの判断に任せるべき、という見解。どちらも、ごもっともである。

　そして、「性」に対しては、子どもにも性の自己決定権がある、という見解と、子どもが自らの性的行動がきちんと判断できるように性的自己決定能力を育むようにするのが大人の務め、という見解である。

　こうした対立構図は、「子どもの権利条約」にも、「児童福祉法の改正」にも、「少年法の改正」にも、そして「性」に関しては「性教育の有り方」にも、深くかかわっているのである。しかも、保護対権利、介入対非介入といった単純な二項対立ではなく、時によって使い分けてみたり、子どもには保護も権利もという具合に、複雑に入り組んでいるように思われる。

　なお、私は正直なところ、この「子ども」というのがよくわからない。科学的に「子ども」と「大人」を峻別しえるのは生物学等の自然科学だけである。他の大型哺乳動物における成長をモデルに、それを人間に当てはめて考えれば、答えは出てくる。しかし、人間は社会的存在である。そこで訳がわからなくなる。心理的社会的に成人とは何歳からなのか、という問に対しての科学的な解答はない。結局は、その時代のその社会が何歳から大人としてみな

す、という合意によって決定せざるを得ない。ところが、「〈その102〉 一人前―昔と今―」で描かれているように「一人前」になる年齢は不明だし、個人差がはなはだしい。

しかも、「子ども」という概念自体、実体概念として果たして成立するのか、疑わしい。乳児と幼児では大違いである。小学生でも１、２年生と５、６年生では大違いである。それを乳幼児から小学生、中学生、高校生まで、さらには20歳未満まで、全てひとまとめにして「子ども」と称して、同一の法律と同一の制度で統制しようという思考様式が理解できない。

エッチなビデオであっても、小学生の高学年から徐々に慣れさせていく必要がある。つまり、子どもの発達・成長を考えるならば、年齢に応じた段階的なきめ細やかな制度が必要だと思うのであるが……。

いやいや、これくらいにしておこう。論述がずれてしまった。

(7)

さて、この第４部でも、青少年に関しての制度や活動を紹介している。「社団法人青少年育成国民会議」の解散。「子ども会」の衰退。「NPO」の出現と繁栄。「朝の読書」運動の推進。「少子化対策推進基本方針」という生めよ・育てよ政策。「さらば青少年対策本部」そして、いらっしゃい内閣府政策統括総合企画調整青少年健全育成様。少年補導員、少年警察協助員、少年指導委員を統合しての名称「少年警察ボランティア」。

警察の少年補導活動等を述べた「少年警察活動」では、「緊急治安対策プログラム」「青少年育成施策大綱」「犯罪に強い社会の実現のための行動計画」「少年非行総合対策推進要綱」「少年非行防止・保護総合対策推進要綱」と、警察を中心として政府が21世紀になって、次々と非行・犯罪防止政策を打ち出していることがわかる。

「児童福祉法改正と主任児童委員」「児童福祉法の改正と課題」では、児童福祉法がやはり度々改正されていることがわかる。そして、この改正が少子化対策推進基本方針と関連していることがわかる。

「被害者支援センター」そして「犯罪被害者等基本計画」では、犯罪被害者が当事者として、また異議申し立て者として登場してきたことがわかる。今

まで、犯罪関連の当事者は加害者であった。異議申し立てをするのも加害者、もしくはその弁護人であった。21世紀入り、加害者が台頭するに及んで、マスコミは犯罪事件報道では裁判まで報道するようになった。そこで登場するのは事件直後の嘆き悲しむ被害者像ではなく、厳罰を望む犯罪と対決する被害者像であった。こうした犯罪被害者の台頭と少年法改正とを絡ませて論じたのが「少年法改正と被害者支援」である。

(8)

　犯罪学の現状についても最後に触れた。「時空間計量犯罪学」では、人々が生きる過程で徐々にメタボになっていくように、少年も成長の過程で徐々に非行促進因子を蓄積させていくということが解明されている。

　つまり、たとえばインフルエンザウィルスによって風邪を引くというように、ある一つの因子で子どもは非行に走るのではなく、カロリーの取りすぎや運動不足、等の多因子が、しかも長期にわたって蓄積された結果としてメタボになるように、多因子の長期蓄積が非行を出現させるというのである。

　さらに、おもしろいのは、カロリーにしろ糖分にしろ塩分にしろ、人体にはなくてはならない良いものであるにもかかわらず、大量に取ると問題化すると同様に、親の保護は子どもにとっては絶対に必要なことではあるが、過保護では問題化し、子どもの問題行動を引き起すのである。言うなれば、〈善の不足も過剰も悪を導く〉ということである。

「反社会性の行動遺伝学」では、反社会的行為には遺伝的要因が強く働いていることが解明されている。犯罪は遺伝と環境から出現するのである。ということは、子どもに犯罪の遺伝子がなければ、多少ストレスの多い青少年期、怠惰な青少年期を過ごしても問題はないが、遺伝子があった場合には、そのような青年期を過ごすことはきわめて危険であり、制限しなくてはならない、というように、将来は個別的な教育と保護がなされるのかもしれない。

　日本の犯罪学は世界的レベルに達しているという。ただし、世界へ向けての発信が未だにお粗末であるという。英米言語圏ではないこと、日本語という優れた言語を有していること、また近代国家をいち早く達成させたということが、かえって障害になってしまっている。これは早急に改めていかなく

てはならないことである。犯罪関連諸学会は国際的発信性のある若手研究者の育成に取り組んでいかなくてはならないであろう。

(9)

　バブル経済崩壊以降の二十数年間だけを考えてみても、私たちは時代に踊らされていることが実感し得る。

　1980年代当時、日本がこれほどの超赤字国家になることを誰が予想したであろうか。大銀行の倒産を誰が予測したであろうか。

　2007年、北海道夕張市は財政が破綻した。企業ではなく自治体までも破綻するのか、と経済に疎い私は信じられない思いであった。あれから6年、今のところ夕張市だけであるが、これから先10年、破綻宣言する自治体が続出することもあり得る。

　国家財政危機は後進国に起るものとばかり思っていた。ところがギリシャに起り、キプロスに起り、スペインやポルトガルでも可能性があるという。リーマンショックも10年前には考えられなかったことであるが、現実には起った。EUを崩壊させるほどの大恐慌が勃発してもおかしくない時代に入っている。

　領土問題と言えば、かつては国後・択捉・歯舞・色丹の四島返還問題であった。まさか竹島問題や尖閣諸島問題が起こるとは予想もしていなかった。

　中国と言えば、1980年代では開発途上国であり、貧困国であった。それが驚くほどの高度経済成長を続け、今ではGNP世界第2位となっている。「ジャパン・アズ・ナンバーワン」は死語と化してしまった。まさに「驕れるもの久しからず」である。

　とにかく、この第4部はまだまだ続く。2014年も2015年も、さらにその後も、日本社会は経済的にも政治的にも低迷し続けていることであろう。巨額の財政赤字を国家は背負い込んでいることであろう。1970代〜1980年代の呑気な時代は二度と訪れることはないであろう。大津波と原発の後遺症は薄らいでいっても、生活の不安、子育ての不安、老後の不安、就労の不安、等々、先の見えない暗い世相は続いていくことであろう。非行、犯罪被害、ニート、ひきこもり、若者ホームレス、不登校、いじめ、児童虐待、等々の青少年問

第４部　バブル崩壊後の青少年問題

題も、続いていくことであろう。校内暴力や暴走族、薬物乱用が復活するかもしれない。凶悪無差別殺人や連続放火、親殺し・子殺しといったような事件が続出するかもしれない。大人にも子どもにも精神不安が蔓延し、一億総うつ状態を呈するかもしれない。

　しかし、どのようなことが起きても、慌てず、この本を再度見開いていただきたい。さすれば、慌てふためき・安堵し・そのうち忘れ・忘れた頃また慌てふためく、というのが青少年問題の歴史の繰り返しということがよくわかることであろう。

全体的解説

（１）

　第1部から第4部まで、60年間の時代はさまざまな青少年問題現象を生み出していった。その一つひとつにその時代の人々・マスコミ・行政・研究者・等々は深刻に悩み、原因を探り、対策を考えてきた。今の人たちが振り返れば、アホらしいことも多々あるだろうが、また「言説に踊らされている」とか「マスコミの騒ぎすぎ」とか「単なる一時的な現象」と、冷静に言えるであろうが、その時代にそしてその状況に巻き込まれた人たちは、どんなに大変だったかを思い浮かべることが必要であろう。言説史は往々にして、そうした当時の深刻さ・大変さ・当時者たちの悩み、ということを軽視するきらいがある。それでは、「史」というものの価値が薄まる。

　時代のなかでもがき苦しんだ・深刻に考えた人たちに対しての理解と寛容を伴いつつも、冷静で理性的で体系的な認識で時代変容を理解する必要があるし、そうすれば、今現在の青少年に降りかかる諸状況・諸現象を見つめる目も違ってこよう。

（２）

　60年間の時代はさまざまな青少年問題現象を生み出していき、さまざまな考察が行われたわけであるが、ひとつの論理的考察は、いくつかの特性を際立たせるが故に、そこからはみ出た現象・因子を切り捨てるという結果を導く。たとえば、子どもの身売りでは、女子の売春世界への身売りが強調されるゆえに、女子の他の身売りが問題から外されるし、特に男子の身売りが外されることとなる。また、親の貧困が強調され論理化されるゆえに、子どもを食い物として生きている親が隠蔽されてしまう。借金が嵩むのは強欲な売春宿の経営主であるよりは、子どもを身売りしたあとからもさらに借金を無心する親であることが隠蔽される。

　こうして数年経てば、強調された事実と原因が言説化し歴史に残り、切り

捨てられた事実と原因は歴史のなかに消えていく。したがって、実体として、また言説として歴史を描こうとする研究者は、隠蔽された歴史、言説化されなかった歴史にも配慮していかなくてはならない。残された歴史と消えていった歴史、それがわずか60年間という短い期間であっても存在するのである。

(3)
　青少年問題の原因も変容している。終戦直後は貧困家族とひとり親（当時は欠損）家族が原因であった。その家族も背景には社会の貧困が横たわっていたし、階層構造が横たわっていた。こうした社会構造に原因が見出されていた。

　高度経済成長に差し掛かると、貧富の格差・相対的剥奪が問題となる。高度経済成長に乗り富裕化した層と取り残された層との格差から青少年問題が語られたのであり、そしてそれは都市と地方（農山漁村）という差異と重なり合い、問題化した。またこの頃は、「都市化」という概念で青少年問題の原因が語られた時代でもあった。都市の匿名性や人間関係の皮相性、そして都市の享楽的文化が原因とされたのである。都市の盛り場はまさに悪所だった。「有害環境」という概念がこうして台頭する。まさに、前者は都市の孤独の問題性を描き、後者は都市の快楽志向の問題性を描いたのである。

　昭和も40年代に入ると、都市の享楽的文化はマスコミの享楽的文化として再構成されていく。戦前からの映画、戦後のマンガに続いて、テレビが登場する。有害環境の中心が場所や物の環境からメディア環境に移行していくのである。

　また、40年代では再び家族が注目される。貧困や欠損という構造的な因子ではなく、夫婦関係・親子関係という家族内の関係性が、ここでは注目された。父親母親二人揃った家族であり中流階層の家族であっても、夫婦の仲が悪ければ子どもは問題行動に走る、という論法である。また、父親は企業戦士と化し、家庭を顧みないことが子どもの問題行動の原因として登場し、母親の甘やかしと過保護、さらに放任が子どもの問題行動の原因として登場してくる。終戦直後、父親も母親も生きることに精一杯で、子どものしつけも

たいしてなく、放任が当然であったことはきれいさっぱりと忘れ去られ、夫婦・親子の関係性原因が台頭してきたのである。

その後、学校教育が槍玉に挙げられる。競争社会、学歴社会、知育偏重教育、管理教育、偏差値教育、教師のサラリーマン化、と次々にマスコミは学校・教師批判を繰り返した。学校内で起こった問題行動も学校外で起こった問題行動も、区別なく、学校・教師原因説が、正義の告発として、まかり通ったのである。

バブルが崩壊した後では、青少年自身の心の問題に焦点が当てられるようになる。「特異な犯罪」が特異ではなくなり、青少年の心の闇が問題として提示され出す。臨床心理学と精神医学が、さらにプロファイリングが流行となる次第である。

一方、人間関係スキルの低下が指摘され、ひきこもり等の青年の他者と関係する能力の低下が問題として提示され出す。第三次産業が主流となり、新入社員であっても高度な対人関係が要求されるような職場事情は全く考慮されず、昭和30年代では勤めた最初は電話にすら出られない就労者がいて当たり前であったことも忘れ、個人的能力としての人間関係スキル低下が原因言説化するのである。

よくもまあさまざまな原因をマスコミと研究者は創り出したものだと、呆れるほどに感心する。

ただし、戦後一貫して言いつつづけられてきた原因言説もある。それは民主主義（自由主義・個人主義）を履き違えた青少年の自己中心主義（無軌道、理由なき反抗、自分勝手、わがまま、「ジコチュウ」、思いやりの欠如、等）、さらに規範意識の低下であり、親の養育責任放棄である。これは戦後から今日に至るまで、脈々と受け継がれている。なお、戦後世代が親になった頃からは、親自身の民主主義の履き違えや自己中心主義が問題化されてきた。

(4)

原因の変容は、「問題」「有害」「健全」という概念の変容でもあった。

貧困・階層また貧富の格差という全体社会の構造次元の問題化、都市化という地域変動次元の問題化、家族という基礎集団次元の問題化、マスコミと

全体的解説

いう情報次元の問題化、学校という教育次元・同輩集団次元の問題化、関係性というミクロな対人関係次元での問題化、個人の心という意識・心理次元の問題化と、時代のなかで、「問題」の多様化と変容化がなされていった。そしてその都度、人々は・研究者は・マスコミは・政府は、「問題」を提示し続けたのである。

　さらに、現象として捉えるならば、〈その１〉から〈その180〉までで展開したように、「アプレゲール」「セコハン」「愚連隊」「人身売買」「売春」「ヒロポン」「自殺」「太陽族」「理由なき反抗」「荒れる卒業式・お礼参り」「番長・スケ番」「カミナリ族」「睡眠薬乱用」「シンナー乱用」「家出」「集団就職」「フーテン」「大学紛争」「あそび型非行」「暴走族」「校内暴力」「家庭内暴力」「少女売春」「運動不足」「肥満」「摂食障害」「単身赴任」「おちこぼれ」「いじめ」「不登校」「ブルセラ・援助交際」「学級崩壊」「児童虐待」「いきなり型犯罪」「犯罪被害」「学力低下」「ひきこもり」「ニート」「若者ホームレス」等々、まさにさまざまな現象が現れては消えていっている（もちろん、「問題」として現在継続中のものも多い）。そして、その都度「問題」として認定される（マスコミにより、政府により）のである。

　このような時代変遷は、「問題」の変容だけでなく、「有害」や「健全」ということの変容でもあった。

　「有害環境」と呼ばれている環境の時代変容をみていくと、映画館、深夜喫茶、お好み焼き屋、連れ込み旅館（ラブホテル）、ローラースケート場、アイススケート場、競馬・競輪場、パチンコ店、ボーリング場、ディスコ、ゲームセンター、カラオケボックス、等と、時代時代で変容していることがわかる。子どもたちがたむろして良からぬことをする場所であるならば、どこでも有害環境となるのだから、子どもたちがたむろして良からぬことをする場所が変われば、有害環境の場も変わるということである。

　有害玩具というのもある。メンコ・ベーゴマ（賭け事というので、小学生の時、学校で禁止された記憶がある）、２Ｂ弾、実物に類似するピストルのおもちゃ、エアーガン、飛び出しナイフ・バタフライナイフ、等である。

　映画、マンガ、テレビ、テレビゲーム、ネット等が問題化され、性描写と

暴力・残虐描写が有害とされた。その描写も随分と変容している。たとえば、以前であるならば4、5歳の女の子の裸は全く問題化されずに、成人の恥毛は禁止であったが、現在では逆になっている。さらにたとえば、「クレヨンしんちゃん」というテレビアニメは、当初、俗悪番組・最も子どもに見せたくない番組であったのが、今では埼玉県春日部市のイメージキャラクターとなっている。一大転換である。

「健全」という言葉も、勤勉で・正直で・親の言うことをよく聞く子が良い子とされていたのが、自分に正直で・自分のやりたいことを追求する子が良い子とされるようになり、真面目で勉強の出来る（出来るだけの）子は多分に「ガリベン」と低く評価され、屋外で友達と遊ぶわんぱくな子が高く評価されたりもした。「わんぱくでもいい、たくましく育って欲しい」（こんなテレビのキャッチコピーがあった）といった具合に。ところが、バブルがはじけてからは、再び、勤勉で真面目な子の評価が高くなってきているようだ。

（5）

　60年間の時代は「青少年」という言葉自体までも変容させている。少子化とその支援対策では、小学生から25歳未満というイメージでは捉えきれなくなり、0歳児までも「青少年」というカテゴリーのなかに入れざるを得なくなり、各都道府県の青少年育成条例では0歳児から青少年とする対策が実行されることになる。また、ひきこもり・ニートの社会問題化では、25歳以上の者に対しての対策が必要となり、「青少年」という概念の延長、しかも30歳代への延長がなされている。

「青年」というイメージ自体も時代によって大きく変容している。貧しさのなかでじっと耐え明日を夢見る、というイメージ、野望を抱き挫折し歪んだ人生を生きる、というイメージ、疾風怒濤の波乱万丈の人生を生きる、というイメージ、政治への異議申し立てに生きる、というイメージ。終戦直後のイメージはこのようなものであった。しかし、豊かな社会の到来により、こうしたイメージは徐々に消えていき、替わって、身近な人たちとの幸せ・和気あいあいとしたお友達との青春讃歌に生きる、というイメージ、明日のことを考えることもなく流行を追い求め軽薄短小に今を楽しむ人生を生きる、

というイメージが主流となっていく。しかし、バブル崩壊後では、先の見えない人生・気配りの人間関係に対しての不安と疲れ、というイメージ、保守化し家族を愛し着実に無難な人生を生きて行こう、というイメージが台頭しだしている。

「少年」とても同様である。無邪気で友達と遊びまわり・冒険ごっこや危険なことをしたり・けんかをしたり、というイメージから、学習塾に行き・お稽古塾に行き・スポーツ教室に通い・もしくはスポーツ少年団に入り・一日のスケジュールがびっしりと詰まっている、というイメージとなり、仲間同士お互いに気を配り・その場の空気を読み・いちはやく気の利いたセリフを吐き・仲間を喜ばせるキャラになれるように努力する、というイメージに移行している。

(6)

原因の変容は対策の変容を導く。

戦後から現在に至るまで、国家・地方自治体は、法律・条例をつくり、改訂し、さまざまな制度をつくり、さまざまな通達を出してきた。何か事件が起こる度に、マスコミが騒ぎ、議員が問題視し、政府から行政に指示が出され、「対策」という国民を納得させる処方箋が提示され、法が改正され、制度が改められ、対策本部とか対策室といった施策組織が設置され、末端の職員には仕事が与えられ、国民の・地域住民の協力を請う、ということになる。その都度法条文は増えていき、制度は複雑化し、組織は乱立し、行政職員の仕事は増え、さまざまな地域団体が出現する。とくにこうした傾向が著しくなったのは平成になってからのことだ。NPOという行政にとって使いかっての良い制度をつくったのが成功しているようだ。

そして、問題が去ったあと、そうした行政組織や民間団体は消滅するか、ほそぼそと存続し続けるのである。私どもの一般財団法人青少年問題研究会も行政からの助成はなくなり、自主運営でほそぼそと活動を続けている、そういう財団のひとつである。

本書『【改訂版】戦後日本青少年問題考』は、青少年問題現象・状況史であり、青少年問題原因・言説史であるが、青少年問題対策・対応史でもある。

「第1部」から「第4部」まで、対策・対応の変容がお分かりのことと思う。

(7)
　もちろん、普遍なもの、変わらないものもある。しかし、この「普遍・不変」も要注意である。
　たとえば、二足歩行などは、数百万年という長い期間の人類の普遍・不変である。ところが、子どもたちに土踏まずがなくなったと、かつて騒がれたことがある。この場合、変わったのか・変わらないのか。「子どもは今でも二本の足でしっかりと歩いている。何も変わっていない、騒ぎ立てることはない」とも言えるし、「子どもたちに土踏まずがなくなりつつある。これは大変なことだ」とも言える。
　わずかな変化で、子どもが変わったと慌てふためくのも問題だが、わずかな変化を認めず、無視するのも問題であろう。〈小さな変容〉に、どれほどの意味を持たせるのか、その評価次第で「変わった」「変わらない」という二つの認識・意見が出てくるということを理解しておかなくてはならない。
　これは「青少年問題」という「問題」を発掘する・創るということの根本である。

(8)
　最後に二つのことを書いて筆をおくことにする。
　ひとつは、残念なことである。本書は雑誌『青少年問題』を文献としての考察である。それゆえに創刊号が出た昭和29（1954）年以降の時代の考察となっている。それが残念である。本音を言えば、昭和20（1945）年8月15日以降の時代の考察でありたかった。それゆえに、およそ9年間の空白がある。したがって、完璧なタイトルを求めるのであれば『戦後日本青少年問題考』ではなく、『戦後しばらく経っての日本青少年問題考』となる。残念である。
　二つ目は、ほんのわずかな自負である。本書は、既に記したとおり雑誌『青少年問題』に連載された「『青少年問題』の50年」に基づいている。掲載当初は本にする構想はまったくなかった。それを財団の移行に伴い、急遽本にしたわけである。今では本にして良かったと思っている。見開き2頁の体裁は読みやすいし、中身もおもしろいものになっている。しかし、考察には弱点があっ

全体的解説

た。改訂版ではその弱点をほんのわずかではあるがカバーできたのではないか、と自負したい。

　この「全体的解説」は初版にはなかった。改訂版で付け加えたのである。何故初版にはなかったのか、と問われてもいささか困る。「忙しかったから」としか言いようがない。

　改訂版では〈その172〉から〈その180〉を加えたこととともに、「改訂版のごあいさつ」ならびに「全体的解説」を加えたことは、読者サービスであるだけでなく、私にとっても有意義である。これで、いくらか論理性・考察性がアップしたのではないかと思えるからだ。いかがであろうか。

あとがき

(1)

　雑誌『青少年問題』に「『青少年問題』の50年」を書き出してから、事務所にある『青少年問題』を、ずいぶんと丁寧に読み直した。この読み直しは、私にとって実に勉強になった。わずか60年間ではあっても、日本の歴史は波を打って流れ続けていることがよくわかった。その波の一つひとつに囚われてしまうと、時代を見ることができず、ごくわずかな変化を大げさにわめきたてる、ということになる。

　「鳥の眼と虫の眼」と言われる。社会の全体を大きく考察する視点が鳥の眼、対象に接近し、細部を考察するのが虫の眼であるが、これは時間の流れにも適用できる。50年、100年、1000年という時間の流れを把握する眼と1日、1ヶ月、1年、10年という時間の流れを把握する眼の両方が研究者にとって、いや〈考える人〉にとって必要なのだと思う。

　こうした考えを、私はデュルケム（フランスの社会学者）の研究から学んだのだが、その考えを、実際の戦後日本社会に当てはめることができたのは、この『青少年問題』を紐解いたからである。

　その意味で、2011年に学文社から出した『社会病理学的想像力―「社会問題の社会学」論考―』が戦後日本青少年問題考察の〈理屈編〉であるならば、今回の『戦後日本青少年問題考』は戦後日本青少年問題考察の〈具体編〉である。その点では、本書を書くことができ幸運であった、と言わねばならない。

(2)

　しかし、ようやく終わりまでたどり着いた、というのが実感である。〈その1〉を書いてから9年半の歳月が流れた。「塵も積もれば山となる」と言うが、450頁を超える大著になるとは思わなかった。学術的な評価はともかくとして、枚数だけは多い。

　しかも、枚数の多さだけでなく、想いも大きい。今までの論文や本は、調査

あとがき

し研究し書く、ということに専念しての作業であった。しかし、本書はそうではない。財団法人青少年問題研究会のどん底からの立て直し、さらにまたどん底からの再度の立て直し、そしてさらに……と、毎年のように襲いかかってくる課題に対して悪戦苦闘したなかでの執筆であった。

　財団法人の理事長というと聞こえはいいが、その内実は無償の零細企業経営者である。公益財団法人日本児童教育振興財団ならびに財団法人社会安全研究財団からの助成で、どうにかこうにか生き永らえているのが現状である。

（3）

　2012年4月1日から私どもの財団は「一般財団法人青少年問題研究会」となった。そこで、「はしがき」にも書いたように、公益目的支出計画に基づいて、本書を編集・出版した次第である。

　図書館、学校、青少年問題関係の諸施設・諸団体、青少年問題関係の行政の方々や研究者、教育者、実践家、等に本書を配布する予定である。そして、こうした方々の研究の、業務の、実践のお役に立つならば、目的は果たされた、ということである。ご意見・ご感想等、なんでもよいので、私どものホームページまでお寄せいただければ幸いである。

　ただし、出版部数には制限がある。したがって、皆様のお手元に届いたならば、あり難いことと思い、どうかご一読いただきたい。また、読まないのであれば、読みたい方にお譲りいただきたい。

　最後に、今まで長い間、雑誌『青少年問題』を支えてくださった方々に感謝申し上げたい。政府の行政の方々、公益財団法人日本児童教育振興財団ならびに財団法人社会安全研究財団、代々の理事長・理事・監事・評議員の皆様、代々の編集委員の皆様、代々の財団法人青少年問題研究会の職員の皆様、代々の多くの執筆者の皆様、そして代々のさらに多くの愛読者の皆様、本当にありがとうございました。

矢島正見

文献一覧

（文献はすべて当会発行の雑誌『青少年問題』より引用したものです）

〈その 1〉売られていく子どもたち
　「年少者の不当雇用慣行－東北地方実態調査の結果－」石田康夫、第1巻第1号（創刊号）、昭和29年7月、41－44頁
〈その 2〉昭和27年度の長期欠席児童生徒
　「公立の小学校、中学校における長期欠席児童生徒について」鈴木英市、第1巻第1号（創刊号）、昭和29年7月、45－58頁
〈その 3〉学童のイカ釣り
　「今年も続く学童のイカ釣り」北海道青少年問題協議会、第1巻第4号、昭和29年10月、50－55頁
〈その 4〉売られていく秋田の娘たち
　「売られていく秋田の娘たち」小島政見、第1巻第6号、昭和29年12月、43－48頁
〈その 5〉ある中学生の桃色事件
　「事例研究 ある中学生の桃色事件」石原登、第1巻第6号、昭和29年12月、54－59頁
〈その 6〉悪質流行歌の追放
　「悪質流行歌を追放しよう」牧野和春、第2巻第4号、昭和30年4月、56頁
　「子どもに聞かせたくない不良歌謡曲一覧」同巻同号、昭和30年4月、61－63頁
〈その 7〉ヒロポン（覚せい剤）の時代
　「座談会 覚せい剤禍をめぐって」第1巻第2号・第3号、昭和29年8月・9月、9－24頁、42－51頁
　「覚せい剤問題について」川崎秀二、第2巻第5号、昭和30年5月、6－7頁
　「ヒロポン中毒の治療対策」竹山恒寿、同巻同号、8－12頁
　「悪魔の薬は跳梁する―覚せい剤問題の核心をつく―」丸山仁、同巻同号、14－24頁
　「事例研究 覚せい剤中毒におかされたＡ少年の場合」最高裁判所家庭局、同巻同号、26－33頁
　「春おとづれて－覚せい剤に犯された―少女の手記―」高瀬陽子、同巻同号、42－47頁
　「覚せい剤問題対策推進本部を設置」厚生省、同巻同号、48頁
　「ヒロポン追放運動のＰ・Ｒ―ヒロポン追放大阪市民運動―」矢内正一、同巻同号、

　　　　54-55頁
　　「東京都覚せい剤対策本部の設置について」東京都、同巻同号、56-57頁
　　「石川県の覚せい剤防止対策協議会の動き」石川県、同巻同号、58-59頁
　　「国民の関心は高まる―覚せい剤認識に関する世論調査の結果について―」内閣総理大臣官房審議室、同巻同号、60-64頁
〈その 8〉60年前の男子大学生の性意識
　　「学生の性意識から」渡辺知多雄、第2巻第11号、昭和30年11月、4-5頁
〈その 9〉子どもを追い出す家屋構造
　　「日本の家屋構造から」阿部真之助、第2巻第12号、昭和30年12月、4-5頁
〈その 10〉青少年問題の新旧
　　「時評 愛情という毒薬」阿部真之助、第3巻第3号、昭和31年3月、4-5頁
〈その 11〉今日的青少年問題現象・要因の出現
　　「時評 太陽族を嫌うな」金久保通雄、第3巻第12号、昭和31年12月、4-5頁
〈その 12〉赤線地帯はドコへいく
　　「赤線地帯はドコへいく？―売春防止法施行2ヶ月の実態―」宮原誠也、第4巻第7号、昭和32年7月、57-64頁
〈その 13〉婦人相談所の来訪者
　　「特別読物 婦人相談所の窓口から」中野彰、第5巻第2号、昭和33年2月、48-54頁
〈その 14〉昭和33年の勤労青少年
　　「時評 夏やすみのない青少年たち」西清子、第5巻第7号、昭和33年7月、4-5頁
〈その 15〉中高校生の被害調査について
　　「中高校生の被害調査について」編集部、第6巻第1号、昭和34年1月、38-41頁
〈その 16〉青少年の自殺問題
　　「青少年の自殺問題」岡崎文規、第6巻第6号、昭和34年6月、50-55頁
〈その 17〉教育から疎外された生徒たち
　　「教育から疎外された生徒たち」森茂、第6巻第7号、昭和34年7月、46-51頁
〈その 18〉偽戦災孤児
　　「戦災孤児」市村光一、第6巻第7号、昭和34年7月、29頁
〈その 19〉続・偽戦災孤児
　　「家出児童少年の心理」土井正徳、第6巻第12号、昭和34年12月、11-19頁
〈その 20〉社会悪競輪の廃止
　　「時評 いまこそ勇気をもって」高山義三、第7巻第2号、昭和35年2月、4-5頁

〈その 21〉昭和30年代の非行について
　　「勤労少年と非行」椛野俊雄、第 7 巻第 7 号、昭和35年 7 月、42－47頁
〈その 22〉青少年問題総合研究所構想
　　「時評 青少年対策に総合性を」五島貞次、第 7 巻第10号、昭和35年10月、4－5頁
　　「時評 青少年対策に総合性と科学性を」増谷達之輔、第 7 巻第12号、昭和35年12月、4－5頁
〈その 23〉戦後世代の資質
　　「児童憲章の生きる道」那須宗一、第 8 巻第 5 号、昭和36年 5 月、30－32頁
〈その 24〉番長
　　「学校内の非行グループと『番町』」警視庁防犯部少年課、第 8 巻第 9 号、昭和36年 9 月、48－52頁
〈その 25〉カミナリ族
　　「暴走するカミナリ族」石崎夏夫、第 8 巻第11号、昭和36年11月、48－53頁
　　「交通違反少年の対策」山本文雄、第 9 巻第12号、昭和37年12月、14－19頁
〈その 26〉睡眠薬遊び
　　「少年の睡眠薬遊び」警察庁保安局少年課、第 8 巻第12号、昭和36年12月、41－48頁
〈その 27〉青少年補導センター
　　「『青少年補導センター』の活動について」飯原久弥、第 9 巻第 6 号、昭和37年 6 月、26－31頁
〈その 28〉中学生非行
　　「中学生非行の実態と問題点」渡辺康、第 9 巻第 8 号、昭和37年 8 月、6－11頁
〈その 29〉帰農青少年
　　「農村青少年の動向」中野重己、第 9 巻第 8 号、昭和37年 8 月、6－11頁
〈その 30〉小さな親切運動
　　「時評 小さな親切運動と青少年」上田常隆、第10巻第 9 号、昭和38年 9 月、4－5頁
　　「時評 自ら反省し自ら創る」池田勇人、第10巻第 3 号、昭和28年 3 月、4－5頁
〈その 31〉母と子の20分間読書
　　「母と子の20分間読書」椋鳩十、第10巻第11号、昭和38年11月、11－16頁
〈その 32〉交通違反少年
　　「交通違反少年の実体と処遇」菊池信男、第10巻第 2 号、昭和38年 2 月、27－33頁
〈その 33〉深夜喫茶
　　「時評 深夜喫茶はやっていけなくなる」金久保通雄、第11巻第 2 号、昭和39年 2 月、4－6頁
　　「時評 狂った深夜の大都市」五島貞次、第11巻第 4 号、昭和39年 4 月、4－6頁
〈その 34〉東京オリンピック
　　「時評 オリンピックの意義」与謝野秀、第11巻第 9 号、昭和39年 9 月、4－6頁

「青少年はオリンピックで何を学びとるか」江橋慎四郎、同巻同号、6－11頁
「青少年はオリンピックで何を学んだか」加藤地三、第11巻第12号、昭和39年12月、12－16頁

〈その 35〉流入勤労青少年の非行
「調査報告 流入勤労青少年の実態と非行の要因について」和賀進、第11巻第10号、昭和39年10月、35－43頁

〈その 36〉青少年健全育成条例
「各省だより 東京都青少年健全育成に関する条例」東京都、第11巻第9号、昭和39年9月、61－62頁
「時評 青少年条例のにらみ」五島貞次、第11巻第10号、昭和39年10月、4－5頁
「青少協運営講座 東京都青少年の健全な育成に関する条例の制定過程からみた問題の諸点」山崎康平、第11巻第11号、昭和39年11月、54－59頁

〈その 37〉出稼ぎ家庭の子どもたち
「出稼ぎ家庭の子どもたち」藤原良毅、第12巻第5号、昭和40年5月、11－17頁

〈その 38〉昭和40年総理府非行意識調査
「青少年非行に対する国民の関心」「青少年非行に対する国民の関心（続）」中央青少年問題協議会事務局調査課、第12巻第9号・第10号、昭和40年9月・10月、53－56・48－50頁

〈その 39〉成人の日
「『成人の日』の意義について」高橋真照、第14巻第1号、昭和42年1月、12－17頁

〈その 40〉マイホーム主義
「マイホーム主義身がって考察」品川孝子、第14巻第6号、昭和42年6月、11－14頁
「座談会 マイホーム主義と青少年」第15巻第1号、昭和43年1月、18－28頁

〈その 41〉再・青少年補導センター
「少年補導のためのセンターに関する調査」「同（2）」中央青少年問題協議会調査課、第11巻第4号・第5号、昭和39年4月・5月、50－53・52－54頁
「少年補導センターの運営手引き」徳村直昭、第11巻第6号、昭和39年6月、46－56頁
「少年補導センターに対する国の補助について」西野貢、同巻同号、57－61頁
「座談会 少年補導センターの役割」第11巻第7号、昭和39年7月、22－35頁
「少年補導センターの運営手引き」徳村直昭、同巻同号、59－64頁
「座談会 少年補導センターの歩みと今後の課題」第14巻第11号、昭和42年11月、18－29頁
「調査報告 少年補導センターの現状と課題」日本社会事業大学非行問題研究会、第15巻第5号、昭和43年5月、50－57頁

〈その42〉中流家庭と少年非行
　　「調査報告 中流家庭と少年非行」星野周弘、第15巻第1号、昭和43年1月、41－44頁
〈その43〉青少年局そして青少年対策本部
　　「時評『青少年局』の設置について」五島貞次、第13巻第4号、昭和41年4月、4－5頁
　　「時評 昭和41年をかえりみて」安嶋彌、第13巻第12号、昭和41年12月、4－5頁
　　「巻頭言 対策本部とコントロールタワー」増谷達之輔、第15巻第3号、昭和43年3月、4－5頁
〈その44〉非社会的傾向
　　「巻頭言 非社会的傾向の子どもたち」編集委員、第15巻第6号、昭和43年6月、4－5頁
〈その45〉『青少年問題』発刊15年
　　「巻頭言 発刊15年にあたって」第15巻第9号、昭和43年9月、4－5頁
　　「座談会『青少年問題』の歩んだ道」同巻同号、18－31頁
〈その46〉シンナー遊び
　　「シンナー遊びの恐怖」警察庁保安部防犯少年課、第15巻第10号、昭和43年10月、32頁
〈その47〉学生運動
　　「巻頭言 暴走する若者」千葉雄次郎、第15巻第2号、昭和43年2月、4－5頁
　　「巻頭言 大学と大学生」第15巻第5号、昭和43年5月、4－5頁
　　「大学生の生活」副田義也、第15巻第8号、昭和43年8月、6－11頁
　　「巻頭言 大学騒動に学べ」第16巻第2号、昭和44年2月、4－5頁
〈その48〉40年前の少子高齢化
　　「曲がり角に立つ人口問題─百年の大計を考えるべき時─」五島貞次、第16巻第11号、昭和44年11月、6－11頁
〈その49〉40年前の肥満とヤセスギ
　　「現今の青少年の健康と体力の問題」紅林武男、第16巻第11号、昭和44年11月、25－30頁
〈その50〉情報化時代と青少年
　　「巻頭言 情報化時代と青少年の育成」第17巻第9号、昭和45年9月、4－5頁
　　「情報化社会の中の青少年─性の問題を主にして─」堀秀彦、同巻同号、6－13頁
　　「座談会 情報化社会に育つ青少年」同巻同号、14－28頁
〈その51〉おどおどする親
　　「巻頭言 子どものために親は自分に希望を持て」第15巻第10号、昭和43年10月、4－6頁
〈その52〉親の資格のない親
　　「巻頭言 親の資格のない親」第18巻第2号、昭和46年2月、4－6頁

「巻頭言 父権の喪失をめぐって」第23巻第6号、昭和51年6月、4-6頁
「母性愛喪失と子どもの育て方」木下正一、第18巻第2号、昭和46年2月、6-11頁
「座談会 問題の親」第19巻第5号、昭和47年5月、18-29頁

〈その53〉子殺し
「資料 最近の〝子殺し〟をめぐって――子どもの人権を守るために〈第3集〉より―」全国社会福祉協議会、第18巻第2号、昭和46年2月、12-15頁

〈その54〉遊び型非行と非社会的行動
「現代青少年の非社会的病態とその背景」柏熊岬二、第18巻第4号、昭和46年4月、6-11頁
「巻頭言 最近の少年犯罪におもう」第18巻第6号、昭和46年6月、4-5頁
「巻頭言 非行ブームにおもう」竹内善昭、第24巻第9号、昭和52年9月、4-5頁

〈その55〉非行防止と地域の連帯
「巻頭言 地域社会の連帯感を深めよう」第18巻第7号、昭和46年7月、4-5頁
「座談会 非行防止と住民の参加」同巻同号、16-29頁
「青少年の非行防止と住民の参加」岩井啓介、同巻同号、30-32頁

〈その56〉家出
「巻頭言 家出の季節」第19巻第9号、昭和47年9月、4-5頁
「調査報告 家出人の実態―少年を中心に―」警視庁防犯部少年第一課、第22巻第6号、昭和50年6月、34-40頁
「上野駅で見た家出少年」川村菊夫、第23巻第12号、昭和51年12月、21-26頁「少年の家出と非行―その防止と家庭の役割―」大貫紀信、第24巻第9号、昭和52年9月、12-18頁

〈その57〉少年補導センターの法制化
「少年補導センター雑感」長岡茂、第20巻第10号、昭和48年10月、58-61頁
「座談会 少年補導センターはどうあるべきか―少年非行とコミュニティ・オーガニゼーション―」第21巻第6号、昭和49年6月、12-24頁

〈その58〉自然への甘え
「巻頭言 自然への甘えに反省を」第21巻第2号、昭和49年2月、4-5頁

〈その59〉ヤング・テレホン・コーナー
「ヤング・テレホン・コーナーの一年」警視庁防犯部少年第一課、第22巻第5号、昭和50年5月、30-40頁
「サイバーボランティア活動を通じて―未成年者の売春行為に憂う―」松浦眞紀子、第626号、平成19年4月、32-35頁

〈その60〉塾の効用
「巻頭言 塾教育への批判は容易だが……」第22巻第6号、昭和50年6月、4-5頁

〈その 61〉暴走族
　　「サーキット族―神奈川県警の調査から―」編集部、第21巻第8号、昭和49年3月、25-29頁
　　「各省だより 暴走族の実体と対策―非行対策の側面から―」警察庁刑事局保安部防犯少年課、第22巻第8号、昭和50年8月、45-46頁
　　「巻頭言 暴走族の少年たち」第22巻第9号、昭和50年9月、4-5頁
　　「暴走族の少年たち」田村雅幸、第23巻第8号、昭和51年8月、6-11頁

〈その 62〉性の問題
　　「現代学生の生活と意識―自動車・音楽・性などのばあい―」副田義也、第19巻第1号、昭和47年1月、12-18頁
　　「特別読物 マス・コミが示す『性』と青少年」中里至正、同巻同号、33-38頁
　　「座談会 青少年の『性』」第19巻第2号、昭和47年2月、12-24頁
　　「特別読物 同棲時代」阿部幸男、第20巻第8号、昭和48年8月、30-35頁
　　「調査報告 青少年の性行動」総理府青少年対策本部調査係、第23巻第2号、昭和51年2月、33-39頁
　　「調査報告 女子少年の性非行―うれうべき実態とその問題点―」吉村昭夫、第24巻第3号、昭和52年3月、36-40頁
　　「特別読物 現代の性と青少年（上）（下）」島田一男、第24巻第7号・第8号、昭和52年7月・8月、21-25頁・21-26頁

〈その 63〉再び覚せい剤乱用
　　「座談会 覚醒剤の乱用をめぐって」第20巻第8号、昭和48年8月、18-29頁
　　「各省だより 覚醒剤の乱用対策強調月間10・11月―青少年をその害悪から守るために―」総理府、第21巻第10号、昭和49年10月、43-47頁
　　「薬物乱用と青少年」生盛豊樹、第23巻第9号、昭和51年9月、12-19頁
　　「青少年をむしばむ覚醒剤の恐怖」田村雅幸、第24巻第10号、昭和52年10月、6-13頁

〈その 64〉お正月
　　「昔の人と『お正月』」祝 宮静、第24巻第1号、昭和52年1月、13-17頁

〈その 65〉社会を明るくする運動
　　「地域社会における青少年非行の防止」恒川京子、第24巻第7号、昭和52年7月、6-12頁

〈その 66〉文通魔
　　「青少協関係各委員のページ ポルノ雑誌のはん濫と文通魔の出現」高橋真照、第24巻第8号、昭和52年8月、44-45頁

〈その 67〉青少年白書20年の比較
　　「白書に語り継がれる群像としての青少年―昭和52年版青少年白書を中心に―」石

原公道、第25巻第2号、昭和53年2月、6－14頁

〈その68〉青少年とは何歳か
　「青少年とは何歳か―各種法令による青少年の年齢区分―」（その1）から（その7）田代則春、第25巻第3号（昭和53年3月）～第9号（昭和53年9月）、14－20頁、14－21頁、22－25頁、22－27頁、14－17頁、19－22頁、12－14頁

〈その69〉予備校
　「予備校の教壇から」桐山一隆、第25巻第4号、昭和53年4月、6－12頁

〈その70〉青少年の体位と体力
　「巻頭言　青少年の健康・体力づくり」安養寺重夫、第25巻第6号、昭和53年6月、4－5頁
　「青少年の体位と体力について」粂野豊、第25巻第10号、昭和53年10月、13－19頁

〈その71〉青少年国際比較調査
　「『青少年の人格形成に影響を及ぼす諸要因に関する研究調査』の概要」坂本稔、第25巻第9号、昭和53年9月、16－24頁、
　「世界青年意識調査（第2回）の結果について―その1」「同―その2」「同―その3」田代則春、第25巻第10号、昭和53年10月～第25巻第12号、昭和53年12月、6－12頁、12－16頁、17－23頁
　「日本の若者の特質」田代則春、第26巻第1号、昭和54年1月、13－22頁

〈その72〉青少年を非行からまもる全国強調月間
　「青少年を非行からまもる全国強調月間の実施について」小林榮吉郎、第26巻第7号、昭和54年7月、6－12頁
　「10回を迎える『青少年を非行からまもる全国強調月間』」総務庁青少年対策本部、第35巻第7号、昭和63年7月、22－25頁

〈その73〉女子非行少年の性
　「女子非行から見た現代青少年の心の病理―特に性と暴力を中心とした分析―」坪内順子、第26巻第11号、昭和54年11月、15－23頁

〈その74〉女子非行少年の暴力
　「女子非行から見た現代青少年の心の病理―特に性と暴力を中心とした分析―」同〈その73〉

〈その75〉ディスコに出入りする青少年
　「ディスコに出入りする青少年の実態」星野周弘・田村雅幸・内山絢子、第27巻第6号、昭和55年6月、35－41頁

〈その76〉家庭内暴力
　「家庭内暴力―その隠された深層―」足利信造、第27巻第7号、昭和55年7月、26－31頁
　「家庭内暴力に関する研究調査」高橋義人、第27巻第12号、昭和55年12月、4－12頁

「家庭相談所にみる家庭内暴力について」神宮英夫・山本保、第29巻第1号、昭和57年1月、14-21頁

「家庭内暴力児とその生育過程」田村健二、第29巻第9号、昭和57年9月、14-19頁

「中学生の家庭内暴力傾向に関する調査研究」鈎治雄、第32巻第1号、昭和60年1月、26-33頁

〈その77〉校内暴力

「家裁からみた校内暴力について」山崎森、第28巻第3号、昭和56年3月、14-23頁

「少年院における校内暴力少年の現況」荒井英雄、第28巻第6号、昭和56年6月、4-11頁

「荒れる学校とその対応」杉尾勇、第29巻第4号、昭和57年4月、20-27頁

「学校内暴力事件の実態について―検察庁の事件処理を通して―」柏原伸行、第29巻第9号、昭和57年9月、4-13頁

「校内暴力について―教育モニターアンケート調査から―」崎谷康文、第29巻第12号、昭和57年12月、4-11頁

「校内暴力の現状と問題点」久川茂夫、第32巻第4号、昭和60年4月、4-11頁

〈その78〉続・校内暴力

「荒れる学校とその対応」松尾勇、第29巻第4号、昭和57年4月、20-27頁

〈その79〉鉛筆が削れない

「現代の子どもの手の労働について」比嘉佑典、第28巻第4号、昭和56年4月、14-21頁

〈その80〉他人の子どもを叱る運動

「他人の子供を叱る運動―その考え方と問題点―」岡本貞夫、第28巻第5号、昭和56年5月、12-19頁

〈その81〉「雷おやじの会」と「おやじ日本」

「『雷おやじの会』を発足させて」細野たいじ、第29巻第6号、昭和57年6月、30-33頁

「『おやじ日本』からのメッセージ」竹花豊、第622号、平成18年4月、2-7頁

〈その82〉青少年の性行動

「青少年の性行動」総理府青少年対策本部調査係、第29巻第2号、昭和57年2月、14-25頁

「思春期性徴と思春期性教育」俵谷正樹、第29巻第7号、昭和57年7月、4-11頁

「変容する青少年の性への対応」黒川義和、第29巻第12号、昭和57年12月、12-20頁

〈その83〉有名人執筆

「巻頭言 立ち直り」三好京三、第29巻第1号、昭和57年1月、2-3頁

「巻頭言 ある感想」水上勉、第30巻第1号、昭和58年1月、2-3頁

「巻頭言 父と子」加賀乙彦、第30巻第5号、昭和58年5月、2-3頁

「巻頭言 一年をふりかえって」遠山敦子、第30巻第12号、昭和58年12月、2-3頁

「巻頭言 原点にもどって」井深大、第31巻第1号、昭和59年1月、2-3頁

「巻頭言 海外協力隊員の活躍」茅誠司、第31巻第4号、昭和59年4月、2-3頁

「巻頭言 青少年対策に思う」江崎真澄、第33巻第4号、昭和61年4月、2-3頁

〈その84〉**冒険のすすめ**

「冒険のすすめ」三浦雄一郎、第29巻第10号、昭和57年10月、22-29頁

「私のラグビーと子どもたち」山口良治、第30巻第4号、昭和58年4月、22-27頁

「巻頭言 子どもにさまざまな体験を」春日野清隆、第30巻第10号、昭和58年10月、2-3頁

〈その85〉**遊び型非行の少年**

「遊び型（初発型）非行の少年について—「遊び型非行」の特性に関する研究調査（総理府青少年対策本部：青少年問題研究調査報告書）から—」麦島文夫、第30巻第8号、昭和58年8月、4-11頁

〈その86〉**ポルノ雑誌自販機**

「南信北声 補導活動とポルノ自販機の追放運動について」蒔田嘉造、第30巻第8号、昭和58年8月、44-45頁

〈その87〉**少年指導委員**

「風俗営業等取締法の一部改正と少年の健全な育成」米田壮、第31巻第10号、昭和59年10月、14-23頁

〈その88〉**臨時教育審議会**

「青少年問題と臨教審」千石保、第32巻第12号、昭和60年12月、4-10頁

「臨教審のあゆみと青少年問題」渡辺淳平、第34巻第11号、昭和62年11月、4-12頁

「生涯学習体系への移行—臨教審・改革提言のポイント—」沖吉和祐、第34巻第12号、昭和62年12月、4-12頁

〈その89〉**ファミコン**

「ファミコン現象に子どもの遊びの変化をみる」後藤和彦、第33巻第5号、昭和61年5月、4-12頁

〈その90〉**いじめ**

「いじめられっ子の病理」福島章、第33巻第6号、昭和62年6月、4-10頁

「『いじめっ子』をつくらないために―小児科医として考える―」小林登、第34巻第1号、昭和62年1月、4-12頁

「『いじめ』問題の実態と対策―医師の観点から―」大田耕平・新ヶ江正・武井明、第34巻第3号、昭和62年3月、26-31頁

「『いじめ』と人権問題―人権擁護機関の取り組みの概要―」法務省人権擁護局人権擁護管理官室、第34巻第6号、昭和62年6月、12-19頁

「『いじめ』問題再考」鈎治雄、第34巻第11号、昭和62年11月、14-22頁

〈その 91〉続・いじめ
「『いじめ』と人権問題—人権擁護機関の取り組みの概要—」同〈その90〉

〈その 92〉しつけ
「子どものしつけ」柴野昌山、第34巻第4号、昭和62年4月、4−12頁

〈その 93〉単身赴任
「単身赴任家庭の問題」労働省婦人局婦人福祉課、第35巻第3号、昭和63年3月、13−17頁

〈その 94〉朝シャン
「気になる〝朝シャン〟の流行」多谷千香子、第35巻第8号、昭和63年8月、26−27頁

〈その 95〉子どもたちの遊びと仲間関係の変化
「子どもの遊びはどう変わったか」明石要一、第36巻第2号、平成元年2月、4−11頁

〈その 96〉体罰
「先生の体罰を容認する社会」多谷千香子、第36巻第1号、平成元年1月、36−37頁
「人権侵犯事件からみた体罰—体罰事例集作成に当たって—」堀千紘、第36巻第9号、平成元年9月、5−12頁
「現代の子どものしつけ・教育と体罰問題についての一観点—『社会の歴史と体罰史』の角度から—」江森一郎、第37巻第5号、平成2年5月、14−21頁
「体罰を分析する」若林繁太、第40巻第6号、平成5年6月、4−10頁
「司法の体罰のとらえ方」柴垣明彦、第40巻第6号、平成5年6月、23−25頁

〈その 97〉昭和末期の暴走族
「今日の暴走族の姿（1）」「同（2）」田村雅幸、第36巻第9号・第10号、平成元年9月・10月、26−31頁・20−23頁
「女子暴走族の実態について」出海光子、第38巻第8号、平成3年8月、22−28頁

〈その 98〉平成元年のひきこもり指摘
「青少年問題審議会意見具申『総合的な青少年対策の現実を目指して』の概要」総務庁青少年対策本部、第36巻第9号、平成元年9月、32−35頁
「青少年問題審議会の答申について」総務庁青少年対策本部、第39巻第4号、平成4年4月、43−45頁

〈その 99〉結婚できない若者たち
「結婚できない若者たち」姫野忠、第36巻第11号、平成元年11月、20−24頁

〈その100〉平成元年の青少年問題
「今年の青少年問題をふりかえって」田村雅幸、第36巻第12号、平成元年12月、4−11頁

〈その101〉児童虐待
「児童虐待の現状」柏女霊峰、第36巻第10号、平成元年10月、24−27頁

〈その102〉 一人前―昔と今―
　「一人前―昔と今―」西村浩一、第38巻第1号、平成3年1月、20-27頁
〈その103〉 ウンコ座り
　「若者たちはなぜしゃがむのか」清水忠男、第38巻第7号、平成3年7月、26-31頁
〈その104〉 不登校
　「不登校児人権実態調査について」西田幸示、第36巻第12号、平成元年12月、16-23頁
　「不登校をどう理解するか」森田洋司、第38巻第3号、平成3年3月、4-13頁
　「いま、相談機関に求められているもの」明石要一、第38巻第11号、平成3年11月、4-10頁
　「不登校児に関する人権擁護機関の取組みについて」町谷雄次、第38巻第11号、平成3年11月、30-34頁
　「登校拒否（不登校）問題について」坂内宏一、第39巻第7号、平成4年7月、48-53頁
〈その105〉 続・不登校
　「登校拒否児に対するキャンプ療法の効果」羽田雄一郎、第39巻第8号、平成4年8月、11-19頁
　「自立への一歩―不登校児童生徒の『フレッシュ体験交流活動』―」吉成博雄、第42巻第8号、平成7年8月、44-49頁
〈その106〉 高校中退
　「『高校を中退した子をもつ親の会』からの報告」佐藤尚爾、第36巻第12号、平成元年12月、24-29頁
　「公・私立高等学校における中途退学者数の状況」下田重敬、第37巻第7号、平成2年7月、24-30頁
　「高校中途退学者について」高校教育問題研究プロジェクト・チーム、第39巻第9号、平成4年9月、36-42頁
　「高校中退者をめぐる諸問題」板井角也、第40巻第10号、平成5年10月、32-37頁
　「高校退学者の職業選択―その現状と課題―」堀田千秋、第43巻第6号、平成8年6月、10-15頁
〈その107〉 対人恐怖とふれ合い恐怖
　「対人恐怖のはなし」高橋徹、第38巻第2号、平成3年2月、4-11頁
　「『父なき社会』から『母もなき社会』へ―現代青少年の病理と家庭機能の減退―」山田和夫、第40巻第1号、平成5年1月、4-12頁
〈その108〉 ポルノコミック規制問題
　「雑誌メディアにみられる性の商品化」福富護、第38巻第2号、平成3年2月、12-22頁

「最近の少年少女向け漫画問題について」山下史雄、第38巻第7号、平成3年7月、38－42頁

「有害メディアによる性情報の氾濫と青少年非行」藤本哲也、第39巻第2号、平成4年2月、16－25頁

「少年少女向け漫画にかかわる最近の動向について」山下史雄、第39巻第3号、平成4年3月、50－51頁

〈その109〉続・ポルノコミック規制問題

「ポルノコミック問題を考える」矢島正見、第39巻第12号、平成4年12月、35－41頁

〈その110〉性教育

「学校における性教育の必要性と考え方」石川哲也、第39巻第2号、平成4年2月、26－34頁

「性教育―いま、小学校では―」内野宏史、同巻同号、35－39頁

「問われる性教育―中学校の現場から―」後藤利恵子、同巻同号、40－44頁

「小学校の性教育を考える」田能村祐麒、第39巻第12号、平成4年12月、14－22頁

「先生！生きているってなあに？―養護学校の「性の授業」のようすから―」嶋大蔵、第40巻第4号、平成5年4月、12－21頁

「巻頭言 性にかかわる今日的課題―青少年を中心地として―」間宮武、第41巻第9号、平成6年9月、2－3頁

「青少年の性をどうとらえたらよいか」田能村祐麒、同巻同号、10－15頁

「東京都の学校における性教育」東京都教育庁体育部健康指導課、同巻同号、23－31頁

「東京都立江戸川高校の性教育の取り組み」野口敏郎・田原正之、同巻同号、38－43頁

「ティーム・ティーチングで実施している性教育」木下洋子、同巻同号、44－49頁

〈その111〉続・性教育

「性教育―いま、小学校では―」同〈その110〉

「問われる性教育―中学校の現場から―」同〈その110〉

「小学校の性教育を考える」同〈その110〉

〈その112〉エイズ

「エイズの理解と予防－青少年教育のために－」塩川優一、第40巻第3号、平成5年3月、4－11頁

「学校でエイズをどう教えればよいか」石川哲也、第41巻第9号、平成6年9月、16－22頁

「各省だより 社会教育指導者の手引き『エイズに関する学習のすすめ方』について」渡部徹、同巻同号、54－55頁

〈その113〉飲酒問題
「放置できないところまできた未成年者の飲酒問題」鈴木健二、第38巻第12号、平成3年12月、12-20頁
「急性アルコール中毒」山田一朗、第40巻第12号、平成5年12月、12-18頁

〈その114〉保健室登校
「保健室来室者調査について」出井美智子、第39巻第5号、平成4年5月、12-20頁
「保健室へ寄る子ども達」荻原静子、同巻同号、22-25頁
「不安定な中学生への支援」山口京子、同巻同号、26-30頁
「保健室登校から見えること」児玉智子、同巻同号、31-35頁

〈その115〉職業選択―バブル崩壊以前
「若者の進路選択とキャリア形成―青年の職業適応に関する国際比較調査から―」松本純平、第37巻第3号、平成2年3月、4-12頁
「中・高校における進路指導―昭和63年度の総合的実態調査結果について―」鹿嶋研之助、同巻同号、24-32頁
「新規学卒者の労働観・余暇観」労働省、同巻同号、34-37頁

〈その116〉職業選択―バブル崩壊以降
「新規学卒者の就職状況と就職援助」労働省職業安定局、第41巻第6号、平成6年6月、26-33頁
「新卒者の就職状況と離職状況」労働省職業安定局業務調整課、第42巻第6号、平成7年6月、24-31頁
「女子学生の就職難を考える」福沢恵子、第42巻第12号、平成7年12月、44-49頁
「変革する時代への対応―'95年度就職活動を振り返って―」薄井昭七、第43巻第6号、平成8年6月、16-21頁

〈その117〉若者のカード破産
「若者のカード破産」釜井英法、第40巻第2号、平成5年2月、18-25頁

〈その118〉学校週5日制
「『学校週5日制』をむかえる子どもたち」望月厚志、第39巻第8号、平成4年8月、36-45頁
「巻頭言 学校週5日制と青少年の健全育成」遠山耕平、第40巻第1号、平成5年1月、2-3頁

〈その119〉続・学校週5日制
「学校週5日制」船橋明男、第39巻第12号、平成4年12月、24-33頁

〈その120〉生きる力とゆとりの教育
「巻頭言 生きる力をはぐくむ地域」河野重男、第43巻第11号、平成8年11月、2-3頁
「21世紀を展望した我が国の教育の在り方について―中央教育審議会第一次答申の骨子―」中央教育審議会、同巻同号、4-13頁

〈その121〉子どもの権利条約
　　「『児童の権利条約』と児童福祉の課題」山本保、第42巻第1号、平成7年1月、
　　26-31頁
　　「子どもの権利条約と日本における児童福祉施設施策」松原康雄、第43巻第5号、
　　平成8年5月、10-15頁
　　「子どもの翻訳による『子どもの権利条約』」編集部、同巻同号、16-19頁
〈その122〉阪神淡路大震災
　　「野外教育者が見た阪神大震災」広瀬敏通、第42巻第5号、平成7年5月、25-29頁
　　「JON阪神大震災救援活動における後方支援活動」三好利和、同巻同号、30-31頁
　　「阪神大震災と青少年ボランティア」世戸俊男、第42巻第12号、平成7年12月、32
　　-38頁
　　「阪神大震災と子どもの心のケア」三宅芳宏、同巻同号、25-31頁
〈その123〉オウム
　　「1995年の青少年問題」松本良夫、第42巻第12号、平成7年12月、4-11頁
　　「オウムの子ども達の一時保護」北村定義、同巻同号、18-24頁
　　「学校の中の破壊的カルト」西田公昭、同巻同号、12-17頁
〈その124〉小児成人病
　　「小児期から予防したい成人病」加藤忠明、第42巻第5号、平成7年5月、18-24頁
　　「成長期における食生活と成人病の予防」吉池信男、第42巻第9号、平成7年9月、
　　28-33頁
〈その125〉やせ願望
　　「青少年期の若者達のやせ願望」古川裕、第43巻第1号、平成8年1月、28-33頁
〈その126〉学習障害（LD）
　　「学習障害（LD）とその教育的対応」山口薫、第43巻第4号、平成8年4月、4-
　　9頁
〈その127〉茶髪とピアス
　　「個性とは、自由とは-若者の茶髪、ピアスを考える-」津武欣也、第43巻第11号、
　　平成8年11月、20-25頁
〈その128〉子育てパパ
　　「現代の子どもと家庭環境」武内清、第44巻第2号、平成9年2月、4-9頁
〈その129〉社団法人青少年育成国民会議
　　「巻頭言 青少年のこころに灯を」末次一朗、第44巻第3号、平成9年3月、2-3頁
〈その130〉児童福祉法改正と主任児童委員
　　「主任児童活動の展開に向けて」田口伸、第44巻第3号、平成9年3月、48-51頁
　　「児童福祉法等の一部改正について」厚生省児童家庭局、第44巻第9号、平成9年
　　9月、52-56頁

〈その131〉援助交際
　「『援助交際』のもう一つの側面」内山絢子、第44巻第7号、平成9年7月、24-29頁
〈その132〉青少年の性的自己決定能力
　「青少年の性的自己決定能力をめぐって」麦島文夫、第44巻第12号、平成9年12月、38-43頁
　「〈第22期東京都青少年問題協議会中間答申の概要〉『性の商品化が進む中での青少年健全育成』―東京都青少年の健全な育成に関する条例に関して―」同巻同号、52-56頁
〈その133〉平成時代の覚せい剤乱用
　「薬物非行―覚せい剤乱用を中心に―」村松励、第44巻第12号、平成9年12月、32-37頁
〈その134〉子どもたちの理科嫌い・理科離れ
　「若者の理科嫌い・理科離れ」三宅征夫、第44巻第12号、平成9年12月、26-31頁
〈その135〉キレる暴力非行
　「最近の少年たちの変化をどうみるか―いわゆる『キレる』中学生の心理とその対応について―」小林万洋、第45巻第7号、平成10年7月、23-27頁
　「『キレる』かたちの暴力」山入端津由、同巻同号、41-45頁
〈その136〉少年による特異な凶悪犯罪
　「少年による凶悪事件の背景や前兆等について」桐原弘毅、第48巻第4号、平成13年4月、26-29頁
　「今どきの『いきなり型非行』について」斉藤文夫、第45巻第12号、平成10年12月、18-23頁
　「人はなぜ殺しをするのか」長谷川孫一郎、第47巻第7号、平成12年7月、21-25頁
　「最近の非行少年の人格的な特徴」萩原恵三、第47巻第7号、平成12年7月、27-31頁
　「現代日本の犯罪と現代社会―『自己確認型』犯罪―」影山任佐、第48巻第7号、平成13年7月、12-17頁
　「少年の凶悪事件多発の背景」内山絢子、第48巻第7号、平成13年7月、24-29頁
〈その137〉子ども会
　「子ども会活動の再生を求めて」野垣義行、第44巻第5号、平成9年5月、16-21頁
〈その138〉NPO
　「巻頭言 NPOが問いかけるボランティアグループのビジョン」早瀬昇、第45巻第9号、平成10年9月、2-3頁
　「ボランティア活動の健全な発展を促す―特定非営利活動促進法（NPO法）の要旨―」第45巻第9号、平成10年9月、54-55頁

「ボランティア活動とNPO」治田友香、第48巻第1号、平成13年1月、11－15頁

〈その139〉男女共同参画社会
「男女共同参画と日本社会の展望」利谷信義、第46巻第2号、平成11年2月、9－15頁

「『男女共同参画社会基本法―男女共同参画社会を形成するための基礎的条件づくり―』（答申）について（概要）」内閣総理大臣官房男女共同参画室、同巻同号、4－8頁

「男女共同参画社会に向けて、学校が今からできること―ジェンダー・バイアス・フリーな教育」森本エリ子、同巻同号、37－43頁

「時評 男女共同参画社会の形成と女性の幸せ」麦島文夫、同巻同号、54－55頁

〈その140〉子どもの変容
「子どもの遊び集団が変わった」明石要一、第46巻第9号、平成11年9月、4－9頁

「巻頭言 大人を怖がらなくなったこども達」高峯一世、第47巻第5号、平成12年5月、2－3頁

「巻頭言 ヨソ様の喪失」矢島正見、第47巻第12号、平成12年12月、2－3頁

〈その141〉朝の読書
「『朝の読書』で子どもたちが蘇る」大塚笑子、第46巻第11号、平成11年11月、10－15頁

〈その142〉学級崩壊論争
「学級崩壊論争が問いかけるもの」樋田大二郎、第46巻第12号、平成11年12月、12－17頁

〈その143〉児童買春・児童ポルノ法
「児童買春・児童ポルノ禁止法」参議院法制局第五部第一課（法務委員会担当）、第47巻第3号、平成12年3月、24－29頁

〈その144〉少子化対策推進基本方針
「少子化対策推進基本方針と新エンゼルプラン」編集部、第47巻第5号、平成12年5月、42－47頁

〈その145〉被害者支援センター
「被害者支援センターの役割」山上皓、第47巻第7号、平成12年7月、32－37頁

「犯罪被害に巻き込まれた子どもを守るために」阿久津照美、第51巻第3号、平成16年3月、22－27頁

〈その146〉携帯からケータイへ
「青少年のおしゃべりと携帯電話」矢島正見、第44巻第11号、平成9年11月、18－23頁

「ベル友」磯部成志、第46巻第1号、平成11年1月、22－23頁

「『メル友』という快楽」山本功、第48巻第12号、平成13年12月、12－17頁

〈その147〉ケータイ問題
　　「急増するインターネット犯罪について」磯部爽、第49巻第12号、平成14年12月、30-33頁
　　「インターネット異性紹介事業を利用して児童を誘引する行為の規制等に関する法律について」鈴木達也、第51巻第3号、平成16年3月、28-33頁
　　「青少年育成における『有害緩急対策』とメディア・リテラシー」猪股富美子、第51巻第11号、平成16年11月、34-39頁
〈その148〉ケータイ文化
　　「情報化社会を生きる力—学ぶ『状況』をデザインする—」中村雅子、第51巻第11号、平成16年11月、10-15頁
　　「インターネットと子どもたち—ネット社会を上手に渡り歩くために—」永野和男、同巻同号、16-21頁
　　「ケータイをもった若者」松田美佐、同巻同号、22-27頁
〈その149〉続・児童虐待
　　「子どもの虐待防止センターから見る親子関係」関戸克子、第44巻第2号、平成9年2月、24-29頁
　　「子どもの虐待と人格発達」西澤哲、第45巻第5号、平成10年5月、16-21頁
　　「児童虐待と親権」大久保隆、第47巻第5号、平成12年5月、24-29頁
　　「児童虐待のソーシャルワーク」川崎二三彦、第47巻第7号、平成12年7月、38-43頁
　　「児童虐待に対する取組みについて」前橋信和、第47巻第3号、平成12年3月、13-17頁
　　「子どもを虐待してしまう親—急増する虐待と対応策—」秋山正弘、第48巻第5号、平成13年5月、22-27頁
　　「虐待を受けた子どものケアと非行」菱田理、第48巻第7号、平成13年7月、30-35頁
　　「虐待をめぐる問題について」岡本憲章、第48巻第12号、平成13年12月、18-23頁
〈その150〉動物の子育て、人の子育て
　　「動物の子育て、人の子育て」長谷川寿一、第48巻第5号、平成13年5月、16-21頁
〈その151〉就職協定廃止
　　「『就職協定』廃止、罪深く功なし」杉浦一義、第45巻第6号、平成10年6月、16-21頁
〈その152〉高卒無業者
　　「漸増する高卒無業者層—青年期から成人期への移行における新たな問題の台頭—」耳塚寛明、第45巻第11号、平成10年11月、4-9頁
　　「高卒無業者層の漸増 その背景と課題」耳塚寛明、第48巻第6号、平成13年6月、

4−11頁
〈その153〉新規学卒就職システム
　　「高卒就職の現状と学校進路指導の問題点」小杉礼子、第45巻第6号、平成10年6月、10−15頁
　　「高卒就職・なぜこんなに厳しい？」小杉礼子、第46巻第12号、平成11年12月、18−24頁
　　「学校から職業への移行──今進みつつある変化─」小杉礼子、第47巻第12号、平成12年12月、22−26頁
　　「近年の若者の就職問題をどう見るか」小杉礼子、第48巻第12号、平成13年12月、24−30頁
　　「巻頭言 就労問題の最前線」小杉礼子、第50巻12号、平成15年12月、2−3頁
〈その154〉目黒のさんま的自然体験活動
　　「現実に即した安全対策」樽谷進、第48第8号、平成13年8月、24−28頁
〈その155〉マークス寿子毒舌快刀乱麻
　　「子どもの自立」マークス寿子、第48巻第9号、平成13年9月、16−21頁
〈その156〉さらば青少年対策本部
　　「巻頭言 中央省庁等改革と青少年行政」菱川雄治、第48巻第11号、平成13年11月、2−3頁
〈その157〉個性化教育批判
　　「学校教育と社会化─教育改革は学校をどこへ連れて行くのか─」耳塚寛明、第48巻第4号、平成13年4月、4−9頁
　　「個性重視理念、新学力観と逸脱統制機能」樋田大二郎、第48巻第7号、平成13年7月、18−23頁
〈その158〉新教育観、その賛美と批判
　　「巻頭言 完全学校週5日制の実施と新しい教育課程について」布村幸彦、第49巻第4号、平成14年4月、2−3頁
　　「『ゆとり教育』のもととなる教育観」岡本浩一、同巻同号、10−15頁
〈その159〉総合的な学習の時間
　　「巻頭言 21世紀に生きる日本人と総合的な学習の時間」天笠茂、第50巻第4号、平成15年4月、2−3頁
　　「子どもの自分づくりをすすめる　総合的学習とその評価の工夫」瀬戸貴子、同巻同号、16−21頁
　　「総合的な学習の時間における『成長』を望む評価の実践─学習のプロセス（過程）を見つめながら─」高瀬聡、同巻同号、22−27頁
　　「『しごと』と『まなび』をつなぐ─オンス体験─総合的な学習の時間『みらい』の取組─」坂田広峰、同巻同号、28−33頁

〈その160〉安全・安心まちづくり
　「子どもを犯罪から守るまちづくり」中村攻、第49巻第1号、平成14年1月、18－23頁

〈その161〉続・安全・安心まちづくり
　「『割れ窓』理論と非行防止」小林寿一、第50巻第7号、平成15年7月、16－21頁
　「巻頭言 社会全体で取り戻す安全」竹花豊、第51巻第8号、平成16年8月、2－3頁
　「安全まちづくりのヒント―環境犯罪学から学ぶ―」守山正、同巻同号、10－15頁
　「安全・安心まちづくりの課題（環境整備と防犯活動）」小出治、同巻同号、16－21頁
　「犯罪に強い街をどうつくるか―割れ窓理論と地域安全マップ―」小宮信夫、同巻同号、22－27頁
　「子どもの犯罪被害防止と学校の防犯」家田重晴、同巻同号、28－32頁
　「東京都における緊急治安対策―少年問題への取組―」児玉英一郎、同巻同号、34－39頁
　「この指止まれおやじ日本、ついに旗揚げ」二村好彦、同巻同号、40－41頁

〈その162〉少年警察活動
　「巻頭言 少年問題と警察」荒木二郎、第49巻第7号、平成14年7月、2－3頁
　「巻頭言 少年非行防止・保護総合対策推進要綱の制度について」菱川雄治、第51巻第7号、平成16年7月、2－3頁

〈その163〉子どもの居場所
　「子どもの発達と子どもの居場所」住田正樹、第51巻第1号、平成16年1月、10－15頁

〈その164〉地域のなかの居場所づくり
　「居場所が生まれる場を構想する」萩原健次郎、第51巻第1号、平成16年1月、16－21頁
　「若者の居場所を探そう」小川俊一、同巻同号、22－27頁
　「地域の中にある居場所」土居義英、同巻同号、28－33頁
　「大阪市が誇る児童いきいき放課後事業」北邑隆行、同巻同号、34－39頁

〈その165〉大学院問題
　「制度の『ゆらぎ』の時代に生きる」宝月誠、第52巻第3号、平成17年3月、10－15頁

〈その166〉ニート
　「巻頭言 欧米諸国の経験に学べ―包括的・継続的支援が必要―」宮本みち子、第52巻第6号、平成17年6月、2－3頁
　「『日本型ニート』の現状」小杉礼子、同巻同号、10－15頁

〈その167〉少年警察ボランティア
　　「補導実務の体験を通して思うこと」富永一法、第624号、平成18年10月、14－19頁
〈その168〉児童福祉法の改正と課題
　　「巻頭論文　子ども家庭福祉の現状と課題」髙橋重宏、第629号、平成20年1月、
　　2－7頁
〈その169〉犯罪被害者等基本計画
　　「巻頭論文『犯罪被害者等基本計画』と少年」荒木二郎、第623号、平成18年7月、
　　2－7頁
　　「巻頭論文　少年法改正の動向」岩井宜子、第634号、平成21年4月、2－7頁
〈その170〉少年法改正と被害者支援
　　「少年法改正と被害者支援」片山徒有、第634号、平成21年4月、14－19頁
〈その171〉六次産業
　　「"スペシャリストへの道" bound for『六次産業』」岩木秀夫、第637号、平成22年
　　1月、2－7頁
　　「『過疎化地域の高校生』　市浦分校の事例から」石戸谷繁、同号、20－25頁
〈その172〉時空間計量犯罪学
　　「巻頭論文　科学警察研究所の犯罪・非行――人の研究者として見たその伝統と今
　　後の方向性」原田豊、第638号、平成22年4月、2－7頁
〈その173〉反社会性の行動遺伝学
　　「巻頭論文　反社会性の行動遺伝学」大渕憲一、第640号、平成22年10月、2－7頁
〈その174〉満都の悪少年
　　「『満都の悪少年』と警察――日露戦争後の社会史」大日向純夫、第642号、平成23年
　　4月、12－17頁
〈その175〉文化資本の格差
　　「文化資本の格差と寛容・共存への教育――アメリカからみた日本の教育と文化――」
　　片岡栄美、第644号、平成23年10月、2－7頁
〈その176〉立ち直り支援
　　「非行問題から見える社会が今すべきこと」井内清満、第645号、平成24年1月、
　　26－31頁
〈その177〉続・立ち直り支援
　　「リスク・マネジメントは立ち直り支援となり得るのか――更生保護学の創成を目指
　　して――」生島浩、第645号、平成24年1月、14－19頁
　　「社会に開かれ、信頼の輪に支えられる少年院・少年鑑別所へ――少年の立ち直りと
　　社会復帰支援のために行うべきこと――」名執雅子、同号、20－25頁
　　「『非行を生まない社会づくり』――少年に手を差し伸べる立ち直り支援等の推進――」
　　新家勝昭、同号、20－25頁

「東京都のひきこもりの現状と課題」樋口峰子、同号、32－37頁
〈その178〉日本からの国際的発信をめざして
　「日本からの国際発信をめざして」宮澤節生、第646号、平成24年4月、2－7頁
〈その179〉若者論の現在
　「若者論の現在」浅野智彦、第648号、平成24年10月、8－13頁
〈その180〉「立ち直り」ということ
　「定時制は高校教育最後の砦」梅澤秀監、第650号、平成25年4月、8－13頁
　「子どもたちの立ち直りを信じて―少年サポートセンターの実績から―」大月祥子、同号、14－19頁
　「立ち直りたい少年たち―少年院からの視点―」伊藤広史、同号、20－25頁
　「考えて欲しい六つのこと」小柳恵子、同号、26－31頁
　「少年院出院者としてすべきこと」才門辰史、同号、32－37頁
　「『立ち直り』ということ―日本更生保護学会設立に寄せて―」矢島正見、日本更生保護学会『更生保護学』創刊号、2012年12月、12－14頁

初出一覧

（初出はすべて当会発行の雑誌『青少年問題』の「巻・号、年・月、頁」を表記し、（その55）以降は未発表、書下ろしです）

(その 1) 売られていく子どもたち（初出では「年少者の不当雇用慣行」）　第50巻第1号、平成15年1月、54-55頁
(その 2) 昭和27年度の長期欠席児童生徒　第50巻第2号、平成15年2月、54-55頁
(その 3) 学童のイカ釣り　第50巻第4号、平成15年4月、52-53頁
(その 4) 売られていく秋田の娘たち　第50巻第8号、平成15年8月、50-51頁
(その 5) ある中学生の桃色事件　第50巻第9号、平成15年9月、54-55頁
(その 6) 悪質流行歌の追放　第50巻第10号、平成15年10月、52-53頁
(その 7) ヒロポン（覚せい剤）の時代　第50巻第11号、平成15年11月、54-55頁
(その 8) 60年前の男子大学生の性意識（初出では「50年前の男子大学生の性意識」）第50巻第12号、平成15年12月、48-49頁
(その 9) 子どもを追い出す家屋構造　第51巻第1号、平成16年1月、52-53頁
(その10) 青少年問題の新旧　第51巻第2号、平成16年2月、54-55頁
(その11) 今日的青少年問題現象・要因の出現　第51巻第3号、平成16年3月、54-55頁
(その12) 赤線地帯はドコへいく　第51巻第7号、平成16年7月、54-55頁
(その13) 婦人相談所の来訪者　第51巻第9号、平成16年9月、54-55頁
(その14) 昭和33年の勤労青少年　第51巻第11号、平成16年11月、54-55頁
(その15) 中高校生の被害調査について　第51巻第12号、平成16年12月、48-49頁
(その16) 青少年の自殺問題　第52巻第1号、平成17年1月、54-55頁
(その17) 教育から疎外された生徒たち　第52巻第2号、平成17年2月、54-55頁
(その18) 偽戦災孤児　第52巻第3号、平成17年3月、54-55頁
(その19) 続・偽戦災孤児　第52巻第6号、平成17年6月、54-55頁
(その20) 社会悪競輪の廃止　第52巻第7号、平成17年7月、54-55頁
(その21) 昭和30年代の非行について（初出では「当時の非行について」）　第52巻第8号、平成17年8月、54-55頁
(その22) 青少年問題総合研究所構想　第52巻第10号、平成17年10月、54-55頁
(その23) 戦後世代の資質　第52巻第11号、平成17年11月、52-53頁
(その24) 番長　第52巻第12号、平成17年12月、46-47頁
(その25) カミナリ族　第53巻第1号、平成18年1月、52-53頁
(その26) 睡眠薬遊び　同巻同号、54-55頁
(その27) 青少年補導センター　第53巻第2号、平成18年2月、50-51頁
(その28) 中学生非行　同巻同号、52-53頁

初出一覧

(その29) 帰農青少年　　　第53巻第3号、平成18年3月、52-53頁
(その30) 小さな親切運動　　　同巻同号、54-55頁
(その31) 母と子の20分間読書（この号より季刊誌となる）　　　第622号（第53巻春季号）、平成18年4月、60-61頁
(その32) 交通違反少年　　　第623号（第53巻夏季号）、平成18年7月、60-61頁
(その33) 深夜喫茶　　　第624号（第53巻秋季号）、平成18年10月、56-57頁
(その34) 東京オリンピック　　　第625号（第54巻新年号）、平成19年1月、56-57頁
(その35) 流入勤労青少年の非行（初出では「流入勤労青少年の実態と非行の要因」）　　　第626号（第54巻春季号）、平成19年4月、58-59頁
(その36) 青少年健全育成条例　　　第627号（第54巻夏季号）平成19年7月、56-57頁
(その37) 出稼ぎ家庭の子どもたち　　　第629号（第55巻新年号）、平成20年1月号、52-53頁
(その38) 昭和40年総理府非行意識調査　　　同号、54-55頁
(その39) 成人の日　　　第630号（第55巻春季号）、平成20年4月、58-59頁
(その40) マイホーム主義　　　第631号（第55巻夏季号）、平成20年7月、56-57頁
(その41) 再・青少年補導センター（初出では「少年補導センター」）　　　第633号（第56巻新年号）平成21年1月、56-57頁
(その42) 中流家庭と少年非行　　　第635号（第56巻夏季号）、平成21年7月、58-59頁
(その43) 青少年局そして青少年対策本部　　　第636号（第56巻秋季号）、平成21年10月、54-55頁
(その44) 非社会的傾向　　　第637号（第57巻新年号）、平成22年1月、58-59頁
(その45) 『青少年問題』発刊15年　　　第638号（第57巻春季号）、平成22年4月、60-61頁
(その46) シンナー遊び　　　第640号（第57巻秋季号）、平成22年10月、56-57頁
(その47) 学生運動　　　同号、58-59頁
(その48) 40年前の少子高齢化　　　第641号（第58巻新年号）、平成23年1月、58-59頁
(その49) 40年前の肥満とヤセスギ　　　第642号（第58巻春季号）、平成23年4月、52-53頁
(その50) 情報化時代と青少年　　　同号、54-55頁
(その51) おどおどする親　　　第643号（第58巻夏季号）、平成23年7月、56-57頁
(その52) 親の資格のない親　　　同号、58-59頁
(その53) 子殺し　　　第646号（第59巻春季号）、平成24年4月、58-59頁
(その54) 遊び型非行と非社会的行動　　　第647号（第59巻夏季号）、平成24年7月、60-61頁
(その55) 非行防止と地域の連帯　　　同号、62-63頁
(雑誌『青少年問題』への連載はこの号で終了)

『【改訂版】戦後日本青少年問題考』に掲載の写真は、本会発行の雑誌『青少年問題』の表紙から転載しています。【　】内は再掲載

```
カバー　表……第6巻第5号（昭和34年5月）【第647号（平成24年7月）】
カバー　裏……第6巻第4号（昭和34年4月）【第646号（平成24年4月）】
本　文　扉……上記と同じ　　　　　　　　【上記と同じ】
第1部　扉……第4巻第12号（昭和32年12月）【第640号（平成22年10月）】
第2部　扉……第8巻第3号（昭和36年3月）
第3部　扉……第8巻第2号（昭和36年2月）
第4部　扉……第14巻第12号（昭和42年12月）【第633号（平成21年1月）】
```

著者紹介

矢島　正見（やじま　まさみ）

1948年　横浜生まれ
現　在　中央大学文学部教授
　　　　一般財団法人青少年問題研究会理事長
著　書　『病める関係性―ミクロ社会の病理』（共編著）2004年、学文社
　　　　『よくわかる犯罪社会学入門』（共編著）2004年、学陽書房
　　　　『社会病理学的想像力―「社会問題の社会学」論考』2011年、学文社
　　　　ほか多数

【改訂版】戦後日本青少年問題考

平成24年9月20日　第1版第1刷発行
平成25年6月1日　改訂版第1刷発行

著　者　矢　島　正　見
発行人　矢　島　正　見

発行所　一般財団法人 青少年問題研究会
　　　　〒101-0064
　　　　東京都千代田区猿楽町2-5-4　OGAビル
　　　　Tel & Fax 03(3292)1777
　　　　http://seishonen.net/

発売元　株式会社　学　文　社
　　　　〒153-0064
　　　　東京都目黒区下目黒3-6-1
　　　　Tel 03(3715)1501　Fax 03(3715)2012

印刷所　新灯印刷株式会社

©2013 YAJIMA Masami　　　　　　Printed in Japan

ISBN978-4-7620-2379-8